国家一流本科专业（行政管理）配套教材
重庆市一流本科课程配套教材
重庆市本科高校课程思政示范课程配套教材

公益慈善学导论

彭小兵　编著

电子工业出版社
Publishing House of Electronics Industry
北京·BEIJING

内 容 简 介

本书介绍了公益慈善学理论与实践的基本知识、基础理论，以及公益慈善事业管理与治理的前沿问题、制度框架。全书共 14 章，内容包括公益慈善、公益慈善学的基本概念及其学科属性、公益慈善发展史、公益慈善组织、公益慈善活动、公益慈善从业者、公益慈善财产、公益慈善文化、公益慈善伦理，以及公益慈善组织管理、捐赠管理、税收优惠、信息披露等管理制度，揭示了在社会治理视角下中国公益慈善理论与实践凸显的各种问题。本书还附有公益慈善实践案例分析，形成了一个相对完整的公益慈善学理论与实践知识体系。

本书可作为高等院校行政管理、慈善管理、社会工作、公共事业管理等本科专业，公益慈善事业管理等专科专业，以及公共管理学、社会工作等研究生专业的教材，也可作为公共管理、公共服务、公益慈善、社会工作从业者的工作参考资料，还可为党政机关、社会组织、社会福利机构等的政策制定与决策提供参考。

本书相关 PPT 课件可以在电子工业出版社华信教育资源网下载。

未经许可，不得以任何方式复制或抄袭本书之部分或全部内容。
版权所有，侵权必究。

图书在版编目（CIP）数据

公益慈善学导论 / 彭小兵编著. -- 北京 ：电子工业出版社，2025. 3. -- ISBN 978-7-121-49723-0

Ⅰ．C913.7

中国国家版本馆 CIP 数据核字第 2025S04N88 号

责任编辑：李　敏
印　　刷：天津嘉恒印务有限公司
装　　订：天津嘉恒印务有限公司
出版发行：电子工业出版社
　　　　　北京市海淀区万寿路 173 信箱　邮编：100036
开　　本：787×1092　1/16　印张：25.25　字数：537 千字
版　　次：2025 年 3 月第 1 版
印　　次：2025 年 3 月第 1 次印刷
定　　价：89.90 元

凡所购买电子工业出版社图书有缺损问题，请向购买书店调换。若书店售缺，请与本社发行部联系，联系及邮购电话：（010）88254888，88258888。
质量投诉请发邮件至 zlts@phei.com.cn，盗版侵权举报请发邮件至 dbqq@phei.com.cn。
本书咨询联系方式：010-88254753 或 limin@phei.com.cn。

推荐序
PREFACE

　　重庆大学彭小兵教授邀请我为他编写的教材《公益慈善学导论》作序。彭小兵教授领导的教学团队在重庆大学长期从事公益慈善相关专业课和通识课的教学，而今又促成一部系统、完整的公益慈善学教科书面世，在我国公益慈善理论、实践与案例的文献挖掘、整理方面迈出了坚实的一步，实属难得，可喜可贺！

　　全书涵盖了公益慈善学理论与实践的核心概念、知识体系及理论框架，尽可能覆盖公益慈善领域的重要管理活动和主要管理制度，既包括理论和实践，也涵盖理念与价值观，并兼顾当前公益慈善领域的社会热点问题分析和案例分析，纲举目张，结构清晰，具有知识性、理论性和可读性，不仅有助于对当代大学生进行公益慈善学理论、知识、实务、价值观的启迪与引导，推动大学生提升公益慈善意识和志愿服务意愿，促进国家完善公益慈善相关政策、规章和制度，也有助于作为一种"身边的公益""生活中的慈善"的准科普读物向全社会普及、推广。

　　数千年来，世界各国不仅涌现了众多的公益慈善行为与事迹，也积累了大量的公益慈善理论与实践研究文献。将这些零散、琐碎甚至富有争议的公益资料、慈善史料挖掘、整理出来，无疑是相当繁重、充满挑战的工程。但得益于国内外公益慈善的每位参与者、研究者、教育者和推动者的实践、积累，以及挖掘、收集、整理，中国公益慈善社会生态得以持续改善，公益慈善各个方面的资料、文献和论著得以不断涌现，该书的编写工作才能够顺利进行。

秉承对公益慈善服务的承诺,保持一种谦卑和敬畏,基于公益情怀,以及实务技能提升和互助网络建设的需要,我乐于推荐该教材。我相信,该教材的出版有助于指导我国公益慈善实务、实践,丰富我国公益慈善理论,优化我国公益慈善资源配置,推动完善公益慈善政策,并促进我国公益慈善事业的可持续健康发展。

是为序。

深圳国际公益学院院长
2024 年 9 月

自　序
PREFACE

教育是"立德树人"、培育人的精神面貌的过程，且不仅是知识教育，而且是情感与人格教育。体现在高校中，高等教育不仅要教导和传播专业知识、专业技能，也要塑造人文品质、自我意识、科学精神和健全人格，还要培养服务社会的公民意识、社会责任意识和公共精神，并促进独立思考和自由探索，彰显个性化与多元化、创新与实践、能力与素养、当下与未来、成长与发展，以及学校、家庭与社会之间的互动与合作，促进学生全面发展，使学生成为文明社会的基石。近年来，我国提出全员育人、全程育人、全方位育人的"三全育人"教育理念，本质上亦体现了这种品质追求。

着眼于"全人教育"，那什么行为可以很好地展现一个接受过高等教育的人的人文品质、公共意识和公共精神呢？答案是：从事公益慈善事业。公益慈善事业在动员社会力量、补充公共服务、维系和谐稳定、促进公平正义和创新社会治理等方面都发挥着关键作用。评价一个社会的文明程度，一个重要的标准是审视这个社会如何对待其中最不幸的人，看其社区服务、环保、教育、特殊困境群体关怀等各类社会需求的满足程度。无论是城市社会还是乡村社会，其长久的魅力和品格的力量，不仅要看发展的速度、成长的高度，还要看他们当中的人从内心深处发出的对他人的怜悯、同情与关爱等持久地传递人性化爱的温度。人们参与公益慈善活动、从事公益慈善事业的活跃度和成熟度，就是评价和判断一个社会的温度的极其重要且关键的指标。

基于此，《公益慈善学导论》能够切中现代文明的时代主题和我国基层社会治理创新的需要，推动大学生参与志愿服务，树立现代公益慈善意识，塑造公共精神。

前 言
FOREWORD

有关公益慈善的管理与实践活动,是人类文明发展进程中重要的社会活动之一,公益慈善事业的发展水平已成为一个国家文明进步的重要标志。近年来,我国公益慈善事业得到了快速发展,公益慈善活动在城市和乡村广泛开展,公益慈善组织蓬勃兴起,公益慈善人才队伍得到了锻炼和成长,千千万万的志愿者活跃在城乡社区各个角落,投入公益慈善事业中,参与慈善募捐、慈善服务、公益慈善文化宣传等活动,展现了当代中国志愿者的崭新形象和全新面貌,全社会的公益慈善意识也在各种观点的交锋中逐渐得到提高。在此背景下,公益慈善事业在动员社会力量、补充公共服务、维系社会稳定、促进社会公平正义等方面都发挥了重要作用,已经成为创新社会治理、促进社会发展的重要主体和关键载体。基于这样的深刻背景,党的二十大报告提出,"引导、支持有意愿有能力的企业、社会组织和个人积极参与公益慈善事业""完善志愿服务制度和工作体系""拓宽基层各类群体有序参与基层治理渠道,保障人民依法管理基层公共事务和公益事业""建设人人有责、人人尽责、人人享有的社会治理共同体";《中华人民共和国国民经济和社会发展第十四个五年规划和2035年远景目标纲要》提出,要"促进慈善事业发展""畅通和规范市场主体、新社会阶层、社会工作者和志愿者等参与社会治理的途径""支持和发展社会工作服务机构和志愿服务组织,壮大志愿者队伍,搭建更多志愿服务平台,健全志愿服务体系"。显然,基于公益慈善参与社会治理的创新视角,国家从治理体系与治理能力现代化的战略高度提出了大力发展公益慈善事业,以及推进公益慈善教育、培训和人才培养的要求。

然而，当前我国公益慈善事业发展中依然存在一些问题，主要表现在：①我国社会各界对现代公益慈善的基本共识尚未广泛达成，一些公益慈善相关的争议、纠纷乃至损害公益慈善公信力的事件时有发生；②社会公众尚未树立正确的公益慈善观念，公益慈善活动尚未嵌入公众的日常生活，居民参加公益慈善实践活动的途径、方式和渠道依然受限；③公益慈善的信息公开透明尚缺乏足够的内在动力和制度性压力；④高校的公益慈善教育定位、公益慈善研究、公益慈善教学及公益慈善人才培养与就业支持，尚滞后于我国经济社会发展的需要，也落后于全球公益慈善事业的发展；⑤公益慈善政策、法律、法规、规章和地方性条例等有待进一步完善，公益慈善行业自律尚不成熟；⑥"数字中国"方兴未艾，伴随着以 ChatGPT 为代表的人工智能技术的发展，数字化转型是包括公益慈善事业在内的几乎所有行业都要面临的问题，但中国公益慈善的数字化建设尚未起步，如何通过 AI 大模型（涉及文本生成、图像处理、语音识别等多个领域）来提升公益慈善行动的性能、准确性，以及如何应对公益慈善活动、公益慈善信息披露中的数据隐私、算法透明度等挑战，也是公益慈善事业发展需要考虑的重要问题。在这样的背景下，我国需要广泛地开展公益慈善职业教育、本科生教育和研究生教育，开发公益慈善相关课程，开展公益慈善相关师资培训，大力培育公益慈善文化，探索公益慈善国际交流与合作，增强公民个人和组织的社会责任感，并增加科研经费投入、加大公益慈善的基础研究，举办公益慈善相关的国际国内学术会议，培养具有良好职业道德，具备公益慈善项目管理、公益慈善资源运作、公共关系与公益传播、公益慈善营销、志愿服务管理、链接并整合社会工作资源等基础知识、基本技能和公益慈善理论研究能力，能够胜任政府部门、社会组织和企事业单位相应工作岗位的高层次人才，形成公益慈善事业发展的良好社会氛围。

上述分别从社会现实需求和国家治理体系与治理能力现代化战略需要两个方面凸显了开发、编写公益慈善学教材的重要性和紧迫性。本教材根植于编著者长期从事的公益慈善本科教学，在内容上融合了编著者出版的《公益慈善事业管理（第 2 版）》，以及 12 年讲授"公益慈善事业管理"专业课程、"公益慈善与社会发展"通识课程这两门课程的讲义、教案、教学案例及指导学生从事公益慈善社会实践的成果，并正式提出公益慈善学这门学科。同时，本书广泛借鉴、吸纳了一些优秀同行的学术研究和实践成果，参阅了国内外相关学术专著、期刊、报纸、网络上的文献资料、案例素材，以及相关政策、法律、法规或部门规章。所有的这些借鉴或参考，有些已在注释或参考文献中标注，有些可能未列出，在此，我们谨向有关作者、出版单位及从事公益慈善理论研究与实践实务的各位同仁表示诚挚的谢意。本教材的编写，得益于国内外所有公益慈善参与者、研究者、推动者，以及公益慈善公共政策制定者与决策者付出的努力。

本教材具有以下 5 个方面的特点。

（1）本教材着眼于"立德树人""三全育人"和"全人教育"理念，按照公共管理类和实践应用型人才培养的知识目标、能力目标、素质目标对公益慈善学的知识体系进行编排，紧扣我国公益慈善事业发展的时代需要和大数据、人工智能技术的发展趋势，内容上涵盖了公益慈善学最核心的概念、理论及实践框架，突出了多类型的习题和大量经典案例的分析和讨论，形成了一个在社会治理视角下相对完整的公益慈善学理论与实践体系，具有现实性、趣味性和针对性。

（2）本教材融入党的二十大报告关于"完善志愿服务制度和工作体系""引导、支持有意愿有能力的企业、社会组织和个人积极参与公益慈善事业"的精神，吸收中共中央办公厅、国务院办公厅发布的《关于健全新时代志愿服务体系的意见》相关要求，紧扣"建设人人有责、人人尽责、人人享有的社会治理共同体"的现实背景、时代需要，反映新时期我国社会科学理论与实践的指导方针和自主知识体系构建的政策要求，也为国家构建初次分配、再分配、三次分配协调配套的基础性制度安排提供了科学依据。

（3）本教材的教学知识点强调公益慈善在社会治理、社会发展中的角色、功能和作用，强调对我国公益慈善领域一些社会问题及公益慈善理论与实践所凸显的各种社会问题的深刻回应，强调提升读者通过公益慈善观念和行动来回应社会诉求的能力。

（4）本教材全面融入课程思政元素，强化在公益慈善学基本概念、公益慈善发展史、公益慈善活动、公益慈善伦理、公益慈善文化、公益慈善管理制度等内容教学中公共精神、家国情怀、价值取向、社会责任、科学精神、职业素养、文化自信、理想塑造、意志品格、创新意识、耐挫能力、逻辑思辨、饱满人格等思政教学元素的挖掘与融入。

（5）本教材收录了编著者指导的本科生开发编写的一篇公益慈善实践案例，实践团队成员分别是孟子曦、陈雨佳、张茹、李俐桦、刘佳悦。注重通过公益慈善实践教学来强化对人才的培养，以及对课程理论知识的践行与应用，是本教材的特色。这有效满足了"意识+能力"双轨协同课程"理论教学+案例教学+实践教学"开展的需要。

本教材是重庆大学本科教育教学改革研究项目（教材建设专项，项目编号：2023JC01）规划教材，也是重庆市一流本科课程和重庆市本科高校课程思政示范课程"公益慈善与社会发展"建设、国家一流本科专业（行政管理）核心课程群建设项目及2024年国家社会科学基金重大项目（批准号：24&ZD107）的重要成果。本教材的出版，得到了重庆大学公共管理学院教材建设计划、国家社会科学基金项目（批准号：20VYJ031）的资助，获得了重庆市人文社会科学重点研究基地：公共经济与公共政策研究中心、重庆大学公益慈善与社会发展研究中心、重庆城市科技学院的鼎力支持。重庆大学陈培峰副教授、高级社会工作师郭英慧博士、杨永娇副教授、李凯博士、李毅博士承担了"公益慈善与社会发展"这门全校通识课程的教学工作，并为本书的编写提供了大量素材。电子工业出版社李敏女士为编辑本书做了大量技术性工作。在此一并表示感谢。

由于编著者水平有限，书中难免存在不足甚至错误之处，敬请读者批评指正。

编著者

2024年8月

目 录
CONTENTS

第一章 公益慈善的基本概念 1

第一节 公益、慈善与公益慈善事业 2

第二节 公益慈善学的学科属性 26

第三节 公益慈善学的科学基础 31

第四节 发展公益慈善事业 41

本章提要 42

本章案例 43

思考与练习 44

参考文献 45

第二章 公益慈善发展史 47

第一节 公益慈善的基本模式 48

第二节 英国公益慈善的发展 50

第三节 美国公益慈善的发展 56

第四节 中国公益慈善的发展 66

本章提要 82

本章案例 82

思考与练习 84

参考文献⋯⋯⋯⋯⋯⋯⋯⋯⋯⋯⋯⋯⋯⋯⋯⋯⋯⋯⋯⋯⋯⋯⋯⋯⋯⋯⋯⋯84

第三章　公益慈善组织⋯⋯⋯⋯⋯⋯⋯⋯⋯⋯⋯⋯⋯⋯⋯⋯⋯⋯⋯⋯⋯86

　　第一节　公益慈善组织的基本概念⋯⋯⋯⋯⋯⋯⋯⋯⋯⋯⋯⋯⋯87

　　第二节　慈善基金会⋯⋯⋯⋯⋯⋯⋯⋯⋯⋯⋯⋯⋯⋯⋯⋯⋯⋯⋯100

　　第三节　代表性公益慈善组织⋯⋯⋯⋯⋯⋯⋯⋯⋯⋯⋯⋯⋯⋯⋯108

　　第四节　发展公益慈善组织⋯⋯⋯⋯⋯⋯⋯⋯⋯⋯⋯⋯⋯⋯⋯⋯115

　　本章提要⋯⋯⋯⋯⋯⋯⋯⋯⋯⋯⋯⋯⋯⋯⋯⋯⋯⋯⋯⋯⋯⋯⋯⋯117

　　本章案例⋯⋯⋯⋯⋯⋯⋯⋯⋯⋯⋯⋯⋯⋯⋯⋯⋯⋯⋯⋯⋯⋯⋯⋯117

　　思考与练习⋯⋯⋯⋯⋯⋯⋯⋯⋯⋯⋯⋯⋯⋯⋯⋯⋯⋯⋯⋯⋯⋯⋯118

　　参考文献⋯⋯⋯⋯⋯⋯⋯⋯⋯⋯⋯⋯⋯⋯⋯⋯⋯⋯⋯⋯⋯⋯⋯⋯119

第四章　公益慈善活动⋯⋯⋯⋯⋯⋯⋯⋯⋯⋯⋯⋯⋯⋯⋯⋯⋯⋯⋯⋯120

　　第一节　公益慈善活动概述⋯⋯⋯⋯⋯⋯⋯⋯⋯⋯⋯⋯⋯⋯⋯⋯121

　　第二节　公益慈善活动开展⋯⋯⋯⋯⋯⋯⋯⋯⋯⋯⋯⋯⋯⋯⋯⋯134

　　第三节　公益慈善品牌⋯⋯⋯⋯⋯⋯⋯⋯⋯⋯⋯⋯⋯⋯⋯⋯⋯⋯142

　　第四节　公益慈善市场化⋯⋯⋯⋯⋯⋯⋯⋯⋯⋯⋯⋯⋯⋯⋯⋯⋯144

　　第五节　公益慈善风险管理⋯⋯⋯⋯⋯⋯⋯⋯⋯⋯⋯⋯⋯⋯⋯⋯146

　　第六节　公益慈善项目评估⋯⋯⋯⋯⋯⋯⋯⋯⋯⋯⋯⋯⋯⋯⋯⋯149

　　第七节　宗教公益慈善活动⋯⋯⋯⋯⋯⋯⋯⋯⋯⋯⋯⋯⋯⋯⋯⋯153

　　本章提要⋯⋯⋯⋯⋯⋯⋯⋯⋯⋯⋯⋯⋯⋯⋯⋯⋯⋯⋯⋯⋯⋯⋯⋯160

　　本章案例⋯⋯⋯⋯⋯⋯⋯⋯⋯⋯⋯⋯⋯⋯⋯⋯⋯⋯⋯⋯⋯⋯⋯⋯160

　　思考与练习⋯⋯⋯⋯⋯⋯⋯⋯⋯⋯⋯⋯⋯⋯⋯⋯⋯⋯⋯⋯⋯⋯⋯162

　　参考文献⋯⋯⋯⋯⋯⋯⋯⋯⋯⋯⋯⋯⋯⋯⋯⋯⋯⋯⋯⋯⋯⋯⋯⋯163

第五章　公益慈善从业者⋯⋯⋯⋯⋯⋯⋯⋯⋯⋯⋯⋯⋯⋯⋯⋯⋯⋯⋯164

　　第一节　公益慈善从业者的基本概念⋯⋯⋯⋯⋯⋯⋯⋯⋯⋯⋯165

第二节　公益慈善组织人力资源管理 ……………………………………… 170

　　第三节　公益慈善从业者的管理变革 ……………………………………… 177

　　本章提要 ………………………………………………………………………… 180

　　本章案例 ………………………………………………………………………… 181

　　思考与练习 ……………………………………………………………………… 184

　　参考文献 ………………………………………………………………………… 185

第六章　公益慈善财产 …………………………………………………………… 186

　　第一节　公益慈善财产概述 ………………………………………………… 187

　　第二节　公益慈善募捐 ……………………………………………………… 190

　　第三节　公益慈善捐赠 ……………………………………………………… 194

　　第四节　公益慈善财产的使用 ……………………………………………… 199

　　第五节　公益慈善财产的投资 ……………………………………………… 203

　　第六节　公益慈善组织的财务管理 ………………………………………… 212

　　本章提要 ………………………………………………………………………… 217

　　本章案例 ………………………………………………………………………… 217

　　思考与练习 ……………………………………………………………………… 219

　　参考文献 ………………………………………………………………………… 220

第七章　公益慈善文化 …………………………………………………………… 222

　　第一节　公益慈善文化概述 ………………………………………………… 223

　　第二节　美国的公益慈善文化 ……………………………………………… 230

　　第三节　中国的公益慈善文化 ……………………………………………… 232

　　第四节　公益慈善文化的建设 ……………………………………………… 237

　　本章提要 ………………………………………………………………………… 240

　　本章案例 ………………………………………………………………………… 240

思考与练习 ·· 242

　　　参考文献 ·· 243

第八章　公益慈善伦理 ·· 244

　　第一节　公益慈善伦理概述 ·· 245

　　第二节　公益慈善伦理的财富基础 ·· 250

　　第三节　公益慈善伦理的思想源泉 ·· 252

　　第四节　公益慈善伦理的理论构建 ·· 254

　　　本章提要 ·· 258

　　　本章案例 ·· 258

　　　思考与练习 ·· 262

　　　参考文献 ·· 262

第九章　公益慈善管理制度概述 ·· 264

　　第一节　公益慈善管理制度体系 ··· 265

　　第二节　中国公益慈善管理制度 ··· 273

　　第三节　公益慈善管理制度比较 ··· 277

　　　本章提要 ·· 279

　　　本章案例 ·· 279

　　　思考与练习 ·· 282

　　　参考文献 ·· 282

第十章　公益慈善组织管理 ·· 284

　　第一节　公益慈善组织的注册 ··· 285

　　第二节　公益慈善组织的认定 ··· 288

　　第三节　公益慈善组织的监管 ··· 296

　　第四节　公益慈善组织的评估 ··· 303

本章提要 ··· 309

　　本章案例 ··· 309

　　思考与练习 ··· 314

　　参考文献 ··· 314

第十一章　公益慈善捐赠管理 ··· 316

　　第一节　公益慈善捐赠管理规定 ··· 317

　　第二节　救灾捐赠的管理规定 ··· 321

　　第三节　优化慈善捐赠管理制度 ··· 323

　　本章提要 ··· 328

　　本章案例 ··· 328

　　思考与练习 ··· 329

　　参考文献 ··· 330

第十二章　公益慈善税收优惠 ··· 331

　　第一节　公益慈善税收优惠的内容 ··· 332

　　第二节　公益慈善税收优惠的对象 ··· 334

　　第三节　国外公益慈善税收优惠制度 ······································· 339

　　本章提要 ··· 345

　　本章案例 ··· 346

　　思考与练习 ··· 348

　　参考文献 ··· 348

第十三章　公益慈善信息披露 ··· 350

　　第一节　公益慈善信息披露概述 ··· 351

　　第二节　公益慈善信息披露规范 ··· 361

　　第三节　优化公益慈善信息披露 ··· 364

本章提要 ………………………………………………………… 367

本章案例 ………………………………………………………… 367

思考与练习 ……………………………………………………… 368

参考文献 ………………………………………………………… 369

第十四章　公益慈善实践案例 …………………………………… 371

参考文献 ………………………………………………………… 385

第一章
公益慈善的基本概念

知识目标

1. 掌握公益、慈善与公益慈善学的概念
2. 掌握公益慈善事业的基本概念
3. 理解公益慈善事业管理的概念
4. 认识与公益慈善相关的科学研究

能力目标

1. 理解公益慈善学的学科属性
2. 辨析公益与慈善的区别与联系
3. 理解公益慈善事业与公共事业的关联
4. 辨析公益慈善、社会工作、社会保障
5. 把握公益慈善与社会治理之间的关系

素质目标

1. 理解从事公益慈善事业的意义
2. 把握公益慈善事业的发展趋势
3. 理解发展公益慈善事业的意义

第一节 公益、慈善与公益慈善事业

在讨论公益与慈善的相关概念时，1992 年诺贝尔经济学奖得主加里·斯坦利·贝克尔（Gary Stanley Becker，1930—2014 年）说过的一段话常常被提及，他说："如果将时间与产品转移给没有利益关系的人或组织，那么，这种行为就被称为'慈善'或'博爱'。"这个定义强调了慈善行为的两个核心要素：自愿性、无直接利益关系。显然，贝克尔认为，慈善是一种自发的社会性行为，也是一种旨在最大限度地吸收社会资源、动员社会力量，以促进社会进步和改善他人生活状况的重要方式。贝克尔的定义为理解慈善的本质和意义提供了重要的理论基础。那么，究竟什么叫慈善？什么又叫公益？这两者之间又有何区别和联系？本节就公益慈善相关的几组基本概念加以梳理、辨析、厘清。本书认为，辨析这些概念，是开展公益慈善活动、促进公益慈善事业健康发展的基本前提。

一、公益与慈善的基本概念

为了厘清什么是公益慈善，必须先明确什么是公益、什么是慈善。我国的公益慈善理论界和实务界，长期存在公益与慈善这两个概念混用的现象，公益、慈善、公益事业、慈善事业、公共事业、公共利益这几个耳熟能详的术语的使用也比较混乱。准确理解和把握这些概念及其内涵，有利于把握公益慈善学科、理解公益慈善事业。

1. 公益的概念辨析

作为世界上最古老、最普遍的思想与行为之一，作为代表人类社会文明与进步的重要形式，公益历来为人类所颂扬，并被认为是亟待开发的现代社会的博爱资源。但公益的起源和发展受政治、经济、社会和伦理等因素的制约，与人类社会文明的发展相适应。

1）英文语境下的公益

公益，是有关社会公众的福祉和利益，在英文中对应的词汇可以是"Public Welfare""Commonweal""Community Welfare"，有成熟、完备之意，表达了身体、感情或智力上的多重成熟，反映了人们超越自我关心或自我利益而关注和理解他人的利益，意味着个体对于自身行为可能给他人造成的后果及对人我关系的感觉。其中，Public 通常表现为公众的、公共的，不仅是客观上量的集合，主观上也是一种共同的、集体的关怀；Welfare 饱含人类对健康、幸福、繁荣等福祉的美好追求；Public Welfare 通常是政府或公共机构提供的社会福利服务，通常与政府项目、政策或措施相关，旨在改善社区整体福祉；Community Welfare 是以社区为单位的福利和福祉，常用于描述社区项目、服务和组织提供的福利和福祉，注重社区内部的互助和支持，旨在提升社区成员的生活质量；Commonweal 是公共利益或公共福祉，强调为社会整体的共同利益而努力，日常使用较少，散见于文学和历史文本中。因此，公益慈善领域的公益翻译为 Community Welfare 或 Commonweal 更贴切一些，但在英文语境下更精确的用语还要联系本节下文要讨论的 Philanthropy 的概念。

什么是文明最初的标志？

1980 年，美国医生保罗·布兰德（Paul Brand）在《可怕而奇妙的创造》一书中回忆了美国人类学家玛格丽特·米德（Margaret Mead）的一次讲座。在那次讲座中，米德问："什么是文明最初的标志？"她表示，不是陶罐，不是铁器，不是工具或农业，真正最早的文明是一根愈合的大腿骨。米德举起了那根骨头，解释说这类痊愈痕迹永远不会出现在竞争性的野蛮社会遗迹中。

一个摔断大腿骨的原始人无法行走，也无法采集食物，而这根骨头需要休息数月才能痊愈。愈合的大腿骨意味着他没有被同伴抛弃。有人帮助他，照顾他，为他带回食物，带他逃离危险。倘若没有关怀互助的某种社会性情节，这个人只能走向死亡。

可能受米德的启发，在电影《流浪地球 2》中也有一个类似的情节。面对月球撞地球危机，联合政府的代表们迟迟无法达成共识。危难关头，中国代表放出了 15000 年前的人类大腿骨照片：长骨中间有一块扭结样凸起，标志着这根骨头曾在生前折断并愈合。这意味着，失去运动能力的伤者曾被同伴接纳、庇护数月直至痊愈，这种相互照顾的团结精神是人类社会区别于动物世界的最主要特征。

不过，在西方文化中，公益实际上源于基督教的信仰观念，其中最重要的是"博爱"，博爱彰显了上帝之爱或基督之爱和人之爱，也就是神之爱与人之爱。"博爱"首先强调一种无差别的爱，要"爱人如己"；其次是救赎精神，要通过帮助别人获得对自己的拯救。在基督教信仰中爱的观念演变、发展史上，早期的爱心行动（对应下文的慈善概念）或博爱仅关注活动及行动者本身的德行，与受助人实际受到的益处联系较少；后来，随着时代的变迁与发展，特别是中世纪宗教改革、新教兴起后，人们开始关注基督教活动对于个体和整个社会的影响，这时就出现了公益的概念。

总之，在西方社会尤其是在英文语境下，公益源于宗教"爱"的精神，且随着理性化的发展，逐渐从初始的"爱邻舍"的狭窄含义中脱离出来，由"爱人如己"所关注的对助人者德行及宗教性的强调，转为对受助人状态的改善，以及对整个社会的改变。这就是公益。

2）中文语境下的公益

中文较早的"公益"一词见于中国现代著名的戏剧家、编剧和翻译家洪深在1925年编译的话剧《少奶奶的扇子》第一幕："王太太有两位姓张的内侄女，很热心公益，在霞飞路一个什么妇女改良会尽义务。"该话剧改编自英国剧作家奥斯卡·王尔德（Oscar Wilde）的作品《温夫人的扇子》（*Lady Windermere's Fan*）。1934年，鲁迅发表的杂文《准风月谈·外国也有》中提到，"只有外国人说我们不问公益，只知自利，爱金钱，却还是没法辩解。"从这两个作品中可以看出，中文"公益"一词深受西方文化的影响。

公益是一种需要个人（或组织）打破家庭与社会的边界，将行动目标指向社会目标的行为，具体来讲是对社会整体或某一群体有益的活动或事业，核心是以公共利益和社会福利为出发点，追求社会的共同福祉。公益人是理性的、通过牺牲自己的利益追求全社会公共利益的人；当一个人为公共目标所做贡献成本高于他个人从中获得的收益时，那他的行动最终是一种付出行为，可以理解为一种公益行为。当然，公益人（组织）并非只有牺牲而完全没有获得，只是这种获得可能是一种精神价值，也可能获得小于付出。

在中国，"公益"的概念大体上在21世纪初才广泛进入社会公众的视野，逐渐被人们所认识、熟悉并广泛参与。1998年长江中下游洪水、2008年汶川地震后的救灾，以及2008年北京奥运会，使社会公众对"公益"的认识达到了一个新高度。

> **公益行为的主体**
>
> 英国、美国的法律中明确规定了公益活动既有世俗的公益活动，也有宗教性公益活动，因此，英国、美国的国家公益行为的主体既可以是一般的公众或组织，也可以是宗教性组织或宗教性机构。但是，中国的法律仅强调世俗的公益活动。
>
> 这种法律规定的细微差别，说明英国、美国社会在一定程度上强调公益与宗教的密切关系，而我国在对待宗教参与公益等社会服务问题上持谨慎态度。

3）公领域的公益和私领域的公益

事实上，中国的理论界和实务界对"公益"的理解并不统一，相关概念、内涵有混杂之处。主要表现为公领域的"公共利益"和私领域的"慈善公益"这两种不同的理解。

第一，公领域的公益。《辞源》将"公益"理解为，"公共之利益。相对于个人之私利、私益而言。"显然，这实际上将公益界定在与私利相对的公领域范畴。换言之，公领域的公益即公共利益（Public Interest），是指有关社会公众的福祉和利益，通常是非特定的社会成员所享有的共同利益，是指向非特定多数人的利益。例如，一项事业、公共事务或政策是否符合公共利益要求，取决于它是否有利于促进全社会所有人或非特定大多数人的利益。显然，公领域的公益活动，是政府和/或社会公众在共同的、共识的领域和场景中关注公共事务，以及为增进共同的利益、推进社会公正和公平的发展而采取的集体性协调行动。一切涉及公共利益的行为和活动都是公益，既包括政府性的，也包括非政府性的；既包括营利性的，也包括非营利性的；既包括强制性的，也包括自愿性的。由此可见，公领域的"公益"涉及"公共"的范围和"利益"的内容，公共利益之"公益"的概念具有受益对象、公共范围的不确定性及利益内容的不确定性等特征。

但是，即便是公共利益，在学术界仍是一个充满争议性的术语，因为公共利益的内容复杂且变化多端，难以寻求一个恒定不变的概念来定义。德国公法学者 Carl Edwin Leuthold 在 1884 年发表的《公共利益与行政法的公共诉讼》（*Public Interest and Public Actions in Administrative Law*）一文中主张公共利益是任何人但不必是全部人的利益。同一时代另一位德国学者 Franz Joseph Neumann 在 1886 年发表的《在公私法中关于税捐制度、公益征收之公益的区别》（*On the Distinction of Taxation Systems and Public Benefit in Public and Private Law*）中将"公共性"理解为"具有开放性，任何人可以接近，不封闭也不专为某些个人保留"，并提出公共利益受益人的不确定性，即公共利益是不确定多数人的利益，这个不确定的多数受益人符合公共的意义。在英美等普通法系国家，公益被立法机构或法院视为与整个国家和社会根本有关的原则和标准，要求将一般公共利益（General Public Interest）与社会福祉（Good of Community）纳入考虑范围，从而可以使法院有理由拒绝承认当事人某些交易或其他行为的法律效力。此外，公序良俗亦是公共利益。譬如，在法国、日本、意大利等大陆法系国家，以及中国澳门、中国台湾等地，公共秩序和善良风俗符合国家一般利益、社会道德秩序，以及利益冲突得到协调、弱者得到保护、正义得到维护等公共利益要求。中国法律法规中关于社会公德、社会公共利益和社会经济秩序的相关规定，表明中国法律界和法学界承认公序良俗原则符合公共利益的要求。

第二，私领域的公益。"私领域的公益"是主要由民间行为捐助、捐赠或从事的，增进有关社会福祉和公众利益，具有非营利性、非强制性、救助性和奉献性的一切民间活动。私领域的公益通常和"慈善、博爱、仁爱"相联系，既包括对特定人群的帮助、关爱（这些特定人群包括穷人、残疾人、没有生存能力的妇女孩童老人、无钱医病的病人或家庭、受不可抗力灾难的灾区群众等），又包括具有特定行为指向的扶持、帮助，如对教育、科研、环保、文化、体育等事项的捐助。私领域的公益活动与下文将要讨论的慈善（Philanthropy）行为的意义相同，私领域的公益事业亦是慈善事业，多指卫生、环保、救济、救助、救灾、心理健康、社区服务等特定群众福祉的事业，参与这种事业的目的是参与解决特定社会问题或大众环境问题。

显然，公领域的公益即公共利益，而私领域的公益即慈善公益，这是对两种界定范围不同的理解，会对公共政策与决策产生不同的影响，必须清晰分开。公领域的公益事业是政府组织和非政府公共组织等公共主体领域的公共性事业，其出现和扩展是近现代国家、政府强化其权力的产物，与个人、家庭或民间组织从事的慈善公益不同。

总之，公共利益语境下的公益事业，既包括公共事业，又包括公益慈善事业；而慈善公益语境下的公益事业，仅指公益慈善事业，不包括政府或私人投资的不具有特定行为指向的公共工程建设。因此，本书关于"公益慈善学"及"公益慈善事业管理"相关课程中界定的"公益"，都是以私领域的慈善公益作为讨论基础。

2. 慈善的概念辨析

1) 英文语境下的慈善

慈善，"是最为悠久的社会传统之一，它借由金钱的捐助和其他服务，来提升人类的福祉。"（参见《大美百科全书》）。在英文中，慈善常有两个词汇对应，即"Charity"和"Philanthropy"。在英文语境下，这两个词汇存在细微但重要的区别。据中国社会科学院美国研究所资中筠先生的考证，Charity 的原意是基督之爱，最初意味着上帝与人类的互动中所具有的爱。在基督教思想中，这种爱体现为人与人之间无私的爱，这是基督教思想中最高形式的爱——爱上帝在人间的体现。慈善活动（Charity Activities）原意也是教会对穷人、病人、孤儿及其他有需要的人的制度性善行。因此，Charity 对应的是基督之爱、慈爱、博爱、宽容，在行动上表现为以宽厚仁慈之心的乐善好施，其慈善（Charity）行动所表达的是一种在宗教信仰基础上的神对人的爱，而人模仿这种爱，并加以传递。因此，在今天看来，西方传统的慈善（Charity）承袭了宗教（尤其是天主教）的一些特点，慈善行为的施受双方在地位、资源拥有、权威上存在一些不平等，这种慈善行为在很大程度上带有自上而下的权威的意味。Philanthropy 由两个拉丁字根"Phil"和"Anthropy"组成，缘于埃斯库罗斯（Aeschylus）古希腊神话中普罗米修斯为人类从天神宙斯处盗取火种，给予人类生存希望，而后被宙斯捆缚在悬崖上任飞鸟叮啄身体。普罗米修斯的舍己行为被另一个神话人物赫菲斯托斯（Hephaestus）称为 Philanthropia，意"爱人类"。根据这个溯源，Philanthropy 表示善心、博爱之意，引申下去就是增进人类的福祉，这显然比 Charity 的社会性更强、覆盖面更广。

基于此，推演出来，Charity 是以同情为出发点的救苦济难行为；而 Philanthropy 常常是出于对人类福祉的关注所进行的系统的、大局面的努力和行动。

Charity、Philanthropy、Benevolence、Altruism 与 Humanitarianism 的细微差异

卡耐基在全美建立公共图书馆是 Philanthropy 行为；个人捐 100 美元给为低收入家庭孩子提供午餐的 NPO，是 Charity 行动。对比分析与"慈善"相关的英文词汇如下。

（1）Charity 通常是通过捐赠和帮助他人来缓解困境的具体行为，如捐款给慈善机构或参与慈善活动。

(2) 与 Charity 简单的给予相比，Philanthropy 更强调形成系统的解决方案，更侧重长远效果，所强调的慈善行为或捐赠活动通常涉及大规模的捐赠或支持社会公益事业，并在施予者与接受者之间形成一种稳定的互惠关系。

(3) Philanthropy 和 Charity 并不是以捐赠金额来划分的，但 Philanthropy 所面对的问题通常更为深远，其客观上涉及的资金规模相对也比较大。

(4) 在 Philanthropy 解决问题的过程中，可以选择一部分 Charity 的行为，但 Charity 不是 Philanthropy 的全部。

(5) Benevolence 即仁慈，一种愿意为他人做好事或表现善意的倾向或特质，包括同情心、怜悯心、怜恤、慷慨和对他人需求的敏感性，侧重于善意、仁爱和乐于助人的行为，但不一定与有组织的慈善活动相关。

(6) Altruism 即利他主义，是无私地关心和帮助他人的行为，通常不期望回报，强调个人的无私奉献精神。

(7) Humanitarianism 即人道主义，强调对人类福祉的关心，通常与提供援助和改善人类生活条件相关，特别是在突发公共危机和重大灾难中。

2）中文语境下的慈善

虽然《中国大百科全书》中把"慈善"定义为"从同情、怜悯或宗教信仰出发对贫弱者提供金钱或物质上的援助"，但在中国有关"慈善"的讨论中，慈、善这两个字的概念是分开的，具有不同的意义。"慈"是指长辈对晚辈的爱，引申为怜爱。《左传》中说："慈者爱，出于心，恩被于物也。"又说："慈谓爱之深也。"东汉文字学家许慎在其编撰的《说文解字》中解释道："慈，爱也。""上爱下曰慈。"至于"善"，其本义是"吉祥、美好"，《说文解字》中解释道："善，吉也。""爱"出于心，"吉"为美好，后来引申为和善、亲善、友好，《管子·心术下》中所说"善气迎人，亲如弟兄；恶气迎人，害如戈兵"即此意，其内涵比较清晰、简单，即美好、善意及对弱小者的关怀。"慈善"二字合起来，则是"仁慈""善良""富于同情心"的意思，如《北史·崔光传》中所说："光宽和慈善。""慈善"的基本解释就是对人关怀且富有同情心，仁慈且善良。总之，慈善是在爱的驱动下的善举，有两层含义：一是爱的心理，二是善行。慈善从字义角度来说，"怀有仁爱之心谓之慈，广行济困之举谓之善"，代表着仁慈、善良、同情心，是仁德与善行的统一。

进一步地，在中华民族优秀传统文化中，"慈"在多数情形下所表达的是一种基于亲子之爱而延伸至他人的爱，这种感情源于父母对子女发自内心的爱与关怀，是"父母之高行"（父母的高尚品行），是天性，也是善的最初起源。在具体表现形式上，"慈"所表达的这种爱是长辈对小辈的爱，是慈对幼的爱，虽然是一种关切和善意，但也体现了一种地位或权威等级，重点强调父母在德行上的崇高典范，例如，"父慈子孝，姑慈妇听"中父与子、姑（婆婆）与妇的地位是不平等的。因此，在"慈"的理念中，爱不仅传递善意，也传递权威：慈者关怀幼者是一种出于亲情的施恩，慈者在年龄、资源拥有、权威等方面都优于幼者。于是，将"慈"与"善"结合在一起，慈善表达了社会中强势人群对弱势人群（或长辈对小辈）的关心、爱护。通常，慈者是强势人群，拥有更多权威，人格更成熟，行动方式也更主动；而受者通常是不成熟的弱势人群，不拥有权威，被动地接受帮助。因此，就慈善的传统意义而言，慈善理念所表达的是对等级与权威的重视，人们评价慈善行为的重点是为善施慈者的品德，因而缺乏慈者与受者地位平等的含义。

综上，中国传统意义上的慈善概念，尽管客观上是社会上他者的利益及社会整体的利益，但在主观意义上更强调对于为善者正面、积极、权威的道德形象的塑造。因此，学术界有一种看法，认为传统意义上的慈善，其背景是父权制的社会及文化环境。有趣的是，殊途同归——西方基督宗教（尤其是天主教）中的慈善与中华民族优秀传统文化中的慈善都体现了施者与受者在地位、等级、权威和资源拥有上的某种潜藏的不平等。

3）广义的慈善与狭义的慈善

上述分析表明，慈善作为一种个人和社会群体自愿地对社会或他人进行无偿救助的行为，通常是一种不附加要求的给予，而给予本身可以获得一种快乐、一种满足。但是，根据受助对象的不同，对慈善也有广义和狭义两种理解。

狭义的慈善概念，是社会公众在自愿基础上对于社会弱势群体的无偿救助行为。其概念内涵与英语中的 Charity 较对应，指的是为穷人或其他有特殊需要的人提供的帮助、救济和施舍，这也是传统意义上慈善的概念，是一种主动的、一般不能掺杂经济利益的行为。根据这种狭义的概念，慈善事业通常是人们在没有外在压力情况下自愿地奉献爱心与援助行为，以及从事扶弱济贫的社会公共事业。

广义的慈善概念，是建立在社会捐献经济基础上的民间社会性救助行为，这种救助不仅包括传统意义上对特定穷人、弱者、不具有劳动能力而又无人抚养或赡养的人、灾民等的帮助、扶助，而且包括对教育、科研、文化、体育、环保等事业的支持和捐助。广义的慈善概念与英语中的 Philanthropy 较对应，其行为对社会产生的利益、效果，属于私领域的"公益"范畴。换言之，私领域的公益行为或活动，包含了"对他人的爱、对全人类的爱"或"增加人类福利的努力或倾向，以及对有需求的或贫困的人行善和慷慨施舍"，体现了仁心善举、人类之爱和公共责任，与广义的慈善概念吻合。

3. 本书对公益与慈善的概念界定

上文的分析表明，虽然"公益"与"慈善"这两个概念的内涵和外延有较大的区别，但在一些服务目标指向方面的意义比较接近，可以在社会发展的意义上将两者统一起来，形成一般化的公益慈善概念。在实践中，《中华人民共和国慈善法》在界定、规范"公益""慈善"有关事项时，并不对这两个概念做出明确的区分。

（1）慈善的服务领域主要为济贫、医疗、救灾等急难救助，往往规定了特定的老弱病残等客观上弱势的群体。也就是说，慈善是在弱势或困难成为客观事实的情况下提供的帮助，其受益对象可以精确到个体或特定群体。另外，为善施慈者往往是具备一定资源、地位与能力的人，这在客观上暗含了服务提供者与接受者双方的强势与弱势、施与受的某种不平等。因而，慈善所表达的爱与帮助也就暗含了自上而下地施舍的意味，暗示了权威与等级的不对等。当然，前文已经分析过，随着时代的进步，现代意义上的慈善内涵也在不断演进，并有了"广义慈善"与"狭义慈善"之分。

（2）公益的服务对象既可以包含特定的老弱病残等客观上弱势的群体，也可以是不具名的任何人，即公益的受益对象是社会整体和广泛群众。同时，公益的服务领域既涵盖了济贫、救灾、医疗、安老等慈善类服务，也涵盖了环保、文化、公民教育、社区服务等关注长期发展、提升社会成员素质的服务。更为关键的是，公益的服务对象不仅是弱势或困难已成为客观事实的群体，也可以是为了防止困难成为客观事实而提供的服务。显然，公益摆脱了慈善所暗含的不平等及对受者弱势地位的刻画，是一种较能体现平等、尊重的志愿精神。同样，前文已指出，中国理论界和实践界对"公益"的认识有两种不同的语境，主要表现为公领域的"公共利益"和私领域的"慈善公益"两种不同的理解。

基于上述分析，私领域范畴的公益行为是一种广义上的慈善，其资助、帮助、扶助、救助的对象，不仅包括特定的人群，如穷人、弱势者、残疾人、没有生存能力的妇女孩童老人、无钱医病的病人或其家庭、重大自然灾害的受灾群众等，又包括具有特定行为指向的扶持、帮助、捐助，如对教育、科研、环保、文化、艺术、体育、心理干预等事项的捐助、服务等。因此，公益慈善学所涉及的公益慈善活动、公益慈善事业、公益慈善行为等概念，就是基于私领域的公益事业和广义上的慈善事业，将"公益"与"慈善"统一起来运用，例如，《中华人民共和国慈善法》第一章第三条规定，"本法所称慈善活动，是指自然人、法人和其他组织以捐赠财产或提供服务等方式，自愿开展的公益活动。"本书下文对所有提到的"公益慈善""慈善"等用词都不再做出区分。

亚瑟·C. 布鲁克斯理解的公益慈善内涵

- 捐赠者不一定非是巨商大富，贫困者也可以行慷慨之举。富人可能捐献更多，但普通人的日常捐赠更能彰显一个社会的健康程度和道德水准。
- 受益方并不一定是弱势群体，大学等科研机构一直都是慈善捐赠的最佳领域。这个问题实际上触及了公益与慈善相关概念的内涵与外延问题。
- 慈善捐赠不一定是金钱，且捐赠也并非只意味着捐出你已经拥有的钱财，实际上，每个人贡献的时间、精力和智力服务更能体现慈善的本质。
- 慈善不是一种动机，而是一种行为。人们很难在慈善动机上达成一致意见。因为人们容易推测、推断他人的慈善行动是否怀有仁慈之心，但是动机本身是难以测量的，且动机具有多样性，一味地追溯或揣测动机无益于理解私人的慷慨行为对于社会发展的益处。
- 不同于政府强制下的税收行为，慈善是一种自愿行为，彰显了一种志愿精神，体现出人类的博爱之心，是超越个人私利的利他、同情心，以及对群体、社会的责任。
- 支持慈善行动不等于一定会支持政府的福利计划。与政府的直接救助相比，慈善具有比较优势，组织化慈善运作更能维护穷人自尊，"为那些有抱负的人提供向上攀爬的阶梯"。

—— 亚瑟·C. 布鲁克斯

源自 *Who Really Cares: The Surprising Truth About Compassionate Conservatism*

二、微公益

1. 微公益的概念内涵

通俗来说，微公益就是"微小的公益活动"，也就是从微小的公益行动做起，积少成多、持续地做公益活动，这种公益有时候显得微不足道，其行为模式相当于"做好人好事"，但"微公益"的价值信念体系与"做好人好事""行善积德"有显著的差别，正所谓"赠人玫瑰，手留余香"（The Roses in Her Hand, the Flavor in Mine）。和公益一样，微公益也根植于一些文化价值或信仰观念体系，即微公益行为并非简单的善举，而是每个人承担社会责任，秉承一种为社会创造有形或无形价值的爱的信念，这种爱的信念根植于一个民族、一个社会、一个国家的文化信仰中，如果没有这种爱的信念，微公益不可能长久持续下去，这也是微公益与一般善男信女偶发善心的区别所在。

（1）懂得付出，这样收获的快乐才是真正的快乐。幸福感是发自内心的一种生活态度，很多人有过这样的体验：因为你的举手之劳帮助别人，因为别人对你的一个微笑，让你有一种发自心田的快乐，有一种美滋滋的愉悦感，并可能让一个人燃起生命的勇气。真诚帮助别人，不仅可以解人之困，还可以给自己带来精神上的快乐和良好的道德体验。

（2）豆大的火苗，也能成为海岸线上指引的灯塔。公益再小，也可成为指引他人的方向。因此，不要吝啬自己的友好与善。甚至有时候，善良就是一种微公益。

（3）"涓滴之水成海洋，颗颗爱心变希望。"一个小举动有时候就会温暖另一颗心，小小的善意之举能点燃人们心里的希望，能抚平人们心里的失落感。正如"种下一棵树，收获一片绿荫；献出一份爱心，托起一份希望"，每个人撒下的"温暖"都会像树一样撑起一片绿荫。有时候帮助别人并不需要献出太多，正如《爱的奉献》那首歌所唱，"只要人人都献出一点爱，世界将会变成美好的人间。"

> **微公益之例证**
>
> 印度古谚语道:"赠人玫瑰之手,经久犹有余香。"这就是人们常说的"赠人玫瑰,手留余香"典型的微公益,其哲理是:在方便了别人的同时,会给自己带来方便。
>
> 特蕾莎修女(1979年诺贝尔和平奖获得者)经常说的一句话是:"May God break my heart so completely that the whole world falls in."(求你将我的心完全破碎,好让我的心中能有整个世界。)这是一个与饼干定律不尽相同的追求,折射了一种"要看到眼前的世界,要感受到身旁的温度"的人生追求。其实,世界就在眼前、在手中。下面这个《开灯的故事》也蕴含了微公益之"赠人玫瑰,手留余香"的人生道理。
>
> 有一位盲人住在一栋楼里,每天晚上他都会到楼下花园散步。奇怪的是,无论是上楼还是下楼,他虽然只能顺着墙摸索,却一定要按亮楼道里的灯。有一天,一位邻居忍不住好奇地问道:"你的眼睛看不见,为何还要开灯呢?"盲人回答道:"开灯能给别人上下楼带来方便,也会给我带来方便。"邻居疑惑地问道:"开灯能给你带来什么方便呢?"盲人回答说:"开灯后,上下楼的人都会看见东西,就不会把我撞倒了,这不就给我方便了吗?"

2. 微公益的基本特征

(1)草根性。与社会公众人物、企业及政府、政党、社团等的大额捐赠相比,微公益通常是一种民间的草根公益。

(2)集聚性。从事微公益,可以将普通人一点一滴、微乎其微的爱心、行动汇集起来,形成一股强大的社会力量。哪怕是举手之劳,也可以造福千万人。

(3)琐碎性。微公益强调,只要能对社会产生积极的影响力,哪怕再细小的事,都值得去做。让座、随手关灯、主动排队、节约用水、关注环保、节约粮食、关爱特殊人群……,甚至一个微笑、一个拥抱、一句问候、一个默默的祝福,都是一种公益活动。

(4)参与性。微公益因其"人人都做,从身边的小事做起,注重并依靠普通民众参与和支持,强调多元参与"的生活方式和思维模式而成为社会成熟、健康的重要标志。

(5)糅合性。"壹基金"就是微公益与大型慈善组织糅合的代表:"壹基金"是一个社会组织,但参与"壹基金"活动的人做的是微公益。

三、公益慈善事业

1. 公益慈善事业的定义

公益慈善事业(Philanthropic Causes,或 Philanthropic and Charitable Activities),是指在政府的倡导、帮助或支持下,通过"使命"的凝聚和引导,主要由民间团体或个人自愿组织和开展活动，对社会中遇到灾难、不幸的人或有利于人们福祉的教育、科研、文化、艺术、体育、环保等社会事务，不求回报地实施救助、扶助、资助的一种无私的支持与奉献的事业。公益慈善事业体现在那些旨在救助、救济、扶助特殊困难群体或个人及各类组织的公益慈善活动中，其运作资源主要是从社会上以一定的法定形式募集到的财产（也有政府资助及他国政府、境外组织或个体的捐赠），同时支持公益慈善组织或个人实现自己的使命。使命的实现、责任的担当是公益慈善事业的终极目标。由于公益慈善活动以社会成员的慈善爱心为道德基础，以社会成员自愿捐献的财产为经济基础，因此，公益慈善事业的实质，是从爱心、善意、社会责任等道德层面出发，通过实际的自愿捐赠、志愿服务等行为和举动，对社会的物质财富进行的第三次分配。

《中华人民共和国公益事业捐赠法》第三条规定，公益事业是指非营利的下列事项：①救助灾害、救济贫困、扶助残疾人等困难的社会群体和个人的活动；②教育、科学、文化、卫生、体育事业；③环境保护、社会公共设施建设；④促进社会发展和进步的其他社会公共和福利事业。其中，社会公共设施建设主要是指捐赠建设的公益事业工程项目。基于此，按照本书前文关于公益与慈善的概念界定，将《中华人民共和国公益事业捐赠法》中的"公益事业"等同理解为"公益慈善事业"，包括社会捐资建的学校、桥梁、医院、福利院、养老院等社会事业；那些非社会捐资建的公共设施和公共工程，属于公共事业，而非本书所界定的公益慈善事业。同时，根据《中华人民共和国慈善法》第三条有关慈善活动的规定，本书将其中所列举的慈善活动等同理解为本书关于公益慈善事业所包含的活动。

英国的公益慈善事业

英国是世界上较早出现民办社会公益性事业的国家，也是较早由政府出面对慈善事业进行监管的国家。根据英国《慈善法（2006年）》（*The Charities Act 2006*），只有那些为公众利益服务的、具备慈善目的的事业才能被认可为公益性事业。以下13项被认可为具备慈善目的的事业：

(1) 扶贫与防止贫困发生的事业；
(2) 发展教育的事业；
(3) 促进宗教的事业；
(4) 促进健康和拯救生命的事业；
(5) 推进公民意识和社区发展的事业；
(6) 促进艺术、文化、历史遗产保护和科学发展的事业；
(7) 发展业余体育运动的事业；
(8) 促进人权、解决冲突、提倡和解及促进不同宗教与种族之间和谐、平等与多样性的事业；

(9) 保护与改善环境的事业；

(10) 扶持需要帮助的青年人、老年人、病人、残疾人、穷人或其他弱势群体的事业；

(11) 促进动物福利的事业；

(12) 有助于提高英国皇家武装部队效率的事业；

(13) 其他符合本法律相关条款规定的事业。

2. 公益慈善事业的本质

从公益慈善促进社会发展、创新社会治理的角度来看，可以通过"爱"和"公义"这两种形式展示公益慈善事业作为社群纽带的真正意义，揭示公益慈善事业之所以存在的本质内涵，即爱与公义，构成了现代公益慈善事业的本质，具体描述如下。

1）爱的社群纽带

著名歌手韦唯演唱的那首《爱的奉献》曾经响彻中国大江南北，"只要人人都献出一点爱，世界将变成美好的人间"那句歌词，曾感动了一代人，直到现在仍被无数人作为经典传唱，其内在道理是爱本身揭示了一种社群意义和价值。因为，爱，可以给人温暖与力量；爱，可以融化人际的隔阂，弥合社会的对立分化。公益慈善的本质就是传递一种爱，因此公益慈善事业本质上就是爱的社群纽带的事业。

不过，"爱"在西方传统文化中是一个普遍而又复杂的概念。譬如，社会学家弗洛姆（Erich Fromm，1900—1980年）将爱定义为给予和分享。本书认为，尽管有关"爱"的界定比较复杂，但其核心内涵不变，"爱"天生地具有群体性的意涵（孙艳萍，2014）。正如英国女作家玛格丽特·德拉布尔（Margaret Drabble）在"光辉灿烂"三部曲（The Radiant Trilogy，1987—1991年）中以"爱"的普遍性价值来对抗异化、碎片化的现代生活，坚持用情感来补充现代理性世界，建构起现代社群道德，并传递给人们这样一个温馨的信息："爱"是人类形成亲密无间、相互信任关系的纽带；"爱"是人与人之间建立守望相助的伦理团结的纽带。

2）社会公义的普遍追求

一方面，从公益慈善服务供给的个体或自身角度来看，企业和个人的公益慈善捐赠或公益慈善行为有心理和功能上的双重作用。一是心理上的原因："成就需求"。美国社会心理学家马斯洛（Abraham H. Maslow）把人的需求依次分为5个层次：生理需求、安全需求、社交需求、尊重需求、自我实现需求。其中，参与公益慈善活动、从事公益慈善事业是满足尊重需求和自我实现需求的重要途径。二是功能上的原因：公共关系和社交手段。公共关系是指企业或个人利用自己的资源影响利益相关者（Stakeholder）的行为。利益相关者包括政府、行业组织、媒体、社区领袖、社会公众、供应商、代理商、客户、股东、员工等。参与慈善公益活动是提升政府、媒体、客户和社会公众对企业品牌的知晓度、偏爱度、信任度的重要公关和社交方式。当企业或个人承担社会责任、为社会做贡献时,也会从社会得到各种有形或无形的回报。公益慈善是国际通行的企业文化色彩,能给企业和企业家带来巨大的诚信背书和市场。

另一方面,从公益慈善服务需求的群体与社会角度来看,公益慈善事业出于正义、公义与怜悯的需要。毋庸讳言的是,人类社会还存在诸多不公义的现象;有人会故意做不公义的事,其他人甚至会把这种不公的社会结构看作理所当然,并从中获利。此外,无论是主动的或被动的,无论是有意的或无意的,在某种程度上,每个人都参与在某种不公义中,并且会因为不法的事增多,许多人的爱心渐渐变得冷淡。于是,面对人类社会持续不断的不公义,我们就号召要行公义,而公益慈善事业就是一种行公义的方式、途径,或者说,以慈善捐赠为核心的公益慈善事业,是消弥社会成员之间过度的贫富差距和社会不公平问题的最佳"社会润滑剂"。事实上,公益慈善不止包含了一种新的身份,更改变他们的生命,并推动他们以惊人的方式去行动的一种能力、一种途径(而不需要像武侠小说中的侠客那样去替天行道),去为其他人寻求正直、公义。可以说,公益慈善事业是一种颠覆的生活方式,并且不总是简单的、轻松的,而要求人们勇敢地把他人的问题变成自己的问题,要求人们行公义、好怜悯、谦虚谨慎。

3. 公益慈善事业的功能

美国雪城大学马克斯韦尔公共事务学院亚瑟·C. 布鲁克斯(Arthur C. Brooks)教授认为,慈善既是一种国家经济财富的重要标志,也关系到民众幸福、健康及公民作为一个自由人所具有的赠与能力,即"慈善是运转良好社会和机能健全生命的关键",以及"慈善与我们的身心健康、社团生命力、国家繁荣,甚至与我们作为自由人来支配自己的能力密切相关"。这些阐述,实际上从理论层面揭示了公益慈善事业的基本功能。从具体操作领域来看,公益慈善事业作为社会利益的调节器及其实现第三次分配的功能定位,决定了其发挥的功能应包括安老助孤、扶贫济困、医疗救助、梳理社会人际关系、缓解社会矛盾、稳定社会秩序、促进社会公平、增强公民社会责任、促进社会文明与进步等。近年来,公益慈善事业在我国抗震救灾、疫情防控、乡村振兴、教育科技、乡村治理等方面也发挥了积极作用。总结来看,公益慈善事业的功能包括但不限于以下 10 个方面。

(1) 弥补医疗保障的不足。医疗救济是公益慈善事业的重要组成部分,在维护和保障需要救助、扶助、捐助民众的身体和精神健康方面有着不可估量的作用。

(2) 照顾弱势群体。社会上总会存在一部分需要给予特殊关怀和照顾的弱势群体,如弃婴、孤儿、独居老人、重病患者、残疾人及各种灾害的受害者等。对这些特殊群体的救助就成了公益慈善事业的重点,公益慈善使弱势群体的衣食有了基本着落,使他们的生活变得安定。

(3) 发挥乡村振兴的作用。公益慈善事业是政府救助的补充力量和乡村振兴的重要兜底力量,在参与贫困地区产业扶贫、教育扶贫、健康扶贫等方面扮演着重要角色。

(4) 弘扬乐善好施的风尚。恤老慈幼、扶贫帮困是自古以来中国人的道德规范,这种美好的风尚、习俗，可以且需要通过公益慈善事业传承下去。

（5）增强民族凝聚力。公益慈善事业在一定程度上促进了民族团结，提高了民族凝聚力。

（6）维护社会价值。灾荒救济、医疗扶助、恤幼养老、邻里相帮、济人危难、助人为乐、乐输善资、社会正气等优秀的社会品质通过公益慈善事业得到了维护和宣扬，而不诚信、过度功利、道德滑坡、社会失范等现象通过公益慈善事业得到遏制。

（7）建设和谐社会。公益慈善事业能够调节贫富差距及不同阶层、不同群体之间的利益关系，化解社会矛盾，保障人的基本生存和尊严，解决社会问题，促进公平正义。

（8）减轻政府负担。公益慈善事业可以充分挖掘社会资源，动员社会力量来解决社会难题，进而缓解政府财政压力。

（9）连接政社沟通。公益慈善事业可承担"由上而下"传达国家政策、意志，以及"自下而上"反映民情、民意、民利的特殊中介角色，在民众与政府间架起沟通的桥梁。

（10）促进社会参与。公益慈善事业能够有效地塑造公众参与的公民文化，推动社会主义民主进程，吸纳并促进社会公众参与基层社会治理。

慈善的意义和使命

罗伯特·L. 佩顿（Robert L. Payton）在《慈善的意义与使命》一书中细致地呈现了慈善的意义、使命，从另一个侧面诠释了公益慈善事业可以发挥的功能。

1. 慈善的意义

罗伯特·L. 佩顿把慈善理解为"为公众谋福利的志愿行为"，即通过志愿行为给予三"T"：金钱（Treasure）、时间（Time）、智力（Talent）来实现两种目的。第一，减轻他人（与自己无血缘或法律关系的人）的痛苦、困境，如提供衣食、处所、治病等；第二，改善社区群体的生活质量，如促进或改善社区文化、教育、体育、娱乐、环境等。两种目的都具有明显的道德维度（Moral Dimension），道德维度是慈善与公益的重要特征。这意味着，慈善可以涵盖志愿行业、非营利性组织（NPO）、非政府组织（NGO）、第三方独立机构（Third Sector）、公民社会（Civil Society）等概念，覆盖了做好事、善行、利他、人道主义等意义，以及善行的多样性，且能与政府、市场等并列。

2. 慈善的开展

慈善行为和慈善组织广泛活跃在社会生活中，涉及教育、医疗、环保、文化、艺术、人权、社会服务、国际事务等诸多领域，与政府、商业一起构成社会发展的三驾马车。同时，罗伯特·L. 佩顿和迈克尔·P. 穆迪认为，没有志愿组织，就没有慈善事业。志愿组织可以团结个体的力量，聚集全社会的救助力量。另外，志愿组织通过有序的筹资、管理和评估，可以长期为人们提供各种生活必需品，维护困境中人们必要的尊严，帮助困难群体渡过难关，帮助其自力更生。从单个情形来看，虽然这只是暂时的救济，但是它的社会影响是长期的。

3．慈善的使命

公益慈善组织的使命，应该是在发现社会问题的基础上，利用创新的道德想象对社会问题进行回应。不过，使命并不总是显而易见的，发现使命需要发挥道德想象，好的使命陈述应该是对公众再认识、再教育的过程。成功的公益慈善组织，其经营秘诀在于让捐赠者忠于并奉献于该组织的使命、价值，而不是该组织本身。践行慈善的最高指导原则是：做好事而不要伤害别人（Seek to Do Good but Do No Harm）。

4．慈善的信条

慈善的根本目的不是对某个人或某几个人的救济，而是关注社区和整个社会的发展。支持社区发展，既是对社区的答谢，也使社区的成功成为可能。人们常说回报（Giving Back）社会，其实也就是推进（Giving Forward）社会。例如，利里基金会（Lily Endowment）70%的拨款用来支持美国印第安纳州及利里基金会所在城市印第安纳波利斯的发展，践行了基金会创立者的意愿和基金会的价值观：回报和扶持所在社区的发展；福特基金会设立专项资金帮助所在社区解决贫穷、低程度教育及失业问题，实际上创新了企业的商业策略，因为社区的文明程度和文化程度越高，就越可以供给更好的劳动力和发展环境，增加公司竞争优势，实现社区和企业的共赢。

5．慈善的制度根基

罗伯特·L.佩顿、迈克尔·P.穆迪概括了新教经典对慈善的各项引述及受新教传统影响的英国《1601慈善使用法》，强调新教伦理并呼吁人们关注和爱护社区。

4．公益慈善事业的特征

（1）自愿性。公益慈善事业的动力源泉是社会成员内在的志愿服务价值观，公益慈善事业依靠的是社会成员出自慈爱之心和友善之情的自发自愿的捐助行为，公益慈善资源的聚集依赖个人和组织在时间、金钱、物质、信息等方面的自愿捐献、志愿服务。

（2）民间性。公益慈善事业是民间社会依法组织参加或参与表达的一项社会性事业，公益慈善资源主要来自民间社会的捐助和志愿服务，是民间性、草根性事业。

（3）社会性。公益慈善事业中受助人与捐助者之间没有亲缘关系和利益关系，其活动运行过程包含复杂的社会行为和经济关系，专业化是公益慈善事业社会性的体现。

（4）人民性。人民性是公益慈善事业的本质属性。公益慈善事业要"把实现好、维护好、发展好最广大人民的根本利益作为出发点和落脚点，坚持以民为本、以人为本。"

5．公益慈善事业与传统慈善事业

从狭义的慈善到广义的慈善或私领域的公益，相关概念内涵和外延的延展反映了公益慈善事业从传统到现代的历史变迁，并在以下4个方面发生了显著变化。

（1）在观念形态上，传统慈善观强烈依赖宗教或宗族意识，慈善行为具有居高临下的意味；而现代公益慈善行为被看作主要由社会提供的"公共物品"。

（2）在组织层面上，传统慈善事业主要局限于教会、行会、宗族等共同体，在施者和受者之间形成一种人身依附关系；而现代公益慈善事业，个人超越了共同体束缚，公民自愿参与到公益慈善行动中来，捐助者和受助人是平等的关系。

（3）在行动主体上，传统慈善活动一般由政府、宗教团体或单独个人开展；而现代公益慈善事业越来越依靠众多的专业化的公益慈善组织（如基金会）进行。

（4）在活动领域上，尽管当前公益慈善事业主要着眼于扶困助贫，但对社会公共生活的介入日益成为一些公益慈善组织开展活动的重要内容。因此，致力于公益慈善事业的慈善组织，既保留了对传统慈善领域的一些特殊遭遇者的帮助，又包括了对公共生活或群体的关注，以及对社会问题的回应，如教育、科研、环保、动物福利、乡村治理等。

6. 公益慈善事业与公共事业

公共设施（Public Facilities）是社会公众共有的设施，是国家或其他组织因公共利益需要所提供的供公众使用的有形物体及设备，具有公共财产属性（Public Properties）或非竞争性、非排他性，私人不能独占。公共设施包括在公共物品（Public Goods）中。

公共事业（Public Undertakings 或 Public Sector Enterprises）是面向社会、不以营利为主要目的，而以满足社会公共需要为基本目标，直接或间接为国民经济、社会发展和民生活动提供公共服务、公共物品或创造条件的事业，体现了社会全体或大多数成员的需要，关系到他们的共同利益。公共事业可以由私人投资、建设和经营，并获得一定或适当的利润；也可以由国家投资、建设并交给私人企业经营管理，带有一定的福利性质；还可以由政府投资、建设，并由政府组织或责成有关机构直接经营管理。政府、学校、医院、社会组织，以及水电气热生产供应、公共交通、卫生保健、文化教育、体育娱乐、邮电通信、园林绿化等部门都是公共部门，所从事的都是公共事业。

那么，如何区别公益慈善事业和公共事业呢？

其一，公共事业侧重于一个主体给其他主体带来的好处，强调受益对象的广泛性、公共性和非排他性；而公益慈善事业更强调主体内心具有的仁慈、善良、同情之心，以及以此为基础实施的施舍、救助、扶助等志愿行动。公益慈善具有内在性，旨在对内心行为进行说明；而公共事业具有外在性，其追求的公共利益旨在对活动目的进行阐述。

其二，公益慈善事业的建设项目包含公共设施，一些公益慈善事业属于公共事业，如社会捐建的希望小学、逸夫楼、桥梁、医院等；但那些非民间捐资建的公共设施，如公园、市政工程、水电气公司等，属于公共事业，不属于公益慈善事业。

其三，公益慈善事业的服务对象通常是一些遭遇特殊困难的、有明确受助对象的个人、家庭或群体，如失学儿童、无钱医治的病人、遭受自然灾害的灾区群众，以及高校、科研院所、环保组织等；而公共事业的服务对象是不确定的大多数或社会公众。

其四，公益慈善事业属于社会性公共事业，但不是由政府或国有企业提供的公共服务，公益慈善事业的资金来源主要不是财政拨款，而是社会捐赠、捐助、奉献。

此外，有两个与公共事业紧密关联的概念，即公共事务、公用事业。公共事务准确来说是社会公共事务（Public Affairs）。亚当·斯密在《国富论》中强调需要政府处理的公共事务包括3个方面：①保护社会，使其不受其他独立社会的侵害；②尽可能地保护社会上的每个人，使其不受社会上任何其他人的侵害或压迫；③建设并维持某些公共事业及某些公共设施。显然，建设公共事业属于特定类型的公共事务。至于公用事业（Public Utilities），通常是指提供基本生活所需服务的行业和企业，这些服务通常包括电力、天然气、水、下水管道等，对于日常生活和经济活动至关重要。

四、公益慈善与社会保障

与公益慈善事业密切相关的一个"现代事物"是社会保障。社会保障是国家层面保障公民基本生活需求的社会福利，这是由国家保障的基本公民权利，有严格的法律制度规定，如低保、医疗保险、养老保险、失业保险，或者政府建立的养老院、孤儿院、福利院等。公益慈善与社会保障之间的区别如下。

（1）公益慈善是建立在人类同情心、同理心、恻隐之心或信仰基础上的，是一部分人对另一部分人的怜悯、慈爱和自愿捐赠、帮贫济困，属于"社会收入的第三次分配"，其功能不是保障公民的基本生活，而是在个人（家庭）或群体遭遇或遭受重大疾病、重大自然灾害、重大损伤之后给予的无偿支持，或者在繁荣文化、艺术、体育、教育及促进环保、动物福利等方面全社会给予的扶持，具有补充生活保障的属性。

（2）建立在公民权利基础上的社会保障，履行"国家社会财富第二次分配责任"，主要通过财政手段，保障特殊群体的基本生活、基本生存或基本尊严，体现权利性。

五、公益慈善与社会工作

与公益慈善事业密切相关的另一个"现代事物"是社会工作。简单来说，社会工作是社会服务层面的职业化、专业化。公益慈善与社会工作无论是在理论方面还是在实践方面均有较明显的差异，但两者之间存在一些渊源上的密切关系，以及实务、实操中的相互支撑关系。

1. 社会工作的概念

社会工作（Social Work）是非营利性的、服务于他人与社会的专业化、职业化活动。

但是，学术界对社会工作的定义不完全统一。譬如，美国社会工作者协会（National Association of Social Workers，NASW）对社会工作的定义是，"一种专业活动，用以协助个人、群体、社区强化或恢复能力，以发挥其社会功能，并创造有助于达成其目标的社会条件。"弗里兰德（Friedlander）1980年在其所著的《社会福利导论》（Introduction to Social Welfare）一书中强调，社会工作是一种专业服务，也是一种专业助人的过程。中国台湾学者廖荣利在其1996年出版的《社会工作概要》一书中引述了芬克（Fink）对社会工作的定义，认为社会工作是一种艺术或学科，它通过提供专业助人的服务，来增强个人与群体的人际关系和社会生活功能，这种助人的专业方法注重人们和其所处环境的交互关系；但廖荣利本人定义社会工作是现代社会中一种独特的专业领域，运用社会的、心理的科学原则，解决社区生活中的特殊问题，并减除个人的生活逆境和压力。

尽管国际学术界对社会工作的界定存在差异，但都具备如表1-1所示的基本特征。

表1-1 社会工作的基本特征

重要特征	具体描述
职业助人活动	社会工作是专业的、职业性的助人活动，即服务于困难或困境中的群体或个人（家庭）、以利他为目的的职业活动
注重专业价值	社会工作以解决社会问题、增进人民福利为己任，以助人为职责，以追求社会公正与进步为目标，强调平等之爱、对人的尊重、对生活的热爱
强调专业方法	社会工作形成了个案工作、小组工作、社区工作等一系列独特的、反复实践行之有效的科学工作方法
注重实践	社会工作本质上是实践的，与服务对象一起帮助他们改变自己的困境，增进其社会功能
强调合作	社会工作是对人的工作，是社工与服务对象之间互动的、"共同工作"的过程
多方协同	社会工作介入的问题大多比较复杂，既需要社工之间的分工与合作，又需要社工与社会其他人员的合作，需要全社会共同面对

我国实务界对社会工作有3种理解，分别是普通社会工作、行政性社会工作和专业社会工作。

（1）普通社会工作：在本职工作之外从事的、不计报酬的服务性或公益性工作。这种普通社会工作是相对于本职工作而言的，但实际上从事的是公益慈善服务。

（2）行政性社会工作：在政府职能部门和群众团体中专门从事职工福利、社会救助、思想工作等类型的助人活动。这些工作都是由国家正式人员专门承担的助人解困活动，工作人员较少受过助人方面的专业训练，因此它是行政性社会工作。倘若不收取报酬，那这类社会工作相当于政府工作人员或其他社会组织成员参与的公益慈善活动。

（3）专业社会工作：由受过社会工作专业训练的人开展的助人活动。一般所说的社会工作就是这种专业社会工作，其与国际上通行的社会工作（Social Work）对应。

2. 社会工作的对象

社会工作服务的基本对象是那些"最值得帮助的人"，如孤儿、孤寡老人、残疾人及因天灾人祸等陷入困境或危险境地的人。这些人之所以"最值得帮助",是因为家庭、亲朋、社区不能向他们提供基本支持,此时政府和社会要承担起基本的责任。

随着社会问题的复杂化、社会进步和社会福利制度的发展,社会工作的对象也在不断扩大,从贫困的个体和家庭到有问题、欠发展的社会,从困难民众到一般公众。社会工作不仅要面对困难及弱势群体,也要面对社会进行服务。当出现社会问题或社会公共危机时,社会工作者可以用自己的方法和角度介入,帮助公众正确应对问题(见表1-2)。

表 1-2 社会工作的目标

目标层面	具体目标
个体层面	解救危难、解除危机
	缓解困难、缓解压力
	促进发展、发挥潜能
社会层面	解决社会问题、修复社会机制
	促进社会公正、干预社会不公

3. 社会工作的领域

社会工作服务开展的领域包括但不限于社会福利、社会救助、慈善事业、社区建设、婚姻家庭、精神卫生、残障康复、教育辅导、就业援助、职工帮扶、法律援助、犯罪预防、禁毒戒毒、社区矫正、安置帮教、人口计生、人民调解、应急处置、异地务工人员服务19个领域。当然,这些领域并未严格区分,且本来就有自己的专业,因此,发挥社会工作服务的专业特色和专业能力并不容易。

4. 社会工作的任务

社会工作的任务主要通过从事具体社会工作服务的社会工作者(简称"社工")的职业任务来明确,通常包括以下6个方面。

(1)运用社会工作专业理念、方法与技能,提供帮困扶弱、情绪疏导、心理抚慰、精神关爱、行为矫治、社会康复、权益维护、危机干预、关系调适、矛盾化解、能力建设、资源链接、社会融入等方面的服务,帮助个人、家庭恢复和发展社会功能。

(2)帮助面临共同困境或需求的群体建立社会支持系统。

(3)培育社区组织、开展社区活动、参与社区协商、化解社区矛盾、促进社区发展。

(4)组织开展社会服务需求评估、方案设计、项目管理、绩效评价与行动研究。

(5)开展社会工作专业督导,帮助督导对象强化专业服务理念、提升专业服务能力、解决专业服务难题。

(6)协助做好志愿者招募、注册、培训与考核工作,引导和组织志愿者开展社会服务。

其中,上述(3)和(6)将社会工作组织与社区社会组织、社会工作者与志愿者的角色进行了明确区分。

5. 公益慈善与社会工作的关系

（1）起始根源。考察西方社会工作发展历史发现，社会工作是在公益慈善事业发展到一定阶段产生的。社会工作源于早期公益慈善事业及对公益慈善活动的反思，其主要根源有两个方面。

其一，基督教公益慈善的查默斯理念与慈善组织会社的实践。查默斯的贫困者自助理念强调从道德层面提升受助者的个人品质，对于贫困的救助应以对个人道德弱点的教育和扶助为主，在适当情况下才给予物质救济。这一理念影响了英、美慈善组织会社（Charity Organization Society，COS）的运作和形成，并发展出一套系统的助人技术和方法，如友善访问员的工作目标、个案资料的记录与写作、志愿人员的训练、科学的慈善方法等。

其二，不同于 COS 的理念与方法，1886 年美国出现了一种社区睦邻运动（Settlement House Movement，SHM）。社区睦邻运动通过让志愿参与者亲身体验并参与贫民生活，使其了解社会不平等的存在及其严重程度，进而重新思考更具整体性的社会政策。SHM 将群体和社区作为自身工作背景的行动过程，与小组工作经典的治疗模式、社会目标模式和互动模式的工作目标和原则存在一致性。不过，20 世纪后的美国社会工作发展似乎摒弃了社区睦邻运动的"社会变革"路线，而采用了慈善组织会社运动的"治疗取向"。

总之，以慈善组织会社和社区睦邻运动为代表的近代慈善活动，将求助者自助和自立作为核心原则，并围绕这项原则发展出一套系统的科学方法和技术，形成了专业社会工作的基础。

（2）价值基础。公益慈善与社会工作有不同的理念与实践。一方面，西方现代公益慈善的价值伦理源自基督教教义与救赎精神，而中国公益慈善的价值伦理源于儒释道及墨家的兼爱非公等思潮。但是，社会工作的实践已然脱离了部分宗教价值的约束和影响，转而作为现代国家社会福利制度的内在构成要素，具有了更多的社会正义、社会公平的责任与价值取向。深受宗教文化影响的公益慈善组织及其服务只能作为社会福利制度的重要补充部分，难以像社会工作那样内嵌于国家社会福利制度之内而获得更加广阔的发展空间。另一方面，公益慈善运用公益精神和慈善文化引导、劝谏社会优势阶层投身于或投入物资用于公益慈善活动，而社会工作以服务输送者的方法将来自政府、市场、慈善组织、个人等的捐赠物资和资金以直接或间接方法传送给需要服务的人，帮助其改善生活水平、提升生命质量、恢复社会功能。

（3）历史脉络。公益慈善的相关理念、行动及文化在东西方都历史悠久，但社会工作的历史就稍显短暂。在我国传统的慈善活动中，有 4 类慈善团体起着主要的济贫帮困作用：家族、宗教组织、政府、社会团体，其历史演变逻辑是家族慈善、宗教慈善、国家慈善和社会慈善。尽管中华人民共和国成立后公益慈善事业曾一度羸弱不堪或销声匿迹，但20世纪80年代开始逐步复苏，一度更是高歌猛进。但相对而言，我国的社会工作发展先天不足、后天失调。早期虽然晏阳初、梁漱溟等人掀起了乡村平民教育运动，且有一些高校开设了社会工作相关专业（如1925年燕京大学设立社会学与社会服务系），出版了一批社会工作相关的教材、著作，创办了一些期刊（如1944年编印的《社会工作通讯月刊》），甚至还有一套职业资格认证机制（如1945年《特种考试社会工作人员考试规则》将社会工作人员等级分为甲、乙两级），但自中华人民共和国成立直到20世纪80年代末90年代初，我国才再次开启社会工作发展之路，且近20年来才得到快速发展。

（4）现实形态。虽然从历史维度考察，社会工作与公益慈善存在同源性、互构性关系，但从现实形态来看，两者出现了发展分野。赵怀，徐选国（2017）认为，一方面，公益慈善日益市场化、精英化，将原本具有社会性、民间性和道德性的公益慈善导向市场化，暴露出公益慈善的公信力危机或某种商业化问题，且在对受助对象的平等尊重与服务可持续性方面存在严重缺陷；另一方面，中国的社会工作诞生、发展于"社会"缺失、社会力量"缺位"的背景下，体现了明显的对当前体制的嵌入性、依附性及国家强制性制度的变迁等特征，导致产生专业社会工作的外部服务行政化、内部治理官僚化、专业发展建制化等问题，使社会工作在回应社会问题与寻求自身生存发展之间出现迷失和偏离，并在一定程度上出现了"内卷化"，即社会工作并未朝着其固有的使命（保障和实现人的权益、促进社会公平正义）发展，无法创造出属于自己的专业空间，忽略了其对社会公义、社会价值、社会福祉提升等实践本质的追求。

（5）当下的态度。关于社会工作与公益慈善之间的关系，学术界既有"正在合流"的声音，也有对"人为分流"的担忧（冯元，2016）。但在当下的中国，社会工作在社会服务领域面向特殊人群及扶贫济困等提供的服务，多与公益慈善领域提供的服务重叠，彰显了社会工作在公益慈善领域服务时的技术支持和支撑作用，带动了社会工作在当下中国的扎根、推广及其社会影响力的提升。因此，"和而不同""相辅相成"是处理公益慈善与社会工作两者关系最为稳妥和符合实际的态度。

社会工作与公益慈善的区别与联系

1. 社会工作与公益慈善的同源性

（1）实现对象的重合性：扶助老弱、救助残疾、救济孤苦、赈济贫困、灾害救助及其他突发事件的应急等过程。

（2）实现过程的相似性：针对特定问题，通过一定的方法和技巧，系统地分析问题，科学地解决问题，与受助者（服务对象）建立良好的互动关系。

（3）实现作用的同质性：基于社会经济发展与社会资源分配不协调的现状，通过资源整合和再分配，实现社会发展的物质自由和精神自由。

2. 社会工作与公益慈善的差异性

（1）专业化发展程度有差异：专业化不足和学科性不强是公益慈善事业发展总是迂回曲折的主要原因之一。

（2）实践观念的差异性：在物质救助与精神慰藉方面，社会工作注重以系统性、全方位、发展性视角解决与社会环境互动中出现的障碍和问题；而公益慈善强调扶危救困、物质救助、渡过难关。

6. 公益慈善实务：借鉴社会工作方法

公益慈善实务包括相关社会调查、项目设计、筹款、服务、机构治理、公共关系等需要专业知识和技能的工作实践，其服务领域包括助学、助残、助孤、助孕、助婴、扶贫、赈灾、卫生、健康、妇女发展、环境保护、动物保护、公共福利、城乡社区发展等。社会工作作为一种专业／技术手段或资源链接途径，侧重于服务弱势群体，突出强调持续性服务与助人自助的理念。显然，两者的服务对象有重叠之处，因此，公益慈善的实务过程也可以借助社会工作的通用过程，将社会工作引入公益慈善领域。一方面，充分挖掘社会工作者的专业知识和技能，提升公益慈善工作者的专业能力；另一方面，社会工作者的服务理念、专业伦理，有助于公益慈善服务价值的完善，促进公益慈善工作者的能力、素质提升，实现公益慈善与社会工作的转化、融合，提升公益慈善服务水平。

另外，社会工作中有三大工作方法：个案工作、小组工作、社区工作。公益慈善实务没有社会工作那样成熟的方法，因此在具体操作中也可以借鉴社会工作方法。总之，公益慈善实务缺乏持续性、理论性、高效性、独立性，是制约公益慈善实务发展的现实问题；而将社会工作专业化、职业化发展过程中积累的成熟理论和科学技巧作为参考，有助于促进公益慈善实务开展。

六、公益慈善与社会治理

1. 公益慈善是社会治理的重要资源

一般地，任何国家都存在一个具有 3 个层次的国民财富分配体制。第一个层次基于市场机制、按劳分配，通过劳动所得，这一层次的分配有助于提高社会效率；第二个层次基于国家财政税收所分配的社会福利、社会保障，这一层次的分配有助于促进社会公平，弥补市场的不足；第三个层次基于社会机制，譬如，通过公益慈善捐赠来弥补政府和市场的不足。通常，促进社会公平的物质资源，主要源于国民财富的第二次分配和第三次分配。由于公益慈善事业具有救助、扶助、资助等功能，因此，社会捐赠和志愿服务是一个国家或地区及乡村社会有效治理的重要资金来源。可见，公益慈善是社会治理的重要资源。

2. 公益慈善是社会治理的参与主体

公益慈善是社会再分配的实现形式，是帮助处于困境中的人（家庭、特定群体）摆脱各种困难、抵御各类风险的第三条道路，是有效调节贫富差距、缓解社会矛盾、促进社会互动、促进社会和谐、优化社会结构、增进社会公正、增强社会凝聚力的重要手段，事关社会安全体系的建设，是参与社会治理的重要主体，具体包括以下4个方面。

（1）公益慈善事业是化解社会矛盾的重要手段。其一，收入差距方面。经济形势、社会结构、利益格局、意识观念等各种结构性要素总是处于动态变化过程中，由于地域差异、资源禀赋、社会环境、历史因素，我国行业之间、社会各阶层之间客观上存在一定程度的收入分配差距，自然灾害、意外事故等突发事件频现，导致各种需要救助的困境群体数量庞大，统筹兼顾各方利益难度加大，再加上各种不规范收入甚至非法收入问题层出不穷，贫困群体的相对被剥夺感增强，心理不平衡、新的社会矛盾容易滋生，各种社会利益冲突问题或社会不安定因素容易积累。开展公益慈善活动，动员社会组织和社会成员凝聚爱心，促进社会捐赠并对贫困者实施救助、扶助，有助于缩小贫富差距、改善贫困群体、失业群体和弱势群体的生存状态，消弭社会因贫富差距而形成的对立情绪，缓和弱势群体与其他群体之间的矛盾，有力推动社会各方面利益关系的协调。其二，区域差距方面。受历史、资源禀赋、经济政策、地理环境差异等各种因素的影响，我国整体经济在取得巨大成就的同时，也呈现了区域差距拉大、城乡社会发展不平衡、地区之间经济发展不平衡、城市对农村资源过度剥夺等问题，导致了区域矛盾、城乡矛盾等社会问题。在环保、教育、卫生、文化、体育等领域的相关公益慈善活动，有助于解决因地区差距、城乡差距造成的社会差别和不平等，消除欠发达地区、农村地区民众的不平衡心理，防止区域矛盾的激化。其三，社会差距方面。在经济快速发展和人口大规模流动过程中，一部分农民和城市社会底层群体可能会因文化程度低、能力不足、技能缺乏、就业竞争力不强、生活困顿被社会边缘化，甚至受到社会排斥、歧视。通常，这部分群体物质相对匮乏，文化娱乐精神贫乏，政治、社会资源占有较少，在社会生活中缺乏安全感和支持感，心理上常处于抑郁、苦闷、焦虑、悲观等负面状态，承受能力脆弱，社会公德观念淡薄，容易走上偏激的道路。公益慈善活动的开展，能够唤起全社会对弱者的关注、同情、怜悯，并给予实质性帮助、救助、扶助，改善其穷困的生活状态，努力营造平等、尊重的社会环境，使之在心理上得到支持和慰藉，有助于维护个体追求幸福的尊严和权利，吸纳和凝聚社会弱势群体，促进社会参与，缓和社会冲突，有助于激发弱者努力改善生存境遇、主动谋求自身幸福的心理。

（2）公益慈善事业是实现社会公平与正义的重要途径。对处于困境中的个人（家庭）或其他弱势群体进行救助、扶助，既是维护社会公正的基本要求，也是公益慈善事业的存在理由。一方面，公益慈善事业是一种社会物质财富再分配的实现形式，即动员社会各界力量，建立民间捐赠、志愿者行动等社会救助、扶助机制，对弱势群体和处于困境中的个人（家庭）进行救助，既是对政府宏观调控机制的重要补充，也是优化社会福利资源配置、平衡社会利益的有效途径，是对社会公平正义的彰显。另一方面，公益慈善活动能够激发社会成员的公共意识和社会责任感，促进社会成员参与社会治理和社会建设。社会不是一个个独立个体的简单加总，而是一个不可分割的有机整体。在一个特定的社会里，每个人通常在心理和感情上都负有一种对他人的伦理关怀，需要相互提供必要的帮助、友善相处，对自己、他人，尤其是不幸者及整个社会负责，满足一部分处于不幸中的社会成员的基本物质生活、教育、医疗、卫生、安全等需要，努力促进社会公平与正义。

（3）公益慈善事业是促进社会阶层结构优化的有力杠杆。随着经济发展和收入差距的扩大，中国社会阶层结构也在潜移默化地发生变化，并制约着我国经济社会的健康发展。即便是在合理的橄榄形社会阶层结构里，也必然有一部分群体处在不利的社会阶层，更何况我国尚未达到橄榄型的理想社会阶层结构形态，贫富差距、两极分化现象严重，中产阶层相对弱小。这时，一方面，公益慈善参与社会治理，合作供给社区公共服务，可以有效帮助建立起较为完善的医疗卫生服务体系、教育体系、养老体系和其他公共服务体系，阻挡低收入阶层生活的恶化，帮助贫困群体摆脱极度贫困的状况；另一方面，公益慈善活动倡导互帮互助的价值观，形成良好向上的社会风气，因而有助于实现良好的阶层互动及社会阶层之间的互惠互利，促进相互信任、相互理解和相互支持，进而缓解社会阶层关系紧张的局面，增强社会凝聚力，促进阶层流动融合和社会结构优化。

（4）公益慈善事业是培育社会主义核心价值观的重要途径。我国社会主义核心价值观是：富强、民主、文明、和谐，自由、平等、公正、法治，爱国、敬业、诚信、友善。发展公益慈善事业既是社会主义核心价值观建设的需要，也是加强精神文明建设的重要内容。具体表现为：其一，大灾救助、应急反应、医疗救助、心理救援等志愿服务或其他公益慈善行动，有助于同舟共济、团结互助，提升了民族凝聚力、向心力，倡导了国家层面的文明与和谐；其二，通过公益慈善事业来践行公民的社会责任意识，有助于倡导社会层面的平等与公正，缓解因机会不平等（包括接受教育机会的不平等、享受医疗机会的不平等、就业机会的不平等）、收入分配不公、司法不公正等引发的社会矛盾冲突问题，在很大程度上保证了社会成员共享改革发展的成果，实现社会平等与社会公正；其三，基于奉献爱心、诚实守信美德的弘扬和心灵的净化，公益慈善事业有助于倡导个人层面的诚信与友善，纠正价值观扭曲、道德滑坡、社会诚信缺失等问题，净化社会风气。基于此，社会主义核心价值观得以彰显。

3. 公益慈善对创新社会治理的当代价值

现代社会，公益慈善越来越以组织化、规范化、制度化方式参与到社会问题的解决之中，成为参与社会治理的重要力量。现代公益慈善包括个人理想与公民意识成熟带来的关心社会事业、参与社会治理的现代人的理性诉求。由于社会治理与公益慈善无论在目的上，还是在多元主体的要求上，抑或在运行方式上都是同向同行的，公益慈善自然而然地参与到社会治理中，并逻辑地成为社会运行必要的整合手段，甚至创新社会治理体制都内含着对公益慈善的要求。

（1）从创新社会治理体制来看，中国社会正处于转型期，社会矛盾凸显，此时，社会治理转型需要依靠政府、市场和社会组织的相互协作和合作治理才能完成。特别地，公益慈善组织活跃在社会基层，较为关注边缘群体和弱势群体的诉求和需求，且公益组织的非营利性可以使其进入市场不愿意介入的社会治理领域，为弱势群体、边缘群体、压力群体提供精神安慰、压力排解、临终关怀等特殊的社会公共产品和服务。

（2）近年来，公益慈善事业的内容和范围不断拓展，从传统的救助性质开始走向引导性质，从传统的扶贫济困、救灾恤孤到当代的助学、环保、文化、权利维护等多个社会领域，体现了公益慈善的现代性转型及对社会发展的关注。正是在这一转型过程中，公益慈善事业以其特有的方式参与到社会治理中，整合、凝聚社会治理的主体力量，降低了社会治理成本，在社会保障、财富分配、公平有序和社会正义等方面发挥着积极作用，实现了社会整合与团结的现实诉求。实际上，公益慈善事业构建了一种温和、渐进的可能性道路，成为民间和政府的桥梁，以及社会矛盾的缓冲地带和安全阀。

（3）从制度保障上来看，《中华人民共和国慈善法》等以法律形式保障了民众和民间慈善组织直接参与社会治理，推进公益慈善事业以合法的方式在社会治理中积极作为，反映了公益慈善事业在健全社会治理体系、促进国家治理体系与治理能力现代化中的重要作用。

（4）公益慈善事业的当代价值不仅在于其能够为社会弱势群体和边缘群体提供帮助，也在于公益慈善事业发展本身意味着理性社会成长的过程，这一过程同时是居民合理诉求表达、社会矛盾及时解决、公民参与能力锻炼及政府与社会组织协商对话的过程。

第二节　公益慈善学的学科属性

一、公益慈善学的基本概念

公益慈善学（Philanthropy and Charity Studies）是一门跨学科的专业，专注于研究和教育慈善行为、公益活动及其对社会的影响，旨在培养学生在慈善组织管理、筹款、项目设计与评估、政策分析、社会变革等方面的理论知识和实践能力，提升社会福祉，推动公益慈善事业的可持续发展。

1. 公益慈善学概念界定

公益慈善学是一门跨学科领域，致力于研究慈善事业和公益活动的学问。通过对慈善行为、组织管理、筹款与慈善资源开发、慈善项目设计与评估、慈善政策与制度、社会影响等方面的系统研究，培养学生具备非营利组织管理、筹款、项目运作、政策分析、慈善活动、沟通宣传等公益慈善的专门知识和基本技能，促进公益慈善活动的有效运营、公益慈善事业的发展和社会的变革。

2. 公益慈善学研究内容

（1）公益慈善组织管理。探讨如何有效地运营公益慈善组织，包括战略规划、财务管理、项目管理和人力资源管理，强调透明度、问责制和伦理实践，以提升公众信任。

（2）公益慈善筹款和捐赠。研究公益慈善财产的不同筹款方法和策略，包括个人捐赠、企业捐赠、互联网筹款和活动筹款，分析捐赠者的行为动机和心理，以优化筹款效果。

（3）公益慈善项目设计与评估。研究如何根据社会需求设计并实施公益慈善项目，并使用科学方法评估项目的效果和影响，强调基于数据驱动和证据的决策过程。

（4）公益慈善法律和政策。研究公益慈善事业相关的法律法规和政策环境，包括税收、监管、信息披露和政府支持，探讨全球和本地的慈善政策对公益慈善活动的影响。

（5）公益慈善社会影响和变革。研究公益慈善活动如何推动社会创新和社会变革；分析公益慈善活动在构建社会资本和促进社区发展中的作用。

（6）公益慈善文化和历史。研究公益慈善事业在不同历史时期和文化背景下的发展和演变，探讨文化差异对公益慈善行为和公益慈善运营模式的影响。

（7）国际慈善。研究跨国公益慈善活动的设计与实施，分析其中的挑战和成功因素；探讨国际合作与援助模式，促进本土公益慈善组织与跨国基金会、国际援助组织的交流。

通过上述内容的研究和教学，公益慈善学旨在培养具备专业知识和实践能力的公益慈善事业人才，推动公益慈善事业的发展和社会福祉的提升。国家亦鼓励高等学校培养公益慈善学科专业人才，支持高等学校和科研机构开展公益慈善理论、实践和案例研究。

3. 公益慈善学与管理学

什么是管理？尽管对这个问题可能有千万种不同的认识，但学术界对管理的概念已经达成了一些基本的共识，管理学也已经成为一个相对独立、完整的学科体系。一般认为，管理是一个协调工作活动的过程，以便能够有效率、有效果地同别人一起或通过别人实现组织的目标。从战略的角度来看，管理就是组织在特定的内外部环境约束下，为有效实现既定目标，对拥有的各种资源、活动所进行的计划、组织、领导、控制等一系列科学与创新的社会活动的总称。管理目标可以分为物质性目标和社会性目标两部分。物质性目标就是尽可能少的投入和尽可能多的产出，即通过有效率、有效果的协调和搭配，尽可能地获取更多的利润。社会性目标是不断推进社会文明进步、促进社会和谐关系的形成和发展，尽可能地让更多人得到知识的丰富、能力的提升，享受一种愉悦性、便利性或精神满足感、幸福感，这是公益慈善事业所追求的基本目标。通常来说，无论是营利性组织还是非营利性组织，组织的管理应该同时追求并实现物质性目标和社会性目标。

基于上述管理概念的简单回顾可以发现，管理学与公益慈善学之间有着密切关系，两者在理论和实践层面相互交融、共同促进：公益慈善学借鉴管理学理论和方法，为公益慈善事业注入了系统性和科学性管理思维；公益慈善学理论丰富了管理学研究领域，在非营利性组织管理、组织社会责任和管理伦理方面推动了管理学的跨学科发展。两者的融合使公益慈善组织能够更加专业、高效地运作，最大化其社会影响力和效益（见表1-3）。

表 1-3 管理学与公益慈善学的学科关联

关联领域	专业理论	具体描述
理论基础的共享	战略管理理论	战略管理理论有助于帮助公益慈善组织制定长期发展战略，确定目标和资源分配策略，提升其可持续发展能力
	组织行为学	理解和分析公益慈善组织内部的行为和文化，有助于提高公益慈善组织的运作效率和团队合作能力
	领导力理论	探讨如何通过有效的领导力提升公益慈善组织的凝聚力和执行力，推动组织目标的实现
实务技能的应用	财务管理	财务管理技术被用于公益慈善组织的预算编制、财务报告、资金使用和慈善信托，确保公益慈善财产使用的高效和合规
	人力资源管理	人力资源管理包括志愿者管理和慈善组织的员工管理，确保公益慈善组织能够吸引、激励和留住高素质人才
	项目管理	应用项目管理的工具和方法，确保慈善项目从设计到实施和评估的每个阶段都能高效进行
运营效率的提升	运营管理	优化公益慈善组织的内部流程和资源配置，提高运营效率，减少浪费
	供应链管理	在大规模公益慈善活动中，确保慈善物资和服务能够及时、高效地送到受益者手中
筹款与营销	市场营销	应用市场营销理论和技术进行筹款活动的策划和实施，提高公众的参与度和捐赠意愿
	品牌管理	塑造和维护公益慈善组织的品牌形象，提升其社会影响力和公信力
评估与反馈	绩效评估	使用绩效评估方法，对公益慈善组织和公益慈善项目的效果进行评估，提供反馈意见以改进未来的工作
	数据分析	通过数据驱动的决策，提升公益慈善组织的决策质量和效果评估的科学性

4. 公益慈善事业管理

本书所讲的公益慈善事业管理，是从事公益慈善事业、开展公益慈善活动中所有管理活动的总称，具体是指以规范公益慈善活动秩序和促进公益慈善事业健康发展为目的，在公益慈善领域的项目运行、活动开展、资金募集使用、人力资源、组织文化及资源开发利用过程中的各种决策、计划、组织、激励、领导、沟通、控制等管理活动。

除了一般的宏观管理与微观管理的基本特征，公益慈善事业管理还具有以下 3 个特征。

（1）公益慈善财产募捐的多元化。表现为公益慈善事业管理中资金、资源的募集，除政府、企事业单位动员外，也注重公益慈善捐赠行为的市场化、公益慈善募捐策略的个性化、公益慈善捐赠渠道的多样化，以满足不同组织或个体捐赠人的不同需求。

（2）公益慈善组织管理的社会化。公益慈善组织内部应该按照非营利性组织的模式加以管理，但由于其资金来源为社会捐赠，因此公益慈善组织的内部运营管理还要受外界监控，使之组织运营符合外界特别是捐赠人的期望，且政府一般会施加严厉的行政与制度监管。

（3）公益慈善事业管理的透明化。公益慈善事业既需要多元化的慈善组织评估体系和多样化的慈善活动评价机制，又需要完善公益慈善组织内部管理，推行决策、执行和监督分离的运行机制，建立规范的财务制度、信息披露制度，以及公益慈善财产使用的追踪、反馈机制。

二、公益慈善学的学科性质

在我国部分高校试行开办公益慈善管理本科专业（北京师范大学珠海分校，2012）和社会公益管理方向的硕士专业等公益慈善相关学历教育或研究生课程培训项目后，教育部于 2016 年在《普通高等学校高等职业教育（专科）专业目录》中增补了公益慈善事业管理专业（专业代码：690209，自 2017 年起执行），隶属于公共管理类（公共管理与服务大类），2017 年北京社会管理职业学院新增公益慈善事业管理专科专业；此后，教育部于 2021 年在《普通高等学校本科专业目录（2022 年版）》中增设了慈善管理本科专业（专业代码：120418T），隶属于公共管理类，并先后在浙江工商大学、山东工商学院、南京工业大学浦江学院开始招生。显然，随着我国公益慈善事业的发展和公益慈善相关学术研究的深入，公益慈善学这门学科开始兴起，相关专业也已经纳入我国普通高校的本科、专科专业目录中，但公益慈善学的学科建设有待深入开展。

一般认为，整个社会主要由三大部门组成，分别是政府（Public，第一部门）、市场（For-Profit, or Private，第二部门）、非营利性部门（Non-Profit，第三部门或社会部门）。这三大社会部门之间既互相关联，又互相独立，成为推动社会文明与进步的"三驾马车"。其中，企业与非营利性部门之间以是否营利为目的进行区分，政府同时为上述两大部门提供约束、支持、监督和服务。基于这三大社会部门的划分，公益慈善属于非营利性部门这个第三部门。

> ### 社会文明与进步的"三驾马车"
>
> 整个社会文明的运行，大体上是这"三驾马车"：政府（第一部门）、市场（第二部门）、非营利性部门（第三部门）带动的，每个部门都有其自身的、内在的运行规律和逻辑。在契约精神和法治的引领下（契约精神和法治思想的背后是某种难以言明却不证自明的"道"或"自然律"，一般认为源于信仰），三大部门的逻辑如下。
>
> （1）政府（第一部门）的逻辑是社会保障、社会福利、社会公共事业及制度、国防、外交，以及社会秩序、公共安全等公共物品的供给机制。
>
> （2）市场（第二部门）的逻辑是竞争、效率的机制。
>
> （3）非营利性部门（第三部门）的逻辑是公益慈善、社区服务、志愿服务的非营利性机制。
>
> - 企业对残疾人的雇用，体现的是企业承担社会责任即公益慈善的逻辑，但企业招聘员工，是企业内部问题，理应考量市场的逻辑，遵循市场竞争机制。
> - 社会弱者的正当权益、诉求，理应由政府的逻辑（政府责任、社会保障机制）、非营利性部门的逻辑（社会责任、公益慈善机制）去回应，不能强加在市场的逻辑上，否则会因违背市场规律和竞争机制，而导致逆淘汰、劣币驱逐良币。

一般地，非营利性部门（第三部门）是主要依靠会费、民间社会捐款或政府的培育性、引导性拨款等非营利性收入，从事政府与企业无力、无法或无意作为的社会公益事业，实现服务社会公众、有助于促进社会稳定与发展的社会公共部门。按照价值链，非营利性部门又可以进一步区分为非营利性部门的上游、中游和下游。其中，上游是提供慈善财产的基金会、慈善家，一般称为 Philanthropy；下游是慈善财产的接受方，通常是通过项目具体解决某一特定社会问题的非营利性组织（Non-Profit Organizations）或受助者；而中游是提供中介服务的社会支持机构，如财务、咨询、培训、评估、法律机构等。一般来说，Non-Profit Sector 是指整个非营利性部门即第三部门，Non-Profit Organizations 是指非营利性组织。

基于此，本书把公益慈善学归属于管理学门类、公共管理专业类中，将公益慈善学理解为第三部门或非营利性部门管理框架下公共管理学类与社会学类的应用型交叉学科，目前体现为"慈善管理"本科专业和"公益慈善事业管理"专科专业。因此，与公益慈善事业发展相关的管理、服务工作与社会实践，既要认识和研究其自身的特征，也要遵循一些共同的管理原理和社会规律，具有显著的公共管理学类和社会学类交叉学科属性。

公益慈善学重点研究公益慈善组织及其他慈善工作者在公益慈善领域的管理、服务、实践活动，以及其文化价值、公共伦理、制度规范体系，融合了管理学、社会学、经济学、心理学、伦理学、法学、政策科学等不同学科（知识）的范式，推动了公共管理学、社会学、经济学、心理学、伦理学、法学、公共政策学等学科之间的交叉、交流，以及公益慈善实践问题的解决和社会治理创新。因此，公益慈善学相关课程的主要任务是研究公益慈善事业及其管理活动的一般规律，总结其管理、服务工作及其实务、实践的基本知识、基本原理和一般方法，并使从事公益慈善活动的个人（家庭）、组织正确地理解公益慈善事业并积极参与公益慈善活动，提高管理、服务与实践的有效性。在公益慈善实践中，每位全身心投入的参与者既是管理者，又是被管理者，既是服务者，又是被服务者。学习、研究公益慈善学的知识、理论和公益慈善管理制度规范，对公益慈善组织、社会福利机构或宗教慈善组织的管理人员、工作人员，对公益慈善相关政府职能部门的工作人员、政策制定与决策人员，对从事公益慈善活动的志愿者、企业家、慈善家，对从事公益慈善相关教学与人才培养的教育工作者，对从事公益慈善相关学术研究的科研工作者，都具有重要的现实意义。

基于上述分析可知，完整地理解公益慈善学的学科属性及学科内涵，还需要对公益慈善学与其他关联学科之间的关系加以把握，具体包括以下5个方面。

（1）属于社会科学，即公益慈善学隶属于管理学、社会学、经济学、心理学、人类学和法学等社会科学的交叉学科领域，通过多学科的视角分析和理解公益慈善现象，并通过研究人们为何、如何参与公益慈善来理解社会行为、社会结构和社会文明现象。

（2）涉及公共管理学、工商管理学与公共政策学的交叉研究，包括探讨如何有效地运营和管理公益慈善组织，以及如何制定、实施、评估与公益慈善活动相关的公共政策。

（3）涵盖伦理学与公共文化的综合研究领域，探索文化与伦理对公益慈善行为的影响，关注公益慈善事业中的道德、价值观，以及不同文化背景下的慈善传统和公益实践。

（4）涉及历史的发展脉络，即分析公益慈善事业的发展历史，从中了解公益慈善组织、公益慈善行为、公益慈善理念如何随着时间演变，以及其对社会变革的影响。

（5）属于强实践性应用的学科，即强调多学科理论在公益慈善实践中的应用，通过案例研究和实地考察，探讨如何更有效地推动公益事业和慈善活动。

第三节　公益慈善学的科学基础

一、亚当·斯密的同情共感理论

经济学鼻祖亚当·斯密（Adam Smith）在《道德情操论》（*The Theory of Moral Sentiments*）的开篇使用"Sentiment(s)"一词界定了其理论体系之根基——同情共感

（Sympathy）的概念："无论人被认为多么自私，他的本性中显然还存在某些秉性，使他关心别人的际遇，视他人之幸福为自己之必需，尽管除目睹他人之幸福所感到的快乐之外，他一无所获……这种情感（Sentiment）和人性中其他与生俱来的激情一样，绝不限于善良、仁慈的人。虽然善良的人或许比其他任何人的感受更强烈、更敏锐，但那些无视社会法则、铁石心肠的十恶不赦之徒也不会完全没有这种情感。"

亚当·斯密把同情共感作为其理论基石，体现了苏格兰传统中对情感的强调，尤其是对人类情感赖以产生的感官功能的强调，因为 Sentiment 的词根是 Sense。基于此，罗卫东、张亚萍（2016）认为，亚当·斯密实际上把这种同情共感的尺度最终寄托在人的感官功能上，强调人们是在用自己的感受评判别人的感受。亚当·斯密说："一个人的各种官能是用来判断他人身上相同官能的尺度。我用我的视觉来判断你的视觉，用我的听觉来判断你的听觉，用我的理智来判断你的理智，用我的愤恨来判断你的愤恨，用我的爱来判断你的爱。我没有也不可能有任何其他方法来判断它们。"另外，亚当·斯密提到："当我们设想自己身处那样的环境，我们就会激起同一种情感（Emotion），情感的强弱视概念的活跃或困境的程度而定。"这种能力可以使旁观者理解行为者的处境和情感，也可以使行为者从旁观者的角度看到他/她自己。人人都不愿意自己遭遇类似困境或处于如此糟糕的处境，公益慈善行为由此激发。

很显然，依据《道德情操论》和《国富论》，经济活动中的人同时有利己和利他两种倾向或性质。逐渐脱离动物界和超越动物本能的人类，具有极其丰富的情感和理智，不单纯地表现为完全的自私性。随着社会的发展，人们的物质生活水平相对提高，人们不再仅仅满足于早期单纯物质享受的追求，而要进一步追问生命的价值、人生的意义。作为社会人，物质享受只是生命的一部分。趋向全面发展的人，不仅要有富足的物质生活，也要有内涵丰富的精神生活，而精神需求包括社会的关爱、家庭的亲情、朋友的友情、同事的关心、他人的赏识及社会的认同。

实际上，中国传统观念中的恻隐之心就是类似的同情共感。朱光潜认为，恻隐之心是人类文化的源泉，有生之物都有一种同类情感，对于生命都想留恋和维护，凡遇到危害生命的事情都不免恻然感动，无论那生命是否属于自己。在朱光潜看来，生命是一个有机整体，每个人都是其中的一肢一节，这一肢的痛痒引起那一肢的痛痒。这种痛痒相关是极原始的、自然的、普遍的。父母感受儿女的苦痛，仿佛自身在苦痛。同类相感，由此而来。这种同类的痛痒相关就是"同情"，也是孟子所说的"恻隐之心"。孟子认为，人有恻隐之心只因为人是人，它是组成人性的基本要素。朱光潜认为，当旁人遭受苦难时，心中或产生幸灾乐祸的心理，或产生恻隐之心，均在一念之差。念头转向幸灾乐祸，便欺诈凌虐、屠杀吞并，睁眼看旁人受苦不伸手援助，这样的世界冤气弥漫、黑暗无人道；而念头转向恻隐之心，则守望相助、疾病相持，世界便一团和气、其乐融融。在面临同类受苦受难的关头，倘若丢开那一点恻隐之心不去培养，一切道德便无基础，人类社会再也无法维持，而人也就丧失其之所以为人的本性。

二、赫伯特·西蒙的有限理性理论

1978 年,诺贝尔经济学奖得主、"有限理性"(Bounded Rationality)概念的先行者赫伯特·西蒙(Herbert Simon)认为,人类的有限理性和可教导性刻画了人群中利他行为的特征,即利他行为是人类有限理性的结果。根据赫伯特·西蒙的有限理性模型,人们并不总在追求自身利益的最大化,而常常通过模仿别人的行为来改进自身的处境。赫伯特·西蒙从信息不完整出发,认为经济人不可能获得完备的信息,追求"最优"实际上是不可能实现的,而"次优"和"满意"才是经济人最可能实现的目标。于是,从演化的视角来看,有限理性意味着信息的不完备,人类由此具有"可教导性"或"驯顺性"(Docility)——人类具有愿意听从他人建议、遵循社会规范的倾向,即人类具有通过社会各种渠道获得信息来增强生存适应性的倾向;而利他行为,就是社会说服可教导的个人采取的一种选择性行动。基于此,赫伯特·西蒙对人类行为中的利他主义在何种程度上符合新达尔文主义和新古典经济学理论进行了研究,并得出结论:利他主义与达尔文的顺从性、适应性、有限理性等理论完全相容,利他行为是被生物界承认的,是确实存在的,并且会对经济行为产生重大影响。

牛贺(2017)基于"有限理性"理论,通过规范内化(Internalization of Norms)对利他行为做了进一步的解释。牛贺对复制者的动态进行了形式分析,发现人类需要付出的计算成本越高,规范内化的可能性就越大。牛贺运用基于行为主体的模型对规范内化的演化进行模拟,结果表明,人类的计算能力对降低复杂性的作用越小,规范内化的可能性就越大。牛贺的研究支持了赫伯特·西蒙对利他行为的解释:规范内化本身是有限理性的一个自然结果,因此,利他行为是人类有限理性的结果。牛贺据此评价说,利他行为是规范内化的副产品,利他行为因规范内化而得到了适应性的补偿,从而得以在演化中留存,并为人类合作规模的进一步扩大提供了基础。

总之,人是社会中人,群体是个体生存发展的土壤,人对他人的需要产生了人性的利他,利他成为人的根本属性。人性利他在社会发展中不断被挖掘、培养、深化,因此人性利他也是社会教化和文化教育的过程。

三、理查德·塞勒的社会偏好理论

2017 年,诺贝尔经济学奖获得者理查德·塞勒(Richard H. Thaler)通过一系列博弈实验表明,人类有社会偏好,尤其有对公正的偏好;社会偏好是指人类除关注自己的物质利益外,还关注诸如社会福利、社会成员之间公平分配及公平动机的偏好;"第三方惩罚实验"和"最后通牒博弈"证明人类在决策时内嵌了公平感。

理查德·塞勒的上述研究发现是对人类经济行为中的许多"反常行为"进行分析得到的，并据此对传统经济学理论提出了质疑与挑战。一方面，人类在做决策时，并不完全依据面前的信息，往往会依靠直觉或者"记忆"进行判识，而由于过度自信或者存在惰性，人们在决策时通常会存在非理性，并出现过于乐观或过于悲观的结果；另一方面，人类在决策时，并不一定遵循利己原则，考虑的也不仅是自身利益的最大化，还有别人的利益，即"利他"，例如，人们会通过合作来产生共赢，甚至会无私地牺牲自己的利益进行慈善捐赠。

进一步地，公益慈善组织如何维持人们的持续捐赠，以及改善与捐赠人之间的关系及维护公益慈善组织的公信力呢？根据理查德·塞勒的研究，如果公益慈善组织能做到在捐赠人捐款的"沉没成本"（Sunk Cost）效益较高时，及时给捐赠人反馈善款使用信息，捐赠人的捐款就会产生二次"获取价值"和"交易价值"，捐赠人的"消费剩余价值"就会提高，捐赠人对"支付贬值"的认知就会降低，就更愿意二次捐款。相反，如果公益慈善组织长时间对捐赠人没有反馈，则捐赠人就会忽略捐赠的"沉没成本"，忘记捐赠的"获取价值"和"交易价值"，放弃对捐款的关心；此时，如果公益慈善组织再对捐赠人提出二次捐款要求，捐赠人就容易产生"被骗"和"上当"的感觉，继而拒绝捐款。

此外，基于理查德·塞勒在《论消费者选择的实证理论》（*Toward A Positive Theory of Consumer Choice*）中提出的"禀赋效应"（Endowment Effect）的社会感染力视角，公益慈善非常强调社会参与，因为只有当大家参与一个共同事件时，多数人才会把别人当作自己学习的对象，由此让社会感染力产生的效益最大化。例如，如果很多人都开始关注穷人或认为自己应该关注穷人的时候，他们的行为或想法就会互相影响、共同改进。或者说，当大部分人都认为帮助穷人是社会义务的时候，剩下的一小部分人就会迫于外界的压力和大多数人保持一致，认为帮助穷人是社会的义务。这符合柏拉图关于美丽的理论：你认为美丽的东西往往是因为你参与其中，你也是创造美丽的一份子。

四、马丁·诺瓦克的超级合作理论

根据公益慈善的定义，"合作、利他主义和自我牺牲"可谓公益慈善的精神基础。问题是，在充满竞争和互相倾轧的世界，合作、利他主义和自我牺牲是如何出现的呢？在传统的进化论理论中，自然选择机制往往有利于那些从牺牲他者利益中获得收益的强者或自私者。但近些年大量研究也发现，包括人类在内，许多生物系统建立在"利他"与"合作"的基础之上。在群居的社会性动物中，一些个体为了种族的生存和基因的延续甘愿牺牲自己，如蚁群中的工蚁。人类尽管拥有更复杂的社会关系，但在某种程度上，人类也是群居动物，年长的哥哥姐姐会照顾年幼的弟弟妹妹；人还会说："我会为你而死。"

对这个问题，达尔文也很困惑：如果说自然选择是所有生物个体为生存而互相竞争的结果，那又如何解释个体之间的合作关系及其他无私的行为呢？在基督教的信仰里，他们坚信上帝的慈爱，坚信基督耶稣为了人类甘愿舍己上十字架，由此孕育了具有现代意义的公益慈善事业，造就了特蕾莎修女这样倾其一生致力于解除贫困的慈善工作者。这又是为什么呢？

为了解释这些疑问，科学家们一代又一代投身于研究中。其中，英国生物进化学家比尔·汉密尔顿（Bill Hamilton）在20世纪60年代做出了"包容性适存"的解释：某种合作行为（例如，我可以为你做某件事，即使我会为此付出代价）的出现，是因为某些个体为拯救有亲缘关系群体的基因挺身而出，用自我牺牲使其族谱系和共有的DNA得以传承下去。换言之，利他主义或"牺牲的爱"，是家族成员基因延续的需要。

但是，比尔·汉密尔顿的研究和解释被一位名叫马丁·诺瓦克的生物学家进一步突破了。马丁·诺瓦克与他的合作研究者罗杰·海菲尔德于2010年发表了他们的"超级合作"理论，其理论精华汇集在《超级合作者：利他主义，进化及我们为什么需要彼此才能成功》（*Super Cooperators: Altruism, Evolution, and Why We Need Each Other to Succeed*）一书中。

马丁·诺瓦克的研究始于对"囚徒困境"博弈研究的着迷。"囚徒困境"博弈模型是维也纳大学的数学家卡尔·西格蒙德于1950年设计的，是指在合作行为与自私行为之间的选择，或者考验人们在背叛与合作之间、个人利益与群体利益之间的选择。1970年，美国政治科学家罗伯特·阿克塞尔罗德（Robert Axelrod）用"囚徒困境"对物种的合作关系进行了研究，利用计算机对各种博弈策略进行处理。在数百轮计算及测试中，获胜的策略是"你帮我，我也帮你"的"投桃报李"策略（反之，也可以叫"以其人之道还治其人之身"的"以牙还牙"策略）。这个策略的依据是直接的互惠关系，在现实世界里很常见。不过，有批评者（如英国物理学家罗伯特·梅伊）指出，由于现实世界的复杂性及策略执行过程中大量的干扰和误差，罗伯特·阿克塞尔罗德设计的计算机虚拟测试并不能准确复制现实生活中的合作与背叛。

对此，1987年，马丁·诺瓦克改进了罗伯特·阿克塞尔罗德的游戏规则，将博弈置于更合理的进化背景下探讨物种进化过程中的"囚徒困境"问题：允许虚拟参赛者的行为存在一定概率的干扰和误差；赋予虚拟参赛者赢得繁衍的能力。这个游戏更真实地模仿了生物界的现实：随机突变导致一些参赛者产生在游戏中获胜的策略，并将这种获胜策略传递给"下一代"参赛者，而原有的一些参赛者会相继"死亡"。在这个虚拟游戏中，马丁·诺瓦克看到一种被称为"获胜的永远是背叛者"的策略在延续了100代后，让位于大度的"投桃报李"策略，利用大度的"投桃报李"策略的玩家有时会采取合作策略，即使对方曾经"背叛"过自己。

不过，虽然马丁·诺瓦克的研究更加真实地模拟了现实世界，但问题是，实践中很少有博弈能够如此不厌其烦地进行下去,通常没有等到100代甚至可能还不到3代的时候,其中一个局中人就会选择再也不和另一个局中人进行博弈;正所谓"成王败寇",在你死我活的零和博弈中,获胜者甚至可能在第一阶段的博弈后就将对方"斩草除根",大度的"投桃报李"策略根本就没有机会出现。因此,大度的"投桃报李"策略是一种有条件的长期战略,如果要马丁·诺瓦克的研究更符合现实,恐怕还要考虑社会心理因素。中国有一句古话叫"事不过三","上一代"玩家会把这种认识传递给"下一代"玩家,进而双方没有机会重复博弈下去。尽管如此,马丁·诺瓦克从仿真研究中看到了一种意义深远的进化信息。他说:"我们看到的是一种'宽恕'的进化策略。大度的'投桃报李'策略表明,对于善意或友善的行为,对于别人施予的恩惠,我们永远不会忘记,但对于别人的一些恶意行为,我们偶尔也会宽恕、原谅,即以德报怨。'以牙还牙'有可能产生族间仇杀,但大度的'投桃报李'策略会让族群兴旺发展。"

随着游戏的继续,马丁·诺瓦克进一步发现,尽管大度的"投桃报李"策略是一种长期战略,但并非永远立于不败之地。现实世界残酷地告诉我们,总会有一些"背叛者"存活下来,而这些"背叛者"的行为有机会打破高度合作的状态。也就是说,在一个充满轻松愉快的合作氛围中,总会有一些自私分子在其中搅局,导致社会后退到残酷无情的竞争局面中。当然,幸存的少数合作者最终又会打破这个局面,重新回到大度的"投桃报李"策略的合作轨道上。

进一步地,除竞争者之间的合作外,陌生人之间的合作是否也存在呢?为了回答这个问题,马丁·诺瓦克又开发了一种计算机模拟程序,用于解读陌生人之间的合作行为。在这个仿真虚拟博弈中,参赛者只能选择"合作"或者"背叛",且只有一次性博弈;但马丁·诺瓦克额外添加了一种机制,即根据参赛者之前的合作行为建立他们的"声誉值"。模拟结果显示,与"声誉不佳"的参赛者相比,有"良好合作声誉"的参赛者能够获得更多的合作机会。马丁·诺瓦克据此得出结论,在不熟悉、不了解的陌生人中,合作是存在的,信誉的力量是人类合作的一个重要因素。上述结论其实可以作为公益慈善行为得以存在,以及公益慈善事业得以推动、延续的理论根基和实验依据,也是现实中大量企业家投身于公益慈善事业的一个理论解释。

基于数十年来一系列研究的沉淀,马丁·诺瓦克及他的合作者将"超级合作"理论概括为以下5个关键机制,这些机制成为公益慈善存在的理论根基和实验依据。

其一,直接互惠机制(或称"投桃报李"机制)。对这个机制的解读是:你帮我,我也帮你。当两个博弈个体再次碰面的概率高于无私行为的成本收益比时,直接互惠机制就能引领合作的进化,表现为"邻里互助"关系。不过,"邻里互助"是一种长周期的重复博弈,社区"邻里互助"行为的出现,需要建立稳定的长远预期。

其二,间接互惠机制。对这个机制的解读是:我帮你,你帮他,他再帮他……其他人再帮我。在间接互惠机制下,一个人付出成本与他人合作,不指望这个人直接给予回报,而是购买了"声誉值",确保将来能从其他人那里得到回报。社区服务的"时间银行"观念,可以用马丁·诺瓦克的间接互惠机制来解释:只要期望的未来收益超过所需付出的成本,利他行为就会产生。

其三,空间博弈机制。"空间博弈"很好地再现了生物的进化过程——不需要复杂的过程和聪明的思想,合作和生命仍可诞生。当然,个体的差异造成的个体间相互联系的不均匀性,以及个体自身的适应度,都会对空间博弈过程中的合作行为产生重要影响。

其四,群体选择机制。自然选择既能影响个人,也能影响由个人组成的群体。研究表明,只要群体中的个体愿意为群体利益付出代价,那么,这样的群体就拥有生存优势。另外,群体有时候也会选择牺牲个人,以维持群体的声誉、生存或延续。这看上去很残忍,但古今中外,黑社会、战场、宗族、政治斗争,都有活生生的现实案例。

其五,亲缘选择机制。与谁的血缘关系越近,就越愿意努力与谁达成合作。这种形式的合作关系之所以得到进化,是因为可以用这种方式增加遗传给下一代的基因数量,从而扩大未来的遗传规模,这是家族中的合作关系。乌鱼会吃掉它的幼崽,雌螳螂会吃掉与它交配的雄螳螂,其实都是为了物种或优质基因的延续。"牺牲的爱"有生物学依据。

五、经济学研究:慈善是一种经济产品?

经济学界也有学者把慈善理解为一种经济产品,尝试将经济学的"理性人"假设引入慈善理论的研究中,进行收益和成本,以及社会总供给与社会总需求的对比分析。

1)比较慈善个体的成本与收益

慈善个体的成本与收益比较分析包括公益慈善服务供给者和服务需求者两个方面。其一,对服务供给者而言,慈善个体的成本包括物质、金钱、精力、时间、劳动的付出;慈善个体的收益包括物质收益和精神收益两个方面。物质收益的逻辑是,慈善行为→更愿意与之交往→提升社会资本→潜在的物质收益增加;精神收益的逻辑是心灵的慰藉、社会的敬重和好的评价。于是,公益慈善产品的有效供给,取决于慈善产品边际成本与边际收益的比较。其二,对服务需求者而言,慈善个体的收益包括物质、金钱、陪伴、心理疏导等心灵的慰藉;慈善个体的成本包括物质成本和精神成本两个方面。物质成本的逻辑是,人们更倾向于不愿与受者交往→减少受者的社会资本→减少受者进一步增加收益的可能性;而精神成本的逻辑是,受到施舍时的心理亏空感。于是,公益慈善产品的需求量取决于慈善需求者成本与收益的比较。

2)比较慈善产品的社会总供给与社会总需求

当慈善产品社会总供给等于社会总需求时,慈善市场就达到了一种局部均衡状态。此时,决定公益慈善产品供给量和需求量的因素主要就是边际成本与边际收益的比较。

> **公益慈善产品供给和需求曲线的变动性**
>
> 1. 慈善产品社会总供给的影响因素
> - 个人偏好,不同的人对慈善产品的供给决策不同。
> - 富裕程度,物质生活水平提高→物质产品的边际效用减弱,精神产品的边际效用增强→慈善行为增加。
> - 信仰、价值观。
> - 制度提供一种收益预期:不同制度体系,慈善产品的社会供给不同。
> - 社会关系,人们更倾向于向熟人或关系密切的人提供慈善产品。
>
> 2. 慈善产品社会总需求的影响因素
> - 偏好,如"死要面子活受罪"。
> - 贫困程度,贫困者主观上更容易接受别人的施舍,客观上也更容易对慈善产品产生更多的需求。
> - 年龄,年幼者和年老者对慈善产品的需求更多。
> - 信仰、价值观。
> - 制度,好的制度会减少社会对慈善产品的需求,坏的制度会增加社会对慈善产品的需求。
> - 社会关系,倾向于向关系好的人产生慈善产品需求。

在对比分析了慈善个体的成本与收益、慈善产品的社会总供给和社会总需求后,可以推理出公益慈善产品具有的宏观效应或社会总效用:①社会的稳定,消除社会不满情绪,化解社会矛盾;②调节初次分配和再分配的不合理性(初次分配基于市场,按照效率原则;第二次分配基于效率与公平相结合原则;第三次分配基于道德原则);③有助于增加社会总产出,即为一个人提供更多的发展机会和能力,从而增加社会的总产出;④刺激社会的消费,增加消费支出;⑤社会道德建设,即慈善行为会引出更多的慈善行为。因此,公益慈善行为是一种更经济的行为,成为发展公益慈善学的"理性"依据。

六、生理学研究:好人会有好报吗?

美国凯斯西储大学(Case Western Reserve University)生命伦理学教授、美国纽约州立大学石溪分校药物学院(Stony Brook University School of Medicine)教授史蒂芬·波斯特(Stephen G. Post)和小说家吉尔·奈马克(Jill Neimark)从现代科学和医学角度出发,对人的种种善行,以及在付出与回报之间究竟能产生什么样的关系进行了深度研究,并出版了《好人会有好报吗》(*Why Good Things Happen to Good People*)一书。

在该书中，作者根据研究结果大胆地抛出一个令人惊讶的结论："在付出与回报之间存在神奇的能量转换秘密，即一个人在付出的同时，回报的能量正通过各种形式向此人返还。"用科学研究的结果证明了施比受更快乐，好人有好报，发展出创新独特的"付出与长寿测量表"。

当然，史蒂芬·波斯特和吉尔·奈马克笔下的"好人"，并非"老好人"，而是指"乐于付出的人"。这个"付出"也非传统意义上的"气力上帮一把、财物上施一些"，更不是为了博取名利或达到其他不可告人的目的才装腔作势的那种假捐款、假慈善等，而是一种广义上的"付出"。"付出"有10种方法，即赞美、传承、宽恕、勇气、幽默、尊重、同情、忠诚、倾听、创造。根据这10种"付出"方法，作者制订了详细的付出与长寿测量表，并长期追踪一些乐于"付出"的人，分门别类地对每种"付出"带来的"回报"进行物理统计和生理分析，从而找出"付出"产生的"医疗作用"和"快乐指数"。"宅心仁厚、乐善好施"的人，他们的善行确实对自身心理和身体健康产生了巨大而深远的影响，例如，乐于付出对心脏病的抗病力竟然是阿司匹林的两倍，能够减轻病痛对老年人的影响，不容易患抑郁症等。总之，一个养成乐于付出习惯的人，其自身的社会能力、判断能力、正面情绪及心态等都会全面提升。作者甚至还测量到，哪怕给别人一个微笑、传递一个友好的表情，唾液中的免疫球蛋白浓度也会增加。在综合了40多所美国主要大学的100多项研究成果，并结合长期追踪的实验报告的数据后，作者得出了令人惊讶的结论，即人们善良行为（如赞美、宽恕、勇气、幽默、尊重、同情、忠诚等）的付出显示，"付出与回报之间存在神奇的能量转换秘密，即一个人在付出的同时，回报的能量正通过各种形式向此人返还，只不过在大多数情况下自己浑然不知。"

七、社会学研究：行善能延长人的寿命？

在"社会关系如何影响人的死亡率"等相关课题研究中，美国耶鲁大学、美国加州大学对加利福尼亚州阿拉米达县7000位居民进行了长达9年的跟踪调查，美国密歇根州立大学调查研究中心对2700多人进行了长达14年的跟踪调查，得出如下结论：善恶影响人寿命的长短，即乐于助人、与他人相处融洽的人，其健康状况和预期寿命明显优于常怀恶意、心胸狭隘、损人利己的人。研究人员还发现：乐于助人、与他人相处融洽的人的预期寿命显著延长，在男性中尤其如此；相反，心怀恶意、损人利己、与他人相处不融洽的人，死亡率比正常人高1.5~2倍。不同种族、阶层（收入高低）、健身习惯（体育锻炼及生活作风）都不能影响这个具有普遍性的结论。对此，研究人员对善良的人长寿的原因进行了挖掘：其一，从心理角度来看，乐于助人的人可以获得人们对他的友爱感激之情，他从中获得的内心温暖，缓解了日常生活中常有的焦虑；

其二，从免疫系统角度来看，常常行善的人的人体免疫系统更强健。

此外，Kirsten Avlund 等（1998）对丹麦 70 岁男性居民与女性居民的社会关系与死亡率之间的联系进行了长达 11 年的持续研究，研究发现：①较大规模的社交网络（拥有更多的朋友和亲密关系）与较低的死亡率显著相关，拥有丰富社交网络的老年人，其生存率显著高于社交网络较小的老年人；②得到良好社交支持的老年人（如情感支持和实际帮助）具有较低的死亡风险，社交支持的类型（如情感支持、实际支持）对死亡率的影响存在差异，但总体上积极的社交支持有助于延长寿命；③参与社交活动的频率与死亡率成负相关关系，频繁参与社交活动的老年人死亡风险较低，这些社交活动包括与朋友和家人聚会、参加社区公益活动等，活跃的社交生活有助于维持身体和心理健康；④感到孤独和感到被社会孤立的老年人死亡率较高，孤独感是一项重要的死亡风险因素，孤独感不仅影响心理健康，还会通过生理机制影响身体健康。总之，良好的社会关系（包括社交网络、社交支持和社区服务活动）能够显著降低死亡风险。这些研究发现不仅为改善老年人健康和延长寿命提供了重要的科学依据，也为倡导、鼓励更多人从事公益慈善事业和其他帮助他人的社区服务提供了科学依据。换言之，参与公益慈善活动及得到公益慈善服务，都有助于改善生存质量、延长寿命。

八、幸福学研究：为什么愿意慷慨解囊？

生活中常存在这种现象：明明把资源留给自己更有利，为什么还愿意慷慨解囊？一篇发表在 2017 年《自然—通讯》的论文 "A Neural Link between Generosity and Happiness" 提出，即使会牺牲自我利益，人们也往往会对他人慷慨大方，这可能是因为当人表现慷慨时会激活大脑中的特定区域，而这些特定区域与产生幸福感的区域相互关联。研究者在实验中发现，愿意把钱用在别人身上的人，大脑中与主观幸福感相关的区域被激发得更多。这表明，人类的慷慨行为与幸福感的增加有直接联系，这就是促使人们慷慨待人的原因。

为了研究将慷慨行为与幸福感联系在一起的大脑机制，德国吕贝克大学的 Soyoung Park 等召集 50 名志愿者参与一项金钱支出任务，并分析他们的大脑活动状况。他们告诉参与者将连续 4 周每周得到 25 瑞士法郎。其中，一半参与者被告知这些钱全部属于他们自己，并被要求制订支出计划（比如，为自己买一顿饭）；另一半参与者则被告知这些钱是给别人的，但也要写下支出计划（比如，带一个朋友或配偶出去吃晚餐）。实验发现，承诺将钱花在别人身上的参与者在另一项任务中也表现得更加慷慨，他们大脑中与主观幸福感相关的区域也更加活跃。

综合来说，该项研究的结果阐明，大脑中存在将自发的慷慨行为与幸福感连接起来的区域。这为那个违背逻辑的问题带来可能的解释：把资源留给自己更有利，那为什么还要对他人表现慷慨呢？因为我们知道：给予能刺激我们的大脑，让我们感到更加快乐。

第四节　发展公益慈善事业

一、发展公益慈善事业的现实意义

列夫·托尔斯泰（Leo Tolstoy）说：如果"善"有原因，它不再是善；如果"善"有它的结果，那也不能称为"善"，"善"是超乎因果联系的东西。瓦茨拉夫·哈维尔（Václav Havel）也说：我们坚持一件事情，并不是因为这样做了会有效果，而是我们坚信，这样做是对的。那么，如何理解这个"对"呢？对的或者正确的，是用价值标准衡量一件事情。坚信做的事情是对的，是一种以判断力为前提的信仰。但这种价值标准或信仰并非悬浮的，而是可以从公益慈善事业的社会意义和实践价值的角度加以诠释的。

首先，发展公益慈善事业，促进公益慈善学科建设，是发扬中华民族优良传统、践行社会主义核心价值观、构建中国自主知识体系的需要。中华民族拥有乐善好施、扶贫济困的优良传统，因此，公益慈善事业的进步和公益慈善学科的发展既是中华民族优秀传统文化、传统美德的继承与发扬，也是构建中国自主知识体系的实践与体现。

其次，发展公益慈善事业，促进公益慈善学科建设，是现阶段化解社会矛盾冲突、构建和谐社会、促进中国乡村治理体系和治理能力现代化的现实需求。当前，我国面临着经济下行、贫富差距扩大、社会矛盾冲突增多等社会风险问题，并已经对经济的健康发展和社会的和谐稳定带来了冲击。解决这些问题，既要不断发展生产力、强化社会保障，又要发展公益慈善事业、培养公益慈善人才，充分激活民间社会力量。

再次，发展公益慈善事业，促进公益慈善学科建设，是创新基层治理、打造共建共治共享的社会治理格局的内在要求。公益慈善事业和公益慈善学科的发展，有助于建设"人人有责、人人尽责、人人享有"的社会治理共同体，提高基层社会治理的社会化、专业化水平，实现政府治理和社会调节、居民自治的良性互动。

最后，发展公益慈善事业，促进公益慈善学科的建设，是激发、调动公众参与公益慈善、提升公益慈善公信力的实践需要。公益慈善是纯洁的社会公共事业，促进公益慈善的透明化、规范化、制度化运作是打消社会疑虑、提升公益慈善的公信力、促进社会力量参与公益慈善的前提，有助于推进中国公益慈善事业的可持续健康发展。

二、发展公益慈善事业的目标导向

在党建引领和健全社会治理体系的导向下，促进形成政府推动、民间主导、全民参与、行业自律、社会监督、法治保障、科技支撑的公益慈善运行机制，培育慈善组织，提升居民公益慈善意识，塑造公益慈善文化，普及公益慈善理念，创新公益慈善载体，推进社区志愿者服务，增强公益慈善的透明度、规范化和公信力，着力推进公益慈善学科建设和壮大公益慈善人才队伍，形成公益慈善事业发展的强大社会合力，开创公民普及、数量众多、运作规范、治理有效、公开透明、数智赋能的公益慈善事业发展局面。

三、发展公益慈善事业的基本原则

（1）法治原则。持续完善、健全公益慈善事业的相关法律、法规、规章，在法治的架构下监督公益慈善组织、规范公益慈善行为，依法开展公益慈善募捐、资金调配、信息公开、信托投资等活动，遏制公益慈善犯罪行为。

（2）自愿、平等原则。确保施者与受者、不同公益慈善组织、不同志愿者的人格和尊严的平等，充分尊重和保护捐赠人、受赠人、受助人、受益人的隐私；保障捐助者自主实施捐赠行为，自主决定捐赠的规模、方式和用途；依法保障公益慈善组织的独立、自主；禁止强捐、索捐、摊派或变相摊派等行为。

（3）公开、透明原则。公益慈善捐赠程序、公益慈善财产的管理和使用、公益慈善效果评估等信息，在充分尊重捐赠人、受赠人、受助人、受益人意愿的基础上通过有效的形式公开，接受政府监管、捐赠人监督、社会监督和第三方独立评估监督。

（4）创新原则。我国公益慈善事业发展的领域和区域差异性较大，要面向国际，鼓励公益慈善项目或活动的创新，积极探索有效募集和使用公益慈善资源的新方式。

本章提要

1. 现代意义上的公益慈善，是私领域范畴的公益概念，也是广义上的慈善概念，主要是指建立在社会捐献经济基础上的民间社会性救助行为。公益慈善的服务对象不仅包括有特殊需要的特定人或群体，还包括教育、科研、文化、环保事业，服务内容包括社区服务、环境保护、知识传播、公共福利、帮助他人、社会援助、社会治安、紧急援助、青年服务、慈善关怀、社团活动、专业服务、文化艺术、体育活动等。

2. 公益慈善事业是指在政府税收优惠等政策扶持下，由民间团体和个人自愿组织与开展的、对社会中遇到灾难或不幸的人不求回报地实施捐赠和救助的一种无私的支持与奉献的事业，是私人或组织基于爱、怜悯、同情等观念，为灾民、贫民及其他处于困境中的人（家庭）或群体举办的救助、救济、扶助等活动的统称。广泛动员社区居民、企业和社会组织自愿捐赠财物及贡献劳动、知识、时间，开展扶贫济困、安老助孤、帮残助医、支教助学等爱心活动，是发扬中华民族传统美德、促进社会文明与进步、践行社会主义核心价值观、化解社会矛盾、创新社会治理的重要途径。

3. 公益慈善学是隶属于第三部门或非营利性部门管理框架下公共管理类与社会学类的交叉学科。因此，与公益慈善事业发展相关的管理工作和社会实践活动，既要认识和研究自身的特征，也要遵循一些共同的管理原理和社会规律。

4. 微公益就是从微小的公益事情做起，积少成多地做公益活动。公益和微公益不能简单地等同"做善事"，公益和微公益有一套完整的文化价值根基或信仰体系。

5. 在充满竞争和互相倾轧的世界，合作、利他主义和自我牺牲是如何出现的？比尔·汉密尔顿的"包容性适存"理论的解释是，为了家族成员基因延续的需要；罗伯特·阿克塞尔罗德的解释是"投桃报李"策略会胜于"以牙还牙"策略；马丁·诺瓦克、罗杰·海菲尔德提出了"超级合作"理论。行为经济学研究中的"社会偏好"理论表明，人类有社会偏好，尤其是对公正的偏好，人类除关注自己的物质利益外，还关注诸如社会福利、社会成员之间公平分配及公平动机的偏好，且人类在决策时内嵌了公平感。

本章案例

【案例1-1】"微尘"，青岛的城市名片 [选自"中华慈善博物馆"官网，2018-11-01]

2004年年底，印度洋突发海啸灾难，灾难期间，一对中年夫妇走进了青岛市红十字会，他们说要替朋友为印度洋海啸灾区的灾民捐5万元。当工作人员问其姓名以便开具收据时，他们留下了"微尘"的化名。

对于普通的个人捐款者来说，5万元的数目不算小，而这对中年夫妇"微尘"却说："人都应该有一颗感恩的心，自己是很平凡的人，做的事也很微小，就像一粒微不足道的尘埃，只想平静地做些该做的事。"

在青岛市红十字会的记录中，"微尘"在非典时期捐款2万元，为新疆喀什地震捐款5万元，为白血病儿童捐款1万元，为湖南灾区捐款5万元……于是，青岛开始了寻找"微尘"的行动。一个"微尘"没有找到，却涌现出成百上千个"微尘"。在青岛的大街小巷，在机关、部队、学校、工厂、农村，在一个个募捐站，频频听到"我叫微尘"的回答。在青岛市红十字会的每个捐款本中，有近半数捐款人是"微尘"。

为弘扬这种无言的奉献精神，青岛市投资300万元，历时2年精心创作、拍摄了以"微尘"事迹为题材的公益电影《寻找微尘》，电影上映后引起社会巨大反响。2008年

8月,"微尘"标识被国家市场监督管理总局正式注册为公益类商标,青岛红十字微尘基金应运而生,微尘基金坚持"微尘有情,博爱无疆"的爱心理念,以关注儿童"生命、健康、教育"为宗旨,付出的爱温暖着各式各样的群体,也感染着更多爱心人士加入"微尘"。演员黄晓明、国家一级编剧赵保乐和歌手江涛等都是"微尘"的一份子和推广大使。

案例导读:基于本章关于"微公益"的概念,理解"微尘"背后的文化价值。

思考与练习

一、名词解释

1. 公益
2. 慈善
3. 微公益
4. 公益慈善事业

二、简答题

1. 简述公益慈善与社会保障的关系。
2. 简述公益慈善事业的基本特征。
3. "牺牲的爱"真实存在吗?为什么?
4. 理查德·塞勒的"有限理性"理论对中国公益慈善事业的发展有何启示?

三、论述题

1. 亚当·斯密在《国富论》中主张的"私利"与《道德情操论》中的"同情"是否自相矛盾呢?请阐明你的观点。
2. 论述该如何发展现代公益慈善事业。

四、材料分析题

艾茵·兰德(Ayn Rand)是美籍俄裔作家、哲学家,写下了《源泉》(*The Fountainhead*)等数本畅销小说,她的哲学理论和小说开创了客观主义哲学运动,强调个人主义的概念、理性的利己主义("理性的私利"),对慈善、爱和牺牲等思想不屑一顾。她在所有的文章里反复强调以下几点：我不承认任何人有权支配我生命中的每一分钟、我能力的任何一部分、我的任何一项成果，无论是谁提出要求，无论有多少人，无论他们多么需要；这个世界正因为一种无节制的自我牺牲而走向毁灭；一个人的创造性工作的完整性比任何形式的慈善事业都更重要。她还认为，公益慈善在对他人的给予与付出中使他人产生了依赖，这种依赖剥夺了个体创造的可能性，也就使个体失去了推动社会发展的机会。在她看来，在公益慈善事业中消耗的时间与物质资源是一种浪费，因为这些资源应该首先分配给进行"创造"活动的个体，而非需要依靠公益慈善帮助的受益者。

还有学者认为，公益慈善的存在可能会使一些受益者失去工作动力，沦为"懒汉"。例如，在高福利制度下，人们的工作积极性大大下降，从而阻碍了社会的发展。

问题：对于上述艾茵·兰德的观点，你怎么看？

参考文献

[1] Gideon Lasco. Did Margaret Mead Think a Healed Femur Was the Earliest Sign of Civilization?[EB/OL].（2022-06-16）[2024-07-21].

[2] 周秋光. 中国古代慈善事业的发展[J]. 中国减灾，2008（8）：28-29.

[3] 张帆. 人类学与社会心理学的结合：玛格丽特·米德之文化决定论综述[J]. 社会科学评论，2007（3）：114-124.

[4] 周义程. 公共利益、公共事务和公共事业的概念界说[J]. 南京社会科学，2007（1）：77-82.

[5] 郑伟. 社会工作方法在慈善实务中的应用[J]. 咸阳师范学院学报，2015（6）：118-120.

[6] 周静雅，张丽芬. 论发展慈善事业与促进社会和谐[J]. 贵阳学院学报（社会科学版），2013（6）：15-20.

[7] 匡婕，匡和平. 社会治理语境中公益慈善作用发挥的价值与路径[J]. 中共成都市委党校学报，2017（4）：82-86.

[8] 孙艳萍. 爱是社群的纽带——玛格丽特·德拉布尔"光辉灿烂"三部曲研究[C]. 2014 the 4th International Conference on Applied Social Science (ICASS 2014). Singapore, 2014-03-20，406-411.

[9] 亚瑟·C. 布鲁克斯. 谁会真正关心慈善——保守主义令人称奇的富于同情心的真相[M]. 王青山，译. 北京：社会科学文献出版社，2008.

[10] 钱正荣. 慈善的认知及其影响因素——读布鲁克斯的《谁会真正关心慈善》[J]. 天水行政学院学报，2010（1）：112-116.

[11] 何莉君. 慈善为何——读《理解慈善——意义及其使命》[J]. 开放时代，2009（4）：151-156.

[12] 罗伯特·L. 佩顿, 迈克尔·P. 穆迪. 慈善的意义与使命[M]. 郭烁，译. 北京：中国劳动社会保

障出版社，2013.

[13] 彭小兵，贺双艳，常晓薇. 文化与社会通识教育读本（第一辑）[M]. 成都：西南财经大学出版社，2021.

[14] 冯元. "合流"与"分流"之外的社会工作与公益慈善关系选择[J]. 社会与公益，2016（12）：94-95.

[15] 朱健刚. 论社会工作与公益慈善的合流[J]. 社会科学辑刊，2016（4）：55-60.

[16] 赵环，徐选国. "回归"抑或"超越"：社会工作与公益慈善的历史——当代关系辨析[J]. 学海，2017（2）：136-140.

[17] 陈静. 公益慈善学科知识体系框架的构建——读《公益慈善概论》[J]. 中国非营利评论，2016，18（2）：161-168.

[18] 卢磊. 公益慈善事业要积极发展学科建设[J]. 社区，2017（15）：20-21.

[19] 王名，李勇，李长文. 公益慈善学科建设基本构想[J]. 中国非营利评论，2016，18（2）：1-20.

[20] 宋圭武. 慈善的经济学分析[J]. 中国社会导刊，2007（1）：44-45.

[21] 马小勇，许琳. 慈善行为的经济学分析[J]. 西北大学学报（哲学社会科学版），2001（4）：93-98.

[22] 吕静. 慈善事业的经济学分析[J]. 桂海论丛，2013，29（3）：61-66.

[23] 罗卫东，张亚萍. 亚当·斯密道德理论的核心是什么？——*The Theory of Moral* Sentiments 题解[J]. 浙江大学学报（人文社会科学版），2016，46（2）：97-109.

[24] 朱光潜. 谈修养[M]. 上海：华东师范大学出版社，2014.

[25] 王晓科. 不同理性动机下的企业隐性知识共享博弈[J]. 情报杂志，2010，29（11）：110-117.

[26] 牛贺. 有限理性、规范内化与利他行为：一个演化视角[J]. 经济研究，2017（10）：189-199.

[27] 丁晶晶. 人类为何慷慨相助？[J]. 大自然探索，2017（9）：46-52.

[28] 马丁·诺瓦克，罗杰·海菲尔德. 超级合作者：利他主义，进化，以及我们为什么需要彼此才能成功[M]. 龙志勇，魏薇，译. 杭州：浙江人民出版社，2013.

[29] 罗伯特·阿克塞尔罗德. 合作的复杂性：基于参与者竞争与合作的模型[M]. 梁捷，译. 上海：上海人民出版社，2008.

[30] 史蒂芬·波斯特，吉尔·奈马克. 好人会有好报吗[M]. 高子男，译. 海口：南方出版社，2011.

[31] 赵柒斤. 好人有好报的"科学依据"[N]. 羊城晚报，2011-07-10（B05）.

[32] Kirsten Avlund, Mogens Trab Damsgaard, Bjorn E Holstein. Social relations and mortality: An eleven year follow-up study of 70-year-old men and women in Denmark[J]. Social Science & Medicine, 1998, 47(5) : 635-643.

[33] Park Soyoung Q, Thorsten Kahnt, Azade Dogan, et al. A neural linkbetween generosity and happiness[J]. Nature Communications, 2017, 8: 15964.

第二章 公益慈善发展史 02

知识目标

1. 掌握公益慈善发展的主要脉络
2. 掌握西方社会公益慈善的发展阶段
3. 掌握中国公益慈善的发展概况

能力目标

1. 描述早期公益慈善行为的主要贡献
2. 阐明国外公益慈善事业发展的启示
3. 理解我国公益慈善发展面临的问题

素质目标

1. 基于历史视角理解公益慈善事业的意义和价值
2. 理解公益慈善事业发展主要贡献者的探索精神

第一节 公益慈善的基本模式

出于恻隐之心或信仰而对贫困者施以援手的公益慈善事业，是人类社会互助互济、源远流长的历史传统，至今已大致演变发展出 4 种公益慈善模式："盎格鲁·撒克逊"模式、"欧洲大陆"模式、"基金会+社区服务"模式和"政府购买社会服务"模式。

一、"盎格鲁·撒克逊"模式

"盎格鲁·撒克逊"模式的主要特征是政府立法、民间社会填补空白，主要盛行在英国和美国这两个国家，以及部分英联邦国家或地区。英国是世界上最早开始工业革命的国家，也是最早出现现代社会经济风险的国家。1601 年，英国颁布了《伊丽莎白济贫法》，建立了"国家济贫制度"，对城市贫民进行救济。此后，英国主要由牧师和宗教组织倡导，陆续建立了一系列民间社会服务组织，并联合成立"慈善组织会社"，开展社会服务活动，帮助失业者、贫困家庭、病人、孤儿、身心障碍者进行"社会诊断"和"社会治疗"，并在后来发展成"睦邻运动"。

由英国开创的国家立法济贫、民间社会慈善填补空白的公益慈善模式又传到美国。例如，在美国兴起、形成了由基督教牧师和富裕善心人士带领的、不计薪酬的志愿者为贫困人士提供社会服务的模式，以及扎根社区的"睦邻运动"，他们访问贫困家庭，提供食品、居所，解答处于困境中的个人及家庭情感和精神上的困惑。

二、"欧洲大陆"模式

"欧洲大陆"模式的主要特征是重视社会福利制度建设。1873 年，德国宰相俾斯麦建立社会保险制度后，以社会保险为核心的社会福利制度开始在欧洲流行，并演变为从国家制度层面保障公民基本生活需求的社会保障制度及社会服务层面的职业化、专业化的社会工作。例如，德国"汉堡制"（Hamburg System）将汉堡市划分为 60 个区，每个区设 1 名监督员，负责对该区贫困人士进行调查和救济；汉堡市政府设立一个中央办事机构，联络各社会救济机构协同工作，综合管理全市的救济业务；后来的"新汉堡制"

废除了分区，由社区负责社会福利制度的具体实施，充分发挥民间社会福利组织的作用。"汉堡制"的特点是社会工作者以社区为依托，综合运用多种专业社会工作方法来解决贫穷等社会问题。德国的这些尝试和探索，对社会福利和社会救助制度的发展产生了深远影响。

第二次世界大战后，由英国牵头，欧洲国家纷纷建立了社会福利制度，社会工作被纳入统一的国家制度框架之内。

三、"基金会+社区服务"模式

基于自由市场经济的观念，美国在继承"盎格鲁·撒克逊"模式的基础上，发展了"基金会+社区服务"公益慈善模式。传统上，美国崇尚"小政府、大社会"，在社会保障方面坚持政府只管老人和穷困人士，而把其他领域交给民间非营利性组织，不仅各种慈善基金会异常发达，社区志愿服务体系也非常完善。譬如，美国的企业和成千上万公众，每年通过各类基金会或宗教机构进行大量的慈善公益捐助，或者活跃于社区，深度参与社区的志愿服务。美国普通民众的小额捐赠和志愿参与推动了美国公益慈善事业的发展。

美国的"基金会+社区服务"公益慈善模式，根植于美国的税收制度。美国社会给予公民和企业两种选择：交税，抑或捐款。其一，公民和企业可以将自己收入的一部分作为税收交给政府，然后通过"税收—财政—公共支出"这个途径用于公益事业或社会福利事业；其二，公民和企业可以将自己收入的一部分作为社会捐款捐给公益慈善事业，通过"社会捐款—慈善基金—慈善事业"这个途径用于公益事业或福利事业；其三，美国法律鼓励非营利性组织接受社会捐赠，企业和个人捐助公益慈善事业可以获得免税或减税待遇，并用高额的"遗产税"和"赠与税"来规范或限制转移资产。交税或捐款由个人或企业根据偏好差异和财务避税模式设计做出选择。

四、"政府购买服务"模式

中国香港的公益慈善事业也采用"盎格鲁·撒克逊"模式，但与英国、美国的公益慈善模式相比又有所变化、发展。第二次世界大战期间，日本侵华和侵略东南亚，大量难民的涌入使当时的香港面临各种棘手的社会问题，一部分受过西方专业社会工作训练的社工开始投身社会服务。20世纪70年代，中国香港地区形成了特区政府只对贫困家庭实施社会救助，同时与志愿团体成为合作伙伴，在政府的资助或购买社会服务下提供专业社会工作和志愿服务的机制，如邻里层面的社区工作、学校社会工作、家庭生活教育、老人综合服务中心、青少年外展服务、综合性康复服务等。

五、总结

当前，美国、英国，以及中国香港都强调社会福利机构的民间化，政府的直接资助改为由政府购买服务。美国高举"民间"大旗并主要通过"社会募捐"筹资；而中国香港的社会服务机构也主要来自"民间"，但财政主要靠特区政府拨款或购买。但不管怎样，其思想根源都是"盎格鲁·撒克逊"模式，且在"盎格鲁·撒克逊"模式中通常都有比较发达、完善的现代公益慈善事业。然而在欧洲大陆，国家的高福利制度使现代意义上的公益慈善事业并不醒目。另外，需要特别指出的是，上述这些模式有一个发展演进过程，且彼此不是对立、界限分明的，而是相互交叉、融合、借鉴发展的。

第二节 英国公益慈善的发展

一、英国公益慈善事业的开创

英国是世界上最早开始工业革命的国家，于 1601 年颁布了《伊丽莎白济贫法》，建立了"国家济贫制度"，其核心内容是以教区为单位对城市贫困人士实行有条件的救济，其救济对象是有劳动能力的贫困人士、无劳动能力的贫困人士和无依无靠的孤儿。《伊丽莎白济贫法》的出台奠定了英国乃至欧美现代救助立法的基础，被认为是国家社会保障的雏形。1834 年英国颁布的《新济贫法》规定，政府负有实施救济、保障公民生存的责任，救助是一项积极的福利举措。《新济贫法》的出台，被学术界视作现代福利保障制度的萌芽。

19 世纪后半叶，英国出现了一些旨在帮助失业者、贫困家庭、病人、孤儿、身心障碍者的民间社会服务组织，对贫困人群进行"社会诊断"与"社会治疗"。1884 年，东伦敦怀特贾伯区圣朱德教堂的牧师 Samuel Barnett 及其夫人 Henrietta Rowland 邀请了一些牛津大学、剑桥大学的学生，建立了著名的汤恩比馆（Toynbee Hall），开展社会服务活动。

不过，英国早期形成的"国家立法济贫"发展模式存在"政府介入和干预不足"的问题，促使民间公益慈善事业趁机兴起、发展和壮大，并传播到英国的一些殖民地国家。

> **早期英国公益慈善发展的两个缩影**
>
> （1）自主捐助医院的建立。英国于18世纪创建了一种被称为"自愿捐助医院"的慈善方式。"自愿捐助医院"的建立者是个人，是普通民众的慈善之举，捐助包括富人的一次性捐款，也包括不富裕的人定期向医院捐赠钱财或实物。在"自愿捐助医院"兴起的过程中所形成的公益慈善传统，深刻地影响了英国国民健康保险制度的建立，成为后来英国全民健康医疗体系实施的一个重要支撑点。
>
> （2）著名大学的创办。在"慈善"与"宗教"理念的指导下，一些富有的慈善者、教会在大学捐资兴建了中世纪英国牛津大学、剑桥大学等最早的一批学院，并设立奖学金。在剑桥大学最早的13所学院中，3所由教士兴建，1所由商人行会兴建，2所由两位贵妇人捐建。他们捐资助学是为了弘扬学问，是纯粹的公益行为。"慈善"与"宗教"理念一直是支撑英国大学生资助事业的基石，是英国民间集资助学的基本动机。

二、英国公益慈善发展历程

英国是一个历史久远、文化丰富、法律及行政体制复杂的君主立宪国，主体由英格兰、威尔士、苏格兰和北爱尔兰4个部分组成，国土面积比中国广西壮族自治区略大，截至2023年的总人口约为6835万人。英国的公益慈善事业在诸多方面对其他国家或地区产生了深刻的影响。英国公益慈善发展大致经历了5个阶段，并经历了由感性捐赠到理性分析，由零散捐赠到组织化的基金会，由不分捐赠对象到有区别地帮助受助者，由暂时性物质捐赠到激励受助者自强自立，由松散性、临时性公民志愿到有专业技能、职业道德的职业慈善等的过程，促进了英国社会的发展。

1. 从公元元年到中世纪时期

从公元元年前后至15世纪末长达15个世纪的时期里，基本上是英国封建生产方式产生、发展和衰落的时期，经济社会生活相对落后，民间公益慈善行为仅限于向穷人或过路人提供必要的衣食、照料伤病人员、帮助孤寡老人等。但一些扶贫济困、资助教育等理念随着基督教在英国的传播而被人们广泛认可。

英国在中世纪晚期（都铎王朝）之前正式的公益慈善活动历史记载比较少见，但有互助组织宣传它们的起源可以追溯到公元55年，志愿活动如互助会和友谊会已经出现。在英格兰地区，最古老的公益慈善机构是公元597年建立并开办至今的坎特伯雷国王学校（King's School Canterbury），它是英国最古老的学校之一，其创立与圣·奥古斯丁（Saint Augustine）有关，拥有丰富的历史和文化遗产，成为世界文化遗产的一部分。

12 世纪和 13 世纪，英格兰地区至少有 500 多家志工医院。

中世纪时期（约公元 476—1453 年），教会是英国公益慈善事业的主要推动者，修道院、教堂和主教座堂是慈善活动的中心。教会组织提供的主要服务包括：向贫困者提供食物、衣物和金钱，设立医院和救济院，为孤儿和无家可归的儿童提供庇护。不过，当时的宗教协会主要是向亡者提供祈祷的宗教集会，当时的慈善大都以精神层面的满足为宗旨，多数捐赠人都将获得祷告文作为目标。尽管如此，这些宗教集会事实上也具备了社会服务和福利功能，向有需要的成员提供食物和住宿，或经营学校和酒馆，以及为成员在亡者葬礼的开销提供帮助。与此同时，随着城市的发展，英国各种行会和互助组织（如商人行会和工匠行会）开始出现，提供了一些教育培训和互助互济服务。总之，中世纪英国公益慈善事业的宗教目标和社会目标之间差别很小。

2. 从都铎王朝到"光荣革命"阶段

从都铎王朝（1485 年）到"光荣革命"（1688 年）期间是英国从君主专制统治经过资产阶级革命向君主立宪制过渡的时代，那段时期，毛纺手工业、海外贸易及"圈地运动"造成大批失地贫民，人口的快速增长与都市化，见证了宗教改革、社会结构的变化及国家政策的演变，这些因素共同推动了英国公益慈善事业的进步。

在都铎王朝时期（1485—1603 年），受宗教改革的影响，修道院解散，教会主导的慈善机构大量消失，但世俗慈善机构兴起，公益慈善责任逐渐转移到世俗机构和个人手中，贵族和富有市民开始更多地参与慈善活动，建立医院、学校和救济院。同时，立法改革不断开展，通过了一系列"穷法"以应对贫困和乞讨问题，其中最重要的是 1601 年颁布的《伊丽莎白济贫法》和《1601 年慈善用途法》（*Statute of Charitable Uses of 1601*）。英国首次把慈善纳入国家法制框架，规定地方政府有责任照顾贫困者，并对贫困者的救济进行管理，成为世界慈善史上具有里程碑意义的重大事件，为后来的社会福利制度奠定了基础。在斯图亚特王朝早期（1603—1688 年），一些公共慈善机构开始建立，城市行会和商人慈善组织、公民慈善组织开始发展，教育慈善也开始兴起，如皇家资助的伦敦基督医院（Christ's Hospital）提供教育和养育贫困儿童，富人开始设立慈善信托，用于资助教育、医疗和救济贫困者，城市行会和商人建立学校、医院和救济院，伦敦等城市涌现出许多专门从事社会福利活动的公民慈善组织和社团，一些文法学校（Grammar Schools）和大学获得了私人捐赠用于资助贫困学生的教育。在"光荣革命"（1688 年）后，英国政治稳定、经济发展，政府开始更多地参与和支持公益慈善事业，促进公共福利的发展，出现了公共基金和协会这种新的慈善形式，系统化、专业化、有组织地开展公益慈善活动。

3. 工业革命时期

工业革命时期（约 1760—1840 年），英国公益慈善事业受到快速工业化、城市化、社会变革和新兴思想的影响。尽管工业革命带来了生产力的提高和经济的快速增长，包括发达的航海业、丰富的剩余劳动力、蒸汽机的发明、铁矿和煤矿的开采、纺织技术的创新、银行系统的成熟等，但也导致了严重的社会问题，如城市贫困、劳工剥削、卫生条件恶劣、住房不足、弃婴现象普遍等。这些问题客观上促进了英国私人慈善与慈善组织的兴起，推动了社会改革运动、公共卫生与教育慈善的发展，以及英国济贫法系统的人道主义改革，包括部分废除居住法、引入院外救助等。

具体体现在，许多工业家和富有市民通过捐赠建立学校、医院和救济院，帮助解决城市贫困和劳工问题；各种慈善机构和团体涌现，并专注于解决贫困、妇女、儿童、教育和职业培训等不同的社会问题；工人运动和社会改良者推动社会福利的改革，如罗伯特·欧文（Robert Owen）等工厂主致力于改善工人生活条件并提供教育、住房和医疗来提升工人福利，关注儿童福利的改革者推动改善了工厂中童工的生活条件；公益慈善组织和社会改革者致力于改善城市卫生条件，建设下水道和干净饮用水系统，许多慈善家捐资建立医院和诊所，提供免费或低成本的医疗服务；慈善学校和夜校大量涌现，一些开明的工厂主为工人子女提供受教育机会；宗教团体设立教区救济机构和社区服务项目帮助贫困人口。

这里，特别需要提出几个典型案例。由曾闯荡北美的托马斯·科拉姆船长（Captain Thomas Coram）、知名画家威廉·霍加斯（William Hogarth）参与创办和管理的伦敦育婴堂（Foundling Hospital），不仅挽救了大批弃婴的生命，还努力把他们培养成对社会有用的人。今天，这家育婴堂已经发展成托马斯·科拉姆儿童基金会（Thomas Coram Foundation for Children），承载着儿童教育事业。此外，自1870年起连续开办的"巴纳多之家"（Barnardo's）、1878年成立的救世军（The Salvation Army）、1884年建立的世界上第一个社区公社——汤恩比馆、1895年创建的以保护自然和历史遗产为己任的国民信托（National Trust），以及可溯源至1824年的世界上成立最早的动物保护慈善组织——皇家防止虐待动物协会（Royal Society for the Prevention of Cruelty to Animals）都是这个时期的典型代表。

此外，一些有识之士开始探索恰当的慈善救助形式，讨论慈善到底应该怎样开办、慈善对受助者的人生起何作用，以及慈善是否会助长人的懒惰、占便宜行为和不思进取心态等科学问题，并于1869年成立了慈善组织会社（Charity Organizations Society），以协调各地民间慈善组织的善举和官方根据《伊丽莎白济贫法》而实施的救济措施，对真正需要救助的人进行核实、登记，探索志愿服务的专业化，传播有关人类尊严和社会责任的理念，促进合作等。同时，英国政府成立了慈善委员会（Charity Commission），开始把慈善作为医治各种社会疾病的一剂良方，对各种慈善项目给予一定的财政支持，并加强对慈善事业的专业监督。可以说，19世纪是英国公益慈善事业的黄金时期，志愿与慈善活动在此期间发挥了很大的作用。

4. 20世纪英国公益慈善的发展

20世纪初,英国的公益慈善获得了空前发展,并呈现出若干特点,表现在:其一,志愿服务精神得到发扬光大,民众参加各种慈善组织的志愿服务活动成为一种时尚,如始建于1919年的英国志愿组织协会(National Council for Voluntary Organizations)对于推动、规范和协调志愿服务发挥了巨大作用;其二,公益慈善事业越来越具有国际视野,例如,乐施会(Oxfam)是一个以扶贫济困和紧急救援为主、由17个国家的同名机构联合而成的大型国际性援助组织联盟,其雇员和志愿者遍布全球近100个国家或地区;其三,慈善与政府的关系发生了根本性改变,英国政府越来越把慈善作为一种公共政策选项,把大量由民间私人公益慈善组织提供的孤儿教育、流浪者收容照料等服务纳入福利国家的社会服务体系之中,建立了对公益慈善组织的财政支持、引导和监管体系,并出台了《慈善法(1960年)》(Charities Act 1960,后又几经修订);其四,英国王室对公益慈善事业的繁荣发挥了特殊作用,其王室成员担任着英国2415个慈善组织的荣誉职务,包括享有盛誉的英国癌症研究所(Cancer Research UK)、英国红十字会和"巴纳多之家"。

5. 全球化时代的英国公益慈善

为了建设面向21世纪的慈善体系,英国政府进行了以《新济贫法》为主要内容的慈善改革。代表性事件包括:2006年,英国议会通过了《慈善法(2006年)》(Charities Act 2006),对公益慈善事业给出了体现历史传承和时代特点的新定义,进一步明确了作为政府监管机构的慈善委员会的组成和职责;2011年,英国又出台了《慈善法(2011年)》(Charities Act 2011),对英国半个多世纪以来各种慈善公益的法律和法规进行了一次全面梳理和总修订。2022年,英国最新修订的《慈善法(2022年)》(Charities Act 2022)的主要目的是简化和现代化慈善法律,帮助受托人更好地管理他们的慈善机构,在永久捐赠、慈善用地、"关联人"的定义等问题上进行了修订,旨在使公益慈善机构在处理土地事务和管理永久捐赠资金时具有更大的灵活性,简化操作流程,并降低合规成本。当前,随着英国经济发展的趋缓及中东、北非难民问题、非法移民问题的增多,英国社会问题也越来越严重,贫困问题、失业问题、老年问题、社会治安问题、信仰/价值观冲突问题和暴力恐怖袭击问题,都呈现日趋严重的趋势,也为英国公益慈善事业的发展带来了巨大挑战。

三、英国公益慈善组织的发展概况

英国公益慈善组织有悠久的历史。18世纪英国工业革命以后,伴随着英国工业化的进程,越来越多的公益慈善非营利性组织出现了,一些成功的工厂主或企业家出于博爱目的纷纷成立公益慈善组织；市民们基于社区互助与自我服务的目的也纷纷设立自己的公益慈善组织；许多知识分子、政治家、工会活动家、社会活动家广泛参与社会公共事务，纷纷成立影响公共政策的各种公益性游说组织。

第二次世界大战后的70多年间，英国的政府公共部门、私人企业部门和民间公益部门先后发生了很大的变化。第二次世界大战以后英国工党政府上台，推行"国有化"，将许多原来由公益慈善组织提供的社会公益服务接管为政府公共服务。20世纪70年代上台的撒切尔政府针对政府公共部门低效率、机构臃肿等问题，又大力推行"私有化"政策，将许多原来由政府公共部门提供的公共服务以委托等方式转交给民间慈善组织。1995年，英国工党政府重新上台，布莱尔政府推行公共部门的"现代化"改革，重新定位政府公共部门、私人企业部门和民间公益部门的关系，强调既要建立一个强大的、积极活动的民间公益部门，又要加强政府公共部门和民间公益部门的合作。

对于英国公益慈善组织的名称，英国官方和大众媒体较多地采用"慈善组织"（Charity Organization）这个传统用语，近年来比较通用的是"志愿和社区组织"（Voluntary and Community Organization）一词，遍及扶贫救济、教育援助、宗教慈善、卫生健康、社会及社区福利、历史文化艺术遗产保护、环境保护和生态改善、动物保护及福利、业余体育运动、促进人权与和解、针对无家可归者提供住处、科学研究及普及等领域。

英国内政部（Home Office）负责对民间公益慈善组织进行指导、推进、支持、协调，以及相关法规、政策的制定与修订。英国内政部是英国政府各部门中规模最大、职能范围最广、综合协调能力最强的政府部门，在公益慈善领域的工作主要由3个司负责：①积极社区司（Active Community Unit），主要负责以社区为基础的民间公益活动与志愿服务的推广，通过政府采购及委托经营等方式与民间公益慈善组织签订公共服务方面的协议，监督和评估这些协议的执行情况；②公民再造司（Civil Renewal Unit），主要推动各级政府开展新公民教育，并积极推动各种形式的公民组织的建立与发展；③慈善司（Charities Unit），主要负责推动英国慈善法规的修订，并推进英国对民间公益慈善组织监督体系的改革与完善。英国慈善委员会是英国内政部下属的、但对议会直接负责的、从事公益慈善组织登记和日常监管的独立机构。

此外，英国政府每年给民间公益慈善组织提供大量财政资源，这些财政资源大约一半来自英国文化部下设的全国博彩运作委员会经营的博彩收益。

英国公益慈善组织发展的经验借鉴

1. 政府与公益慈善组织之间通过协议明确合作伙伴关系

公益慈善组织在活动时会与各级政府及相关部门发生关系，由于同处于公共领域，难免彼此之间存在不协调或摩擦；因此，要在政府与公益慈善组织之间确立一些具有约束力的基本准则，作为各级政府在处理其与公益慈善组织之间关系的纲领性文件。

  2. 政府资助民间公益慈善活动制度化

  政府每年投向公益慈善组织的财政支出（政府购买），实际上获得了这些组织向社会提供的多于政府财政支出的公共服务，既具有极大的社会效益，又缓解了公益慈善组织普遍面临的资金困境。除了财政资金，政府也可以制度化地将社会福利彩票收入作为公益支出的财政资源，以公开竞争的形式向公益慈善组织提供资金支持。

  3. 尝试建立独立于政府行政体系的国家监督机构

  监管公益慈善组织是一项重大的社会责任。借鉴英国的经验，可以考虑在各级人民代表大会下设立公益慈善委员会，专门负责对各类公益慈善组织的监管，在弱化行政倾向的同时有效监督和保护公益财产的使用。

第三节　美国公益慈善的发展

一、美国公益慈善的发展概貌

  美国是世界上发达的资本主义国家之一，其建国历史只有200多年，但由于美国公益慈善的相关制度较为完善，以及民众的志愿服务精神得到激发，因此美国公益慈善事业发展较好。

  美国是一个移民国家，其公益慈善传统可以追溯到殖民地时代及欧洲，尤其是一些民众继承了英国的清教主义传统，将扶贫济穷视为己任。在清教伦理中，富人只是财富的社会托管人，即在法律意义上，财富是私人所有的，但在道德和价值层面上，超过生活需要的财富是社会的。譬如，戴尔·卡耐基（Dale Carnegie，1888—1955年）虽然白手起家，但拥有超越金钱的生活体验和思想意识，他的《论财富》清晰地阐述了这样的观念：让财富真正有益于社会是一种智慧，花钱需要的智慧与赚钱需要的智慧同等重要；致富的目的应该是把多余的财富回报给社会；富人行为是否得当应由"明达的公众情绪"来判断；富人应在生前处置好自己的财富，使之有利于公益；等等。"拥巨富而死者以耻辱终"成了卡耐基世代为人传诵的名言。

  在美国公益慈善史上，比较早且有影响力的公益慈善机构是1820年John Griscom建立的预防贫穷协会，他们访问贫困家庭，为他们提供食品等日常生活物资和住所，采用布道的方式治疗个人和家庭在情感和精神上的困惑。1877年，纽约州的水牛城（Buffalo）成立了美国第一个正式的慈善组织协会。1889 年，简·亚当斯（Jane Addams，1860—1935 年）学习英国的"汤恩比馆"，在美国芝加哥建立了"霍尔馆"（Hull House），逐渐兴起了一种由牧师和富人阶层带领志愿者提供服务的社区"睦邻运动"。今天的美国，各类慈善基金会和社区志愿服务体系较完善。

美国高校的公益慈善教育非常发达，有超过 340 所院校提供非营利管理相关的本科、硕士、博士学位或继续教育课程或项目，主要服务于本地社区，辐射于本地社会组织，具有不同的项目特征，为美国及其他国家培养了大量的公益慈善人才。譬如，印第安纳大学（Indiana University）礼来慈善学院（Lilly Family School of Philanthropy）、伟谷州立大学（Grand Valley State University）公共、非营利和健康管理学院（School of Public, Non-Profit & Health Administration）等公益慈善专业院系，以及西顿大学（Seton Hall University）政治与公共事务学院、波士顿大学（Boston University）商学院等也提供非营利教育项目。特别地，印第安纳大学礼来慈善学院创建于 2012 年，前身是 1987 年成立的印第安纳大学慈善研究中心，是全球第一所致力于慈善研究与教育的学院，设立了慈善领域的学士、硕士和博士学位，通过批判性调查、跨学科研究培养公益慈善人才，研究和发布全球慈善追踪报告，以及 *Giving USA*、*Study of High Net Worth Philanthropy*、*Women Give* 等众多慈善领域的分析报告，在公益慈善领域具有全球影响力。

美国社会崇尚"小政府、大社会"，在社会保障方面由政府管老人、穷人和残疾人，而各类基金会、民间慈善机构、社会公众（个人或家庭）的小额捐赠和社区志愿服务填补了政府和市场未能覆盖的剩余救助空间，且相关税收制度比较完善，人们较多地从事公益慈善活动。近 10 年来，美国的公益慈善事业面临多种挑战，包括捐赠人数量下降和公益慈善服务供给成本上升，但公益慈善机构和其他非营利性组织依然是美国社会强有力的支柱，在政府和市场无法覆盖的公共物品与公共服务方面发挥着强有力的作用。

二、美国公益慈善的发展历程

美国的公益慈善史可以粗略划分为 6 个阶段，基本上对应美国民间非营利性组织快速发展的 4 个时期。

1. 美国独立前的公益慈善萌芽

美国是一个移民国家，欧洲移民自 17 世纪初起陆续迁徙到北美大陆进行殖民开发。美国独立前的公益慈善事业差不多是与殖民开发同步进行的。受北美自然和地理条件、各国移民生存需求及清教广泛影响，北美人民有自己组织起来动手解决实际问题的能动性,以及为济贫、教育等善举提供捐赠或志愿服务的意愿。例如,由于年轻牧师约翰·哈佛(John Harvard,1607—1638年)的捐赠,创建于1636年的一家学校得以兴办,1639年该学校被命名为哈佛学院(Harvard College),它便是哈佛大学的前身。又如,美国建国之父本杰明·富兰克林(Benjamin Franklin)在1736年12月于费城组织了北美第一个义务消防队,风靡各地。时至今日,美国大量的消防队员依然由志愿人员担任。

这个时期,美国公益慈善发展最重要的体现是当时的先驱思想。与美国其他方面的精神资源、典章制度类似,美国公益慈善事业的思想传统追根溯源也来自英国,主要源自《圣经》的教导,教会成为公益慈善事业的主持者和中介人;捐赠人不直接捐给帮助对象,而是把财产交给教会,由教会发放。无论是费城、纽约和波士顿等城市,还是广袤的农村社区,基督教的慈善精神主导着人们的日常生活。与此同时,公益慈善思想也有创新,从"五月花"号的清教徒领袖约翰·温思罗普(John Winthrop,1588—1649年),到创建宾夕法尼亚州的英国桂格教徒威廉·宾(William Penn,1644—1718年),再到美国开国元勋富兰克林(Benjamin Franklin,1706—1790年),都为美国公益慈善思想和公益慈善事业做出很大的贡献。从17世纪中叶到18世纪70年代,美国已经有了从早期的慈善救济发展而来的不同于欧洲大陆的公益慈善雏形和思想。

2. 美国独立以后到南北战争之前

19世纪30年代,阿历克西·德·托克维尔(Charles Alexis de Tocqueville,1805—1859年)访问美国时发现,美国富人与穷人之间有一种共同的价值观念和经济原则,没有欧洲贵族与平民之间的那种鸿沟。清教精神鼓励个人致富,但对富人如何使用其财产非常关心。那时,炫耀财富、生活奢侈为世人所不齿,甚至富人把大量财富传给后代也为社会所诟病,大多数富人相信太多的遗产会贻害子孙,使他们不知上进。因此,财富最好的去处就是开展公益慈善事业,并由此形成了一种社会风气和习惯。

到南北战争之前,随着经济的发展,财富越积累越多,美国公益慈善事业也蓬勃发展起来,社会捐赠对象主要是教会、医院、学校、图书馆、孤儿院、精神病院、残疾人收容所及各种失足者的教养所等。大到市政设施捐建,小到在某个小镇建一座墓地,或者在某地捐建一座施面包棚,甚至有人立遗嘱将其遗产专门用于为老人买眼镜。尽管捐赠的对象五花八门,但是在这一阶段捐赠重点已经开始突出,即不约而同地集中于教育。过去对教育的捐赠主要是帮助失学儿童,或者为中小学校捐书、捐款,但此时主要关注高等教育这一美国联邦政府基本不管、州政府也出力很少的领域。19世纪初美国只有二十几所大学,到1860年猛增至500多所,少数是州立大学,多数是私人或教会捐赠的私立大学,哈佛大学、约翰·霍普金斯大学等名牌大学当时也得到大笔捐赠,得以扩张和发展。

这一时期美国公益慈善的一个重要特征是团体公益事业逐渐取代了个人慈善事业。

尽管美国团体公益事业取代个人慈善事业是在美国南北战争之后，但思想观念的转变和公益组织的兴起自 19 世纪 30 年代以后就开始了。直至 19 世纪中晚期，美国的公益慈善事业整体上实现了从分散性的个体善举到非营利性机构慈善的转变。

3. 美国南北战争及其善后工作期间

1861—1865 年的南北战争激发了美国人民的志愿服务精神和人道救助行动。南北战争期间，名义上得到自由的逃亡"黑奴"越来越多，其处境也很悲惨，许多人生活无着落。到南北战争结束时，大批"黑人"处于濒临饿死、病死的绝境。这时，战前的废奴主义者开始把工作转向调查"自由黑人"的生活状况，给予救济和帮助，并呼吁社会、联邦政府和军队提供帮助。他们成立了由许多志愿者组成的"援助自由人"组织，并逐步联合起来，帮助内容包括对一无所有者的捐赠，但更主要的是帮助其自立。1865 年 3 月，美国"难民、自由人和废弃土地局"成立，负责全国流离失所的人民的救济、安置等工作，服务对象主要还是获得自由的"黑人"，当然也有少数"白人"劳动者。该机构与"援助自由人"组织的合作是政府与私人慈善机构合作的良好范例，在美国南北战争的善后工作中起到了安定社会的重要作用。

南北战争时期另一项重要的公益慈善事业是医疗和公共卫生服务，因为战争总会带来伤残和流行病，战争期间恶劣的卫生条件使得很多伤残者得不到及时救助（包括军人）。一些热心公益的人以此为关注重点开展慈善活动。譬如，1861 年在纽约一名牧师的发起下，美国成立了卫生委员会，设法联合美国分散的志愿组织协助美国政府，共同为改善军营的医疗卫生条件而工作，从紧急救死扶伤到建立军医院，从完善医疗制度到募款募捐，从宣传教育到增进公众的参与意识，取得了较好的效果。

南北战争也促使妇女走向社会。在战争中许多男人走向前线，这时医疗卫生工作的志愿者很多是妇女，战争期间出现了许多优秀的护理专家，建立了多所高水平护士学校，还有很多女性成为管理人才和募款活动家。譬如，1863—1864 年美国北方一些城市举行的卫生募捐和拍卖博览会主要是由妇女组织举办的，也取得了较好的效益。这些活动和社会工作，促使妇女主动走出家门、开展妇女参政运动。

另外，19 世纪中叶，美国的领土向西部扩张，经济快速增长，来自世界各地的新移民不断涌入，城市化进程显著加速。在这个扩张过程中，各种公益慈善事业和公益慈善组织不断涌现，进一步推动了劳工状况改善、女权运动的发展。

4. 南北战争之后到第二次世界大战

南北战争结束后，美国逐步开始了大规模的国民经济重建，美国的工业化进程加快。到 1900 年，美国的工业生产能力已经居世界第一位。新崛起的垄断资本财团在短期内就积聚了数量惊人的财富，中产阶级和工人阶级手中也开始拥有比以往任何时候都多得多的收入。但与此同时，由于城市贫民、外来移民不断增多和社会贫富悬殊不断加大，各种社会矛盾不断激化，社会问题日益堆积。这为美国公益慈善事业的发展孕育了社会条件。

这一时期，两位女性——克拉拉·巴顿（Clara Barton，1821—1912年）和简·亚当斯（Jane Addams，1860—1935年）特别突出，她们凭借自己的勇气和公益慈善实践，树立了美国慈善史上的典范。巴顿在南北战争中积极搜寻失踪者并照料伤员，1873年发起宣传活动促使美国加入关于优待战场伤病人员和战俘的《日内瓦公约》，1881年创建美国红十字会并长期担任会长，倡议修改《国际红十字会章程》，把抢险救灾纳入红十字会的工作。红十字会的工作主要是救死扶伤和赈灾，与公益慈善事业有时可以重合，但两者最大的不同是红十字会的中立性质，它不介入社会改良。简·亚当斯是著名的社会改革家、和平主义者。1889年，她经友人协助在芝加哥穷苦工人和外来移民聚居区组织了"霍尔居所"（Hull House）扶贫教育试验项目，用教育和综合性的培训造就社会需要的人。1909年，简·亚当斯当选为美国慈善与矫正组织联合会［National Conference of Charities and Corrections，1917年更名为美国社会工作联合会（National Conference for Social Work），1956年再度更名为美国社会福利联合会（National Conference on Social Welfare）］的首任会长，1931年被授予诺贝尔和平奖。

这一时期美国公益慈善出现了3个新变化，对美国公益慈善事业的持续发展具有特别意义。

（1）"大众慈善"（Mass Philanthropy）蓬勃兴起。普通民众（个人或家庭）的零星捐款或遗赠资产通过一定形式向公共慈善机构集聚和分配，荡涤了贫困、疾病和其他社会问题。多重因素促成了美国"大众慈善"的出现。其一，受英国慈善组织会社运动的影响和启发，将城市贫困理解为人的道德缺陷所致，通过矫正道德缺陷可以消除贫困，这需要与慈善组织携手合作，进而客观上激发了慈善组织协会运动。1898年，第一个利用暑假为学员提供6周慈善专业培训的机构——纽约慈善学校（New York School of Philanthropy）诞生，几年后短期培训变为正式课程，在此基础上发展起哥伦比亚大学社会工作学院。其二，公益慈善方式的创新。例如，利用圣诞募捐邮票（Christmas Seal），1914年创立的社区基金会（Community Foundation）使公益慈善开始有了扎根于社区居民中的非政府公共组织机构雏形。其三，战争与美国政府的动员。在两次世界大战中，美国政府的动员把爱国主义、公民义务和公益慈善捐赠紧密联系起来，极大地增强了全体公民的公益慈善意识，促进了美国公益慈善事业的发展。

（2）新财富观的文化奠基。美国"钢铁大王"安德鲁·卡耐基（Andrew Carnegie，1835—1919年）在商业上的成功使他成为所处时代的巨富，但令他被人所知的不是他的财产，而是他对待财富的观念。1889年他写的《财富信条》（Gospel of Wealth）中有一个著名的论断：富人仅是财富的受托保管人，他们在道义上有责任把财富分发给社会，使自己掌管的财富能够增进大众的福利和幸福。本着这种财富观，卡耐基热心资助各种公益慈善事业，到1919年辞世时，累计捐款3.5亿美元。

（3）私立基金会的兴起。公益慈善事业的发展进程存在两种倾向："授人以鱼"和"授人以渔"。南北战争结束时，"授人以渔"的倾向占据上风，形成"科学的公益事业"的说法，即主张对帮助对象的情况和需要进行切实的调查，以便对症下药，而不滥施慈善。就思想倾向而言，公益慈善的从业者又可以分为两派：一派比较强调贫穷往往来自懒惰，在扶贫中特别注意敦促接受帮扶对象工作自立，警惕过分慷慨导致培养懒汉，认为在美国社会中通过智慧和勤劳就有机会致富；但另一派在不同程度上认为，社会机制的不公正会导致贫穷，因此"科学的公益事业"应把重点放在治理那些不公正的根源上，使机会更加平等，从制度上普及教育、解决种族问题、督促政府改进福利政策等。然而，在19世纪最后的30年，美国社会发生较大的变化，两极分化加剧，工人阶级和资产阶级已经壁垒分明，劳工运动兴起，阶级冲突不断。此时，社会达尔文主义传入美国，各种关注社会平等的改良主义和激进的思潮或从欧洲传入，或从美国的学院中产生。这些变化反映到美国公益慈善事业上，逐步形成了一整套机制和行政规范，为19世纪末20世纪初私立基金会公益事业的兴起奠定了基础。

私立基金会（Private Foundation），由个人、家族或者私营企业设立，是美国公益慈善事业的重要力量。私立基金会是一类非政府、非营利性组织，有自己的基金，由基金的受托人或理事会进行管理，以维持或协助某种公共服务为目的，并为此提供资助的公益慈善组织。私立基金会的基本特点是，所从事的或者所赞助的事业公益性强、起点高，着眼于公众和社会的长远利益。在早期美国基金会中，值得一提的是皮博迪教育基金（Peabody Education Fund）和斯莱特基金（Slater Fund）。皮博迪教育基金成立于1867年，由银行家乔治·皮博迪（George Peabody，1795—1869年）出资专用于发展南方的教育，以此促进南北战争后破坏严重的南方地区的和解与复兴。最初捐款为100万美元，后来增至200万美元，主要用于发展美国南方地区的城乡公立学校，改善州教育系统，特别是培养师资。1914年，皮博迪教育基金解散，并入斯莱特基金。斯莱特基金成立于1882年，重点资助对象是黑人教育。卡耐基是20世纪初美国首批私立基金会的缔造者和资助人，卡耐基国际和平基金会（Carnegie Endowment for International Peace）是美国也是世界上第一个专门研究国际事务的民间非营利性组织和全球型智库，具有极高的国际声望。1911年11月，卡耐基设立的纽约卡耐基基金会（Carnegie Corporation of New York）是当时美国最大的单一慈善信托机构，旨在促进科学教育的进步及对知识的理解。在卡耐基之后，一大批富豪也纷纷出资捐助成立了私立基金会，如洛克菲勒基金会、福特基金会，正如中国社会科学院美国问题专家资中筠先生指出的那样："基金会成为一种完备的制度，数量之多、规模之大和影响之重要，确实是20世纪美国的独特现象。"

当然，早期的皮博迪教育基金和斯莱特基金与卡耐基基金会、洛克菲勒基金会等大基金会相比还是"小巫见大巫"，但它们创立了现代基金会的雏形，使相对零散的捐赠演变为合理化、组织化和职业化的公益慈善行动，将探索社会问题的根源和辅助弱势群体更多地建立在科学、理性的基础上,而不是简单地诉诸仁爱和利他主义。

(4)慈善捐赠法律的鼓励。基于政府和公民应当共同分担社会责任的理念,当1913年美国联邦政府开始征收所得税时,相关法律对公益慈善组织给予了免税优待。此后,美国又不断修订针对公益慈善组织的法律条款,《1917年税收法》(Revenue Act of 1917)规定公民的慈善捐赠可以抵扣税款。1931年,联邦法院第七巡回法院在一项判决中提出,公益慈善事业须随着文明的发展和人类需求的增加而扩展。

5. 第二次世界大战以后到冷战结束之前

第二次世界大战后美国经济飞速发展,人民的生活水平也显著提高。在这个大背景下,美国的公益慈善事业不断发展。

(1)公益慈善法制的完善。美国联邦政府一系列与时俱进的法律修订、司法解释或法院判决,改善了美国公益慈善法律体系,使各种公益慈善事业获得了前所未有的发展空间。例如,美国政府对民间组织慈善目的的判断挣脱了传统思维的束缚,更加灵活、包容和体现公益性;私立基金会明确地获得了与传统意义上的公益慈善组织同样的免税待遇;公民个人对基金会的捐赠也可以抵扣税款。此外,《1969年税收改革法》(Revenue Reform Act of 1969)对美国的慈善法律进行了改革,把所有慈善组织划分为公共慈善机构(Public Charity)和私立基金会两大类,并为保障私立基金会的公益性做出了详细规定,类似的还有1986年修订的《联邦税收法典》(Internal Revenue Code of 1986)。

(2)政府与非营利性部门的协作。第二次世界大战后,美国迎来了非营利性部门(Non-Profit Sector)的大发展;20世纪60—70年代,美国兴起的人权运动、妇女解放运动和环境保护运动等一系列社会运动,催生了一大批新的公益慈善组织,在事业定位、组织形式、议程设置、项目运行和募捐手法上进行了全面创新,并呼吁政府重视民间慈善事业与公共需求之间的关系,用制度创新鼓励非营利性部门发挥更大作用。譬如,慈善家艾琳·戴蒙德女士(Irene Diamond)通过基金会为纽约市预防和治疗艾滋病的事业捐款,之后该基金会又与纽约市政府和公共医疗机构合作组建了阿伦·戴蒙德艾滋病研究中心(Aaron Diamond AIDS Research Center),该中心成为规模最大的民间艾滋病专门研究慈善机构。

(3)国际性慈善组织大量产生。第二次世界大战后,美国为维护其全球利益,催生了一大批以海外救援、发展援助和对外交流为主业的国际性公益慈善组织,数千家以国际事务为主业的公共慈善机构和私立基金会在美国成立,美国大量海外非军事类援助资金就是通过这些慈善组织输送的。

6. 冷战结束后美国公益慈善事业的繁荣

1991年冷战结束之后,美国进入了公益慈善事业空前繁荣的时期,大量享受免税待遇的各类公益慈善组织迅速建立,慈善捐赠创历史新高,主要有3个方面的原因。

（1）制度化的志愿服务。1983年，美国总统里根签署法案，确定每年1月的第三个星期一为纪念美国人权运动领袖马丁·路德·金（Martin Luther King）的全国法定假日；1994年，美国国会将这一天确定为全国服务日（National Day of Service），从此，美国人都在这一天志愿奉献自己的时间、精力、知识，为本社区或社会服务。2003年，美国总统小布什成立了由各界人士组成的"服务与公民参与总统委员会"（President's Council on Service and Civic Participation），设立了"总统志愿服务奖"（President's Volunteer Service Award），褒扬为公益慈善事业做出卓越贡献的志愿者和慈善组织。

（2）超级慈善基金会诞生。由比尔·盖茨（Bill Gates）创办并得到著名投资家沃伦·巴菲特（Warren Buffett）支持的比尔和梅琳达·盖茨基金会（Bill&Melinda Gates Foundation）有三大资助领域：全球发展、全球医疗卫生和美国公益慈善事业，接受其资助的非营利性组织和政府机构遍布美国各地和全球100多个国家。

（3）全球的公益慈善呼吁与引领。在进行大规模的公益慈善救助，如对"9·11"事件受害者的捐助、对2004年印度洋特大海啸灾民的援助、对2005年卡特里娜（Katrina）超强飓风灾民的救助等，并进行公益慈善总动员的同时，美国、英国、德国、奥地利、乌克兰、南非、印度和马来西亚等国的一大批富豪联合起来，以捐献声明（The Giving Pledge）的方式对社会郑重承诺，呼吁名人富豪将其半数以上的财富捐献出来。

三、美国公益慈善的运作机制

表2-1概述了美国公益慈善事业运作的基本维度和主要措施。从整体来看，美国的公益慈善事业建立了相对完善的运作体系。

表2-1　美国公益慈善事业运作的基本维度和主要措施

维　度	具　体　措　施
激励方面	（1）美国在联邦、州和地方政府的税法中都规范了慈善活动的税收激励制度：对有资质的慈善组织进行税收豁免；对慈善捐赠的税收扣除和税收抵免； （2）美国税收政策规定，在一个纳税年度内，慈善捐赠的税收扣除额不能超过捐款人调整后毛收入的50%，企业的不能超过10%； （3）在美国，非营利性慈善组织致力于一些专项领域可以不必向任何政府部门登记或经由政府批准，尤其是当不需要政府的资金援助时；同时，慈善组织的管理方式、人员编制和财务运作都独立于政府的管辖之外，政府的监督不能干扰慈善组织的独立正常运行； （4）退税程序简单，凭受赠公益慈善组织开具的收据在纳税时即可自行抵扣
运行方面	慈善公益性基金会发挥了很大作用，通过投资经营拓展公益慈善事业
监督方面	（1）资金使用公开透明，受政府、法律制度和社会的共同监管； （2）慈善组织普遍接受让公众充分知悉捐赠活动信息； （3）公益慈善组织为赢得公众信任、募集更多善款，应主动公开账目、接受公众的质询，且基金会每年聘任第三方审计机构对公益慈善组织财务状况进行审计

四、美国公益慈善发展的原因

1. 新教伦理的道德指引与社会参与

道德是一种经过历史积淀的行为规范，具有导向性和约束力。美国社会盛行公益慈善活动，公益慈善事业的发达与新教伦理的道德指引不无关系。美国传统的主流信仰是基督教，强调奉献的精神与谦卑的态度，《圣经》要求"爱邻舍""爱人如己"，勉励人们用善意爱众人。因此，许多美国人把公益慈善事业看作对基督信仰之道德原则的实践。

爱心与志愿精神是维系美国主流社会的道德传统，因此美国联邦政府和州政府、学校采取各种措施鼓励青少年参加志愿者活动。1993 年，克林顿政府签署了《国家与社区服务法案》，每年做满规定时间义工的青少年可获得一笔政府奖励，这笔奖励可以用作大学学费，也可以用作职业训练经费或用于偿还大学贷款。许多学校把是否做过志愿者作为对学生考核的一项标准，美国的大学入学要考查高中生的社会服务记录。

清教主义传统也使许多美国人养成了务实的消费习惯。自家可用的家具、家电、书籍等，美国家庭一般都不会丢弃，而是捐出去，或者放在家门口供人选择使用。美国还有"善意事业组织"专门负责接受市民捐赠的旧衣和家庭用品，整理后廉价出售，所得用于待业人员的培训和安置，以及开办工厂和商场。多数美国人相信通过自己的捐赠可使世界发生改变，或者乐于通过捐赠回报社区，获得个人心理满足感，带来税收优惠。

2. 税法的支持和政府鼓励

美国的税收制度对公益慈善组织及向公益慈善组织捐助的机构和个人都不同程度地给予了优惠待遇，调动了人们捐赠或志愿服务的积极性。美国税法条款对各类慈善组织、社会福利团体和宗教组织所获得的捐款都给予不同程度的免税或减税资格。另外，个人或企业向公益慈善组织捐赠，亦可以抵消一部分收入所得税。

和任何其他国家、地区或民族一样，美国也存在一系列社会问题。社会问题不能单靠政府去解决，很多社会问题政府也难以解决或由政府解决行政成本过高、税负更重。因此，美国政府鼓励社会办公益、办慈善，这也是美国社会组织发达且完善的重要原因。公益慈善组织的社会化功能，使其有机会将触角伸向社会各领域、各阶层。

社会进步与经济发展并不矛盾。公益慈善发展，在很大程度上依赖经济利益驱动。公益慈善事业以社会成员的自愿捐赠为经济基础，但资本是逐利的，让公众将财物捐献出来投向社会，需要制定一系列优惠政策和制度，诱使或引导一部分社会财富投向公益慈善事业。实际上，多数研究表明社会责任和经济绩效之间成正相关关系，即一家公司的社会责任行动不会降低其长期经济绩效。

3. 严格的监管与制度约束

慈善基金会等公益慈善组织的发展推动了社会福利和公益慈善事业的进步，但也难免鱼目混珠；利益驱动能推动公益慈善事业发展，但也会给公益慈善事业带来不良影响。这既要建立恰当的税收优惠等激励机制吸引捐赠和其他公益慈善行为，又要制定完善的约束机制规范公益慈善事业的运行。

美国在公益慈善领域的约束机制，主要体现在对公益慈善组织的界定，以及对其财务活动的监督方面。成立免税性质的慈善组织，要符合一定条件，且接受严格审查。公益慈善机构每年提交或向社会公开的报告，必须如实反映所有慈善活动、财务活动的细节与财务状况，并且接受抽查，如发现造假行为，将予以严惩。任何人都有权查询一笔捐款的使用情况，并对认为行为不当的公益慈善组织提出检控。

另外，公益慈善组织之间也会自发联合组成各种全国性机构，如美国基金会联合会、美国慈善信息局等，其主要功能是交流信息、研究公共政策、增进组织的公开度和透明度。这些措施对保证公益慈善组织的健康发展、维护公益慈善组织的信誉起着十分重要的作用。

五、美国公益慈善的发展启示

尽管中国与美国在意识形态、社会结构、政治制度和文化传统等方面存在诸多不同，但中国还是能从美国公益慈善事业的实践与发展中学习、借鉴一些成功的经验和方法。

1. 公益慈善事业是社会和谐的基石

公益慈善对于化解社会矛盾起到了缓冲作用，公益慈善事业扮演着促进社会和谐的重要角色，成为缓解社会冲突问题的重要缓冲器。

2. 公益慈善事业的发展离不开社会组织

在公益慈善事业领域，美国拥有完善的社会服务组织体系和社会服务网络体系，这种社会服务体系主要依靠美国的非营利性组织建立。可以说，没有非营利性组织的参与，没有非营利性组织提供的高效服务，就没有美国的公益慈善事业。

3. 公益慈善事业既要人人参与，又要政府支持

公益慈善事业一定是人人参与、志愿服务的公共事业，包括民众个人参与和通过社会组织参与；但同时，美国的公益慈善事业得到了美国政府的支持，表现为税收优惠、国家监管制度，以及允许、激发、推动民间社会参与公益慈善事业的政治、社会、经济制度。

第四节　中国公益慈善的发展

中华民族素有积德行善、乐善好施的文化传统，早在公元前 11 世纪的西周中国就设立专门官职以救济贫病之民。中国社会的历史长河中，涌现了无数养老慈幼、扶贫济困、赈灾救险、建桥修路等慈善性或公益性活动，成为中华美德的生动体现。

一、中国古代的公益慈善

中国自古以来就是一个农业大国，农耕文明源远流长，历朝历代都奉行重农抑商的政策。因此，中国古代的公益慈善，主要体现在和农田水利、人口养护密切相关的救助灾害、扶贫济困、恤老慈幼等事项上，存在官办、官办民营、官督民办等不同慈善模式，乐善好施、守望相助、扶贫济困等公益慈善活动从政府到民间均有体现；慈善文化、伦理、习惯主要受儒释道文化的影响，一些大规模赈济救灾活动还受生产力水平、经济实力、统治者态度、重要历史事件等因素的影响，公益慈善事业呈现纷繁芜杂的局面。

1. 先秦时期

敬老爱幼、扶贫济困是中华民族约定俗成的道德规范。早在先秦时期，儒家、道家、法家、墨家等诸子百家对公益慈善活动就有较为丰富的论述，所萌生的社会慈善观念，对于中国公益慈善事业的发展起到了思想奠基的作用。

诸子百家中的公益慈善理念

- 儒家倡导"仁爱""民本""大同"理念，强调"恻隐之心""仁者爱人，老安少怀""老吾老以及人之老，幼吾幼以及人之幼"。
- 道家将"道"与"善"联系在一起，强调"无为而无不为"和"功过报应"学说。
- 法家宣示"六德之兴""九惠之教"等主张，强调对生活贫困无着及残疾人的救助，将救助老人放在重要地位。

- 墨家崇尚"兼相爱""交相利""非攻",提倡"天下之人皆相爱,强不执弱,众不劫寡,富不侮贫,贵不敖贱,诈不欺愚。""多财,财以分贫也。""有力者疾以助人,有财者勉以分人,有道者劝以教人。若此,则饥者得食,寒者得衣,乱者得治。"

面对春秋战国时期的战争攻伐、灾害频繁及所带来的社会动荡、民不聊生问题,诸子百家的这些学说或早期慈善思想的萌芽,不仅构成了先秦时期中国伦理规范的主要内容,而且推动了先秦时期官办慈善活动的兴起,从中央到地方设立专兼职官吏,负责掌管荒政、赈济灾民、养疾惠政、恤老慈幼等事项,让老幼病残、鳏寡孤独得到救助。

先秦时期的官办慈善政制

- 西周的统治机构中设有负责民事管理和土地事务的地官司徒一职,以掌管荒政、安抚民众。
- 周代有"养疾"活动,这是间接帮助民众消除灾难和疾病的惠政。
- 春秋战国时期,我国在救灾减害方面建立了平籴和通籴制度。
- 春秋战国时期,各诸侯国战事频繁,统治阶级对慈幼工作极为重视,推行鼓励生育的政策,给妇婴特别的照顾。
- 春秋战国时期,我国继承发扬三代(夏、商、西周)以礼养老的制度——"养士"制度,即在德才兼备之士中,将70岁以上的老人分为"国老"和"庶老",分别在不同的机构供养。春秋战国时期,许多著名的思想家和政治家都受益于"养士"制度,如孔子、孟子等,他们在"养士"制度下得以安心研究和传播自己的学说。"养士"制度体现了古代统治者对人才的重视和尊重,不仅能吸引和留住人才,还能推动文化教育发展和社会进步。

2. 汉晋南北朝时期

汉晋南北朝时期是我国历史上一个充满变革与动荡的时代,政治上频繁更替与分裂并存,经济上在战乱中恢复与发展,文化上呈现出多元融合与繁荣的景象。尽管人们的社会生活受到多次冲击,但这一过程孕育了许多新的文化和社会现象,佛教在这一时期广泛传播,对中国文化产生深远影响。于是,这段历史时期的公益慈善活动主体,除朝廷的官方机构外(如六疾馆和孤独园),以佛教兴盛的寺院慈善活动为代表的民间公益慈善事业也逐步兴起并得到发展,这是我国较早的民间慈善救济事业。

借鉴先秦时期灾荒救济的平籴和通籴制度,汉宣帝大规模兴建"常平仓",北齐统治者创设了"义仓"等,这些都是朝廷通过控制粮食市场施行慈善救济的重要方式。南北朝时期出现的专门收容贫病者的机构——六疾馆,由南齐文惠太子、竟陵王萧子良创建,慈善救济制度经历了"以设官掌事为主向因事设署、以署定职"的方向发展。

此外，由南朝梁武帝创立的、专门恤老养幼的孤独园，使三代以礼养老的制度得以制度化、组织化。

东西两汉之际，佛教传入我国，并在魏晋南北朝时期得到发展，寺院所开展的济贫赈灾、建药坊、设药藏、植树造林、戒杀劝善等活动，客观上带动了我国公益慈善事业的发展。

3. 隋唐五代时期

隋唐五代时期是中国封建社会发展的鼎盛时期，尽管那段时期的公益慈善事业不如"盛唐之治"时期那般辉煌，但也发展了"官办为主，官督民办"的公益慈善模式。

在赈灾济困方面，隋朝延续了北齐的义仓制度，"常平仓"并未废止，建立了一套入库、储存、管理、赈济体系及古代公益慈善基本制度，发挥了赈灾济荒和稳定社会的重要作用。在恤老方面，隋唐政府制定了"诸鳏寡、孤独、贫穷、老疾不能自存者，令近亲收养。若无近亲，付乡里安恤"等制度举措，明确对无家可归孤寡老人的安置、收养问题。在慈幼方面，隋唐政府在灾荒年间出资为饥民赎子，使骨肉分离、贫困破碎的家庭团圆。

与此同时，民间公益慈善力量日益强大，例如，寺院中设立了集赈恤、收养贫病者、乞丐、残疾老人和孤儿于一体的慈善机构——"悲田养病坊"，其完全由僧人管理，影响力极大，迫使政府为昭显仁政而将其收归政府，并由官办慈善机构统一管理，由此确立了"官督民办"的慈善行政管理体制。唐末及五代，中国北方地区还出现了"社邑"组织，对困难者、贫病者给予救助或开展其他互助共济活动。

4. 宋代

宋朝（960—1279 年）是中国历史上一个重要的朝代。宋朝经济相对繁荣，城市、商业和手工业发达，曲辕犁和旱作等农业技术提高，儒学复兴，理学形成，文学、艺术显著发展，科举入仕，是中国文化发展的黄金时期。官僚阶层、士大夫阶层、农民和商人分工明确，形成了相对稳定的社会结构。与此同时，社会矛盾依然存在，地主豪强的兼并行为时有发生，边疆问题和北方少数民族入侵是宋朝社会的重大挑战。

对于宋朝的公益慈善事业，张文在 2001 年给出了一个非常高的评价，认为宋朝在社会救济方面所取得的成就，无论是在数量上还是在质量上，都是超越前代的，即便其后的元、明、清三代也难以超越，并且其所通行的各种救济形式，在中国古代社会居于承前启后的重要地位，直接开创了中国古代社会后期以社会救济为主的公益慈善事业。宋朝政府兴建了一系列公益慈善机构，如广惠仓、福田院、居养院、安济坊、养济院、慈幼局、漏泽园等。宋朝民间公益慈善事业也得以蓬勃发展，士人精英活跃于民间公益慈善事业，形成了"官办体系完备、民间推陈出新"的公益慈善总体格局。

宋朝时期的公益慈善总体格局

（1）官办慈善：如安济院、养济院等，主要用于救助贫困、孤寡老人和流浪乞丐。这些机构通常由地方政府管理，资金来源主要是国家财政拨款和地方捐赠。

- 宋朝中央政府相继设置了福田院、居养院、安济坊、漏泽园和慈幼局等慈善机构，其规模之大、设施之全、内容之广，在中国封建社会无一朝代能出其右。
- 宋仁宗的诏天下设广惠仓，是宋朝独有的官方仓廪赈济制度。
- 沿袭唐代悲田养病坊的做法设立福田院，俸给钱粮，收养乞丐、残疾人和孤寡老人，领养少数弃婴，使之兼具扶贫、恤老、慈幼之功能。
- 创设以治病为主的安济坊和以施药为主的惠民药局。
- 设立名为漏泽园的官置公墓。
- 关注育婴慈幼问题，建立居养院及临安慈幼局、建康慈幼庄、湖州婴儿局等育婴慈幼机构，收养遗弃婴幼儿。

（2）民间慈善：表现为士大夫、富商捐资助学、赈济灾民的私人慈善上；私人办学（如书院）的兴起，为贫寒子弟提供了教育机会。

- 北宋范仲淹在其家乡吴县首创宗族性公益组织——义庄，购置田产经营，以其所得对同姓宗族贫困者进行生育、婚丧、教育等方面的帮扶救济。
- 富弼（1004—1083年）在北宋重要政治事件中发挥了关键作用，同时以慈善济世的行为被世人称颂，于青州赈济流民，挽救生灵无数，享誉一时。
- 大文豪苏轼（1037—1101年）是著名的文学家，也是慈善家，他任杭州太守时创设病坊，任密州太守时收养弃婴，任黄州太守时成立救婴组织。
- 南宋著名政治家刘宰（1166—1246年）在地方任职期间设立了"粥局"，这是宋代社会救济的一次成功实践，主要设在城镇或乡村的一个固定地点，每天定时向贫困百姓免费提供粥食，资金主要依靠地方政府拨款、官员捐款及富商士绅的捐助，推动了社会救助和公益慈善事业的发展。
- 真德秀（1178—1235年）是南宋著名的慈善家，他在任官之地多次发布谕俗、劝学等文告，推动当地慈善事业的发展。他在江东任转运副使时，逢大灾，亲赴灾区救灾，并取得了很好的效果。他还创办了建康慈幼庄，在湖南任职期间，广设惠民仓、慈幼仓，有力地推动了湖南慈善事业的发展。
- 黄震（1213—1281年）是南宋著名的慈善改革家，他改革慈幼之政，使慈幼事业发展到南宋末年已经臻于完善，不仅注重幼婴的抚养，还开始重视教育。例如，他提倡"保产"，即对贫困而无力育养的妊妇之家，在分娩前支发钱米给她们，以防弃婴事件发生。

- 南宋朱熹在崇安创立社仓，建在乡社，由乡社官吏及乡绅、儒士共同管理，粮食夏借冬还，只收取少许利息或不收利息，对赈济灾荒起到了重要作用。

（3）宗教慈善：佛教、道教在宋朝有较大影响，寺庙和道观常常承担起部分社会救助职能，如施粥、医药救助等。

（4）慈善文化：儒家思想提倡的仁爱、孝道、恤孤济贫观念在社会中有广泛的影响，促进了公益慈善文化的繁荣。

5. 元明清时期

中国古代的公益慈善事业在经历了元代的衰微之后，在明代、清代得以恢复、发展并渐趋活跃，不但官办体系得以延续，民间慈善也更加兴盛发达。

新发现的清代乡土文献《乐善堂纪略》（摘录）

重庆 文胜表；重庆旧书；2019-10-11

清道光十年（公元1830年），万县（今重庆市万州区）与云阳交界处的魏家场附近（现属万县百羊镇），有一个叫魏士良的乡绅，为了劝化人心向善、维持风俗淳美，发起成立乐善会，建立乐善堂，置办产业，采用开讲圣谕和物质奖励并行的方式来化导实行。他编制的《乐善堂纪略》，介绍了有关乐善会产业来由、地理位置、经营办法、会期条款、善士选拔、奖励办法等详情及章程。

《乐善堂纪略》一卷：单鱼尾，黑口，版宽13厘米，版高20厘米，按章设页，字行数不等；刻工精细，字形规整；有5张山形地貌图，一一标明田产屋宇、山脉走向、坡坨溪流。我认为该书具有以下两方面的价值：

（1）了解中国乡绅对封建文化的诠释和倡导所起的作用；

（2）书中涉及的历史地理、人文景观可补地方史志的不足与缺失。

魏士良，万县市郭里（据《四川郡县志》，万县分为大周里、三镇里、市郭里3里）四甲人，乾隆四十年生，明经岁进士（岁贡生），是乐善会的组织者和发起者。于嘉庆壬申秋开始经理朝元寺庙务，继由蔡弈仲、牟天仕、胡应鹏、魏士谦等经理至己丑秋，共17年，使日趋败落的朝元寺得以振兴。除还清旧债外，积余庙产千余金。朝元寺住持悟聪下世前积余200金。魏士良等经理人同僧徒昌修决定将所有余产购置位于三块石处的田地产业，花费银1400两有奇，全部捐出作为乐善会公业，这便是乐善会第一笔产业"三块石"公业的由来。至道光庚寅正月二十一日，魏士良将自己位于小湾处的田地产业捐了出来，估价1000两银，这便是乐善会第二笔产业"小湾"公业。道光辛卯年正月二十六日，魏士良的弟弟魏士谦将自己位于湖口山匡井湾的田地产业也捐了出来，估价1200两银。魏士良听说新宁（今开江县）与万县交界处"土沃民淳，好义者众"，便相继购置新宁陡梯子和新宁采石桥田地产业两处，均捐出作为乐善会公业。至道光十二年正月二十六日，乐善会便相继拥有"三块石""小湾""湖口山匡井湾""新宁陡梯子""新宁采石桥"5处公业，房产及土地价值超过5000两银，算得上一笔不小的产业。他在公业内募捐修建乐善堂、文翁祠、匡井湾公所、魏氏宗祠等，作为祭祀、宣讲圣谕、筹办会期之所；还任命首人数名，替乐善会实施经营管理权；依照朝元寺刊刻的《僧俗均安纪略》放佃收租，为乐善会的活动提供了稳定的经济来源。《僧俗均安纪略》为庙产租佃规约，"凡颓败之庙，照此经理，不难渐至丰裕"，可见当时它的操作性和实用性很强。有了这个经济基础，"出有余以振兴风俗"，乐善会的会期活动便体体面面、从容不迫、声势浩大起来。"每岁定期于三月十五日和九月十五日在朝元寺附近四五十里内，无论寺观场市，轮流宣讲，以昭化导。""每会取纹银50两，逐渐奖赏，以示鼓励。""外邦做会首人银8两，作是日香烛设席诸费。"这便是前文提到的开讲圣谕和物质奖励两种方式。由于"善士林立，银钱无多"，因此得制定详细、公正的奖励分配办法。

（1）善士选拔：由"地方绅耆，远近高明人士"明察暗访一乡之内有善行可举之人，分别写出每个人的善行履历。《乐善堂纪略》中已列出地方绅士30人，妇女7人，僧道11人，斋士4人，合计52人。这些善行履历，涉及历史掌故、乡贤邑学，近乎志怪传奇，抑或信史可考，这是本书兴味盎然之处。

譬如，这52人相当于选举中的候选人，能不能算真的善士，还得大家说了算，乐善会专门制定了一种公举格式，由公举人在乐善堂诸神位前据实填写公举凭证，证明某人善行善举的真实性。公举人一般为被公举人的近邻或非常了解被公举人的人。善士也可以直接采用公举的方式产生，相当于当今选举活动中"从票箱里跳出的候选人"。公举善士，"务须载明实在事迹，说某立德，其阴德在何处；说某立功，其功果在何处；说某立言，其化导在何方。不可蒙混，以便首人查访"；并强调"必将善行详细说明，其词不妨粗俗"。令人耳目一新的是，魏士良根据乡民的实际生活状况和社会地位，提出了"立德、立功、立言"的新概念："孝顺父母、友爱兄弟、行事端方、存心厚道，即立德；有除害安良、捐财成美、矜孤恤寡、救难怜贫者，即立功；有常说果报、化导愚顽、息是睦邻、苦口排解者，即立言。"但"恤寡"一项，讲的是对丧夫的年少寡妇，努力体恤扶助，不会因生计艰难而改嫁，得以成全一个好名节，在现在看来，这未免有些匪夷所思而不近人情了。

公举这一关过了，便进入抽奖阶段了，也就是有机会领赏金了。

（2）奖赏办法：分为抽奖签和背书签两种中奖办法。奖项及份额设置如下：一等奖12两，二等奖8两，三等奖4两，背《圣谕广训》10.4两，背《名贤集·六言集》5.2两，《太上感应篇》2.6两，《朱子家训》2.6两，抽签未中的人占5.2两，合计50两。

抽奖签较简单直接，却非常科学公正，试录如下：用两个签筒，分别装入名签和奖签，签数相同。姓名签同人数，奖签只有一、二、三等奖3签，其余空签。首人任取一姓名签，呼某姓名，某应声而出即抽奖签；如此逐个抽奖；直到一、二、三等奖出即止。

相比之下，背书签的操作方法就煞费苦心了：用5个签筒，一个签筒装姓名签，其余签筒一筒装《圣谕广训》数则，一筒装《名贤集·六言集》数则，一筒装《太上感应篇》数则，一筒装《朱子家训》数则。将背书的人关在一个屋子里，先生在屋外拔签呼某姓名，某即立于门处。先生任拔签题一则念出，某背出此则前后内容数句即可。如拔两次未能背出，按不能背诵论。这有别于学堂蒙童背书，一字不漏，通篇吟诵。先生与背书者不用面对面，而是背对背，避免当众背书的尴尬。这样逐个拔签抽背完后，按各签筒内能背人数分配获奖份额。各善士在领到奖赏后，会期活动便宣告结束。

在乐善会会期条款中，还有两条颇令人注意。

（1）凡寺观举行乐善会，定不许妇女观看，若公举拔签则其丈夫或子侄代之。

（2）每次乐善会会期善士选拔，皆得重新公举，因为从前家庭孝友，后日骨肉参商；从前乐善好施，后日惜钱如命；从前秉公排解，后日徇私偏袒。如此之人，殊难悉数，讵可以昔日的公举是为定评也。

从第（1）条看来，妇女是不能参加任何社会活动的，"妇女孝翁姑、和妯娌、敬丈夫、慎言笑、勤女工、戒游惰"，只能老老实实待在家里。乐善会多热闹，三番鼓响，十里乐闻。一个妇女去干什么，那不是在"游惰"么？"游惰"安在妇女身上，足见封建社会妇女之地位低下。第（2）条用发展的眼光来品评事物，且言之凿凿，符合科学，具有参考意义。

结论：魏士良是中国清代乡绅中的代表人物，从乐善会发端、建立乐善堂、捐置产业、奖励善行善举等系列措施来改良乡民社会，建设和谐乡村"仁里"。但是，他作为中国封建时代的乡绅，当然致力于封建体制下的社会改良，他对于中国封建文化的阐释和宣传，甚至对于中国传统美好道德的宣传，有不可替代的历史功绩。但这也反映了在封建社会乡绅对地方事务具有一定的控制力和影响力，他们拥有一定的权力和资源。

元朝的慈善事业主要是医疗，医疗救济官被升为官医提举司与广济提举司，前者是医师，后者管医疗救济；各地设"医学"为医疗主管，惠民药局继续提供医疗救济工作。

在赈济灾荒方面，明、清政府也会强化各种荒政措施，从备仓积谷、发仓给粟、煮粥应饥等方面对灾民进行救济，形成了体系较为完备的赈济制度。明代设立了济农仓、预备仓；清代新设立了京通仓、旗仓、营仓等。在抚恤鳏寡孤老方面，明代地方政府设置了养济院，清代还将养济院设于州县一级，并扩展到边疆地区。在医治病患方面，宋代创设的惠民药局在明代得到大力推广，但在清代被废弃。在救助丧葬方面，明、清政府亦承袭了宋代的漏泽园制度并加以发展。在育婴慈幼方面，清代雍正皇帝曾诏令地方各州府设置育婴机构，使得城有育婴堂，乡村亦设留婴堂、接婴所、保婴会等慈幼机构，形成了一个结构合理、体系完善的育婴网络体系。此外，清代为加强社会控制设置了京师五城栖流所（留养局），主要分布在京畿重地和各省交通要道及灾害频繁发生地区，用于收留过往无业流民、乞食之人，为其提供栖身地及米食、衣被、柴薪等物，以补充养济院的不足。

明、清时期工商业的发展促进了义田、义庄等以血缘关系为纽带的宗族性公益慈善组织的建立，在赡贫、恤病、助婚丧、养老、劝学、救急等领域帮扶同宗族的贫困者。各类慈善活动普遍以传统道德为指导，一些以劝孝、戒淫为主要内容的善书广为流传，士绅纷纷创建善会、善堂。另外，明、清时期出现了会馆等以地域为基础的义赈团体，以"答神庥、笃乡谊、萃善举"为宗旨，通过助学、助丧、施医、济贫等活动联谊同乡，促进同籍人事业发展。

此外，地方士绅和商贾亦是明、清时期赈济救灾的重要力量。16 世纪末至 17 世纪初，受西方传教士的影响，一些士大夫建立了育婴组织；明、清时期，各地乡绅纷纷捐资创建普济堂、育婴社、育婴堂、六文会、济婴堂、保赤局、救婴局等；明代中叶后，商人也成为地方赈济活动的一支重要力量。

> **明、清时期士、绅、商贾的公益慈善实践**
>
> - 16 世纪末至 17 世纪初，李之藻、杨廷筠等士大夫建立育婴组织，周孔在苏州推行育婴事业，蔡琏在扬州创办育婴社。
> - 明宣德末年，江西出现饥荒，义民鲁希恭、郑宗鲁等捐赠粮食，帮助官府开仓平粜。
> - 明正统五年，江右发生灾荒，吉安等府的绅商慷慨认捐。
> - 明嘉靖八年，河南发生饥荒，地方乡绅富商参与赈济。
> - 明崇祯三年，江浙灾荒，嘉善县居乡间的绅宦陈龙正主持、指导救济工作。
> - 康熙年间，江苏巡抚张伯行倡导"担粥法"，李光地设置粥厂煮粥给饥民。
> - 光绪九年水灾，顺天府尹周家楣在各乡镇及京城六门外设立粥厂。

特别地，明末清初，江南的武进、无锡、嘉善、太仓、昆山等地先后出现同善会、广仁会、同仁会或善堂等民间公益慈善团体，这些团体既不同于政府干预的慈善事业，也不同于此前出现的民间慈善活动，而是中国历史上一种全新的、非宗教的、非宗族的、持续的、志愿的慈善救济事业，被认为是中国现代公益慈善事业的萌芽。

二、中国近代的公益慈善

1840 年鸦片战争后的近代中国，由于西方列强侵略，国家处于政治、经济、社会动荡中，封建王朝兴办的慈善机构由于经费短缺、管理混乱而难以为继，民间疾苦难当。

这个时候，西方教会纷纷在中国举办各种公益慈善活动，创办各种新型公益慈善机构，对中国公益慈善事业的变革、转型与发展产生了深远的影响。

1. 晚清时期

晚清时期的中国公益慈善事业呈现官方、民间、西方教会等主体多元、交织并存、各显特色的格局。在"清末新政"（1909年清代政府颁布的《城镇乡地方自治章程》第一条规定："地方自治以专办地方公益事宜，辅助官治为主"）中，清代政府接纳了"教养兼施""教养并重"的救助理念，在善堂内附设学堂、工艺厂，或者设置工艺所、教养局等，收容游民贫民，救助寡妇孤儿。"清末新政"同时推动了地方自治运动的兴起，吸引了众多地方士绅精英积极投身公益慈善事业，形成了一些新型民间公益慈善机构，在学务、卫生、道路工程、农工商务、善举、公共营业等领域推动了近代公益慈善事业的发展。譬如，在1876年中国北方极为惨烈的"丁戊奇荒"赈灾过程中，民间自行组织劝赈、募集经费并向灾民直接散发救灾物资的"民捐民办"慈善救助活动——义赈，对中国公益慈善事业的近代化具有直接的推动作用。此外，晚清时期中国红十字会诞生，其秉承"战时扶伤拯弱""平时救灾恤邻"的宗旨，大大促进了中国公益慈善事业的现代化及中外慈善文化的交融。特别地，19世纪中叶以来，伴随着西方列强的侵华过程，西方教会纷纷在中国兴办育婴堂、孤儿院、盲童学校、聋哑学校，以及教会医疗机构。

近代西方教会/传教士在中国的公益慈善实践

- 1840年，中国第一间育婴堂由巴陵会在香港开办；到1914年，教会办的孤儿院达37所，收养孤儿约2500人。
- 1874年，中国第一所盲人院由宣教士英莱士在北京建立，并设计出一套普通话盲文。
- 1898年，中国第一所聋哑人学校由梅耐德在烟台建立；到1936年抗战以前，全国建立了十几所聋哑人学校。
- 1898年，中国第一家疯人院由梅藤更在杭州建立，名为广济麻风院；到1940年，全国有51家麻风院，其中40家与教会有关。
- 美国公理会医疗传教士、广州博济医院创始人伯驾（Peter Parker）在广州创办了近代中国第一家教会医院——眼科医院。
- 基督教伦敦分会的雒魏林（William Lockhart）和麦都思（Walter Henry Medhurst）在上海租界开办了仁济医院。
- 北京125中（原女13中），始建于1872年，是由美国卫理公会于1870年成立的基督教会崇文门堂支持建设的；之后，崇文门堂还在其周边建设了同仁医院、妇婴医院及汇文幼儿园、小学、中学。

- 1845年，在天津创建法国医院；1882年，在江西九江创办法国医院；1890年，在江西南昌创办法国医院；1894年，在青岛创办天主堂养病院；1867年，在上海开设同仁医院；1883年，在苏州开设博习医院；1885年，在上海开设西门妇孺医院；1896年，在广州开设夏葛妇孺医院；1899年，在广州开设柔济医院；等等。
- 1878年1月26日成立的"中国赈灾基金委员会"是西方传教士在中国组织的第一个救济机构，其采取"养、教、工"相结合的救助方式，将科学的救灾赈济模式引入中国，对晚清时期中国公益慈善事业的变革产生了较大影响。

2. 民国时期

1911年辛亥革命之后至1949年之前，中国经历了政权交替更迭及军阀混战、北伐战争、抗日战争、解放战争等多次战争，公益慈善事业在政权更迭、战争频发的夹缝中生存，在探索中得到了曲折发展；其间，各种灾荒赈济的民间慈善团体蓬勃发展，包括京畿农民救济会、北京民生协济会、华北救灾协会、北方工赈协会、山西旱灾救济会、陕西义赈会、上海女界义赈会、中华慈善团、国际统一救灾总会、华洋义赈会、中国济生会等。此外，这一时期中国探索了公益慈善管理体系的制度化和法治化发展，初步构建了公益慈善管理体系与制度。

民国时期民国政府的公益慈善工作举例

- 1914年9月24日《中国红十字会条例》公布，这是民国时期第一部关于红十字会的法规，也是第一部监督慈善组织的单行法、专门法。
- 1928年6月发布的《各地方救济院规则》，要求各级政府依法设立救济院，并斟酌各地经济情形，分别缓急、次第筹办或合并办理养老、孤儿、残疾、育婴、施医、贷款等院所，以教养无自救力之老幼残疾及救济贫民生计。
- 1929年6月12日《监督慈善团体法》发布，这是近代中国第一部慈善事业的基本法。
- 1930年7月发布的《土地法》对慈善组织在土地赋税方面给予多项优惠政策。
- 1938年10月发布的《遗产税暂行条例》及其施行条例列举了包括"捐赠教育文化或慈善公益事业之财产未超过五十万元者"等5种免纳遗产税情形。
- 20世纪40年代先后施行《社会救济法》《救济院规程》《管理私立救济设施规则》《私人办理济度事业管理规则》，以规范各类慈善组织管理运作。
- 制定了民间慈善团体管理办法，先后颁布了《管理各地私立慈善机关规则》《监督慈善团体法》《监督慈善团体法施行细则》《各地方慈善团体立案办

> 法》《寺庙兴办公益慈善事业实施办法》等。
> - 优化了公益慈善相关行政体系，包括：①构建中央赈济机构管理体系，如设立内务部及下属民政司，负责贫民赈恤、救灾赈济等工作；②颁布《内务部厅事司分科章程》，明确专司慈善救济的科室及任务职责；③成立全国赈济委员会，负责全国灾民、难民救济安置事务，特设救济水灾委员会专司负责临时赈恤和灾后事务；④成立了统一难民救济机构——赈济委员会，并于抗日战争胜利后成立了行政院善后救济总署。

特别需要提及的是，20世纪的前50年，战乱导致士兵的伤亡和民众的疾苦，更多人需要救治和帮助，此时，一些西方教会在中国做了大量公益慈善工作，对战乱中的灾民和中国抗日战争的伟大胜利起到推动作用。

> **抗日战争时期西方传教士的公益慈善工作**
>
> - 1921年11月16日，在华传教士和其他外籍人士在上海成立"中国华洋义赈救灾总会"，开展募集和分配救济物资等工作。
> - 抗日战争期间，基督教青年会（Young Men's Christian Association，YMCA）对抗日救亡士兵进行战地紧急服务，包括士兵俱乐部、救治受伤士兵、分发慰问品、建立接待中心、设立流动服务站等，战时救济活动广泛开展。
> - 南京大屠杀期间，金陵大学的美国宣教士魏特琳将大学变成避难所，保护了上万名中国妇孺；另一位美国宣教士贝德士发起成立了南京安全区国际委员会，救助了20多万名难民。

抗日战争胜利后，面对战争留下的千疮百孔，1945年10月至1946年9月，中国共产党举办了急赈、难民遣送、医药救济等活动；1946年9月至1947年12月，中国共产党以"以工代赈"等方式开展各类善后工作。

由于特殊的时代背景，近代中国公益慈善事业深深地打上了救亡图存的时代烙印，慈善伦理呈现多元的价值支撑，一些基督教观念和自由主义、人道主义思潮进入中国；中国人也建立了一些新式的、含有更多现代因素的公益慈善机构，覆盖医疗救护、社会教化、儿童保护、经济保障、失业保障等领域；民间慈善组织内部治理的制度化、透明化、专业化程度不断提高，实现了分工合作、相互制约、相互协调、资源优化。所有这些，对公益慈善行动及其公益慈善价值理念的中西方碰撞、融合，产生了积极而深远的影响。

三、中国现当代的公益慈善

在1949年之后75年的发展历程中，中国公益慈善事业的发展经历了波折和起伏变化。

1. 1949 年之后公益慈善传统的变化

自 1949 年开始，全国各地的救济院、善堂，地方士绅兴办的宗族性、地域性善堂、善会，以及西方教会的慈善机构被中国政府接收和改造，中国政府将公益慈善纳入社会事业统一计划管理。1951 年，中国颁布了《劳动保险条例》，在全国范围内逐步建立了以国家保障为主要方式、以全民所有制单位职工为主要对象、以企业和机关事业单位为管理层次的国家保障制度。国家直接管理经济，承担社会福利的全部责任。宋庆龄创办的中国儿童福利会、基督教青年会等社会慈善组织也划归政府统战部门管理。

鉴于需要社会救助的人口群体数量十分庞大，针对这一问题，中国政府设立内务部，各省设民政厅，专署设民政处，县设民政科、局，区设民政助理员，专管民政社会事务。民政系统成为领导和组织社会救助的专职机构，对优待抚恤、复退安置、社会救济、社会福利、生产救灾及福利机构进行管理和领导。另外，民政系统也调动和依靠社会各方力量合力解决社会问题，包括开展大规模群众性捐助活动、发动社会力量开展慈善赈济活动、建立"五保"农村救济保障制度等。

2. 改革开放后公益慈善的复兴

党的十一届三中全会后，中国国民经济和社会蓬勃发展，民间公益慈善事业随之广泛兴起。在社会主义市场经济体制改革中，各类社会团体纷纷建立，各省、市、县纷纷设立慈善组织，一些街道和乡镇也组织注册慈善会，并举办了各式各样的公益慈善活动，从传统的赈灾募捐、扶贫济困、助残恤寡、养老慈幼，扩展到慈善意识的启蒙与教育、创办慈善超市、提供心灵抚慰、开展环境保护、举办文体艺术活动、促进社区发展等各方面。总体上，改革开放以来的中国公益慈善历史，是公益慈善推进公民意识、提升公民素质、培育公民精神的历史。

改革开放后公益慈善事业兴起的几个典型案例

- 1981 年，改革开放后的第一个基金会（中国少年儿童基金会）由全国妇联批准建立。
- 1984 年，中国残疾人福利基金会成立；1988 年，其与中国盲人协会、中国聋人协会、中国肢残人协会等联合组成中国残疾人联合会。
- 1985 年，中国红十字会第四次全国代表大会确定了中国红十字会的性质是全国性的人民卫生救护和社会福利团体。
- 1985 年，中国基督教丁光训主教与匡亚明、韩文藻共同发起创办民间公益慈善组织——南京爱德基金会。
- 1988 年，国务院颁布《基金会管理办法》（国务院令第 18 号）。

- 1989 年，中国扶贫基金会成立；团中央、中国青少年发展基金会发起倡导并组织实施的"希望工程"，开创了中国公益品牌中的一朵艳丽之花，大眼睛几乎成了公益慈善事业的代言符号；1990 年，邓小平亲笔为"希望工程"题词。
- 1993 年，吉林省慈善总会成立，这是中华人民共和国成立以来第一个省级慈善团体。
- 1994 年，中华慈善总会成立，这是中华人民共和国成立以来第一个全国性综合慈善组织。
- 1998 年，《社会团体登记管理条例》（国务院令第 666 号）、《民办非企业单位登记管理暂行条例》（国务院令第 251 号）颁布和实施。
- 1998 年，长江中下游出现特大洪水，全国人民奋起抗灾，人人捐款，自发兴起了一场全民参与的慈善募捐运动，捐赠金额达历史空前的 110 多亿元。
- 1999 年，《中华人民共和国公益事业捐赠法》公布实施。

3. 21 世纪公益慈善的快速发展

进入 21 世纪，党和国家对公益慈善事业非常重视，把公益慈善事业列为党和国家的重要工作内容，公益慈善事业进入快速发展期。21 世纪以来，中国的公益慈善组织呈现多元化发展趋势，官方的、民间的、综合性的、专门的、直接的、中介性的公益慈善组织，共同构成了当代公益慈善事业的主体。

21 世纪以来，公益慈善教育、科研与宣传普及工作得到加强。各大高校、科研院所、社会机构开展了公益慈善理论与实践相关的教学、科研和人才培养工作，形成了专门的公益慈善教学、研究机构及科研队伍，包括"中华慈善奖""学雷锋纪念日"等在内，政府表彰和宣传了一大批先进的公益慈善人物和事迹，创建了形式多样的慈善日、慈善活动周等平台，举办了大量慈善活动，加大慈善宣传力度，扩大公益慈善的社会影响力与人们的参与度，也促进了公益慈善文化的普及。

21 世纪公益慈善事业发展的几个典型案例

- 2005 年 11 月 20 日，首届中华慈善大会在北京召开，民政部在会上颁发了政府最高奖——首届"中华慈善奖"。
- 2005 年年底，印度洋海啸捐款开启了我国民间广泛向海外慈善捐赠的先河。
- 2007 年，《中华人民共和国企业所得税法》颁布，规定了企业为公益慈善事业捐款的减免税待遇。
- 2008 年，"5·12"汶川大地震激发了全球华人和中华民族前所未有的公益慈善爱心行动，慈善志愿服务在抗震救灾中大量涌现并发挥了独特作用，来自海内外的志愿者冒着生命危险，帮助抢救被掩埋人员、安置安抚受灾群众、运送物资、维持秩序、参与治病防疫等，为抗震救灾的胜利提供了关键支持。
- 2010年10月25日，深圳新宙邦科技股份有限公司制定了《公益活动和慈善事业管理办法》，是国内为数不多的企业内部专门制定其参与公益慈善事业、从事公益慈善活动规则的上市公司，具有标志性意义。
- 2014年2月21日，《社会救助暂行办法》（国务院令第649号）发布，这是我国第一部统筹各项社会救助的行政法规。
- 2016年9月1日，《中华人民共和国慈善法》正式实施；2023年12月29日，第十四届全国人民代表大会常务委员会第七次会议通过了修改《中华人民共和国慈善法》的决定，自2024年9月5日起施行。
- 2017年1月1日，《中华人民共和国境外非政府组织境内活动管理法》正式施行，境外NPO在华活动进入法治时代。
- 2017年，党的十九大报告提出，"完善社会救助、社会福利、慈善事业、优抚安置等制度。"
- 2017年12月1日，《志愿服务条例》（国务院令第685号）正式颁布施行，这是中国第一部关于志愿服务的专门性法规。
- 2022年，党的二十大报告提出，"引导、支持有意愿有能力的企业、社会组织和个人积极参与公益慈善事业。"
- 党的十八大以来，北京师范大学中国公益研究院、中山大学中国公益慈善研究院、清华大学公益慈善研究院、中国人民大学中国公益创新研究院、上海交通大学中国公益发展研究院、华东师范大学公益慈善事业管理研究院、重庆大学公益慈善与社会发展研究中心、湖南师范大学慈善公益研究院、中山大学公益慈善学院、南京大学河仁社会慈善学院、深圳国际公益学院等公益慈善领域的研究、教育基地和新型民间智库纷纷成立，并开展了公益慈善人才培养、培训、研究工作。

4. 现阶段中国公益慈善事业发展存在的问题

尽管中国的公益慈善事业取得了很大的发展，但受公益慈善制度不健全、经济不景气和居民人均可支配收入低等因素的影响，中国的公益慈善事业还存在不少问题，居民的公益慈善观念落后，社会公众的公益慈善捐赠水平依然较低，有组织、有规模、经常性的公益慈善活动欠缺，慈善理念和公共精神淡化。此外，受体制因素的影响，当前我国社会组织形成了以政府为核心，以和政府的关系远近为次序的差序格局，公益慈善机构数量偏少且组织效率低下、公信力低、问责难，资源动员能力较弱，与境外社会组织合作交流不足，自身运转能力较差，难以形成自我独立发展的能力。所有这些，都在一定程度上降低了公益慈善活动的动力，制约了公益慈善事业的发展。

四、中国港台地区的公益慈善

1. 中国香港地区的公益慈善发展概况

追溯中国香港地区公益慈善传统的形成历史，首先需要考量各类宗教信仰团体的贡献。首先，天主教、基督教的宗教团体扮演着香港公益慈善事业"拓荒者"的角色。例如，早在 1850 年基督教圣公会就在中国香港设立孤儿院，即圣基道儿童院的前身。100多年来，基督教教会为回应和处理疾病与健康、妇女与娼妓、儿童的街头流浪与失学、孤寡老人及丧葬等各种问题和需要，发起创办了大量的公益慈善机构，奠定了中国香港地区早期社会服务的基础。第二次世界大战结束后，中国香港地区的基督教教会机构向当时涌入中国香港地区的大批难民提供了大量物资或食物援助，以及房屋安置等服务。中国传统的佛教、道教在公益慈善事业上也一直不遗余力。例如，"香港佛教联合会"在 1945 年成立之初目睹第二次世界大战后中国香港地区出现大量流浪儿童急需收容和教育的现实情况，申请开办"中华佛教义学"。

20 世纪 50 年代之前，中国香港地区政府在社会福利方面奉行"积极不干预"政策，除一些最基本的社会救济外，很少参与其他方面的社会服务工作。1958 年，中国香港地区政府正式成立社会福利署，但因其角色、功能尚不及当时的宗教慈善机构成熟，开始时只扮演一种协调角色，且主要限于福利服务的法律条文修订。

20 世纪 60—70 年代，伴随着中国香港地区一些家庭问题、青少年问题、失业问题、老龄人口增多等社会问题的出现，中国香港地区政府意识到不仅市民的温饱问题需要得到解决，也需要建立一个完整、有效的社会福利体系。根据 1965 年 6 月发布的《香港社会福利工作之目标与政策白皮书》，中国香港地区政府认识到"中国香港地区有不少具备相当资力之宗教与福利团体，亟愿从事各种福利事业，……政府对志愿团体之协助应竭诚欢迎，不但尽量使所设之各种服务能与政府推行之工作相辅而行，且能导之从事最为急需之工作"，开始筹划较完备的社会福利服务制度，开始逐步加大对志愿机构的经费资助力度。1973 年 4 月发布的《香港福利未来发展计划白皮书》及"五年计划"，确立了中国香港地区政府和志愿机构在社会服务方面的合作模式：中国香港地区政府承担大部分的社会福利经费；社会保障由地区政府直接参与，但社区服务、青年服务、家庭福利服务、康复工作、老年人服务等其他社会服务，主要由志愿机构负责具体操作，其运营经费由地区政府拨款，志愿机构对地区政府的监管提供辅助性支持。后来，中国香港地区政府和志愿机构在社会服务中的这种责任划分和合作模式在《香港社会福利白皮书——进入八十年代的社会福利》（1979 年 4 月）中得到进一步认可与强化。

20 世纪 80 年代，中国香港地区政府将大部分志愿机构纳入政府福利服务体制之内。其中，社会福利署向志愿服务机构（含宗教慈善组织）提供财政津贴，并与之开展合作，合作范围涵盖家庭及儿童福利、社会保障、安老服务、康复及医务社会服务、违法者服务、社区发展、青少年服务共七大类。

总体来看，中国香港地区的公益慈善组织具有重要地位，民众普遍具有慈善意识，中国香港地区建立了政府和社会各部门对公益慈善组织有效、透明的监督管理机制。

2. 中国台湾地区的公益慈善发展概况

中国台湾地区的民间公益慈善组织很活跃，公益慈善事业蓬勃发展，成为中国台湾地区社会福利服务领域的主力阵地。这些民间公益慈善组织分为财团法人和社团法人，财团法人是以"财"为基础建立起来的，而社团法人是以"人"为基础建立起来的。中国台湾地区政府和民间公益慈善组织之间的关系是伙伴关系，主要通过制定法律、规划和监管机制来对民间公益慈善组织进行资源配置和管理约束。

中国台湾地区民间"做善事"氛围甚浓。做善事主要通过两个渠道：一是做"志工"（志愿者），主要参与人群是大学生和中年人，"志工"为公益慈善事业提供了丰富的人力资源；二是捐款，中国台湾地区的民间捐款金额非常可观，为公益慈善活动提供了主要的资金来源，每年中国台湾地区的慈济基金会、家扶基金会、宣明会、善牧基金会和励馨基金会都会收到大量的捐款。此外，中国台湾地区第一社会福利基金会在特殊教育、儿童心智障碍的社会福利与社会服务方面发挥着重要作用。

另外，中国台湾地区的公立大学一般都设有社会福利系或社会工作系。中国台湾地区的私立大学（如台湾中原大学）在心智障碍等特殊教育领域及其"全人教育、全人关怀"的理念拥有良好的声誉。中国台湾地区的政府部门在设计、制定和评估社会福利政策时，本身不做研究，一般都以课题形式委托大学（单独、联合）实施。

3. 中国港台地区的公益慈善启示

从中国香港地区、中国台湾地区的公益慈善发展情况来看，公益慈善事业是帮助政府解决社会问题的伙伴，是公平分配资源的手段，也是实现公民社会参与的重要形式，并且创造了大量的就业机会，在经济、社会、生活中发挥着重要的作用。可以得到以下几点启示。

（1）基于政府的视角，政府角色定位要恰当。公益慈善事业本质上是民间、社会的一种组织活动，但公益慈善事业与当地政府存在千丝万缕的关系，中国香港地区和中国台湾地区的公益慈善事业发展非常强烈地体现了这一点。从政府职能的角度，借助中国香港地区的经验，政府有责任为公益慈善事业提供全方位的服务和支持，营造宽松的发展环境。

（2）基于市场的视角，要积极、妥善地运用市场竞争的理念经营公益慈善事业。借助中国香港地区的经验，不仅各类公益慈善组织之间需要一定程度的市场竞争，而且公益慈善组织在项目运作过程中要开发和利用各种市场资源，提高项目运作水平，强化资源优化配置,形成特色的慈善工作领域和公益项目品牌,倡导"回报与激励"理念。

(3)基于社会的视角,推进公益慈善事业,要在发扬优秀公益慈善文化、培育现代公益慈善理念的基础上,鼓励、激励商业资本和社会公众的广泛参与,包括:扩大并完善公众参与慈善捐赠的渠道,建立公益慈善捐赠表彰制度,为公益慈善捐赠提供社会荣誉和动力;鼓励公益慈善组织通过市场化的竞争和创新,推出符合需要的公益慈善产品,从制度上确保公益慈善组织的信息公开;赋予社会尤其是捐赠人监督权,保护捐赠人的积极性,使之成为慈善的积极消费者。

本章提要

1. 大体上,当前全球的公益慈善模式可以分"盎格鲁·撒克逊"模式、"欧洲大陆"模式、"基金会+社区服务"模式、"政府购买社会服务"模式。这些模式有一个发展演进的过程,但不是割裂的,而是彼此交叉的、融合的。

2. 英国是世界上最早开始工业革命的国家,现代社会经济风险出现最早,因此英国公益慈善事业的发展拥有悠久的历史,建立了独立于政府行政体系的国家监督机构;立法促进公益慈善事业的发展;政府与民间公益慈善组织之间通过协议方式明确合作伙伴关系;政府大力资助民间公益慈善活动被作为一项国家义务加以制度化。

3. 美国是一个移民国家,从早期移民到美国建国,虽然历史并不长,但公益慈善文化的积淀非常深厚。在美国公益慈善文化理念中,富人只是财富的社会托管人。持有这种观念的人认为,在法律意义上,财富是私人所有的,但在道德和价值层面上,超过生活需要的财富是社会的。另外,美国社会崇尚"小政府、大社会",国家的社会保障只惠及老人、穷人和残疾人,这给非营利性的民间公益慈善事业留下了发展空间。

4. 中国的公益慈善活动历史悠久,确立了自身的公益慈善伦理。中国的公益慈善事业既走过了一段复杂曲折的道路,也取得了长足的进步,并已经走上了制度化、法治化、规范化的发展道路,但同时存在诸多问题,制约了公益慈善事业的中国式现代化发展。

本章案例

【案例2-1】英国的"慈善商店"

材料一:英国慈善商店的妙趣所在[来源:筱白.《中国文化报》,2011-08-11(3),有删节]

在英国伦敦西北部店铺林立、人潮涌动的汉普斯泰德大街中部,人们的视线很难不被那些店门上写着"心脏病基金"或"为老人服务"的小屋所吸引。往那些小屋的橱窗望一眼,就能看到琳琅满目的服装鞋帽和家庭装饰品,它们大多经过了精心摆放。初到英国时，我还以为是商店的店主急于开张，还没来得及更换店名。后来才知道，这些都是慈善商店，目前英国全国范围内已有7000多家这样的商店，仅伦敦就有数百家之多。这些慈善商店主要是由一些慈善机构，如儿童基金会、癌症基金会、伤残军人基金会等机构开办的。店中出售的物品，小到针线盒、烟嘴、鼻烟壶，大到沙发、钢琴、家具等，可谓应有尽有，全部是本地居民无偿捐赠的，商店所得收入则全部用于慈善活动。慈善商店在英国慈善事业中扮演着极为重要和活跃的角色。慈善商店里的店员年龄一般较大，60多岁的居多，都是商店所在社区的居民，店员义务工作、轮流值班。有时一个人既是收银员，又是清洁工。每家店都有一套严谨的程序，收到捐赠物后先要认真登记，然后分类处理，定价后贴标签出售，每出售一件物品都要登记。

在英国人眼里，在慈善商店消费是一种美德，是在做一举两得的善事，一方面支持了慈善事业，另一方面节省了开支。慈善商店使旧物品物尽其用，既帮助了需要帮助的人，又利于民、利于国，在节约资源的同时保护了环境。对慈善商店的作用有了正确认识以后，我原来的那些偏见随之消除。渐渐地，逛慈善商店竟成了生活中的一种乐趣。逛这种商店，我多数时候不是捐物品，也不是买东西，而是静静地观察那里的顾客。我曾经看到一个衣着体面的中年妇女提着一大包东西来到店里，义工打开她的包裹，一件一件地登记，有叠得方方正正的窗帘、床单、桌布，还有衣服、鞋袜、玩具、图书、厨具，所有物品都被打理得干干净净、整整齐齐。在这里，我看到的不仅是整洁的物品，而且感受到了普通英国公民的爱心及一种平静、祥和、精细、善良的心态。一个城市不仅要有美好的事物，还要有一个地方，能让美好的事物有机会再次流通，到真正需要它和喜爱它的人那里。这大概就是慈善商店长青的秘诀吧。

材料二：英国的慈善商店［来源：邵宁.《现代工商》，2013年第10期，第50～51页，有删节］

温德米尔是英格兰北部一个宁静的小镇，面对着湛蓝的温德米尔湖。小镇街道不宽，房子都只有两层楼高，尖尖的屋顶，仿佛童话世界一样。房子的底楼开着一间间面包店、咖啡馆、糖果店、服饰店，还有一些"创意小店"，都很有情调。

我们随意走进一家小店，里面什么都有，男女服装、鞋帽、饰品、日用品，还有一些精致的小玩意……商品也挺便宜，如一整套茶具才20多英镑，一件名牌毛衣才十几英镑。朋友买了一件衣服，过了半天觉得不合适，想退，却被告知不能退，只能换其他物品。在处处都可以无理由退货的英国，怎么还有刚买了东西不能退的？朋友又问店员："这衣服是新的吗？"店员答："不是。"仔细打听才知道，这家店名中有"Charity"一词，即"慈善商店"，里面的东西都是人们捐赠的，大多是二手物品，但清洗、整理得十分干净。由于是二手货，因此卖得便宜，所得都用于慈善事业；而慈善商店所出售的东西，是不能退的。

回到伦敦，遇到老同学陈冰。她说，英国慈善商店很普遍，出售物品所得款项都注入基金会，而基金会有各种各样的，有的是关爱儿童的，有的是帮助某种疾病患者的，有的是保护动物的。慈善商店的营业员有很多是不拿报酬的志愿者。她不久前把一个闲置的旧箱子和几件旧衣服捐给了家附近的慈善商店，过了几天，收到这家慈善商店的信，告诉她已有物品出售了，所得款项8英镑，将捐给救助宠物基金会。英国政府规定，凡是捐赠都可以退税，但是一般人都不会去退，因此有些慈善商店就会代捐赠人办理退税，将所得税款注入基金会。

伦敦到处可以看到慈善商店，生意很兴隆。有的店专卖旧书和音像制品，有的店也出售全新的日用品，估计是企业和个人捐赠的。慈善商店的物品有些可以还价。

英国的慈善商店有很长的历史，甚至形成了连锁品牌，如Oxfam（乐施会）就十分著名，它的慈善目标是消除贫穷和饥饿，是英国最大的二手书店。

有意思的是，英国人不在意穿别人的二手衣服，因此经过清洗、整烫的旧衣服、鞋子，甚至衬衣、T恤，因价格低，都有人买。在富人、艺术家聚居的诺丁山地区，慈善商店里经常有七八成新的奢侈品包包、皮鞋，甚至可以花很少的钱淘到古董。

开设慈善商店不仅可以募集善款，还有多种效应：八成新的衣服，没有损坏的家具、箱包、日用品等循环使用，可以物尽其用，低碳环保；让有需要的人用低廉的价格买到各类物品，降低了生活成本；身边的慈善商店还可以让人们随时随地奉献爱心。

案例导读：慈善商店，中国可以怎么做？

思考与练习

一、简答题

1. 比较英美两国公益慈善发展的异同。
2. 总结英美公益慈善对中国公益慈善事业发展的启示。
3. 简述中国香港地区、中国台湾地区公益慈善发展的经验借鉴。

参考文献

[1] 唐钧. 现代慈善事业：两条路径和两种模式[J]. 现代化之声·顺德视角，2010（7）：42-43.

[2] 孙倩. 美国的非营利组织[J]. 社会，2003（7）：49-51.

[3] 王名，李勇，黄浩明. 英国非营利组织[M]. 北京：社会科学文献出版社，2009.

[4] 郑远长. 汶川地震社会捐赠工作对发展我国现代慈善事业的启示[A]//清华大学公共管理学院 NPO 研究所·中国非营利评论（第三卷）[C]. 北京：社会科学文献出版社，2009：130-142.

[5] 中共浙江省委"两新"工委、浙江省社会组织促进会赴台考察组，庄跃成，梁星心. 台湾社会组织发展考察报告[J]. 中国社会组织，2013（4）：23-26.

[6] 柯少愚，朱建，黄家淑，等. 台湾非营利性组织考察报告[J]. 学会，2012（4）：52-57.

[7] 资中筠. 财富的归宿——美国现代公益基金会述评[M]. 上海：上海人民出版社，2006.

[8] 周秋光，曾桂林. 中国慈善简史[M]. 北京：人民出版社，2006.

[9] 周秋光，曾桂林. 近代西方教会在华慈善事业述论[J]. 贵州师范大学学报（社会科学版），2008（1）：6-13.

[10] 周秋光. 中国古代慈善事业的发展[J]. 中国减灾，2008（8）：28-29.

[11] 张文. 宋朝社会救济研究[M]. 重庆：西南师范大学出版社，2001.

[12] 中华续行委办会调查特委会. 1901—1920 中国基督教调查资料（修订版）[M]. 北京：中国社会科学出版社，2007.

[13] 邱广军. 日俄战争期间传教士的难民救助活动[J]. 吉林师范大学学报（人文社会科学版），2012（1）：58-61.

[14] 添地. 中国近代的慈善事业[J]. 中国减灾，2005（11）：20-21.

[15] 卢锦华. 香港基督教社会工作初探[R]. 香港基督教循道卫理联合教会文字事工委员会，2001：34-35，41.

[16] Heather L. Carpenter. Philanthropy: Evidence in Favor of a Profession[J]. The Foundation Review, 2017, 9(4): 65-75.

[17] 叶珍珍，孙春苗. 美国高校慈善教育的前沿发展及对中国的现实借鉴——基于对美国 4 所高校的实地参访[J]. 中国社会组织，2019（24）：47-51.

第三章

公益慈善组织

03

知识目标

1. 掌握公益慈善组织的基本概念
2. 掌握公益慈善组织的职责
3. 掌握国内外代表性公益慈善组织
4. 区分公募基金会和非公募基金会

能力目标

1. 描述我国公益慈善组织的发展现状
2. 理解我国公益慈善组织存在的问题
3. 辨析公益慈善组织与社会组织、非营利性组织、非政府组织

素质目标

1. 认识美国的家族基金会和大学基金会
2. 把握公益慈善组织的宗旨

第一节 公益慈善组织的基本概念

一、公益慈善组织的概念及内涵

公益与慈善是中华民族的传统美德，公益慈善事业是公共事业尤其是社会建设事业的重要构成，是政府社会保障体系的重要补充。公益慈善组织是承接公益慈善事业的最重要载体。在实践中，公益慈善组织常常被简称为慈善组织（Philanthropic Organization）。本书为表达方便，将"公益慈善组织"与"慈善组织"常常混用在一起，未做区分。

1. 公益慈善组织的概念

根据《中华人民共和国慈善法》，公益慈善组织是依法成立的、以面向社会开展公益慈善活动为宗旨的非营利性组织。通常，公益慈善组织可以享受减免税优惠，其全部财产及其增值为公益法人所有，收益和运营结余主要用于符合其创设目的、宗旨的活动，终止或解散时结余财产不能归属任何个人或营利性组织，任何个人或组织（含捐赠人，另有合法约定除外）不得以任何形式参与公益慈善组织的结余财产分配。

在我国，公益慈善组织可以采取社会团体、基金会、社会服务机构等组织形式。根据世界各国的通例，公益慈善组织的范围包括：①扶贫与防止贫困发生的组织；②促进教育与学术科研的组织；③扶持需要帮助的青年人、老年人、妇女儿童、病人、残疾人、穷人或其他弱势群体的组织，包括服务遭受重大疾病、遭遇意外或不可抗力的自然灾害或遭遇不确定他人伤害的个体（家庭）的组织；④增进动物福利的组织；⑤保护和改善环境的组织；⑥促进健康和拯救生命的组织。国内外具有影响力的公益慈善组织有福特基金会、景星学社、能源基金会、山水自然保护中心、永续全球环境研究所（Global Environmental Institute，GEI）、大自然保护协会（The Nature Conservancy，TNC）、南都公益基金会、德国弗里德里希·艾伯特基金会（Friedrich Ebert Foundation）、友成企业家扶贫基金会、世界自然基金会（World Wild Fund for Nature，WWF）、国际爱护动物基金会（International Fund of Animal Welfare，IFAW）、自然之友等。

尽管上述列举的公益慈善组织所涉及的服务领域大不相同，服务目标和所发挥的功能也有差异，为社会做出贡献的方式也不太一样，但具有共同的内涵特征，表现在如下几个方面。

（1）公益慈善组织的财产主要来源于社会捐赠、政府财政及少部分的服务收费。由于捐赠人为民众、法人或非法人组织，因此公益慈善组织要接受社会和政府的严格监督。

（2）公益慈善组织的活动以其使命、宗旨等价值导向为出发点，服从于一些公共目的，追求公共利益，通过众多有共同使命的志愿者和慈善组织工作人员共同努力来完成。

（3）公益慈善组织供给的产品主要是无形的服务（或劳务付出）、资金补助、心理辅导、观念建设、价值建设及少量的有形产品。

（4）公益慈善组织属于非营利性组织，具有民间性、社会性、自治性特征，其存在的目的通常是帮助贫、弱、病、老、幼等困难群体、弱势人群，以及服务社会大众、促进社会进步、维护价值体系等，政府在其中主要扮演支持、引导、监督的角色。

（5）公益慈善组织的志愿者通常是自发组织、招募或民众主动参与的，但公益慈善组织的专职成员通常要有一定的职业资格，其高层管理人员需要具备一定的任职条件。

（6）公众的信任是公益慈善组织的生命线。社会公众的信任紧密联系着公益慈善组织的生死存亡，且一般来说公益慈善组织一产生就被公众认为是"高尚"和值得信任的。公众的信任一旦失去就难以恢复，将为公益慈善组织的生存带来致命危机。

美国的慈善组织概貌

根据美国联邦税法，慈善组织的活动必须限于公益性活动，享受免税待遇，致力于消除贫困、促进教育和科研、建设和保护公共建筑、创建和谐邻里关系、消除歧视、保护人权、改善社会治安和预防青少年犯罪。除传统的救助性慈善组织和宗教组织外，美国还有教育、科学、公共安全、实验、文学、促进业余体育竞争、防止虐待儿童和动物7类慈善组织。

美国慈善令人瞩目的地方在于志愿组织募捐的广度、效度和专业化。募捐、筹资使志愿组织变得更具竞争力，也使其更有机会接受或更经得住公众的考验，进而赋予慈善组织更强的行动力，并发展出了个别的筹资人、筹资公司、私人基金会、公共基金会、社区基金会及家庭基金会，以及专门为富人提供慈善捐赠建议的经纪机构，专门为儿童免费提供医疗救助、夏令营和计算机等的组织，专门为非营利性组织进行政治游说的倡导型组织。

美国的慈善组织分私人慈善组织和公共慈善组织。私人慈善组织的资金来源为个人、家庭、企业等，但不得在社会上公开募捐；公共慈善组织可以在社会上公开募捐。

美国法律规定，慈善组织不得参与政治活动，如资助各类政府公务员的政治选举、参与政府的各种活动；慈善组织必须具有单一慈善目的，不得从事与慈善无关的活动。美国慈善组织的捐款、会费、管理人员薪酬、慈善开支都有记录，公开透明，任何人都可查阅。另外，美国的慈善组织已经实现专业化管理，无论是组织内部的行政事务管理,还是志愿者招募,都由接受过专业训练的人士担当。

美国很多大学提供非营利性组织管理课程及本科、硕士、博士项目,必修课程包括公共服务管理、演讲技巧、非营利性组织财务管理、人力资源管理、营销、研究方法、统计学等。美国很多大学都有慈善基金会等公益慈善组织,依赖基金会运营。

2. 公益慈善组织的职责

公益慈善组织的宗旨通常是,发扬人道主义精神,弘扬扶贫、济困的美德,帮助社会上不幸或处于困境中的个人和特殊困难群体,开展多种形式的社会救助、扶助工作,重建人的尊严,带来对未来的希望,促进社会的发展。其任务包括:①动员社会力量,筹募善款,接受捐赠;②资助、兴办公益慈善事业。③开展普及慈善意识的宣传活动;④与国内外公益慈善机构联络与合作;⑤招募、组织志愿者队伍,开展公益慈善活动。

大爱清尘

大爱清尘是专门从事救助中国尘肺病农民,并致力于推动预防和最终基本消除尘肺病的全国性公益组织。由北京大爱清尘公益基金会(5A 社会组织)、北京大爱清尘尘肺病服务中心(4A 社会组织)、中华社会救助基金会大爱清尘基金、陕西大爱清尘救助中心 4 个主体组成。大爱清尘创始于 2011 年 6 月 15 日,缘起著名记者王克勤联合中华社会救助基金会共同发起的"大爱清尘·寻救尘肺病农民兄弟大行动"。其主要活动和目标如下。

- 救助尘肺病患者:为尘肺病患者提供医疗援助和经济支持,帮助他们获得必要的治疗和康复。
- 提升矿工生活条件:改善矿工的工作环境和生活条件,包括提供更安全的工作设备和改善生活设施。
- 倡导政策改进:推动政府和相关部门制定和实施更有效的安全和健康标准,以保护矿工的健康。
- 公众教育与宣传:提高社会对尘肺病和矿工困境的认识,推动社会各界对这一问题的关注和支持。
- 建立支持网络:为患病矿工及其家庭建立支持网络,提供心理支持和社会援助,推动尘肺病问题的社会关注和解决。

基于公益慈善组织的宗旨和任务,公益慈善组织的日常工作职责包括:①开展各种形式的公益慈善活动,如筹募善款、赈灾救助、扶贫济困、助孤安老、支教助学、扶残助医、环境保护、公益援助、合作交流等服务;②管理社会捐助、捐赠的财产;③举办符合公益慈善宗旨的业务活动;④开展公益慈善宣传、教育、培训或业务指导;等等。

3. 公益慈善组织的角色

对于公益慈善组织的角色，可以从不同的角度理解。从经济学角度来看，公益慈善组织在补充市场失灵方面发挥了关键作用；同时，信任被视作社会关系和市场交易中节约交易成本的一种有效方式，公益慈善组织是既有信任的符号象征。从社会学角度来看，公益慈善组织是培育价值、公民意识和社交网络的重要载体，对于构建社会信任、增进社会资本、提高社会公众道德水平有不可忽视的重要作用。总结来看，公益慈善组织的关键社会角色包括以下 3 个方面。

（1）公益慈善组织是社会服务的提供者。公益慈善组织对于社会服务具有独特的优势，表现在：公益慈善组织来自社会，是第三部门，因而比市场部门更关注公共福利；其追求社会价值，因而更关注价值理性，愿意长期投身于福利领域；其标榜非营利性质，因而在那些微利且需要承担社会义务的领域可大显身手。很明显，公益慈善组织可以弥补政府失灵、纠正市场失灵，在政府和市场最力不从心、时常不愿意做的社会服务领域发挥拾遗补阙的重要作用。这里，政府失灵主要是指社会成员的需求多样性和差异性，导致一部分社会成员的特殊且正当需求不能被满足，从而出现公共服务不均等的情况；市场失灵是由市场配置资源时缺乏效率造成的，主要表现为信息不对称、公共物品的公共产权导致的"搭便车"问题、不完全市场所产生的服务供给不均问题。

此外，公益慈善组织将其动员的社会资源按照组织的公益宗旨和慈善理念，开展各种形式的公益性社会服务。公益慈善组织所动员的社会资源包括以金钱或物资形式为主的捐赠，以及人力资源形式的志愿服务和互助服务。公益慈善组织还可以通过承接社会资源提供多个领域的社会服务、应对各种社会问题，如养老、教育、救灾、扶贫、卫生健康、艺术、文化等，实现了"第三次分配"，增进了社会公共利益。

综上，公益慈善组织无疑是社会服务的重要提供者。公益慈善组织提供社会服务的功能是其社会性和公共性的综合体现，构成了通过公益慈善组织构建社会信任的基石。

（2）公益慈善组织是公益慈善参与社会治理的关键载体。公益慈善组织承担了社会治理的重要功能。

首先，公益慈善组织为社会弱势群体发声，保护社会边缘群体的利益，促进社会公平。例如，中国残疾人联合会、中国扶贫基金会及英国的关爱癌症病人信托基金（Caring Cancer Trust）、关爱老年人协会（Age Concern）等公益慈善组织为由于疾病、残疾、生活困难、年少或年老而陷入困境的弱势群体提供救济。公益慈善组织在多个方面改善弱势群体的物质生活和精神生活，在一定程度上推动了社会均衡发展。

其次，公益慈善组织推动了社会的整合。公益慈善组织通过有组织的社会动员和社会参与，为人与人之间的交流和合作搭建了桥梁，建立起社会信任、认同和共识，构建并增进社会资本。大多数公益慈善组织加强了民众的连接，并且在它们擅长的社区服务领域引导公民成长，促进互助。公益慈善组织还通过推动不同机构间合作关系的建立提升了社会的协同性,促进了社会和谐。公益慈善组织为缓和社会矛盾、推动不同宗教与种族之间和谐与融合、维持社会的多样性做出了不可替代的贡献。

再次,公益慈善组织作为环境和动物的保护者,为人与自然之间搭建了理解的桥梁。例如,世界自然基金会(World Wild Fund for Nature,WWF)、绿色和平组织(Greenpeace)及野生动植物保护国际(Fauna & Flora International,FFI)等公益慈善组织对环境保护和动物福利的促进做出了贡献。这些公益慈善组织大多直接投身于一些生态保护项目,或者发起运动促使政府和企业停止一些破坏生态环境的活动来发挥保护环境和动物的作用,帮助建设更美好的家园。

最后,公益慈善组织传达民意、发表意见,发挥着第三部门的先锋角色和文化变革作用,加强了建设国家的能力,建立了强健活跃的社会,并且创造了适合创新和变革的环境。公益慈善组织根植于民间、作用于社会的社会治理功能进一步体现了公益慈善组织的社会性和公民主体性,成为公益慈善组织合理性、合法性的基础。

(3)公益慈善组织是公共政策的倡导者。公益慈善组织在公共政策倡导和"民间外交"中日益发挥着重要作用。公益慈善组织往往扮演了社会边缘群体和弱势群体的利益代言人,以"民间外交"的形式力求让草根力量参与到地方、全国乃至全球范围内的公共政策制定过程中去。公益慈善组织通过倡导对社会边缘群体和弱势群体的利益有正面影响的公共政策、社会政策和相关法律法规,在构建西方"小政府、大社会"和建设我国"和谐社会"的过程中发挥着关键作用。公益慈善组织在公共部门立法和公共政策制定过程中推动了更广泛的社会正义,反映了公益慈善组织对于社会政治过程的影响力。

公益慈善组织属于社会组织,兼具了非营利性组织、非政府组织的属性,可以通过发挥对政府的社会监督功能和承担政府购买服务的途径来影响公共政策制定过程。从理论上说,公益慈善组织能够在推动政府提升公信力方面,以及在促进政府及其他公共部门机构改善绩效方面发挥重要作用,也清晰地呈现了公益慈善组织与政府等公共部门之间的界限,成为获取社会公众信任的关键。基于此,在公益慈善实践和公益慈善事业发展中,不能模糊公益慈善组织与政府等公共部门之间的界限,不能越界或超越底线。

二、会馆、行会的慈善功能

在中国自唐、宋以来的经济社会发展中,特别是明清时期,民间社会在客居外乡经商、赶考、大规模移民过程中逐渐孕育了一种被称为会馆、行会的民间互助、自助、共济组织,其在唐、宋以来的古代中国社会发展、商业贸易中发挥了重要作用。会馆、行会是一种中国古代社会重要的外乡人组织形式,主要为在外地的同乡或同业者提供支持与交流平台,尚不能被称为今天严格意义上的公益慈善组织。但是,这些会馆、行会已经具有了现代公益慈善服务的行为或活动性质,不仅促进了古代商业经济的交流、发展及城镇化的形成,也加强了社会凝聚力和文化认同感,深刻影响了当时社会结构的变化。

1. 会馆的慈善功能

古代中国大的贸易市镇里，或多或少都聚集着外乡人，这些人有的来做生意，有的来游玩，有的为公务逗留，有的进京赶考而临时歇脚，也有的因为大规模移民、背井离乡而惺惺相惜、互助互怜。在城市中，外乡人与本地人自由交流，来自同省、同城、同乡的人总会聚集成小圈子，这样的小圈子就是所谓"同乡会"。中国人的思乡之情尤为深厚。事实上，客居异乡的人往往会更加思念自己的家乡，也自然而然会亲近同乡。另外，中国人普遍将自己祖父的籍贯当作自己的祖籍，对自己的出生地怀有眷恋之情。同乡会建立在人们对家乡的思念、眷怀之情上。

来自同一个省的同乡会被称作"会馆"。会馆设立的目的主要是保护同乡，增进同乡之间的社会交往和经济交流。例如，重庆的湖广会馆就有广东会馆、江南会馆、两湖会馆、江西会馆及广东公所、齐安公所等，其中，湖广填四川移民博物馆就生动地呈现了300多年前那段波澜壮阔的移民运动，以及其对此后川渝地区文化经济生活的影响。会馆的司董（董事）由名望人士担当；会馆的管理制度有公管制和董事制，其经费来源主要是会费、向同乡发放的公债及房租收入，管理人员由会员选出。尽管会馆成立之初通常基于利益和乡情，但随着时间的推移和人物命运的变化，自然而然就会演化为扶助同乡人的慈善组织：会馆为旅居外地的同乡人提供帮助，为贫困同乡提供免费交通、无偿丧葬，为赴京会试的同乡贫困考生提供便利，帮助同乡人讨公道。当然，会馆同时成为同乡寻求慈善帮助的便捷通道。

2. 行会的慈善功能

宋、元、明、清时期，中国民间工商业比较发达，商业、手工业行会建立在共同利益、共同行业、共同职业门类和共同商业活动的基础上。行会作为一种社会组织，被称为公所，有具体目标。一般来说，同乡情谊有助于促进行会的形成，但行会成员之间的互利意识并非来源于同乡情谊或宗族关系，而是建立在共同经济利益和文化利益的基础上。行会的数目庞大，有多少种行业、商业，有多少种劳动形式，就会有多少个行会存在，如金融业行会、茶叶行会、药铺行会、渔民行会、磨坊行会、车夫行会、铁匠行会、医师行会等各种行会，繁荣了商业和手工业经济，也促进了社会发展。

行会为维护某个特定行业/商业的利益而存在，行会掌控贸易，确定劳动报酬，制定商品价格，监督服务，也负责管理其他与行会利益相关的事务。从这个角度上看，我国传统社会的商业或手工业行会主要是一种同舟共济、利益捆绑的经济性互助组织和行业自律组织。但是，行会作为互助组织，必然蕴含了慈善功能。譬如，行会成员通常会对处于困境的其他成员或成员家庭施予援手，这样的援助建立在同为行会成员的基础上，带有慈善的价值与功能。如同会馆是寻求慈善帮助的便捷通道一样，商业或手工业行会的成员通过行会也可以得到店主、商业机构、职业团体、劳工团体的慈善性帮助或救助，因为行会有能力和强大的号召力联合行业成员，动员整个行业为其捐资捐助。由于行会的筹资方式很有成效，因此行会的捐赠模式也通常被许多专事慈善事业的善会善堂采用。总之，行会不仅推动了自身成员的经济互利，也极大地推动了社会进步，支持了公益慈善事业的发展。

综上所述，中国传统的民间社会组织不仅大力发扬了民间的互助合作精神，也为中国古代的慈善实践提供了可行的方法、手段，更推动了当时整个社会的发展。

三、公益慈善组织与社会组织

1. 社会组织的概念

在《管理学》中，管理通常是一种在组织中的活动，管理者都在组织中工作。那什么是组织呢？实体形态的组织（Organization）是为实现某些特定目的而对人员的一种精心的安排，是为达到组织目标而结合在一起的、具有正式关系的一群人。例如，医院、学校、政府机关、教会、企业、中国红十字会、学生会等都是组织。组织一般会建立规则和制度，用以规范和限制组织成员的行为；组织会选拔某些成员作为"经理""老板"，以赋予他们管理其他成员的职权；组织还会编写职务说明书，以确保组织中的成员知道他们应该做什么、在组织中扮演何种角色、发挥什么作用。

组织分为营利性组织和非营利性组织两种基本类型。其中，自主从事生产经营活动的企业是典型的营利性组织。企业以利润最大化为目标，赢得经济利益是企业管理的最本质要求、关键特征。非营利性组织不以营利为目的，主要提供公共产品与服务，强调社会效益。

一般地，非营利性组织（No-Profit Organization，NPO）是具备法人资格、不以营利为目的、以公共服务为使命、一般享有税收优惠待遇、组织盈余不分配给内部成员、具有民间独立性的组织。非营利性组织的目标通常是支持或处理个人关心或者公众关注的议题或事件。其中，公益慈善组织（Philanthropic Organization 或 Charitable Organization）就是依法成立、符合慈善法律规定，以面向社会开展慈善活动为宗旨的非营利性组织。

在中国，非营利性组织通常被称为社会组织，以区别于政府组织、市场组织。尽管严格来讲中国的社会组织与一般文献中的非营利性组织在概念和内涵上有细微差异，但大体上中国的社会组织一般就是指非营利性组织，即介于政府组织（第一部门）和营利性组织（第二部门）之间的"第三部门"，其中，专门从事公益慈善活动的社会组织，就是非营利性组织的一种。根据 2024 年 4 月 3 日民政部发布的《社会组织基础术语》《行业协会商会自身建设指南》《学术类社会团体自身建设指南》《社会服务机构自身建设指南》4 项行业标准（民政部公告第 567 号），社会组织（Social Organization）是依据社会组织登记管理法律法规登记的社会团体、基金会和社会服务机构。与之相对的，那些未依法登记、擅自以社会组织名义开展活动的组织，以及被撤销登记或吊销登记证书后继续以社会组织名义活动的组织，或者筹备期间开展筹备以外活动的组织，属于非法社会组织（Illegal Social Organization）。社会组织（主要是社会团体、基金会）需要在住所地以外的区域以该社会组织名义开展活动、承办该社会组织交办的事项，可以设立代表机构（Representative Agency），代表机构不具有独立法人资格，通常可以称为代表处、办事处、联络处等。同时，社会组织可以根据工作需要在内部设立日常事务机构（Office），如办公室、财务部、项目部等，主要维持社会组织的日常运营。

进一步地，社会团体（Social Group）是由公民自愿组成，为实现其会员共同意愿，按照其章程开展活动的非营利性法人。在中国，国家机关以外的组织可以作为单位会员加入社会团体。基金会（Foundation）是指接受和利用自然人、法人和其他组织捐赠的财产，以从事公益慈善事业为目的，按照其章程开展活动的非营利性法人，是一种常见的、重要的公益慈善组织。社会服务机构（Social Service Agency，曾被称为民办非企业单位）是指企业、事业单位、社会团体和其他社会力量及公民个人为了公益目的，利用非国有资产举办的，按照其章程规定从事社会服务活动的非营利性法人。在我国，各类社会工作组织大体上属于一种特殊的社会服务机构。

常见的社会团体

（1）行业协会商会（Industrial Association and Chamber of Commerce）。其会员主体为从事相同性质经济活动的单位、同业人员或同地域的经济组织，实行行业服务和自律管理，并依法登记的社会团体法人。行业协会商会通常冠以"行业协会""协会""商会""同业公会""联合会""促进会"等字样作为名称后缀，如重庆市建筑装饰协会、重庆市科技创业投资协会、重庆市家居行业商会、重庆市餐饮商会、沙坪坝区磁器口街道商会、重庆市商贸物流商会、重庆市旅游商会、重庆市民营超市商会等。

（2）学术类社会团体（Academic Social Group）。其是以学术研究、学科发展和促进学科人才成长等为目的，由相关领域从事理论研究或技术实践活动的专业人员、组织等自愿组成的、依法登记的社会团体法人，一般以"学会""研究会"等字样作为名称后缀。

（3）外国商会（Foreign Chamber of Commerce）。其是外国在中国境内的商业机构及人员依照规定在中国境内成立的，不从事任何商业活动的非营利性社会团体。通常，外国商会的活动以促进其会员同中国发展贸易和经济技术交往为宗旨，为其会员在研究和讨论促进国际贸易和经济技术交往方面提供便利。

（4）异地商会（Non-Local Chamber of Commerce）。其是由来自同一原籍地的

> 外来投资企业和组织,在其注册登记地依法自愿成立,以原籍地行政区划名称命名为基本特征,以促进两地经贸合作为宗旨的联合性、非营利性社会团体。譬如,在重庆市注册或登记的重庆市湖南商会、重庆市江苏商会、重庆市江西商会、重庆市安徽商会、重庆市温州商会、重庆市浙江嘉兴商会、重庆市安徽合肥商会等。

需要指出的是,根据定义,社会组织的运作不是为了产生经济利益、利润,其不以获取经济利益或"利润最大化"为主要目的,而是以社会效益、公共利益为主要目标。不过,社会组织可能会收取或得到一定费用(会费或财政拨款或社会捐助),这些费用主要用于提供社会公共服务的基础建设,或者维持社会组织的基本运转,且通常都有一套严格的法律法规对社会组织的行为予以监控,社会组织的行为受社会和制度的监督与制约。

特别地,在我国的社会组织中还有一种被称为社区社会组织(Community Social Organization)的草根组织形态,它是由城乡社区居民发起成立的,在城乡社区开展为民服务、公益慈善、邻里互助、文体娱乐和农村生产技术服务等活动的社会组织。在我国的实践中,社区社会组织分为具备法人资格的社区社会组织和不具备法人资格的社区社会组织。广泛散见于居民小区的各类棋牌爱好者群体、舞蹈爱好者群体、广场舞爱好者群体,绝大多数都是临时组建的、不具备法人资格的社区社会组织。政府、企业、社会组织这三大部门之间的角色关系如图 3-1 所示。

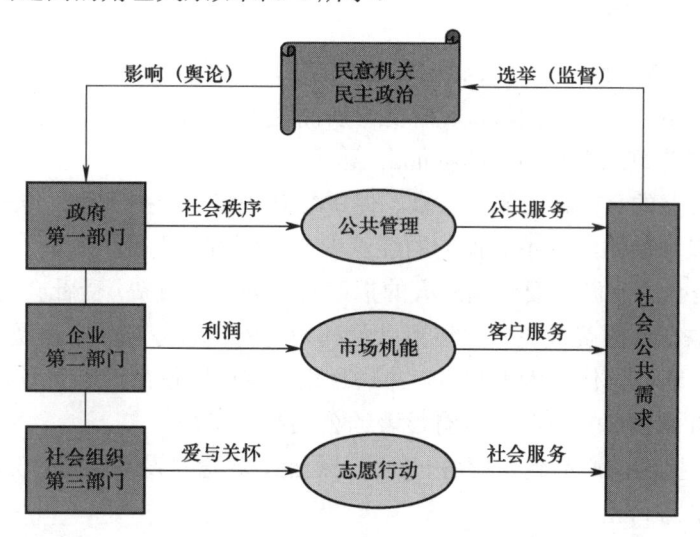

图 3-1 政府、企业、社会组织这三大部门之间的角色关系

此外,与社会组织或非营利性组织密切相关的还有非政府组织(Non-Governmental Organizations,NGO)的概念。非政府组织一词来自国外,是独立于政府体系之外具有一定公共职能的其他社会性公共组织,在全球治理和国际事务中发挥着重要的作用和影响力。据考证,"非政府组织"一词最早出现在 1945 年 6 月签署的《联合国宪章》第 71 条中,当时主要指那些在国际事务中发挥中立作用的非官方机构,如国际红十字会、

救助儿童会等。1995年,北京市举办第四届世界妇女大会,同期举行"世界妇女非政府组织论坛",这使非政府组织这一词汇在中国被广泛使用。非政府组织不包括企业等营利性组织、家庭等亲缘性组织、政党等政治性组织、教会等宗教性组织。

> **非政府组织的分类**
>
> 非政府组织是一个多源群体,在非政府组织这个词汇基础上诞生了许多缩写词,包括:
> - INGO(International NGO,国际非政府组织,如 CARE);
> - BINGO(Business-Oriented International NGO,面向商业的国际非政府组织);
> - RINGO(Religious International NGO,宗教组织背景成立的国际非政府组织);
> - ENGO(Environmental NGO,环保非政府组织,如 GLOBE 2000);
> - GONGO(Government-Operated NGOs,由政府运行的非政府组织,由政府为了符合外援要求而成立的类似非政府组织的组织);
> - QUANGO(Quasi-Autonomous Non-Governmental Organisation,半自治非政府组织,例如,W3C等国际标准化组织,W3C是由147个国家政府标准机构组成的组织。

2. 社会组织的特征

根据莱斯特·M. 萨拉蒙(Lester M. Salamon)所概括的关于非营利性组织的特征,社会组织具有以下6个方面的特征。需要特别说明的是,由于公益慈善组织属于社会组织,因此公益慈善组织也有同样的特征。

(1)组织设立的目的在于服务大众、促进社会进步、维护价值、传承文化等,属于非功利性、非谋利性组织,不向他们的经营者或"所有者"提供利润。

(2)组织资金的来源主要是捐赠人的捐助及部分服务收费,受社会公众和政府的监督,服务通常象征性收费或免费,但不以营利为目的,财务方面常呈现亏损状态。

(3)组织活动以其使命为出发点,并联合众多有相同使命的志愿者共同努力,服从一些公共目的并承担公共风险,具有显著的公共利益特征。

(4)组织所提供的产品包含服务、资助及思想、观念建设,通常不仅包括有形产品,也包括无形的劳务付出。

(5)组织在制度上与政府分离,具有显著的民间性、草根性特征。

(6)组织基本上独立处理各自的事务,具有显著的自治性特征,其成员通常不是按照法律要求而选定的。

3. 社会组织的角色

社会组织除了承担传统的公益慈善、文教、医疗、救助等公共服务,还承担以下角色和功能：担任政府与民众之间沟通的桥梁；行动导向，针对服务对象直接提供服务；公益服务导向，扮演维护公共利益的角色。表 3-1 详细展示了社会组织的社会角色。

表 3-1 社会组织的社会角色

扮 演 者	社 会 角 色
先驱者	能敏感地体验社会需求，以组织的多样化、弹性的特质，发展具有创新的构想，并适时传递给政府机构
改革与倡导者	深入社会各层面，实际了解政府政策的偏失，运用舆论或游说等具体行动，促成社会变迁，并寻求政府改善或建立合乎需要的价值
价值维护者	以倡导、参与、改革、创新的精神来改善社会，主动关怀社会弱势群体
服务提供者	发挥弥补的作用，经常选择政府未做、不想做或不愿意直接做的，但是符合大众需求的服务来做
社会教育者	利用刊物、举办活动、媒体宣传等方式，传递特定人群的需求信息，改革社会大众或决策者对社会的刻板印象或漠视态度，补充正规学校教育体系的不足

4．社会组织的绩效

尽管社会组织的使命使其活动具有显著的公共利益特征，但社会组织同样需要追求绩效。构建一个卓越的社会组织，必须了解（和聚焦）至关重要的高绩效要素。William F. Meehan Ⅲ 和 Kim Starkey Jonker 在其所著的《影响力的引擎：非营利性组织战略领导力的要素》一书中确定了非营利性组织绩效的七大支柱，其同样可以作为衡量社会组织的绩效要求，大体上也可以用来衡量公益慈善组织的绩效。

非营利性组织绩效的七大支柱

（1）使命必须清晰而聚焦。

（2）必须制定以少数几个最紧要的战略概念为基石的战略。

（3）必须解决如何评估那些可以确保影响力的东西。

（4）必须拥有洞察力和勇气，从而可以竭尽全力做出并执行艰难的决定。

（5）必须构建一个卓越的组织、一个团队中的团队，并以高绩效组织的原则为典范。

（6）必须关注资金，构建一个涵盖有效捐赠人的战略性收入机制。

（7）必须通过构建和培育一个强有力的理事会，实现杰出的治理。

5．社会组织的运营

管理把所服务的组织看作一个开放的系统，它不断与外部环境产生相互影响、发生相互作用。环境既提供机会，也提供威胁。因此，社会组织与企业一样，也必须正视环境的存在，既要承担社会责任，又要注重管理技巧和方法，以适应组织的内外部环境条件。

根据彼得·德鲁克在《非营利性组织的管理》一书中所铺设的理论体系，社会组织/公益慈善组织的管理是一个从使命开始，到组织管控、募资计划、绩效表现、绩效衡量与评价，再到有效挖掘组织内外部资源，最后到让组织领导发挥潜力的动态过程。

（1）使命（Vision），即强调组织存在的宗旨和价值观。良好的动机、明确的使命、清晰的目标、正确的策略和卓有成效的管理方式，都为社会组织的持续发展提供了保证。使命应该是可以实现的、能够产生成效的、能够得到各利益相关方支持的宗旨和价值观。因此，社会组织必须区别道德理念和经济现实。成功的使命须具备三要素：机会、竞争力和奉献精神。其中，机会是指"使命需要符合需求，这样组织才有机会，才能获得外部资源"；竞争力是指每个组织都应有自己不可替代的独特之处，以彰显其存在的价值、意义和核心竞争力；奉献精神可以为人注入希望和力量。

（2）战略（Strategy）。战略可以将组织的使命和目标转化为实际的成果，以明确自身的定位，并合理配置资源。一方面，尽管社会组织常常扮演施舍者或慈善家的角色，但其战略不能把受惠者看成接受施舍的人，不要认为社会组织是在向他们行善，而应该把受助人看作客户，满足客户需求，研究"谁是我的客户，什么是对客户有价值的，客户是如何进行购买的"等问题，这意味着社会组织也要研究市场、细分市场和进行市场定位，确定所服务的目标客户群体，提供满足客户需要的各种服务。另一方面，社会组织的战略也要满足捐赠人的需要，譬如向捐赠人展示说："这是您需要的。这些是通过您的帮助取得的成果；这是我们为您所做的事情；这是您的花费所能产生的影响力。"

> **彼得·德鲁克举例说明非营利性组织战略的重要性**
>
> 美国心脏协会不应该把垂暮老人当作潜在的被捐赠人，因为在 75~80 岁老年人的死亡原因中，心脏病并不是最主要的。这些都是需要舍弃的。如果不能及时舍弃，组织负担过重，就是把宝贵的慈善资源浪费在没有效果的业务上。

（3）人力资源（Human Resources）。人力资源作为组织最重要的资源，决定了组织的绩效水平。社会组织该如何激励其重要的人力资源？如何招募合适的志愿者？如何提供有效的培训？如何激励他们长久服务？社会组织的人力资源，最大的动力来自两个方面：其一，"做这件事情是有意义的，有价值的"；其二，"做这件事情我能学到东西，我能获得成长"。因此，组织必须发展人力资源，关注组织成员的优势，培育组织成员，帮助组织成员成长，再制定标准、花时间和精力评价组织成员的绩效。

> **彼得·德鲁克对于非营利性组织人力资源的激励思想**
>
> 如果你想让组织成员在工作中表现卓越，就必须发挥他们的优点，而非强调他们的弱点。成年人的个性特征已经成型。此时可以期望成年人培养良好的工作态度或行为方式，学习必要的技能和知识，但组织必须基于成员已经成型的个性特征，

而非以其所期望的个性特征来工作。

一个组织如何才能培养众多优秀的志愿者人才呢？答案是组织持续为其成员提供以下服务：①精心督促；②传授技能；③专家测评进展状况；④鞭策激励。这4项服务的共同作用，可以达到帮助志愿者成长、帮助其发觉自身改变的目的。

（4）借鉴商业管理。社会组织的运营、管理，也可以利用商业化的专业思维，以保证效率的提高、效用的扩大及组织的持续经营。譬如，在组织内部营造公开的、相互沟通的氛围，让职员能够公开交流，了解每个人的想法和所关心的问题，交流有用的反馈信息，并保持一种灵活性，限制官僚结构，进而实现"Charity in Heart, Business in Mind"。

企业社会责任（Corporate Social Responsibility）的概念已经越来越流行，越来越多的企业意识到并愿意承担更多的社会责任，或者以自己的方式为整个社会做出贡献，这种新趋势是积极的、合理的，并且能够创造更大的价值。任何一个组织都有其存在的理由，如果组织能够更好地利用其资源、技术、资本，发挥员工的潜能，就可以产生更大的影响力，为社会创造更大的价值。

四、公益慈善组织与事业单位

将社会团体、基金会、社会服务机构中社会服务、救助救济、环境保护、教育、科学、文化、卫生、体育等子类的社会组织归入公益慈善组织后，事业单位该如何定性呢？

事业单位是政府举办的、基于某种公共目的的公共组织，它不是公益慈善组织。虽然在活动领域和服务形式上，事业单位和部分公益慈善组织是相同的，尤其是以社会服务机构登记注册的公益慈善组织，与事业单位同在科教文卫、社会福利等领域从事公共服务，但是两者在举办主体、资金来源、合法性认定方式等方面有本质区别。

第一，举办主体不同。事业单位是国家为了公共利益、以国家机关或受政府委托的人民团体等为举办主体的机构；公益慈善组织是为了公益目标或慈善目的，以个人、企业或其他组织为举办主体的社会组织。

第二，资金来源不同。我国事业单位的资金来源和从业人员的薪资待遇分4种：一种是参照公务员系列，一种是国家财政全额拨款，一种是自收自支、国家财政补足差额，还有一种是完全自收自支。因此，事业单位的资金来源主要是国家机关，资金大都由财政拨付；而公益慈善组织的资金来源主要是举办主体自己，主要接受社会捐赠，也包括政府捐赠，但一般不占用国家资产，通常利用自有资产兴办公益慈善事业。

第三，合法性认定方式不同。公益慈善组织的登记机关是政府民政部门的社会组织管理局。事业单位若由国家机关或列入国家机关序列的机构举办，则不必登记；若由其他较低层级的政府机构或受托组织举办，则需要登记，但登记机关是国家编制委员会。

第二节　慈善基金会

一、基金会的概念

基金会，在实践中又叫作慈善基金会或公益基金会，其概念在不同的法系下不尽相同。在以概念化和体系化见长的大陆法系中，基金会属于财团法人制度下的一个分支；而在注重立法操作性、技术性和判例的普通法系中，多以公益性标准来界定一个组织的性质，即无论名称是不是基金会，只要满足特定的条件就可以享受特定的税收优惠，因此，普通法系中一般没有基金会的直接定义。美国基金会中心出版的《基金会名录》收录了慈善机构的信息，这些慈善机构的名称并不统一，有基金会，也有基金或信托基金、捐赠基金、托拉斯等。例如，著名的洛克菲勒兄弟基金（Rockefeller Brothers Fund）、莉莉捐赠公司（Lilly Endowment Inc.）、纽约卡内基集团（Carnegie Corporation of New York）等，虽然这些机构名称不同，但它们均履行基金会的功能。

我国基金会的定义为，利用自然人、法人或其他组织捐赠的财产，以从事公益慈善事业为目的，依法成立的非营利性法人。基金会属于公益慈善组织的一种形式，以公益性、非营利性为特点，以财产活动为中心，依照章程从事公益慈善活动，遵循公开、透明的原则。基金会的组织结构一般由理事会、秘书处、各项目部组成，其领导人一般由有声望的人士担任，现职国家工作人员不能兼任基金会的主要领导职务。不过，要更深刻地理解基金会的概念，还需要把握基金会的以下几点内涵。

（1）基金会是利用个人（家庭）或组织（政府、法人组织或其他组织）捐赠资产（公益慈善财产），从事公益活动的民间非营利性组织，是公益慈善组织的重要组成部分。

（2）基金会是对兴办、维持或发展某项公益慈善事业而储备的资金或专门拨款进行管理的机构，其申请捐赠税前扣除资格的条件与其他公益慈善组织相同。

（3）基金会是公益慈善组织而非金融企业。基金会章程必须明确基金会的公益性质，不得规定使特定自然人、法人或其他组织受益的内容。基金会具有公益性质，公募基金会可以面向公众募集资金，其财产必须用于公益目的。因此，基金会与其他管理信托投资基金、以营利为目的的基金管理组织及其他民间互益性组织有重要区别。

（4）基金会具有非营利性、经营性特征。非营利性是基金会的基本特征，但基金会可以为了使基金保值、增值而从事经营行为、开展经营活动，可以为了募集资金而开展义演、义卖活动。当然，这些经营行为或经营活动的收益、孳息都要用到公益慈善事业上，不能在内部分配。基金会终止时财产不能归还捐赠人，而要转让给其他公益慈善组织。

（5）基金会与社团也不同。基金会不同于一般的社会组织，是捐助法人，是"钱"的集合。基金会是以财产为基础设立的组织，而社团是由会员组成的，两者有本质差异。基金会不能按照社团的方式登记、管理，各国对基金会的管理制定了专门的法规。

（6）基金会对公益慈善事业支出比例和法人代表任职要求进行了规定。法律规定了公募基金会和非公募基金会每年用于从事组织章程规定的公益慈善的支出比例，以及工作人员工资福利和行政办公相关的支出比例，且基金会的法人代表不得同时担任其他组织的法人代表。

二、基金会的价值

基金会的存在，不仅意味着中国高收入阶层或企业的捐赠活动已从随机性扶危济贫方式走向了制度化、规范化的模式，有助于促进企业的形象建设与业务发展，也意味着中国公益慈善捐助方向具有鲜明的企业特征和个性色彩。清华大学公益慈善研究院副院长蓝煜昕 2024 年在接受中国基金会发展论坛的访谈时提出，基金会在公益慈善事业中的重要价值至少体现在以下两个方面。

（1）基金会的专业性和系统性，使它在公益慈善事业中发挥中坚组织作用。无论是在国外还是在国内，基金会都是发展公益慈善事业的最重要载体之一。对捐赠人来说，基金会是实现其慈善目标的一种资金管理和组织手段；对社会公众来说，基金会是实现共同愿望的机制。尽管未来可能会有更多样的公益慈善实践形态出现，但对于组织化的慈善活动来说，基金会依然是专业化慈善、现代性慈善的象征。一些专业或职业人士，可以通过基金会的组织形态，用专业和系统的方法回应社会诉求、解决社会问题。例如，慈善信托的发展及其资助能力的提升，往往需要与基金会结合。

（2）基金会作为体量较大的捐助法人，在社会发展、社会治理领域扮演社会创新风险基金的角色，有能力为社会试验等创新的失败"买单"，进而有助于促进社会创新。很多国际领先的基金会，通过开放性的资助支持，促进了许多新事物、新探索的出现。

> **基金会存在的意义和价值举例**
>
> - 嫣然天使基金（Smile Angel Foundation）的资助对象为家庭贫困、身患唇腭裂的患者。
> - 爱佑华夏慈善基金会（AYF）通过"爱佑童心"项目救助孤贫先天性心脏病患儿，并致力于成为这个领域全球最大的专业基金会。

- 福特汽车发起全球性公益项目"福特汽车环保奖",以改善自身的形象。
- 国际知名投行高盛集团 1999 年捐款 2 亿美元设立高盛基金会,并于 2001 年推出"高盛全球领导者项目",在全球大学生中挖掘未来领袖。获奖者有机会参加高盛集团全球领导力学院活动,与包括高盛集团高管在内的专家对话,而高盛集团也为未来发展积聚了人脉和人力资源。

三、基金会的分类

按照不同的分类方法,基金会有不同的类别。根据基金会的运作机制和结构不同,基金会可分为独立基金会、项目运作基金会、公司基金会和社区基金会;按照登记管理机关的层次差异,基金会可分为全国性基金会、跨地区性基金会和地方性基金会;按照活动领域不同,基金会可分为慈善救济类、教育类、文化艺术类、科技类和其他类基金会;按照资金使用方式不同,基金会可分为运作型基金会、资助型基金会和混合型基金会;按照资金来源不同,基金会可分为公募基金会和非公募基金会。这里介绍其中两种分类。

1. 公募基金会和非公募基金会

公募基金会可以向公众募集资金,按照募捐的地域范围可分为全国性公募基金会和地方性公募基金会,法律规定的两者原始基金的出资金额要求不同。

全国性公募基金会在名称中使用"中国""中华""全国""国家"等字样。1981 年 7 月 28 日,中国成立第一个公募基金会——中国儿童少年基金会。公募基金会的宗旨和使命清晰,专业化程度相对较高。公募基金会的理事长、副理事长和秘书长不得由现职国家工作人员兼任;基金会的法人代表应由中国居民担任,且不得同时担任其他组织的法人代表。在公募基金会中,有亲属关系的居民不得同时在理事会任职。

公募基金会举例——"壹基金"

2010 年 12 月成立的深圳壹基金公益基金会是中国第一家民间公募基金会,发起机构为上海李连杰"壹基金"公益基金会、老牛基金会、腾讯公益慈善基金会、万通公益基金会、万科公益基金会,是"红十字会壹基金计划"的延续与发展,主要致力于灾害救助、儿童关怀与发展、公益支持与创新三大领域。深圳壹基金公益基金会搭建的公益慈善平台如下。

(1)"壹基金"壹家人年会:立足中国,在世界范围内为政府、专家、企业、非营利性组织、媒体等搭建一个公益慈善探讨与交流的平台,加强国际公益合作,广泛集聚公益资源。

(2) "壹基金"典范工程及潜力典范：围绕"公信、专业、执行、持续"4项标准，评选治理严谨、运营能力优秀、财务透明、可持续性好和有社会影响力的公益典范组织，以及有创新性、社会影响（潜）力、可持续能力和领导力的潜力公益典范组织。

(3) "壹基金"之家：为全球打造的网上公益社区，将非营利性机构、具有社会责任感的企业及公众连接在一起，借助互联网强大的分享和互动功能，提高社会对公益事业的认知，提升并优化社会对公益事业的资助程度，实现公益捐款、活动发布、义工招募，以及对义工、公益慈善组织独立的后台管理，同时满足深圳壹基金公益基金会自身对捐款账目、义工、合作组织、项目等的管理需求。

非公募基金会可使用自然人姓名、法人或其他组织名称或字号，但不得使用"中国""中华""全国""国家"等字样。非公募基金会的基金来源为特定个人或组织的捐赠，不得向公众募集资金。非公募基金会的主要工作人员通常由出资企业的员工兼任。从目前来看，大部分非公募基金会的目标、宗旨明确，但也有一些非公募基金会的宗旨和使命并不清晰、专业化程度低，个别非公募基金会内部治理还存在利益冲突、规则缺位等问题。原始基金来自中国的非公募基金会，其法人代表应由中国居民担任；若原始基金来自境外，则对其法人代表没有硬性限制，但担任基金会理事长、副理事长或秘书长的外国人及境外基金会代表机构的负责人，每年在中国的居留时间不得短于3个月。用私人财产设立的非公募基金会，有亲属关系的基金会理事总数不得超过理事总数的1/3。非公募基金会由于不存在公开募捐活动，因此没有向社会进行信息披露的义务，但与公募基金会一样，一般需要公开其年度报告和资助活动情况。

中国非公募基金会的主要类型

目前，中国非公募基金会主要有4种。

(1) 公司化基金会。

(2) 高校基金会。我国高校基金会共有5种运作形式：

- 市场运作型，如清华大学教育基金会、北京大学教育基金会；
- 行政管理型，如浙江大学教育基金会；
- 委员会型，如南京大学教育发展基金会；
- 海外拓展型，如上海交通大学教育基金会；
- 行业依靠型，如中国矿业大学教育基金会、中国石油大学教育基金会。

(3) 企业内部基金会，如腾讯公益慈善基金会、中国人寿慈善基金会、国家电网慈善基金会、中国移动慈善基金会、南都公益慈善基金会等。

(4) 社会名人基金会。

- 2004年6月1日，第一个由企业出资设立的非公募基金会——香江社会救助基金会成立（香江集团出资5000万元）。
- 2006年，第一个以个人姓名设立的基金会——王振滔慈善基金会成立，原始基金2000万元。
- 1982年创办的田家炳基金会，其使命是："促进道德教育，弘扬中华文化，融合世界文明，以提升中国的教育素质，贡献国家。"截至2018年，田家炳基金会已在中国内地资助大学、中学、小学、专业学校及幼儿园323所，资助乡村学校图书室1800余间，在国外3所大学设立奖学金支持华人学生就读，捐赠医院29所、桥梁及道路近130座，捐助其他民生项目200多个。

2. 运作型基金会和资助型基金会

运作型基金会（Operating Foundation）将募捐到的财产主要用于自身公益项目的运作；资助型基金会（Grant-Making Foundation）将募捐到的财产主要用于资助其他组织运作公益项目，而不是自己运作公益项目。中国传统的基金会以运作型基金会为主，基金会利用所筹资金自行运作公益慈善项目。不过，作为一个复杂的实体，运作型基金会更容易受到公众的质疑，因此，这类基金会在美国数量较少，相比之下，通过资助其他民间组织运作公益慈善项目的资助型基金会数量较多。中国的基金会近年来也在朝这个方向转变，例如，中国残疾人福利基金会提出要逐步由运作型基金会转变为资助型基金会，通过公开招标或购买服务等方式从事公益慈善服务，提高公益慈善项目的运作效率。目前，中国的社会工作服务主要由政府购买，考虑到运作型基金会的转型趋势，未来社会工作服务可以由资助型基金会等公益慈善组织来购买，以提高社会工作服务的实际绩效。

资助型基金会的主要运作模式是项目招标制。秉持分工、合作理念的项目招标制，催生了对公益慈善行业中下游的民间非营利性组织的需求。除像福特基金会那样对民间非营利性组织进行培训外，一些活跃的非公募基金会还将发起人的商业经验引入基金会运营中，通过风险投资等方式培育具有良好项目执行能力的公益慈善组织。例如，中国内地首家慈善创业投资机构——公益创投基金会"非营利性伙伴"（Non-Profit Partners Foundation，NPP），率先对一些公益慈善组织进行"使命投资"，援助了南都基金会的新公民学校等项目；由福耀集团董事局主席曹德旺发起，河仁慈善基金会首期捐资100亿元创办的福耀科技大学（暂名），属于民办公助、非营利性、公益性大学，预计将于2025年开始招生，本质上也类似于某种资助型"使命投资"项目。

通过项目投资让公益慈善延续的革命性理念，掀起了一股席卷全球的慈善资本主义浪潮。美国越来越多的基金会倾向于使用"使命投资"模式，对捐助项目以极低的利息和利润进行贷款和风险投资。既然是"使命投资"，基金会的资助就有失败的风险，这就凸显了基金会项目投资眼光、视野、战略的重要性。

四、基金会的运营

基金会的募款存在竞争性，尤其是公募基金会劝募非常有难度，导致基金会的多元化劝募、品牌打造、营销创新变得日益重要。除了一般的公益慈善募捐，收纳会费、提供服务及出售服饰、图书、徽章等纪念品，也是基金会的典型募资手段。

搭配各种资源或技能进行募捐是基金会运营的创新。基金会理应注重与企业结盟，在遵守商业道德和伦理的前提下，在其营销推广中加入募款内容。例如，"农夫山泉，喝一瓶水捐一分钱"广告是指，"消费者每喝完一瓶农夫山泉，就为水源地的贫困孩子捐出一分钱。"以扶贫为主旨的乐施会，将"乐施有礼"网站做成购物网站的格局，捐助者可购买若干牛羊、树苗、沼气池、医疗箱、学校设施等礼物并放入购物篮结账，提升了捐助者的兴趣，捐款用途也简洁明了。

此外，公信力决定基金会募资的能力，而"透明口袋"是决定基金会公信力的关键，因此，基金会运营，亦要注重基金会内部的规范管理，降低开支，以打造良好的公信力，进而提升募捐能力。例如，爱佑华夏慈善基金会是国内第一家实行零费用运行的基金会，其管理费由部分理事分担，所募善款100%用于救助项目；比尔和梅琳达·盖茨基金会（Bill & Melinda Gates Foundation）的管理费大部分由比尔·盖茨本人捐赠。

五、美国的基金会

1. 美国慈善基金会的分类

美国慈善基金会数量众多，发展历史长，种类复杂。美国基金会中心依据资金来源和运作方式的不同，将美国慈善基金会分为5类。

（1）企业基金会（Corporate Foundation）。由企业捐资设立的基金会，其资金来源为发起企业。企业基金会在做出捐赠决定时会考虑发起企业的利益或社会影响，其理事会成员可以是发起企业的管理人员，也可以是与发起企业无关的社会专业人士。

（2）独立基金会（Independent Foundation）。通常是基于某个人或某个家族的成员捐赠或遗赠所创立的基金会，通常由独立的理事会和专业的职员进行独立管理。

（3）家族基金会（Family Foundation）。由个人或家族捐资设立并参与管理、运作的基金会。家族基金会的创办者或其家族成员通常会出任理事会的领导职务，并且至少有一名家族成员一直在基金会任职，捐赠人或其亲属在基金会的管理和运作中起到重要作用。当然，随着时间的推移，家族基金会可能会随着创办者、家族成员的退出，或者与其家族名下的企业脱离关系而演变为独立基金会。

美国的家族基金会

美国的家族基金会，通常捐赠人或其亲属在基金会的管理和运作中起到重要作用。美国的家族基金会的公益慈善活动优先领域为健康和教育。在健康领域，家族基金会通常会集中拨款给他们自身或家族成员所遭受疾病的医疗研究或疗法；在教育领域，家族基金会也会对自己或孩子们所读的大学和教育机构进行捐赠。

另外，家族基金会也是社会服务、艺术和文化机构的重要支持者，这些机构一般也在捐赠人所居住的社区内。例如，丽萨·索布拉托·桑思妮（Lisa Sobrato Sonsini）家族基金会的格言是："致力于在我们社区有所作为，活跃参与我们所热爱的事业，以感谢的心去接近生活。我们的目标是将这个'给予他人'的家族传统传于后世。"

（4）运作型基金会（Operating Foundation）。由基金会自身的工作人员直接参与项目运作的慈善基金会，自行参与策划、组织、实施教育、科研及其他公益项目或活动。

美国的大学基金会

美国的大学基金会通常是运作型基金会。私立大学本身就是免税组织，可以为捐赠人提供免税捐赠收据，通常下设捐赠基金（Endowment Fund），如耶鲁大学捐赠基金会（Yale Endowment Fund）。公立大学需要设立独立的公益慈善机构（Public Charity）才能给捐赠人提供免税捐赠收据，通常称为基金会（Foundation），如印第安纳大学基金会（Indiana University Foundation）。

美国各大学基金会强大的筹资能力为私立大学发展做出了举足轻重的贡献。美国各大学基金会所筹集资金主要来自校友及家长捐赠、企业捐赠、其他个人和家庭捐赠、其他基金会资助、投资及其他经营活动收益等。

美国各大学基金会的资金具体用于以下几个方面。

- 维持基金会日常运转及筹资成本支出。
- 奖励和资助学生。
- 资助科学研究项目。
- 大学建设，包括修建教学楼、工程实验楼、专业实验室等，或者更新教学实验设备，修建图书馆、博物馆、艺术中心等，修建学生宿舍、学生食堂、体育场（馆）、学生活动中心、教师公寓、托儿所等。例如，加州大学伯克利分校，利用李嘉诚捐赠的 4000 万美元修建了生命科学研究院；与美国国家能源部合作出资 5 亿美元修建了世界一流的劳伦斯核实验室；筹款 4200 万美元修建了东亚图书馆等。
- 其他用途，如高薪聘请资深教授、补助困难学生购买图书、为社区想学习的青年及居民补习和传授文化技能、为教师购房提供补贴等。

（5）社区基金会（Community Foundation）。资助特定社区发展、教育、宗教等公益活动的基金会。社区基金会的资金一般从社区内多渠道筹集而来，主要来源为个人捐赠或遗赠、家族捐赠、公司捐赠及其他机构捐赠。社区基金会根据税法通常被批准为公益慈善组织，遵循与其他私人基金会不同的规章和规则。

2. 美国大学基金会的管理

美国高校一般都设置了与募集资金有关的发展部，有的高校还按照基金会组织建立了完备的管理架构和组织结构。美国高校管理捐赠资金或基金的要点有以下 5 个方面。

（1）捐赠由校董会或基金会理事会统一管理。美国高校的直接捐赠一律由校董会统一管理，特别是重大项目，要经过论证后决策；对于成立基金会的大学，捐赠由基金会理事会统一管理。无论是校董会还是基金会理事会，均由校内、校外两部分成员构成，校内成员包括校长等，校外成员则包括社会知名人士或捐赠人士等。

（2）捐赠广告统一，广告内容为详细的捐赠项目发展计划。有效的捐赠都需要进行有效的宣传，为此捐赠广告一般应统一内容和形式，并列举详细的捐赠项目发展计划。

（3）制定捐赠规章制度，规范相关行为。捐赠工作涉及方方面面，为此各大学一般都制定了捐赠规则或章程，对有关捐赠行为或基金会的管理进行规范。

（4）选聘高素质、有事业心、有兴趣、有能力的基金会工作人员。这是基金会有效运作的关键。合格的基金会工作人员需要具备的素质和条件包括：对教育事业和高校运行有相当的了解；热爱慈善募捐事业，有奉献精神和社会责任感，对工作充满激情；具备心理学、社会学、法律等专业知识，知识面广泛，能快速与任何人有共同语言；具有较强的写作能力、语言交流能力、理解和沟通能力、危机公关处理能力等；具有营销经验和能力，且最好是本校毕业生，这样更有利于开展校友相关工作。

（5）充分利用各种社会力量。动员社会力量可以将捐赠人的兴趣、利益与大学发展的资金需求紧密结合起来，在全社会范围内形成捐资助学的氛围，且不忽略小额捐赠人。大学发展必然要有资金支持，将这种资金需求与捐赠人的利益、需求和爱好有机统一，捕捉捐赠人的兴趣点，捐赠就找到了切入点。

美国大学基金会的组织架构

有些美国大学基金会，会下设大额捐赠部、年度捐赠部、企业捐赠管理部、捐赠人管理部和公共服务支持部等。其主要职责分别如下。

- 大额捐赠部：捐赠计划的制订及接受大额捐赠。
- 年度捐赠部：接受年度捐赠、管理学生电话中心、负责邮件管理。
- 企业捐赠管理部：接受企业捐赠和其他基金会捐赠。
- 捐赠人管理部：捐赠人组织活动的安排、学生奖学金的发放。
- 公共服务支持部：潜在捐赠人的调研与信息收集、捐赠信息的处理、捐赠方案和计划的制订、捐赠制度的制定、基金会刊物的发行。

第三节　代表性公益慈善组织

一、国际狮子会

国际狮子会（Lions Clubs International）是国际狮子会俱乐部协会（International Association of Lions Clubs）的简称，创立于1917年，其创始人为茂文钟士（Melvin Jones）。国际狮子会总部设在美国芝加哥，是一个国际性志愿服务组织，在全世界超过200个国家和地区拥有数百万名会员，会员主要来自中产阶级，以商人和专业人士为主。2005年6月14日，中国狮子联会在北京成立。2006年10月，国际狮子会第一次在中国召开理事会。

国际狮子会的名称，是由英文"LIONS"直译而来的，而"LIONS"由Liberty、Intelligence、Our、Nation's、Safety几个单词的首字母构成，意思是"自由、智慧和我们国家的安全"。国际狮子会的组织宗旨是"我们服务"（We Serve），不涉及政治、宗教、种族和国别等问题，在全球范围内开展医疗卫生、公民教育、助残护老、减灾扶贫、环境保护等多个领域的服务项目，开展了全球性的"视觉第一"行动。国际狮子会的经费来源于各地会员的捐款和会费，它拥有一个庞大的慈善服务基金，于2007年被《英国金融时报》评为"全球最佳社会组织"。

国际狮子会以茂文钟士（Melvin Jones）的名字命名了两个奖项：①茂文钟士会员奖，这是国际狮子基金会（LCIF）以茂文钟士的名字命名的最高荣誉奖项，旨在奖励个人对人道主义服务的贡献，会员将获得国际狮子基金会颁发的1枚勋章和1块牌匾；②茂文钟士会员进阶奖（PMJF），以表彰那些比茂文钟士会员奖的捐款限额多1000美元或以上的个人，或者以茂文钟士会员的名义比捐赠限额多1000美元以上的团体。如果会员每年坚持捐1000美元，则他将成为茂文钟士进阶会员；如果会员连续11年捐款，则他将会得到一套11枚的茂文钟士会员勋章（1年1枚）。

国际狮子会在为盲人和视力受损人士提供服务方面享誉全球，因此被称为"盲人的骑士"：为盲人提供白杆作为标记；建议并支持世界上绝大部分眼库及数百家眼科研究中心、眼科医院和诊所；每年为发展中国家募集眼镜。例如，中国卫生主管部门、中国残疾人联合会与国际狮子会自1997年开始合作开展为期10年的"视觉第一·中国行动"项目，国际狮子会拨款3000万美元为中国数百万名白内障患者实施了复明手术，培训了大量基层眼科医务人员，提高了我国西部贫困地区的眼科医疗水平。

国际狮子会的"八大目的"和"八大信条"

1．国际狮子会的"八大目的"（Lions International Purposes）

（1）创设督导狮子会，落实社会服务（To organize, charter and supervise service clubs to be known as Lions clubs）。

（2）协调会务活动，建立运作准则（To coordinate the activities and standardize the administration of Lions clubs）。

（3）增进国际了解，促进世界大同（To create and foster a spirit of understanding among the peoples of the world）。

（4）弘扬仁政理论，培育优秀公民（To promote the principles of good government and good citizenship）。

（5）关怀社会福祉，恪守道德规范（To take an active interest in the civic, cultural, social and moral welfare of the community）。

（6）加强会际交流，巩固狮子友谊（To unite the clubs in the bonds of friendship, good fellowship and mutual understanding）。

（7）热心讨论公益，勿涉政教争议（To provide a forum for the open discussion of all matters of public interest; provided, however, that partisan politics and sectarian religion shall not be debated by club members）。

（8）不求个人利益，提升工商水平（To encourage service-minded people to serve their community without personal financial reward, and to encourage efficiency and promote high ethical standards in commerce, industry, professions, public works and private endeavors）。

2．国际狮子会的"八大信条"（Lions Code of Ethics）

（1）忠于所事，勤勉敬业，竭诚服务，争取荣誉（To show my faith in the worthiness of my vocation by industrious application to the end that I may merit a reputation for quality of service）。

（2）守正不阿，光明磊落，取之以道，追求成功（To seek success and to demand all fair remuneration or profit as my just due, but to accept no profit or success at the price of my own self-respect lost because of unfair advantage taken or because of questionable acts on my part）。

（3）诚以待人，严以律己，自求奋进，勿损他人（To remember that in building up my business it is not necessary to tear down another's; to be loyal to my clients or customers and true to myself）。

（4）牺牲小我，顾全大局，争论无益，忠恕是从（Whenever a doubt arises as to the right or ethics of my position or action towards others, to resolve such doubt against myself）。

（5）友谊至上，服务为先，绝非施惠，贵在互助（To hold friendship as an end and not a means. To hold that true friendship exists not on account of the service performed by one another, but that true friendship demands nothing but accepts service in the spirit in which it is given）。

（6）言行一致，尽心尽力，效忠国家，献身社会（Always to bear in mind my obligations as a citizen to my nation, my state, and my community, as to give them my unswerving loyalty in word, act, and deed. To give them freely of my time, labor and means）。

（7）关怀疾苦，扶弱济困，人溺己溺，乐于助人（To aid others by giving my sympathy to those in distress, my aid to the weak, and my substance to the needy）。

（8）多加赞誉，慎于批评，但求辅助，切莫诋毁（To be careful with my criticism and liberal with my praise; to build up and not destroy）。

二、诺贝尔基金会

1900年6月29日，瑞典国王在议会颁布了一份基金会和奖金颁发机构的章程，这个基金会就是著名的诺贝尔基金会（Nobel Foundation），其主要负责管理诺贝尔奖项的资金和事务，其基金就是诺贝尔奖基金，该奖项就是诺贝尔奖。一般认为，诺贝尔奖是目前全球最重要、声望最高、最权威的用来表彰原创性科学研究成就和贡献的学术奖项之一，获奖者在各自领域的成就得到全球认可。

阿尔弗雷德·诺贝尔（Alfred Nobel）是一位著名的发明家、企业家和商人，他在遗嘱中指明将自己的财富用于奖励"那些在过去一年中为人类带来最大利益的人"。诺贝尔奖旨在表彰他一生中所涉及5个领域的杰出贡献：物理学、化学、生理学或医学、文学、和平。1901年，首届诺贝尔奖颁发。1969年，瑞典中央银行为纪念阿尔弗雷德·诺贝尔，并庆祝瑞典中央银行成立300周年，设立了"纪念阿尔弗雷德·诺贝尔瑞典银行经济学奖"，通常称诺贝尔经济学奖。每年10月，新的诺贝尔奖得主会被公布。

诺贝尔基金会对实现阿尔弗雷德·诺贝尔遗嘱中的意图负有最终责任，其主要任务是以确保诺贝尔奖具有长期稳定的财务状况为目标来管理阿尔弗雷德·诺贝尔的财富，并保证颁奖机构选择获奖者的工作具有独立性。诺贝尔基金会还负责通过管理和发展诺贝尔奖历史上建立的品牌和无形资产来加强诺贝尔奖的地位，这些品牌和无形资产跨越了100多年。诺贝尔基金会还致力于维护颁奖机构的共同利益，并代表整个诺贝尔组织。在过去的 20 年中，诺贝尔基金会开展了一系列外联活动，旨在激发和传播有关诺贝尔奖的知识。

> **诺贝尔基金会的主要职责**
> - **管理资金**：诺贝尔基金会负责投资和管理诺贝尔奖的资金，以确保奖项能够持续颁发。
> - **协调评选过程**：虽然具体的奖项评选是由各个诺贝尔奖评选委员会负责的，但诺贝尔基金会负责协调和支持各评选委员会的工作。
> - **组织颁奖典礼**：诺贝尔基金会每年 12 月 10 日（阿尔弗雷德·诺贝尔逝世纪念日）在斯德哥尔摩和奥斯陆举办诺贝尔奖颁奖典礼。

三、中国红十字会

中国红十字会是从事人道主义工作的社会救助团体，是中华人民共和国统一的红十字组织，以弘扬"人道、博爱、奉献"的红十字精神、保护人的生命和健康、促进人类和平进步事业为宗旨。中国红十字会于 1904 年成立；1950 年，中华人民共和国对中国红十字会进行了协商改组，修订了《中国红十字会章程》。1952 年，中国红十字会恢复了在国际红十字运动中的合法席位，成为国际红十字运动的重要成员。中华人民共和国成立初期，中国红十字会在协助政府履行《日内瓦公约》、处理战争遗留问题、开展民间外交、宣传卫生防病知识、保护人民生命与健康等方面做了大量卓有成效的工作。

中国红十字会使用的标志为加名称的白底红十字标志，红十字由 5 个相等的正方形组成。红十字标志是国际人道主义保护的标志，是武装力量医疗机构的特定标志。1993 年 10 月通过的《中华人民共和国红十字会法》使中国红十字事业有了法律保障。近年来，中国红十字会积极拓展人道主义服务领域，红十字人道主义救助工作取得新突破，各级红十字会在开展健康促进、大病救助、扶贫帮困、捐资助学等经常性人道主义救助工作的同时，也在兴办与医疗、养老等相关的公益慈善事业；"红十字博爱家园""红十字博爱送万家""红十字天使计划"等项目已经成为品牌项目，其中，"红十字博爱家园"项目是以"推动社区治理、提升社区能力、逐步实现脱贫、促进社区发展"为目标的人道主义公益服务项目。此外，中华骨髓库成为拥有世界上最多健康适龄捐献者社会信息和人类遗传信息的血样样本库；中国红十字志愿者达数百万人，志愿服务涉及应急救援、卫生关怀、人道主义救助、造血干细胞捐献、遗体捐献、无偿献血宣传、预防艾滋病宣传、红十字精神传播、筹资劝募、红十字青少年教育、社区服务等多个领域。

> **中国红十字会的主要职责**
>
> （1）备灾救灾：积极开展自然灾害救助工作，除在紧急阶段实施救援工作外，还要进行灾后重建。
>
> （2）卫生救护：开展初级卫生救护培训和防病知识宣传普及工作，在易发生意外伤害的行业和基层组织培训救护员，组织群众参加意外伤害和自然灾害现场救护。
>
> （3）卫生关怀及人道主义救助：协助政府开展无偿献血的宣传推动工作，对先进单位和个人进行表彰；推动遗体（器官）捐献工作；开展艾滋病预防宣传和健康教育。
>
> （4）红十字宣传和筹资：传播人道主义相关法律法规、《日内瓦公约》及红十字运动的基本原则、《中华人民共和国红十字会法》《中华人民共和国红十字标志使用办法》《中国红十字会章程》；开展"红十字博爱周"、公益广告等多种形式的宣传，弘扬"人道、博爱、奉献"的红十字精神；通过短信募捐、网上募捐、邮局汇款、银行转账等多种途径积极开展筹资工作。
>
> （5）红十字青少年教育：在各级各类学校对红十字青少年进行人道主义教育和自救互救知识教育，开展社会服务活动，改善学生健康状况；开展国际交流，增进与各国红十字青少年的友谊。
>
> （6）国际合作：参加国际人道主义救援工作，对世界各国的重大灾害提供紧急救助；开展与国际红十字、各国红十字会及其他国际组织的交流与合作。
>
> （7）中国港澳台地区事务：开展海峡两岸红十字组织水上救护培训及红十字青少年夏令营等多领域、多层次的交流；与中国香港地区红十字会合作开展备灾、救护培训、志愿服务等项目；与中国澳门地区红十字会合作开展地方病防治、灾后重建等项目。

四、中华慈善总会

中华慈善总会（China Charity Federation，CCF）成立于1994年4月，是由热心公益慈善事业的公民、法人及其他社会组织志愿参加的全国性非营利性公益社会团体。中华慈善总会的宗旨是发扬人道主义精神，弘扬中华民族扶贫济困的传统美德，帮助社会上不幸的个人和困难群体，开展多种形式的社会救助工作。中华慈善总会的任务是募集社会善款，资助、兴办各类慈善事业和社会公益事业，广泛开展国际合作与交流，组织热心公益慈善的志愿者队伍，开展多种形式的社会慈善活动。作为中国第一个以"慈善"命名的全国性慈善组织，中华慈善总会坚持"立足民政、面向社会，以社会救助为中心"的工作方针。经过30年的不断完善，中华慈善总会已经建立了覆盖全国各地的、规模巨大的慈善救助体系，极大地促进了中国公益慈善事业的发展壮大。

中国慈善总会开展的主要业务

（1）筹募善款。建立、筹募和管理中华慈善基金及各专项基金；接受自然人、法人及其他组织的捐赠；组织各种形式的募捐活动，为困难者提供物质扶助和精神抚慰。

（2）赈灾救助。协助或受政府委托开展救灾赈济工作；接受、分配、调拨国内外通过中国慈善总会捐赠的赈灾款物；接受政府委托并根据实际需要生产、储运、发放救灾物资；抚慰救灾勇士。

（3）扶贫济困。组织各种社会活动，扶助困难群体，开展扶贫救济工作。

（4）慈善救助。开展安老、抚孤、助残、助医、助学等各种慈善救助活动。

（5）公益援助。参加和推动文化、教育、卫生等其他社会公益慈善援助事业；组织热心支持、参与公益慈善事业的志愿者队伍，开展多种形式的公益慈善活动。

（6）交流与合作。总结交流经验，展示工作成就；加强同世界各国及国际公益慈善机构的联系与合作，为在我国兴办公益慈善事业的人士、企业及各种机构提供帮助和服务；参与国际间的慈善援助活动。

（7）筹建符合中国慈善总会宗旨的非营利性机构，并开展相关的业务活动。

（8）开展慈善宣传和业务培训，普及慈善意识，进行慈善理论与发展战略研究。

（9）对单位会员的工作进行业务指导，促进地方慈善事业的发展；总结、表彰先进慈善工作集体和个人；反映各界人士的意见、建议和要求，为国家制定有关方针、政策和法规提供咨询性意见。

五、中国红十字基金会

中国红十字基金会成立于1994年3月，是中国红十字会总会主管的、经民政部登记注册的、具有独立法人地位的全国性公募基金会，以弘扬人道、博爱、奉献的红十字精神为宗旨，以致力于改善最易受损害人群的境况、关注和保护人的生命和健康为使命。

中国红十字基金会主要实施两大系列的项目：①助医领域的"红十字天使计划"；②助学系列的"博爱助学计划"。其中，"红十字天使计划"初步形成了包括援建乡村博爱卫生院（站）、培训乡村医生、开展贫困农民和儿童大病救助3个方面的内容，有直接捐资救助和资助设备通过定点医院免费治疗救助两种救助模式,大病救助种类包括白血病（小天使基金）、先天性心脏病（天使阳光行动）、脑瘫（天使之爱行动）、进行性肌营养不良（奔跑天使基金）、唇腭裂（嫣然天使基金）、目盲（光明天使基金）、聋哑（天使回声基金）、癌症（贫困肿瘤患者救治行动）、城市亚健康（行者基金）等；而"博爱助学计划"的主要目标是帮助贫困地区改善教学条件，资助贫困家庭的孩子上大学。

> **中国红十字会和中国红十字基金会的区别**
>
> 中国红十字会和中国红十字基金会这两家机构的人员任职互有交错，中国红十字基金会的理事通常来自中国红十字会，两者在社会募捐上有一些同质化的趋势。
>
> 但是，中国红十字会与中国红十字基金会是两家不同的组织。
>
> （1）法律依据不同。中国红十字会的管理依据是《中华人民共和国红十字会法》；而中国红十字基金会按照《基金会管理条例》运作，是独立法人。
>
> （2）组织职能不同。中国红十字会行使很多行政职能，同时接受募捐；而中国红十字基金会依靠项目支持，以项目组织募捐并获得资金。
>
> （3）财权、人事权彼此独立。中国红十字会和中国红十字基金会的财政、人事权等是完全独立的。
>
> （4）社会服务方式不同。中国红十字会是人道主义救援机构，主要在自然灾害、战争发生时进行社会募捐；而中国红十字基金会是典型的慈善机构，业务范围更广泛。

六、中国宋庆龄基金会

中国宋庆龄基金会（China Song Ching Ling Foundation，SCLF）成立于 1982 年 5 月，是为纪念曾任中华人民共和国名誉主席的宋庆龄女士而设立的，原名宋庆龄基金会，2005 年 9 月更名为中国宋庆龄基金会，具有群团组织和公益慈善机构双重属性。中国宋庆龄基金会的职能机构包括办公室及基金部、国际合作交流部（港澳台事务部）、事业发展部和人事部；其直属事业单位有中国宋庆龄基金会机关服务中心、宋庆龄故居管理中心、中国宋庆龄基金会研究中心、宋庆龄儿童科学技术馆、中国宋庆龄基金会培训交流中心、《环球慈善》杂志社和中国宋庆龄基金会事业发展中心。上海、陕西、河南、广东、海南等省、直辖市，以及中国澳门、意大利也成立了宋庆龄基金会。

> **中国宋庆龄基金会的宗旨、任务**
>
> 中国宋庆龄基金会的宗旨是继承和发扬宋庆龄毕生致力的理念：增进国际友好，维护世界和平；开展两岸交流，促进祖国统一；关注民族未来，发展少儿事业。
>
> （1）弘扬孙中山、宋庆龄伟大思想和精神，深入挖掘其学术和人文价值；
>
> （2）扩大同国际知名组织、公益机构、友好人士的交往、联系与合作；
>
> （3）联络孙中山、宋庆龄亲友及后代，团结海内外爱国同胞，广聚人才和智力

资源；

(4) 推动中国大陆地区与中国台湾、香港、澳门地区多领域、多层次的交流与合作；

(5) 发展公益慈善事业，多渠道、多形式募集基金，关注民生，扶危济困，促进社会和谐；

(6) 创办有益于少年儿童健康成长和妇幼福利事业发展的公益服务设施，组织开展相关业务与活动。

第四节　发展公益慈善组织

尽管 21 世纪以来我国公益慈善组织发展迅速，但在数量、规模、项目运作能力、社会影响力等诸多方面与英、美等发达国家或地区存在一定差距，存在筹款能力不足、效率不高、公众信任不足、公信力弱、慈善作用有限等问题，难以满足社会需求。

我国公益慈善组织发展的困境

- **法律地位问题**。受注册审批制度不完善及公益慈善组织准入法律门槛等各种复杂因素影响，我国民间数以百万计的"草根"组织难以得到合法身份，民间公益慈善热情未能充分发挥，我国公益慈善事业发展受制约。
- **募捐混乱问题**。我国公益慈善捐赠资源相对稀少，导致募捐单一瞄准大型企业或社会知名人士，存在逼捐网络慈善暴力，以及劝募不分时机、不讲条件、不考虑承受能力等募捐乱象，甚至干扰了企业正常经营和个人私生活。
- **公信力低问题**。自律性差、信息披露不透明，以及缺乏独立的社会监督，导致公益慈善组织滋生大量腐败，引发信任危机；慈善认知、普遍信任、媒体认知、负面事件等因素共同影响了人们对公益慈善组织公信力的评价。
- **行政化问题**。部分公益慈善组织行政化、官僚化倾向严重，体制僵化陈旧，制度随意性较大，缺乏有效的激励机制，缺乏使命感，难以适应社会需求。
- **专业性不足问题**。相当多公益慈善组织内部治理结构不合理、决策水平低，缺乏专业化管理，从业人员素质不高，公益慈善项目的运作能力低下。

- **效率问题**。公益慈善组织绩效是个人捐赠者在捐赠时所考虑的重要标准；但在向捐赠者传达有关组织绩效信息时，公益慈善组织往往缺乏一个标准的汇报机制。显然，公益慈善组织需要提升组织内部及外部的管理效率。

基于上述问题，公益慈善组织的发展，需要把握公益慈善业务活动日益社会化和公共化的趋势，开创、探索性地动员和整合任何潜在的社会资源，弥补政府和市场的失灵，提高公益慈善组织的运营效率和慈善项目的运作效率。

（1）立足国情，建设一批治理规范、服务专业、诚信自律的公益慈善组织，促进公益慈善组织参与社会治理，积极探索新时代中国特色的公益慈善组织发展之路，将公益慈善组织的发展与中国文化传统、风俗习惯等历史文化因素结合起来，推动公益慈善组织在促进就业、应对自然灾害等突发事件方面发挥有效作用。

（2）坚持培育发展与有效监管并重的方针，拓展公益慈善组织的发展和活动空间，发挥公益慈善组织在社会治理、经济建设、社会建设、文化建设中的重要作用，并在慈善募捐、关联交易等领域进行严格监管。同时，尊重社会发展客观规律，为民间公益慈善创造公平的竞争环境，强化国内外公益慈善交流，创新公益慈善组织联合行动机制，推动形成自我管理、自我成长、自我完善的公益慈善组织体系。

（3）坚持政府监管、行业自律、机构内控与社会监督并举，不断加强公益慈善组织的公信力建设。强化公益慈善组织的信息公开，实现对公益慈善组织的立体化、全方位、多维度监督；强化对公益慈善组织负责人和高级管理人员的信息披露。

（4）强化公益慈善组织的独立性、竞争性、创新性，促进公益慈善组织能力建设和绩效提升。一方面，在慈善业务上要尽量与企业、政府保持一定的距离，维持平等、自主和自治地位，以便更好地在市场、政府之外发挥第三部门的独立作用；另一方面，要保障公益慈善组织树立一种强烈的独立、竞争与创新意识，促使其主动了解公益慈善的多元化、个性化需求，有效开展服务，提高公益慈善组织的绩效。

（5）合理分工，专业运作，共同推进公益慈善事业发展。引导基金会增强筹集资金能力、资金保值增值能力，参与公益创投和公益招投标，逐渐成为公益慈善事业的资金提供者；引导社会服务机构积极参与社会治理，加强品牌建设，提高社会服务能力，使其成为公益慈善事业的服务提供者；引导社会团体增强反映诉求和规范行为的能力，使其成为公益慈善事业的行动协调者。

（6）建立共识，实现与社区的共融，培育和提高社会公众对公益慈善组织的信任水平。要深刻理解当下社会公众对公益慈善组织的信任水平，剖析、把握我国公益慈善组织信任度的具体表现、影响因素及信任度较低的原因；努力推动使公益慈善组织的服务供给与社会公众的真实需求相匹配，进而建立起与社会公众的共识；同时，公益慈善组织要嵌入社区，加深自身的社会性和公民主体性，实现与社区的共融，建立与社区居民、社区社会组织和基层政府的信任关系，达到与社区嵌合的目标。

本章提要

1. 公益慈善组织是以慈善为目的，利用慈善资源为社会无偿服务的非营利性组织。基金会是利用自然人、法人或其他组织捐赠的财产，以从事公益事业为目的，依法成立的非营利性法人。

2. 公益慈善组织开展多种形式的社会救助、扶助工作，促进社会事业的发展，在调节贫富差距、化解社会矛盾、减轻政府负担、参与社会治理等方面发挥着重要作用。

3. 美国慈善基金会分为企业基金会、独立基金会、家族基金会、运作型基金会和社区基金会。

5. 中国基金会的蓬勃发展不仅意味着中国高收入阶层或企业的捐赠活动已从随机性扶危济贫方式走向了制度化、规范化的模式，有助于促进企业的形象建设与业务发展，还意味着中国公益慈善捐助方向具有了鲜明的企业特征与个性色彩。

本章案例

【案例 3-1】大爱清尘：关注六百万个"一个"［摘自：赵明鑫. 慈善组织政策倡导，要不要做？该怎么做？[N]. 公益时报，2024-04-02（11），有删节］

大爱清尘秘书长方晓星在接受《公益时报》记者采访时，将机构的业务分为微观、中观和宏观 3 个层面。微观层面是基层救助、医疗保障和生活帮扶等方面的救援与执行。中观层面的关键词是传播，即从传播的角度入手，达到预防粉尘的目的。政策倡导属于宏观层面，方晓星谈道，"社会组织成立的根源就是要解决一个社会问题，如果不倡导，只做基层救援，其实对社会问题是没有回应的。"在她看来，慈善组织最大的价值在于，"能够发展出对社会问题和议题的回应模式，并将其商业化或政策化。"这是对大爱清尘选择政策倡导这条道路的理念注脚。

2012 年，大爱清尘召开了第一次研讨会，提交了第一份政策倡导建议案《关于增设职业病防治不力罪的刑法修改建议》，同年成立了公共政策研究中心，自 2013 年开始每年出具一份调查报告。2024 年，大爱清尘为推动解决农民尘肺病问题提出了 5 份建议案。建议案主题包括取消"职业性尘肺病"定义原则、建立尘肺病患者救助保障中央专项基金、建立安全生产与职业健康联席工作机制、新型粉尘行业及作业工种职业健康保障、尘肺病康复站建设 5 个方向。

这 5 份建议案既涉及老问题，也包含新现象。其中，大爱清尘最重视的是专项基金的建立，而针对新型粉尘行业及作业工种职业健康保障的提案涉及诸多"90 后"尘肺病患者的情况。方晓星介绍，"90 后"尘肺病患者的病程进展极快，如果不及时加以干预，未来 5~10 年可能会出现尘肺病暴发的社会现象。

从 2023 年开始，大爱清尘开始重视地方层面的政策倡导发力，"国家已经很好地出台了一些政策，主要就是看地方怎么能够落实。"据介绍，大爱清尘要为当地政府提供尘肺病农民的基数、生活状况、家庭负担等真实信息和数据，再依据已经出台的国家政策，和地方政府一起努力解决问题。

在方晓星看来，地方层面的政策倡导，必须但漫长，大爱清尘也早已有心理准备。"政府部门制定一项政策，然后调动一些资源，其实也需要一个过程。我觉得不会特别快，但这其实还是挺有必要去做的。"

方晓星介绍，未来，大爱清尘会从 3 个层面发力继续推动政策倡导。在国家层面，继续通过"两会"代表发出声音，推动相关制度的改善；在地方层面，将延续从 2023 年开始推动的地方层面的政策倡导，不断通过专项调研与地方政府沟通，推动国家政策在地方真正落地；在行业层面，设法找到相关行业中比较有社会责任的企业、协会、平台进行联盟，从产业链角度改善粉尘问题。

王克勤总把一句话挂在嘴边："能救一个是一个。"南京大学社会学教授张玉林谈及尘肺病农民时也说："发现他是患者的时候，我们不能掉过背去。能救一个是一个。"

伴随着 10 多年来政策倡导的开展，这"一个"的数量也在不断增长。如今，大爱清尘行动的最终目标是，"想让尘肺病农民获得公平的、应有的生活和医疗保障，让每一个人饭有所食、病有所医。"这是由 6000000 个"一个"构成的愿景。

案例导读：公益慈善组织进行政策倡导面临的问题、遭遇的困境及机理。

思考与练习

一、名词解释

1. 公益慈善组织
2. 基金会
3. 公信力

二、简答题

1. 简述公募基金会与非公募基金会的区别和联系。
2. 简述公益慈善组织的职责和作用。

3．公益慈善组织可以在社会资源分配中扮演什么角色？

三、论述题

1．阐述当前中国公益慈善组织的公信力现状，并分析如何进行公信力建设。
2．列举国内外有代表性的公益慈善组织，并论述其宗旨、背景及贡献。

参考文献

[1] 刘忠祥. 美国非营利性组织运作和管理的启示与思考[J]. 社团管理研究，2011（3）：19-25.
[2] 卢咏. 第三力量：美国非营利机构与民间外交[M]. 北京：社会科学文献出版社，2011.
[3] 彭小兵，贺双燕，常晓薇. 文化与社会通识教育读本（第一辑）[M]. 成都：西南财经大学出版社，2021.
[4] 朱友渔. 中国慈善事业的精神[M]. 北京：商务印书馆，2016.
[5] 彼得·德鲁克. 非营利组织的管理[M]. 吴振阳，等译. 北京：机械工业出版社，2007.
[6] William F. Meehan Ⅲ, Kim Starkey Jonker. Engine of Impact: Essentials of Strategic Leadership in the Nonprofit Sector[M]. New York: Stanford University Press, 2018.
[7] 孙伟林. 基金会指南[M]. 北京：社会科学出版社，2004.
[8] 何卫卫. 慈善基金会运作机制探索[D]. 济南：山东大学，2007.
[9] 基金会中心网. 美国家族基金会[M]. 北京：社会科学文献出版社，2013.
[10] 石国亮. 慈善组织公信力的影响因素分析[J]. 中国行政管理，2014（5）：95-100.
[11] 中研普华集团. 2017—2022年中国基金会持续运营及发展模式分析报告[R]. 智研咨询集团，2017.
[12] Jos van Iwaarden, Ton van der Wiele, Rodney Williams, Barry Dale, Roger Bertsch. Charities: How Important is Performance to Donors?[J]. International Journal of Quality & Reliability Management, 2009, 26(1): 5-22.
[13] 杨琳. 社团组织敛财乱象引发高层重视将启动严格治理[J]. 学会，2012（1）：2.
[14] 杨永娇. 因信而生：中国慈善组织的信任问题研究[M]. 北京：社会科学文献出版社，2018.

第四章
公益慈善活动 04

知识目标

1. 掌握公益慈善活动的概念
2. 掌握公益慈善活动的内容
3. 了解公益慈善品牌及建设路径
4. 了解宗教公益慈善活动的领域

能力目标

1. 掌握应急公益慈善活动
2. 理解公益慈善活动的排除项
3. 撰写公益慈善项目策划书
4. 掌握公益慈善项目评估指标
5. 理解公益慈善服务

素质目标

1. 理解公益慈善风险管理
2. 正确认识公益慈善市场化

第一节　公益慈善活动概述

一、公益慈善活动的概念

公益慈善活动，在实践中亦简称慈善活动，是公益慈善组织或其他社会组织、政府、企业、个人、国际组织等基于慈善和公益目的所开展的一系列活动或项目，包括私领域的公益活动及广义上的慈善活动，通常表现为一定的组织或个人（家庭）向社会捐赠财物，奉献时间、精力和知识等。根据《中华人民共和国慈善法》第三条规定，慈善活动具体包括以下自然人、法人和非法人组织以捐赠财产或提供服务等方式自愿开展的公益活动：①扶贫、济困；②扶老、救孤、恤病、助残、优抚；③救助自然灾害、事故灾难和公共卫生事件等突发事件造成的损害；④促进教育、科学、文化、卫生、体育等事业的发展；⑤防治污染和其他公害，保护和改善生态环境；⑥符合《中华人民共和国慈善法》规定的其他公益活动。

《中华人民共和国慈善法》的上述规定，实际上涵盖了帮助他人、社区服务、环境保护、知识传播、公共福利、社会救助、社会治安、紧急援助、青年服务、心理康复、社团活动、专业服务、文化艺术体育活动、动物福利等一系列活动或服务，都是一定的组织或个体出人、出钱、出物、出时间或出专业知识支持某项社会事业或帮助他人的社会实践，并产生利他主义价值认同。开展公益慈善活动的主要目的是：显示爱心，承担社会责任，塑造社会责任感，促进人类社会的和平、健康、幸福、文明与进步。显然，现代意义上的公益慈善除了帮助具体的人，还涉及社会整体利益的改善。特别地，现代公益慈善往往是一种组织性社会力量的存在，需要实现与政府、市场和社会的互动，并且此种力量秉持不同于政府和市场的原则，形成了一个独立于政府和市场，同时与政府、市场有很大交集的公共领域。

> **美国的公益慈善活动**
>
> 依据美国法律，501（c）（3）或非营利性组织可享受免税待遇，但必须完全以慈善为目的，其被允许从事的活动领域包括宗教、科学研究、公共安全检测、文学（如出版）、教育（如学校、博物馆、动物园、交响乐团）、促进国内或国际业余

体育运动、动物保护、儿童保护等。

此外，大多数人认为非营利性组织可以提供灾害援助、研究、直接服务受众和提供教育服务。美国的"慈善马拉松"（Charity Runs）和英国的"红鼻子日"（Red Nose Day）均通过高效的活动组织和广泛的社会动员达到募款和宣传的目的。

公益慈善事业的从业者、管理者和实施者，通过计划、组织、领导、协调、沟通、控制等手段，调动、组织大量的人力、物力、财力，进行一系列用于公益慈善事业的具体活动或项目开发，其主要作用是通过募捐、筹集的物资、财产或其他捐赠物，帮助需要社会帮助的对象。公益慈善活动也是公益慈善组织的主要工作；对公益慈善活动进行良好、高效的管理，是一家公益慈善组织存续的关键所在。需要指出的是，根据本书第一章关于公益慈善事业的概念界定，公益慈善活动是由社会各界提供的慈善活动或其他公益活动，不包括政府提供的公共工程或公共事业的建设行为和经营活动，也不包括营利性组织提供的、具有回报的公共工程或公共事业的建设行为和经营活动。此外，多数国家都在法律法规或规章中明确了公益慈善活动的范畴，其排除项如下。

（1）以金钱、物质、设备或其他形式向商业组织提供帮助，以及向政党、政治运动、政治小组提供帮助，都不是公益慈善活动。

（2）以宣传宗教教义、举行宗教仪式、教育和发展信徒为主要目的的活动，都不是公益慈善活动。

（3）以推广、支持或反对某一政治主张为主要目的的活动，或以推举、支持或反对某一公职及公职人员（如政治人物、政党候选人）为目的的活动，都不是公益慈善活动。

（4）针对某些直接利益相关的、特定人的服务，而非平等的、普惠性的服务活动，也不是公益慈善活动。

（5）禁止在实施民主选举等政治活动的同时开展公益慈善活动；禁止在实施公益慈善活动的同时就民主选举等政治问题进行鼓动宣传。

二、公益慈善服务

1. 公益慈善服务的概念

所谓公益慈善服务，是指公益慈善组织和其他组织及个人基于公益慈善目的，向社会或他人提供的志愿无偿服务及其他非营利性服务。公益慈善服务是公益慈善活动的重要内容，也是构成公益慈善活动的主要形式。公益慈善服务主要通过提供持续性、系统性的服务来满足受益群体的需求，包括医疗服务、教育支持、社会福利等，目标是解决特定社会问题并提高受益者的生活质量。一般地，公益慈善组织开展公益慈善服务，可以自己提供或招募志愿者提供，也可以委托有服务专长的其他组织（如社会工作机构）

提供。当然，任何有行为能力的个人或组织，都可以提供公益慈善服务。国家允许各级人民政府及其有关部门依法购买公益慈善服务，支持符合条件的公益慈善组织向社会提供服务，并将政府采购公益慈善服务的相关情况依法向社会公开。

> **开展公益慈善服务或志愿服务的注意事项**
>
> - 开展公益慈善服务，应当尊重受益人、志愿者的人格尊严，不得侵犯受益人、志愿者的隐私。
> - 开展医疗康复、教育培训等公益慈善服务，需要专门技能的，应当执行国家或行业组织制定的标准和规程。
> - 慈善组织招募志愿者参与公益慈善服务，需要专门技能的，应当对志愿者开展相关培训。志愿者接受慈善组织安排参与公益慈善服务的，应当服从管理，并接受必要的培训。
> - 慈善组织招募志愿者参与公益慈善服务，应当公示与公益慈善服务有关的全部信息，并告知在服务过程中可能发生的风险。慈善组织根据需要可以与志愿者签订协议，明确双方的权利和义务，约定服务的内容、方式和时间等。
> - 慈善组织应当对志愿者实名登记，记录志愿者的服务时间、内容、评价等信息。根据志愿者的要求，慈善组织应当无偿、如实出具志愿服务记录证明。
> - 慈善组织安排志愿者参与公益慈善服务，应当与志愿者的年龄、文化程度、技能和身体状况相适应。慈善组织应当为志愿者参与公益慈善服务提供必要条件，保障志愿者的合法权益。慈善组织在安排志愿者参与可能发生人身危险的公益慈善服务前，应当为志愿者购买相应的人身意外伤害保险。
>
> ——据《中华人民共和国慈善法》

在一些情况下，由于公益慈善服务需要系统化管理人员和专业人员，因此，一些国家的很多公益慈善服务通过公共和私人合作模式（Public-Private Partnerships）实施，并由专门的活动策划团队和大量志愿者共同完成。例如，美国的"饥饿项目"（Feeding America）依靠企业捐赠和志愿者网络来分发食品；英国"NHS慈善信托基金"之类的组织，通过公共资助和私人捐赠提供医疗服务。

2. 公益慈善服务的价值

公益慈善服务具有持续性和系统性，通过广泛的社会动员和媒体宣传，可以迅速筹集大量资源和提高公众意识，并且通常能对受益群体产生深远的影响。例如，在美国，非营利性组织通过政策倡导和社会服务长期帮助受益者，"全美城市联盟"（National Urban League）在帮助少数族裔社区获得经济机会方面发挥了重要作用；英国的"救世军"（The Salvation Army）提供的无家可归者服务也有显著的长期影响。

3. 公益慈善服务与公益慈善活动的关系

公益慈善服务是公益慈善活动的重要形式,但两者在实践中呈现了一种互补关系和相互促进的关系。一方面,公益慈善活动支持公益慈善服务,即公益慈善活动往往为公益慈善服务提供必要的资金和资源。例如,美国的"给大"(Giving Tuesday)通过社交媒体和社区活动在短时间内募集了数亿美元;英国的"儿童急救慈善基金"(Children in Need)通过年度电视募捐活动筹集资金用于支持各类儿童服务项目。另一方面,公益慈善服务增强公益慈善活动,公益慈善服务的成功案例和持续影响为后续其他公益慈善活动提供了有力的宣传素材,增强了相关公益慈善活动的吸引力和公信力,不仅提高了服务的有效性、活动的影响力,而且增强了社会的公益意识和参与度。

三、应急公益慈善活动

1. 应急公益慈善的概念

应急公益慈善,简称应急慈善,是一种在突发事件或紧急状态下,通过快速募集和分配资源来提供援助和支持的公益慈善行为。应急慈善这种慈善形式也属于公益慈善活动,其帮助无数人在突发性危机时刻获得急需的援助和支持,通常在自然灾害、暴恐等突发危机事件,以及传染病等突发公共卫生事件的灾难管理和减灾工作中发挥重要作用。

2. 应急慈善的特征

应急慈善强调应急性,具有一般公益慈善行为或公益慈善活动所不具有的特征,具体如下。

(1)迅速反应。在紧急情况下,如自然灾害、疫情、战争发生等情况下,及时援助对于减轻灾难带来的影响至关重要。应急慈善通常会在灾难发生后迅速行动,提供急需物资和服务。

(2)广泛动员。应急慈善需要广泛动员政府、企业、社会组织、居民个人和国际社会参与,主要通过募捐、志愿服务等方式实现,以确保充足的应急资源和人员支持。

(3)目标明确。应急慈善的目标明确,且集中在解决紧急需求上。譬如,在自然灾害应急慈善中,重点是提供食物、水、医疗援助、临时居所、心理辅导等基本生活必需品或紧急性心理服务。

(4)资源调配高效。为确保慈善物资和资金能够快速到达受灾地区并被有效使用,要求高效的资源协调、配置和管理,这就需要建立良好的物流、通信和协调机制。

(5)灵活适应。不同的危机种类、灾害类型和灾情规模需要不同的应急策略,应急慈善须具备迅速调整计划和策略的能力，以灵活地应对不断变化的紧急情况。

（6）透明和问责。应急事态具有紧急性和损害性的特点，应急慈善通常会在短时间内聚集大量的善款或物资，为确保慈善资源得到合理、有效的使用，政府、捐赠人和社会公众需要及时了解资金和物资的使用情况，此时保持应急慈善过程的公开、透明，以及对不当乃至非法行为的及时、有效问责就显得极为重要。

3. 应急慈善的开展

《中华人民共和国慈善法》规定，发生重大突发事件需要迅速开展救助时，履行统一领导职责或者组织处置突发事件的人民政府应当依法建立协调机制，明确专门机构、人员，提供需求信息，及时有序引导公益慈善组织、志愿者等社会力量开展募捐和救助活动。县级以上人民政府及其有关部门应当为应急慈善物资的分配送达提供便利条件；乡级人民政府、街道办事处和村民委员会、居民委员会应当为应急慈善物资的分配送达、信息统计等提供力所能及的帮助。

国家鼓励公益慈善组织、慈善行业组织建立应急机制，在发生重大突发事件时，鼓励公益慈善组织、志愿者在人民政府的协调引导下依法开展或参与应急慈善活动。

公益慈善组织为应对重大突发事件开展公开募捐，需要按规定办理募捐方案备案或补办备案手续，加强信息共享、协商合作，及时分配或使用募得款物，在应急处置与救援阶段按照法律规定及时公开募得款物的接收情况，并及时公开分配、使用情况，提高公益慈善组织的运行效率和应急慈善资源的使用效率。

四、公益慈善活动的意义

公益慈善事业是政府失灵、市场失灵的重要补充。因此，公益慈善活动的根本意义在于回应社会问题、促进经济发展，具体包括社会意义和经济意义两个方面。

1. 社会意义

其一，弥补政府的不足。政府失灵的存在，使各地区资源分配不均、地区差异极大，一部分群体的利益诉求难以得到满足；而公益慈善活动可以弥补政府活动的短板。

其二，履行社会责任。公益慈善活动是一种实实在在履行社会责任的行动。公民个人既需要进行慈善捐助、参与解决社会问题、努力减轻企业价值链活动对社会可能造成的损害，又需要在实现自身价值的同时，寻求个人发展与社会进步共享价值的机会。

其三，维护社会文化价值。公益慈善活动也在传播某种公益慈善理念，这有利于构建和谐友爱的社会氛围，融洽社会关系，促进社会发展。公益慈善活动是社会进步的体现。

> **社会问题为什么需要通过慈善的方式回应呢？**
>
> 回应社会问题的常见方式有自救、互助、政府援助和慈善，但人们通常希望通过一种受尊敬、被期望、合适的方式表达并传递一种爱。慈善就是最好的方式。下面是几种回应方式的不同应用场域。
>
> - 自救是首要的和最根本的。慈善的最重要原则就是尊重个体自救的尊严。帮助那些有劳动能力而不工作的人可能是有害的，它可能助长个体对他人的依赖性，致使个体在放弃经济独立的同时，也放弃了道德尊严。因此，慈善扮演的合适角色应该是助人自救。
> - 个人在遭遇困境的时候，一般会首先向家人、朋友寻求帮助，或者向邻舍、同事及所属协会的成员等寻求帮助。这是一种互助，其规范的建立依赖成员之间彼此的信任。
> - 政府在面对人民的医疗、住房、生活等难题时，提供必要的社会福利保障，提供公共产品进行兜底。
> - 当自救、互助等无能为力，满足不了需要，而政府的资源不充足或得不到时，公益慈善就可以填补空白。

2. 经济意义

其一，弥补市场活动的不足。市场具有逐利性、集聚性，资源会向少部分人、少部分地区集聚，一些存在特殊困难的个人或群体在市场竞争条件下难以生存。公益慈善活动能有效弥补市场活动的不足，促进社会的整体发展。

其二，公益慈善活动促进了经济增长。公益慈善活动是社会的稳定剂，有助于改变投资、贸易和商业环境，为市场发展注入活力；同时，企业的生产经营活动与公益慈善活动结合起来，有助于增强企业的知名度、美誉度和影响力，提高经济效益。

五、公益慈善活动的原则

开展公益慈善活动，应当遵循合法、自愿、诚信、非营利性的原则，不得违背社会公德、职业道德，不得危害国家安全、损害社会公共利益和他人的合法权益，不得强迫或变相地强迫他人从事公益慈善活动。具体来讲，公益慈善活动包括以下5个方面的原则。

1. 扶贫与助困

公益慈善活动是一种救济帮扶行为，施者与受者是公益慈善活动的两个基本要素。公益慈善活动的目的在于重点解决存在特殊困难群体或个人（家庭）的基本生活问题，帮助这类人排忧解难、渡过难关。

2. 公正与公开

公益慈善活动的募款、捐赠程序公开、透明，公益慈善资金的管理、使用公开，充分尊重捐赠人的意愿，公益慈善组织的财务收支情况、资金账目等接受社会监督。

3. 自愿与无偿

公益慈善活动是自愿的、无偿的，参与者自主选择参与活动的方式、时间，禁止任务摊派或变相摊派，禁止强制捐赠，禁止限制公益慈善的受助对象。

4. 政府推动与引导

公益慈善活动在国家法律法规或规章的制度框架下开展；政府或政府授权的组织依法支持、引导、监督公益慈善活动，维护公益慈善组织和捐赠人、受赠人、受助人的正当权益。公益慈善组织开展公益慈善活动需要公益慈善服务设施用地的，可以依法申请使用国有划拨土地或农村集体建设用地；公益慈善服务设施用地非经法定程序不得改变用途；同时，国家鼓励企事业单位和其他组织为开展公益慈善活动提供场所和其他便利条件。

5. 尊重意愿与隐私

公益慈善事业是尊重人性的事业，处处透射出人性的光辉。因此，公益慈善活动要充分尊重受助对象的意愿，充分保护受助对象的自尊和隐私，消除受助对象的心理负担。同时，公益慈善活动要充分尊重捐赠人的意愿，根据捐赠人的意愿采取保密措施或选择捐赠方式。

罗伯特·L.佩顿的慈善行为原则

罗伯特·L.佩顿（Robert L. Payton）在《慈善的意义与使命》一书中阐述了慈善行为所遵循的两个原则。

- 慈善"序列互利"（Serial Reciprocal）原则，捐赠者也是受益者；尽管捐赠者不一定是直接受益者，但其提供帮助时期望他人能够将这种利益传给下一个需要帮助的人。
- 受托人义务（Stewardship）原则，公益慈善组织或其工作人员只是捐赠者的受托人，帮助捐赠者实现为公众谋福利的目的，并将这种利益向下传递。

六、公益慈善活动的内容

公益慈善组织或其他机构、个人、企业所开展的公益慈善活动，要坚持"立足民政、面向社会，以救助为中心"的工作方针。《中华人民共和国慈善法》第三条关于公益慈善活动的界定范围细化之后，公益慈善活动的主要内容可以归类为8个方面。

（1）筹募善款。组织各种形式的募捐活动，接受自然人、法人及其他组织的捐赠，建立、筹募和管理公益慈善基金及其他专项基金。

（2）赈灾救助。依法独立地或协助政府或受政府委托开展救灾赈济工作；接受、分配、调拨国内外通过政府、公益慈善组织或其他单位、机构捐赠的赈灾款物；接受政府委托并根据实际需要生产、储运、发放救灾物资；慰问救灾勇士；为存在特殊困难的群体提供物质扶助或精神帮扶。

（3）扶贫济困。组织各种社会救济活动，救助、扶助存在特殊困难的群体或个人，开展扶贫救济工作。

（4）慈善救助。开展安老、抚孤、助残、助医、助学、心理康复等各种慈善救助帮扶活动。

（5）公益援助。参加并推动文化、教育、科学、卫生、体育等社会公益事业的发展；组织热心参与公益慈善事业的志愿者队伍，开展多种形式的志愿服务。

（6）交流与合作。加强与国内外公益慈善组织的联系和合作，为兴办公益慈善事业的人士、企业及各种机构提供帮助和服务；参与地区间的慈善援助活动；举办互联网公益慈善论坛，反馈和反映社会各界人士的意见、建议和诉求；总结交流公益慈善工作经验，推广公益慈善典型，结合实际建立公益慈善表彰制度，表彰先进公益慈善工作集体和个人，扩大公益慈善表彰的范围，更好地激励慈心善行。

（7）宣传与培训。依托"中华慈善日""学雷锋纪念日"等重大时间节点，开展公益慈善的宣传、教育和业务培训，推进公益慈善意识、社会责任意识和公共精神的塑造、提升，探索公益慈善事业的健康发展道路。

（8）业务指导。对公益慈善组织的个人或单位会员的工作进行业务指导；为党和国家公益慈善政策的制定与决策提供咨询意见。

七、公益慈善活动的平台

1. 网络公益平台

（1）App公益平台。公益慈善活动网络化趋势不断加强，可以利用移动通信平台，如QQ群、微信、微博和各种社交App组织动员广大群众开展救孤助残、赈灾救援、抗击疫情等公益慈善活动，接受组织或个人的捐赠。

（2）公益慈善网站。以公益慈善为目的建立的网站，如为爱心助学项目建立的"爱心公社"公益网站、腾讯公益网、阿里公益网等。

（3）商业慈善活动。网上购物商城中慈善网店成了普遍现象。商家将商业活动与公益慈善活动联系在一起，以卖出一件商品捐赠多少钱的形式开展销售活动。消费者只要在这些网店购物，就能参与植树及爱心捐赠等公益慈善活动。

（4）网络众筹。近几年，"轻松筹""水滴筹"等进入大众视野，且因为其快捷、方便的特点，被人们普遍接受。网络众筹将目标聚焦在医疗卫生领域，各功能版块均与百姓健康保障息息相关，其推出的"大病救助"模式帮助众多病患解决医疗费问题。

2. 传统公益慈善平台

（1）慈善组织认捐。通过公益慈善组织进行捐赠，包括捐赠人到慈善机构捐赠、慈善组织上街募捐等形式，而捐赠的公益慈善财产由公益慈善组织发放给受助对象。

（2）一对一捐赠。捐赠者以自己的名义或匿名的形式对特定对象进行捐助，将关爱直接送给需要的人。"春蕾计划"以一对一的形式资助贫困女童完成小学、初中或高中学业。

（3）慈善拍卖会。拍卖也称竞买，是商业活动的一种方式。在慈善拍卖会上，卖方将商品卖给出价最高的人，拍卖所得部分或全部将用于公益慈善事业。

（4）慈善义演。由演出者以个人名义开展，或者由公益慈善组织、政府举办，邀请艺术界、体育界的知名人士参与，活动开展的目的或为筹款，或为慰问演出。

（5）慈善义卖。社会爱心人士将自己所有的物品或筹集而来的物品进行销售，销售所得捐赠给公益慈善组织或受助对象。这种活动方式在大学生公益慈善组织中尤为常见。大学生公益慈善组织通过筹集图书、衣物等，再开展义卖活动，将筹款捐赠给受助对象。

（6）志愿服务。志愿者贡献个人的时间、精力，在不获取任何物质报酬的情况下服务社会公众，促进生产、生活水平的提高和社会进步，包括利用自己的时间、技能、资源、爱心为社区邻里、社会组织提供无偿的、非职业化的援助、救助、扶助和帮助等。

3. 媒体公益慈善平台

（1）电视公益慈善活动。电视公益慈善活动秉承"维护公众利益，提供优质文化产品"的理念，通过报道公益慈善活动、宣传公益慈善精神、举办公益慈善义演、开设公益慈善电视栏目来开展公益慈善活动，使电视媒体的功能得以实现新突破，在全社会最广泛人群中获得极大的认可度和美誉度，在观众心目中播撒下善良的种子。

（2）广播公益慈善活动。广播的策划者、组织者通过广播号召广大听众奉献爱心，主要出现在自然灾害等公共危机事件中。随着网络的出现,公益慈善活动的宣传从线下向网络发展,从地区逐渐向外扩大,广播公益慈善活动在今天较少采用。

(3)新闻公益慈善活动。新闻公益慈善活动以新闻报道的形式号召公众关注慈善、奉献爱心。新闻公益慈善活动通过对某事件进行专门报道引起社会关注,动员公众。

4. 商业公益慈善平台

随着政治、经济、社会、文化的进步,越来越多的企业热心于赞助公益慈善事业。其中,一部分企业的公益慈善活动可能比较单纯、纯粹,而另一部分企业所运作的公益慈善活动可能会与其商业活动捆绑在一起,和其他经营活动一样带有一定的功利追求,或者在一定程度上体现为一种高明、艺术的商业广告,具有商业广告和品牌营销等特征。后一部分企业的公益慈善活动即商业公益慈善活动,其充分调动了商业界参与公益慈善事业的积极性,实现了公益与商业的共同发展,成为当前非常重要的公益慈善活动方式。

(1)公益营销。商业与公益慈善事业的结合,往往将社会公益与公益营销进行结合。企业以自身名义举办公益慈善活动,支持公益慈善事业,在承担企业社会责任的同时,提升了企业及其产品(服务)、品牌的社会影响力。例如,2005年11月21日,吉林化工厂爆炸导致松花江污染,哈尔滨市等地出现饮水危机,当时,娃哈哈、汇源、雀巢等饮料生产企业纷纷向哈尔滨市的医院、学校等捐赠瓶装纯净水。企业做出捐赠瓶装纯净水这一慈善行动,把握了公益慈善项目与企业产品的关联性,使社会在高度关注哈尔滨市饮水危机的同时,注意到企业品牌,促进社会公众对企业及其产品的情感认同。

与公益营销相关的概念之一是社会营销(Social Marketing)。1971年,杰拉尔德·蔡尔曼和菲利普·科特勒提出了社会营销的概念,将营销学应用于环境保护、计划生育、营养改善和社会安全等公益领域。社会营销从社会本位出发,运用商业营销手段达到社会公益目的,或者运用社会公益价值推广商业服务解决方案。由于社会公共事件或公益慈善的主题(如世界爱眼日)或长期以来始终被关注的永恒公益概念(如健康与环保)很容易吸引媒体和公众关注,具有广泛的社会性,因此,一些企业把商业运营模式转换到公共领域,以此开展营销活动,提高了企业的社会关注度。

(2)基于购买的捐赠。一些企业的公益慈善活动以购买为基础,将销售活动与公益慈善活动联系在一起。这种形式常见于线上销售平台。商家在参与公益慈善活动的同时,获得消费者对其产品的了解和认同。

(3)企业赞助公益。公益慈善活动的难题主要是资金来源不稳定且有限,因此,企业赞助成了公益慈善活动的重要资金来源。不过,开展这种商业公益慈善活动,公益慈善组织或活动举办方需要了解企业的需求,并将企业的需求与公益慈善活动相匹配。

八、公益慈善项目

1. 公益慈善项目的概念

所谓项目，是指为生产某种独特的产品或提供某种独特的服务所做的阶段性工作。这里的阶段性是指每个项目都有明确的开始时间和结束时间；独特性是指项目所创造的产品或提供的服务与其他产品或服务相比，在某些方面具有明显的差别。"曼哈顿"计划、"阿波罗"登月计划、奥运会都是典型的项目。公益慈善活动也常常采用项目的方式进行或开展。不过，在有组织的公益慈善行为中，项目与活动有一些区别。项目通常是指持续一段时间，以及有明确的长期目标、规范的组织行为、成熟的评估体系的行为，项目的实施周期相对较长，受制约因素相对较多，具有一定的风险性。活动的内涵及外延更广，既可以指短时间段内的、目标单一的、效果不持续的、讲究实效性的行为，如一次性捐赠、慈善拍卖、义演、主题性慈善基金会等，也可以指长期项目，如"希望工程"。

基于此，公益慈善项目是由政府部门、民间组织或个人发起或联合发起的，旨在为社会大众或社会中某些处于困境的群体利益而开展、实施的项目。公益慈善项目的对象不仅包括扶贫救困，还包括医疗健康、文化教育、环境保护、社会福利服务等多领域的救助、互助和志愿服务。经受益人同意或经国家有关部门批准，捐赠人对其捐赠的公益慈善项目可以冠名纪念。不断地开发公益慈善项目以满足社会公益需求，是公益慈善组织生存和发展，以及保证其公益慈善使命和宗旨实现的根本途径。

公益慈善项目有"非常态的公益慈善项目"和"常态的公益慈善项目"两类。其中，非常态的公益慈善项目又被称为事件性的公益慈善项目，以针对自然灾害等突发事件或个人救助型的募捐慈善为代表；常态的公益慈善项目一般包括官方组织、民间组织、企业和公民个人等开展的，主要涵盖疫情防治、医疗救助、科学研究、扶贫助困、文化教育和环境保护等内容的公益慈善项目。

2. 短期项目与长期项目

（1）公益慈善活动的短期项目。一般来说，短期项目主要表现为短期性公益慈善活动，特点是时间短、限制少、开展简单、公众与媒体的兴趣高。

（2）公益慈善活动的长期项目。长期项目表现为长期性公益慈善活动，且通常是公益慈善的品牌项目，有较高的知名度和社会公信力，其特点是时间长、管理难度较大。但是，长期项目由于时间长，后期容易出现公众反应不激烈、媒体报道不热衷、持续跟进不到位、"参与者疲倦"等现象，也很容易发生腐败问题。

> **公益慈善活动的长期项目案例**
>
> （1）"希望工程"。"希望工程"（Project Hope）是共青团中央、中国青少年发展基金会于 1989 年发起的、以救助贫困地区失学少年儿童为目的的一项公益慈善事业，其宗旨是资助贫困地区失学儿童重返校园、建设希望小学、改善农村办学条件等。援建希望小学与资助贫困学生是"希望工程"实施的两大主要公益项目。
>
> （2）春蕾计划。春蕾计划（Spring Buds Project/Spring Buds Program）是 1989 年中国儿童少年基金会发起并组织实施的一项旨在帮助因贫困而辍学或濒临辍学的女童重返校园接受教育的爱心工程。其启动的项目有绿色扶贫助学工程、春蕾计划实用技术培训项目、春蕾健康成长项目、春蕾生结对救助项目、春蕾学校、春蕾班等。为了加强女童的素质教育、培养女童自力更生的本领，春蕾计划还设立了"春蕾计划实用技术培训专项基金"。春蕾计划是一个长期项目，但其中包含了许多短期活动或项目。
>
> （3）夕阳工程。夕阳工程（Setting Sun Project）是中华慈善总会发起并组织实施的一项社会公益事业，秉承"老吾老，以及人之老"的价值理念，以中华民族扶贫济困的传统美德和人道主义精神为纽带，通过在国内外开展各种方式的大规模资金筹募活动，为中国老年人提供健康监护、日常照顾、精神慰藉、心理支持、康复、护理、临终关怀、紧急救助等方面的服务。主要项目有推广数字化远程健康监护系统、建造中华慈善"夕阳红"老人公寓、建造"中华慈善爱心医院"、建立"夕阳物流配送中心"、创建"夕阳工程专项资金"等系列工程。

九、全球慈善活动的创新

近年来，伴随着世界科技、金融、商业的发展，公益慈善界对全球公益慈善活动（简称"全球慈善活动"）的结果及其绩效评价提出了新的、更高的要求，不但极大地挑战了传统的慈善模式，而且创造性地推动了慈善全球化的变化和发展。

1. 全球慈善的创新背景

当今世界，参与全球慈善的很多人是全球经济发展的参与者和受益者，具有全球化的视野和开放的心态，因此对全球慈善活动不再满足于简单的对外捐助、资助行为，也不再仅专注于支持某个特定慈善机构或某个特定公益慈善项目，而是把公益慈善行动的视角放在了社会问题本身上，努力寻求回应社会问题的根本解决方案。譬如，饥饿、疟疾、传染病大流行、女童教育、毒品成瘾、偷渡、难民等，覆盖面广，复杂性高，专业性强，常常不是单纯某个国家的问题，也无法依靠单方面的力量得以解决，因此在全球范围内寻求这些问题的解决是必然之道。于是，全球慈善不仅开始了大胆探索和实践全球性社会问题的回应之道，而且非常重视在全球范围内的合作与学习，重视在实践中总结、积累和共享经验。因此，全球慈善活动的方向和格局也发生了变化，全球慈善出现了创新。这种创新性变化用形象的语言来描述就是，"全球慈善的主要任务仍然是让饿着的人有鱼吃，这个目标没有变，但是使用的方法和产生的结果完全不同了。"在国际上，很多慈善家、基金会开始改变原来的公益慈善方式，从单一、孤立的项目资助转向以问题为核心、以结果为导向、融合多种方式手段的跨部门、跨组织的合作。

全球慈善的创新路径

- 第 1 阶段：授人以鱼，即传统的资源转移。
- 第 2 阶段：授人以渔，即传统的慈善资源转移 + 追求效率和规模。
- 第 3 阶段：评估鱼市，为制造渔网的商业计划提供技术支持，即传统的慈善资源 + 追求与市场/商业相似的结果。
- 第 4 阶段：为制造渔网的非营利性机构提供项目相关的投资（PRI），慈善资源以新的方式进入社会公共领域。
- 第 5 阶段：为渔网制造业提供有影响力的投资，全新资源进入社会公共领域。

——Hudson Institute，*The Index of Global Philanthropy and Remittances 2012*

全球慈善的这种变化最直接的表现是，近 15 年以来，一些发达国家的基金会对中国的直接捐赠直线下降，对华项目的慈善资助也逐年减少。然而，中国的公益慈善模式目前尚未适应或跟上这种转变或变化趋势，与全球慈善的方向和形式有所脱节。

全球慈善的非洲项目案例

- 一直以来，全球慈善对非洲大陆的传统行善方式以直接援助、项目资助为主，这些方式因为成本高昂、收效甚微而饱受诟病。
- 21 世纪以来，以尼日利亚银行家 Tony Elumelu 为代表的一批新型慈善家站出来大声疾呼，"只有非洲自己才能发展非洲。"进而勾画了非洲公益慈善发展的蓝图，提出了创新的慈善主张，并主动与发达国家的慈善家和慈善机构联合，争取经济资源和智力支持。
- 2013 年 4 月，Tony Elumelu 基金会和美国洛克菲勒基金会共同出资，建立了"影响力经济创新基金"，其由全球社会影响力投资网络（Global Impact Investors Network，GIIN）管理。
- 随后，来自肯尼亚、尼日利亚、南非、津巴布韦和贝宁的几位慈善家联合起来，把"全球慈善论坛"模式带到非洲，成立了"非洲慈善论坛"，并

> 将其完全接入"全球慈善论坛",共同学习、商讨合作、执行项目。这样,非洲慈善通过接入全球慈善,获取了更多的资源,更加能够实现"滚雪球"的效应。
> ——Hudson Institute, *The Index of Global Philanthropy and Remittances 2012*

2. 全球慈善的创新启示

由于全球慈善着眼于从社会问题的角度解决内在的根本性问题,也能够在更大的范围内调动全球资源,更高效地解决问题,因此,参与全球慈善不仅能够帮助中国在全球范围内争取经济资源,吸引全球资本,帮助实现中国公益慈善的社会使命,而且能够帮助中国公益慈善获得智力支持。从全球视角来看,全球慈善的这种创造性活动趋势和慈善项目结果的评价思路、评价模式,对中国公益慈善活动带来了挑战,也推动中国公益慈善活动顺应并参与到全球慈善中去。具体需要从两个方面去考虑。

(1)改变中国公益慈善的心智模式。全球慈善,既不是等待着国外的捐赠、资助,也不是单纯地给更穷的国家或社会捐赠,而是在全球范围内积极学习、合作,一起解决大家共同关心的问题,彼此成就。换言之,中国公益慈善也应该融入这种全球视野,用拉动方式牵引全球慈善家和慈善机构的目光,向国际同行展示:"这是我们的问题,这是我们的解决方案,这是我们已经做出的努力,这是我们需要的帮助。让我们一起来解决这些问题,同时帮助实现你们的使命和影响力。"

(2)主动出击,接入全球慈善网络。具体来说,在所聚焦的公益慈善领域,关注有共同兴趣的全球慈善家和慈善机构,了解其模式,主动在国际环境中提出自己的需要,邀请国际慈善机构共同参与研究、解决自己所关注的问题,增加自身的知识积累;同时,在国际范围内寻找对标慈善机构,尤其是华人积极参与的社区组织、社区基金会。哪怕国外机构或国际机构没有可以直接复制的模式,也可以向之学习及与之交流、合作,开阔思路、放宽视野、扬长避短、改造应用,提升未来的竞争力。

第二节 公益慈善活动开展

组织策划并开展一项具体的公益慈善活动,包含时间管理、人力资源管理、成本管理、风险管理等环节,且各种事务性管理通常贯穿于公益慈善活动的全过程,可以分为公益慈善活动的启动、执行、控制、评估、结果的跟进 5 个阶段。

一、公益慈善活动的启动

公益慈善活动的启动是公益慈善活动管理的起点，是为整个活动奠定基础的过程。公益慈善活动启动过程中重要的工作就是确定活动的需求和可行性。

1. 确定活动目标

对于公益慈善活动的启动来讲，最基本的工作就是设立明确的活动目标，并基于活动目标制订相应的计划、策略。确定活动目标的过程实际上是需求分析的过程，即对社会上哪些特殊的人（家庭）或人群有需要、有什么样的需要等最基本的问题进行分析，包括受众群体的特征、需求等诸多内容，以确定公益慈善活动所要实现的最终目标。

2. 制订活动计划

明确了活动目标后，还要有合理、可行的活动计划。活动计划是根据活动目标，以及对外部环境与内部条件的分析，对所要采用的技术、手段和步骤进行的合理安排，包括对活动目标与环境、风险的综合评估，也包括对活动所需时间、资源、预算等的综合计划。制订了公益慈善活动计划，就指明了公益慈善活动目标实现的基本过程。

制订公益慈善活动计划步骤

- 首先，准确理解公益慈善活动的目标，明确公益慈善活动拟达到的具体效果；
- 其次，分析公益慈善活动可能面临的机会、威胁和存在的问题；
- 再次，对公益慈善活动目标和所具备的资源、须满足的约束条件等进行评判，判断其优势、劣势和可能存在的风险；
- 最后，对那些与公益慈善活动目标相关的因素及其可能给实现公益慈善活动目标带来的影响进行全面评估。

---

3. 编制活动预算

活动预算影响项目进展，活动预算就是对公益慈善活动所需花费的估算，这是活动启动阶段的另一项重要工作。预算的编制，需要对活动中各方面涉及的费用加以考量，在遵循一般预算编制的完整性、统一性、时间性、可行性原则基础上，体现公益性。

4. 可行性分析

需求分析是决定"做什么，不做什么"，可行性分析是决定"能否做"。可行性分析通过对公益慈善活动的主要内容、配套条件进行调查研究、分析比较，对活动成本和效益进行预测，提出活动是否值得进行及如何进行等咨询意见。可行性分析包括外部因素分析和内部因素分析。其中，外部因素主要考虑政策、社会舆论、受众；内部因素主要考量活动组织者自身的能力、资源和外部支持，以及在公众中的声誉、形象等。

5. 编制公益慈善活动策划书

在实践过程中，公益慈善活动启动阶段所做的各项工作，通常通过公益慈善活动（或项目）策划书体现出来。策划书是对公益慈善活动的规划文本，是获取公益慈善组织理事会等决策层支持的重要书面文件，也是争取活动经费支持或社会捐赠的重要依据，还是获取政府相关职能部门审批、监督所要提交的重要材料。

公益慈善活动策划书的基本框架

公益慈善活动策划书是资助方、主办方、参与方掌握公益慈善活动的重要窗口，应专业、严谨。其基本构成一般包括如下11个方面。

1. 封面
* 项目名称、申请（执行）机构；
* 通信地址；
* 电话、传真、E-mail 地址；
* 联系（负责）人；
* 银行账户信息；
* 公证方、主管方、律师、监督机构等。

（另外，如果是向某个机构、社会筹款的话，还需要一封个性化的附信，以"某机构某人"开头，表明对该机构的重视或对社会的尊重。）

2. 项目概况

项目概况是读者最先阅读、浏览的部分。"项目概况"是影响项目经理"初选"结果的决定因素。在项目概况部分，要把重要的信息汇集起来，一般包括：
* 主办机构的背景信息、使命与宗旨；
* 项目拟解决的问题和提出的解决方法；
* 项目申请方的能力和以往的成功经验。

（项目概况要高度概括，语言要简洁、清晰；长度最好在半页左右，最长不要超过一页，一般安排在策划书的前半部分，但要在写完策划书所有内容后才动手写。）

3. 项目背景、存在的问题与需求

说明项目的起因、逻辑上的因果关系、受益群体及与其他社会问题的关联；详细介绍可能存在的问题，以及为什么要设计这个项目来解决这些问题；说明问题的严重性和紧迫性，最好能提供一些数据或真实、典型的案例（简洁、充分、直观地

表达问题,表明对项目的了解),以便在情感上打动对方、引起共鸣。主要包括以下信息:

* 项目范围(问题与事件、受益群体);
* 导致项目产生的政治、经济、社会、文化环境;
* 执行项目的理由;
* 其他长远战略意义。

4. 目标与产出

在使资助方(支持方、参与方)确信"问题"存在以后,明确提出你的解决方案。如果你还有其他合作伙伴,也要明确说明,项目合作通常是被鼓励的。本部分主要包括:

* 项目计划;
* 项目总体目标;
* 阶段性目标与任务;
* 项目总体目标的评估标准。

(总体目标是一个长期的、宏观的、概念性的、比较抽象的描述;总体目标可以分解成一系列具体的、可衡量的、可实现的、带有明确时间标记的阶段性目标。项目总体目标陈述要非常清楚、简洁、切合实际,不要承诺活动实现不了的目标。)

5. 受益群体

对项目的受益群体进行详细的描述。许多活动资助方都希望受益群体能自始至终地参与到公益慈善活动中,尤其是在公益慈善活动的设计阶段,受益群体的参与很重要。

可以在项目策划书附件中列出受益群体参与项目的活动,包括组织受益群体参加的讨论会、会议主题、时间、参加人员等。这样,资助方就能了解到,该公益慈善活动不仅是针对受益群体设计的,而且得到了受益群体的广泛支持、认可。

(必要时,还可以将受益群体分为直接受益群体和间接受益群体。例如,一个残疾人服务项目,其直接受益群体是残疾人群,其间接受益群体是残疾人家庭、社区、社会。)

6. 解决方案与实施方法

解决方案与实施方法介绍如何达到目标,即采用什么方法、开展什么活动来实现这些目标。可以同时列举其他相关的方法,并对它们进行比较;也可以说明采用这种方法可能存在的风险与挑战;还可以引用专家的观点和其他失败或成功的案例。

(此外,提出执行解决方案所需要的条件、资源与任职要求,包括谁?何时?使用什么设备?做什么事情?做这些事情的人要具备什么样的能力和素养?等等。)

7．进度计划及时间表

详细地描述各项任务的先后顺序、起始时间、工作流程。其中，工作流程要说明各项工作的先后顺序、逻辑关系等。

（可以用一个带有时间标记的图表，如甘特图来表示项目进度计划，一目了然地告诉审阅者"在什么时候做什么"，以及各项活动之间的关联或因果关系。）

8．组织架构

为了达成目标，需要什么样的执行团队和项目管理结构。其中，执行团队包括所有项目组成员，即志愿者、专家顾问、专职人员等，以及他们与这个项目相关的工作经验、专业背景、学历等；项目管理结构，包括总负责人、财务负责人及各分项目负责人。

（如果是两个或多个机构合作完成项目，还要说明各机构的分工。）

9．费用、预算与预期效益

* 投入：叙述和分析预算表中的各项数据，包括成本、人员、设备的费用等；写明需要多少经费支持。

* 产出：除公益慈善组织的合理收入外，重点是社会效益。

* 与项目相关的财务与审计方法。

（社会效益比较难量化，但应尽量找一些数据来分析社会效益。例如，可以估算救助一名吸毒人员可以减少哪些方面的社会问题，可以对吸毒人员的医疗费用、失业、犯罪等相关费用进行估算。）

10．监督与评估

* 监督的执行机构和人员（可以是理事会、资助方或其他第三方机构）；

* 监督任务；

* 项目团队的自我评估计划；

* 项目评估安排，包括评估活动和评估时间、项目进展和完成情况、原定计划与现实状况的比较、未来实现计划的可能性、项目中期审计报告等，并说明准备怎样收集评估信息及进行数据分析，明确在项目进行到哪些阶段时需要进行阶段性评估。

（有两种可供参考的监督与评估方式：一种是衡量结果；另一种是分析过程。选择何种方式取决于项目的性质和目标。）

11．附件

在重要的项目策划书中，那些篇幅太长而又不适合放在正文中的内容，应在正文中标明、注释或提及后，作为附件列上。

（常见的附件包括机构介绍、年报、财务与审计报告、名单、数据、图表等。）

二、公益慈善活动的执行

公益慈善活动的执行是在整个公益慈善活动中实现目标的过程。在执行中，需要对人、财、物、信息等各种有形或无形资源进行有效整合、合理配置和充分利用。

1. 人员管理

公益慈善活动所匹配的人员，要求素质高、责任心强、甘于奉献，这就要求选择合适的公益慈善活动管理者和执行团队。

（1）管理者。管理者在公益慈善活动中发挥领导作用，是活动的责任人，其素质高低、能力大小、责任心强弱等对公益慈善活动的成败有决定性影响。一般来说，管理者应该具备的基本素质和能力包括：道德感、公益心；较强的心理素质；综合性知识结构；创新意识；领导力；洞察力；危机管理能力；致力于公益慈善事业。

（2）执行团队。执行团队是为开展公益慈善活动而建立的团队，是有效开展公益慈善活动的中坚力量，包括志愿者。公益慈善活动成功的关键在于合理分工、团结合作、积极有效的执行团队。执行团队要有共同的目标和明确的责任，建立畅通有效的沟通机制、有效的激励机制，使团队成员能够受益和发展，保证团队的稳定和持续。

2. 资源管理

公益慈善活动涉及的人、财、物、信息、社会关系都是"资源"。资金的重要性不言而喻，但社会关系是否丰富可能是决定一项公益慈善活动能否成功的关键。在中国，政府的支持对任何公益慈善活动而言都是极为重要的资源。此外，媒体资源是公益慈善活动的关键，强化宣传力度、深度和广度，可以使公益慈善活动的效果及时、鲜活地呈现在公众面前。

3. 时间管理

时间管理也叫作进度管理，是为在既定时间内完成任务而进行计划和安排的过程。公益慈善活动要求在一定时间内有条不紊、保质保量地完成预定任务，需要合理有序、按部就班，进度过快、过慢都是不合适的，这就要进行时间管理。

首先，从活动管理者的角度，根据客观条件和活动管理者的主观意愿，对公益慈善活动有明确时间要求，因此，需要对活动的进度进行合理安排。

其次，从活动受众的角度，为了使受众得到最大收益，活动计划的执行必须按照受众的需要进行调整。例如，针对学生的公益活动，要充分考虑其作息时间和其他活动安排。

再次，从社会影响的角度，捐赠人的意愿、经费预算、媒体宣传等也会制约活动的进度，甚至天气情况等自然因素也会对公益慈善活动的开展产生影响。

最后，时间管理需要多方面配合，不能一厢情愿地编制一份大家都必须遵守的时间表。

4. 经费管理

对用于支持公益慈善活动的经费进行管理也至关重要，包括如何使有限的资金产生合理的效益、如何保证活动执行的进度和质量。经费包括直接经费和间接经费，直接经费是用在受赠人身上的经费，间接经费是公益慈善活动中必要的活动经费、管理经费等。

大多数公益慈善活动的经费管理与人员管理、资源管理、时间管理相互关联。因此，在公益慈善活动启动之初就要对活动的人、财、物、信息等资源的使用情况进行预测，编制活动经费预算，以保障公益慈善活动的效率和效果。

三、公益慈善活动的控制

公益慈善活动的控制伴随着公益慈善活动的整个过程，是对活动过程的监测、监督和纠正，确保活动能够按照既定规划进行。公益慈善活动的控制，既是节约公益慈善活动成本的需要，也是政府监管的需要，更是捐赠人、社会公众掌握善款使用情况的需要。

1. 控制过程

活动控制伴随整个公益慈善活动的动态过程，与一般的管理控制一样，包括制定标准、衡量绩效、纠正偏差。制定标准是对公益慈善活动各环节和内容的细化和规范化；通过标准的具体化，公益慈善活动具有可操作性和一定的弹性。衡量绩效是保证公益慈善活动持续有效的关键。公益慈善活动中的偏差可能会损坏活动的公信力和公益性质，而纠正偏差不仅有助于完成公益慈善活动，而且有助于维持公信力、维护公益价值。

公益慈善活动控制的关键在于做好沟通，因为只有信息传递、情感交流、及时发现问题，才能加以改进。活动管理者、直接责任人和外部监管者要对可能出现的偏差进行准确判断。当发现问题和偏差时，要果断采取纠偏行动，不欺骗、不隐瞒。

2. 控制分类

公益慈善活动的控制分为自我监测、公益慈善组织监督、捐赠人监督、政府监管和社会监督。

（1）自我监测，即活动管理者和执行团队自身控制。活动管理者或团队成员对活动目标、任务最了解，对可能出现的问题和偏差更能及时警觉或发现。

（2）公益慈善组织监督。公益慈善组织要对以该组织名义开展的活动进行全面监督，指导活动的进程；必要时，公益慈善组织有权通过变更活动管理者这种方式保证活动顺利进行。

（3）捐赠人监督。活动资金的提供者有权对活动情况、款物使用情况进行监督。

（4）政府监管。政府主管部门和监管部门要对公益慈善活动进行监督，《中华人民共和国慈善法》规定，县级以上人民政府民政部门对公益慈善活动进行监督检查，对公益慈善行业组织进行指导。

（5）社会监督。新闻媒体、社会公众监督确保公益慈善活动的规范、透明和公开。

四、公益慈善活动的评估

公益慈善活动的评估，是指对公益慈善活动整个过程和最终结果的成效进行评估，即对公益慈善活动的完成情况进行档案整理、信息汇总、绩效评价等，目的是总结经验、吸取教训；同时，应根据需要和评估结果，谋划采取进一步的行动。

公益慈善活动的影响分为无形影响和有形影响。通常，无形影响通过描述性方式进行评估，主要集中在对社会、文化和人们生活的影响，以及该活动的长远影响。公益慈善活动的组织工作恰当与否，直接影响活动整体效果的好坏，这是公益慈善活动评估的重点。由于不同公益慈善活动的目的、目标不同，因此公益慈善活动的目的和目标的实现情况，也是评估的重要内容。此外，公益慈善活动的效果还反映在社会舆论、公众评价等方面。

> **公益慈善活动的评估内容**
> - 社会公众评价与反响；
> - 公益慈善活动计划的完成情况；
> - 制作活动的影像资料；
> - 撰写公益慈善活动总结；
> - 做好新闻报道、简报资料等的存档工作。

五、公益慈善活动结果的跟进

公益慈善活动成效评估，并非该项公益慈善活动的最后过程。绝大多数公益慈善活动在活动结束后，还需要进一步的行动，即对活动的结果进行跟进和深化，包括：了解受助者状况的改变情况；捐助、捐建款项的最终落实情况及其他社会反响；等等。

第三节　公益慈善品牌

一、公益慈善品牌的概念界定

一般认为，品牌是社会大众对某种产品（或服务）知名度和认知度的评价。被誉为现代营销学之父的菲利普·科特勒（Philip Kotler）给品牌定义为："一种名称、名词、标识或设计或其组合运用，目的是辨认某个销售者或某群销售者的产品，并使之同竞争对手的产品区别开来。"品牌不但有价值，而且难以模仿，因为它是一种消费者的认知，是一种心理感觉，这种认知和感觉不能够被轻易模仿。

学术界对公益慈善品牌还没有一致的定义。杨明刚等认为，公益慈善品牌是社会上对公益慈善事业有杰出表现、得到公众广泛的认可和偏爱、产生巨大的效益，以及具有良好的形象和社会声誉的慈善组织、社会企业和慈善个人的名称、术语、标识、符号或图案及其提供的公共产品和公益服务。基于此，公益慈善品牌是在为社会公众谋福利的活动中得到广泛认可和响应，具有极高信誉和评价的慈善组织、企业、个人的名称、符号及公益产品，具有公益性、文化性、社会责任性、非营利性等特征。

（1）公益性是公益慈善品牌的最显著特征，既体现了公益慈善组织或公益慈善活动的公信力，也是取信于民、生存于社会的重要保证，有助于呼唤理性、成熟的公益环境和宽容的慈善态度，提升人们参与公益慈善的热情。

（2）文化性是指人们基于对公益慈善事业的认同而建立的一种利他主义的价值观。在经济发展和财富积累的今天，社会伦理越来越被关注和重视；而公益慈善品牌的传播，有助于社会公众建立健康的财富观，提升民众的社会人格和道德情操。

（3）社会责任性是指公益慈善组织、企业、个人（家庭）或其他组织通过自愿行为而非强制行为，通过民间行为而非官方行为追求社会公共利益。企业和个人（家庭）是社会化产物，负有维护和增进社会整体利益的义务；公益慈善组织打造的公益慈善品牌，对公益慈善事业的长远发展和社会责任感的提升具有放大效应，推动人类良知的发展。

（4）非营利性凸显了将企业或个人的私有财产、知识捐献给他人、社会的奉献性。虽然当代慈善经济学的理论假设逐步从"道德人"转到了"互惠人"，因而公益慈善活动及其所呈现的品牌存在一定的互惠性或互利性。但是，无论是奉献性还是互惠性，在健全公益慈善立法和监督、管理的基础上，公益慈善品牌的基本特性并未改变。

目前，许多公益慈善组织都把打造公益慈善品牌作为工作目标，一些企业的慈善工作也逐渐提炼和形成了一些标志性慈善品牌。秉承慈善新理念，构建公益大品牌，以品牌化、高认可度、高美誉度的公益慈善活动吸引社会公众对公益慈善事业的关注和参与，成为提升公益慈善活动公信力、影响力，以及促进公益慈善事业发展的重要内容。

二、公益慈善品牌的建设意义

伴随着公益慈善活动的日渐规范化、制度化、专业化、国际化、品牌化，人们越来越多地认识到公益慈善品牌建设对于推进公益慈善事业的重要性。

公益慈善事业发达国家或地区以商业、娱乐为体现形式的公益慈善活动比比皆是，如慈善演出、慈善拍卖、慈善赛事、慈善展览等，很多知名人士参与其中。但是，市场是讲品牌的，公益慈善活动在慈善募捐、志愿服务、组织管理方面的竞争也更激烈，因此要想扩大公益慈善活动的影响力，又能顺利筹集到公益慈善资金，需要进行品牌建设。品牌就是竞争力，公益慈善活动品牌建设意味着提升其竞争力。

此外，公益慈善活动也需要品牌效应。成功的品牌在公益慈善募捐中具有感召力。一方面，知名公益慈善机构的品牌可以更容易实现社会动员，争取到更多的社会资源；另一方面，公益慈善的社会效益、经济效益通常都通过项目来实现，而项目需要专业组织进行专门化运作，名牌产品（服务）能够根据社会需要有效地开发和运用公益慈善资源。因此，要强化公益慈善品牌建设，实现品牌对公益慈善资源的动员和聚集作用。

三、公益慈善品牌的塑造路径

一个成功的品牌，最核心的要素是知名度、美誉度、忠诚度。其中，高知名度是指某项产品（服务）市场占有率高、竞争力强、广为人知；高美誉度是指产品（服务）工艺精湛、品质卓越、质量可靠、服务优良、使用者称赞；高忠诚度是指消费者在使用产品（服务）后比较满意，产生信任感、安全感，不断重复购买。从品牌的核心要素出发，塑造公益慈善的品牌，就是基于自身的定位、宗旨及应遵循的公益原则，着力打造公益慈善项目或活动的知名度、美誉度、忠诚度。

> **塑造公益慈善品牌的路径**
>
> **1. 提高公益慈善品牌的知名度**
> - 确定和提炼品牌项目的核心价值，对品牌进行定位，使消费者清晰地识别品牌特征及核心价值，揭示慈善项目的核心思想和救助目的，并被消费者认可。

- 寻找企业、消费者、慈善机构三方都能获益的合作方式，包括：取得知名企业的直接捐助；举办明星、社会名流的义演、义拍、义卖活动；通过宣传鼓励消费者购买其产品，然后捐出部分利润，实现合作共赢。
- 发挥民间慈善思想和慈善资源的作用。中华传统文化中积累下来的济慈、行善的观念及其活动，对今天的公益慈善来说也是重要的品牌资源。

2. 提高公益慈善品牌的美誉度
- 加强公益慈善项目或活动的管理，积极推动信息的公开、透明。
- 规范公益慈善组织运作，提高社会信任感；腐败及不尽责影响了一些公益慈善组织的公信力，不利于品牌建设。
- 健全公益慈善监督机制，完善公益慈善资金使用反馈机制，主动增强新闻媒体、公众等社会力量的监督力度。

3. 提高公益慈善品牌的忠诚度
- 加强公益慈善组织自身的文化、伦理建设，推动公众在慈善活动参与中形成一种满足感、成就感，从而提高民众的忠诚度。
- 加强公益慈善活动的社会反馈机制和档案建设，通过多种形式强化与社会（网民）的互动。
- 打造良好的公益慈善形象、精湛的公益慈善专业、完善的公益慈善配套服务及深厚的人文内涵。

第四节 公益慈善市场化

一、公益慈善市场化的概念

市场化是指以市场作为解决社会问题和经济问题的基础手段。目前，中国公益慈善领域存在内部性、资金不足、专业缺乏、发展模式畸形等问题，基于此，有学者提出借鉴市场竞争、创新理念及市场运行机制，将市场化概念运用到公益慈善活动的变革中。

公益慈善市场化，是指在公益慈善领域引入市场机制来促进公益慈善发展的过程。市场化偏重于规则，而非利益，其内涵有两点：其一，公益慈善市场化借鉴市场机制所体现的平等、契约、竞争、创新、高效等理念与价值；其二，市场化是实现公益与慈善的手段而非目的。换言之，公益慈善市场化并非以市场中私人利益最大化为目标，而是运用市场的竞争机制、契约理念来促进公益慈善组织及其公益慈善活动（项目）的优化、竞争、效率，维护公益慈善秩序，促进公益慈善事业发展，以便公益慈善活动能够更好地满足社会需求及实现公共利益的最大化，从而捍卫公益慈善的宗旨和价值。

不过，公益慈善市场化或市场化公益慈善，目前国内学术界和实务界尚有较大争议。人类的博爱心、同情心、荣誉心等，是公益慈善的根本源泉。但在人性之下，市场规律的背后也是人的趋利性。显然，公益慈善市场的无形之手背后，同时受人的趋利性和利他性所左右。事实上，公益慈善事业的问题埋藏得很深，公益慈善活动不尊重一般市场机制的内在规律，同样会造成大量的浪费、腐败、低效率问题。哈佛商学院著名的战略管理学者迈克尔·波特（Michael Porter）曾经指出："基金会丑闻一般发生在工作人员的工资和额外津贴上，但是，真正的丑闻是很多钱用在了没有影响的活动上，大量的钱浪费在了效率低下的慈善事业上。"虽然迈克尔·波特揭示的这种慈善浪费或慈善腐败现象在实践中很难估算或察觉，因此往往会被忽略，一般人也不会关注，但是，毫无疑问，由于我国公益慈善组织及其活动的行政化，类似这些慈善腐败、慈善财产浪费、慈善活动缺乏效率效能的问题不仅真实地存在，也较为严重。基于此，本书讨论的公益慈善市场化，所主张的是恢复或重塑市场竞争、效率、契约精神等机制在慈善资源配置中的基础性地位，而不是追求公益慈善组织自身利益最大化。

二、公益慈善市场化的主体

一般地，市场主体是指在市场上从事经济活动、享有权利和承担义务的个人和组织，包括投资者、经营者、消费者。基于此，公益慈善市场的"投资者"，即捐赠人，以个人、企业和基金会为主体；公益慈善市场上还有公益慈善组织及其职员、管理者，组织一般会设置理事会，作为捐赠人和公众利益的代表行使决策权，管理者即公益慈善组织的"经营者"；至于公益慈善市场的"消费者"，包括受益人、捐赠人、受赠人、志愿者等，其中，捐赠人既是"投资者"，又是"消费者"，捐赠人的慈善捐赠行为，本质上是购买公益慈善项目或公益慈善组织的服务，并将这些服务转赠于他人或社会。

三、公益慈善市场化的困境

1. 自利困局

公益慈善组织属于公共部门范畴，难以摆脱"内部性"自利的困扰。"内部性"即公共部门在发展过程中，违背"公共"导向，转而谋求自身利益最大化，表现为搭乘公权力"便车"，利用制度缝隙和监督疏漏以公益慈善之名谋求部门、个体最大化利益之实。

2. 资金限制

由于公信力、经济发展等问题，我国的公益慈善组织普遍存在资金短缺问题。公益慈善组织和公益慈善事业依赖社会捐赠，自身几乎没有造血功能。市场竞争力弱的公益慈善组织难以获得大量项目资金支持，其话语权、影响力甚微，资金来源相对不稳定，易于出现资金链断裂的现象，也就不利于提供优质的公益慈善活动或其他社会服务。

3. 发展畸形

传统的公益慈善组织通常依附于行政和财政资金的支持，因此缺乏自主、自治发展，致使组织运转效率不高、资金管理不透明、公信力不足、贪污腐败丑闻等负面消息时有发生。这种畸形的发展状况，严重制约了公益慈善市场化的发展。

第五节 公益慈善风险管理

风险管理是基于对风险的预测而力图避免风险或降低风险带来损失的过程。风险管理包括对风险的量度、评估和应变策略考量。从技术经济角度看，风险管理是在降低风险收益与成本之间进行权衡，并决定采取何种措施的过程。风险管理不等于消灭风险。

公益慈善活动的风险管理，是指对一项具体公益慈善活动（项目）的风险从识别到分析再到采取应对措施的一系列过程，包括在公益慈善活动开展之前及开展过程中"将积极因素产生的影响最大化"和"使消极因素产生的影响最小化"这两个方面的内容。具体包括：对公益慈善活动中可能出现的风险进行识别并制订预案；在公益慈善活动之前或之初对潜在风险进行分析、评估并制订防范措施；对公益慈善活动中已经出现的风险要减轻损失或回避风险。

一、公益慈善活动风险的分类

一般地，风险有两种界定：一种强调风险表现为不确定性；另一种强调风险表现为损失的不确定性。公益慈善活动涉及的风险主要包括政策风险、经济风险、信任风险、资源获取风险、价值冲突风险等。

（1）政策风险。政府对社会组织的登记管理，以及对公益慈善活动的审批管理非常严格，致使公益慈善活动在宣传和资金筹集上面临压力。因此，开展公益慈善活动需要考虑可能的政策风险，保证公益慈善活动开展的安全性、稳健性和合法性。

（2）经济风险。基金会所掌握的公益慈善资金可以用于投资，这就存在投资风险。当基于保值、增值目的进行资金运营时，公益慈善活动就面临一定的经济风险。

（3）信任风险。信任和公信力是公益慈善事业的生命。公益慈善活动的每个环节都要考虑到信任风险，对任何可能损害公益慈善活动公信力的行为都应规避、杜绝。

（4）资源获取风险。公益慈善财产以社会捐赠为主，外部依赖性很强，这可能给公益慈善活动的开展带来难度和不确定性。资源获取风险包括：一方面，当遭遇信任危机时募集不到公益慈善资金；另一方面，当公益慈善组织过分依赖某个或某几个部门的捐赠时，将失去独立性、自主性，甚至可能会偏离组织的宗旨、使命、目标。

（5）价值冲突风险。中西方文化价值差异客观上是存在的，在与境外非营利性组织建立合作关系或合作开展公益慈善活动时，活动成员与活动所在地的社区居民、救济帮扶对象之间可能会存在文化差异和价值冲突，影响公益慈善活动效果或目标的实现。

二、公益慈善活动的风险识别

公益慈善活动的风险识别就是将公益慈善活动的风险因子进行要素归类，并分层查找出来，辨别潜在的风险及可能造成的破坏。风险识别包括确定风险来源、预判风险产生的条件、描述风险特征及确定哪些风险有可能影响项目。风险识别是对公益慈善活动进行风险管理的重要步骤。不是所有的风险都是会对公益慈善活动产生严重后果的高风险；但是，犹如蝴蝶效应，小风险的累积也可能会对公益慈善活动产生严重影响。在公益慈善实践中，管理者容易忽视风险的范围、种类和严重程度，甚至出现欺骗言论和行为，导致对公益慈善活动隐含风险的评估、分析和处置产生差错，造成严重损失。

风险识别方法要与公益慈善活动性质相适应，常用方法有德尔菲法、头脑风暴法、情景分析法、面谈法等。此外，风险识别不是一次就可以完成的，需要在全过程中进行。

三、公益慈善活动的风险治理

在公益慈善活动中，风险治理可以从改变风险后果的性质、降低风险发生的概率、减轻风险造成的损失3个方面制订策略，包括风险回避、风险转移、减轻风险、风险应急和风险分担等。不同的公益慈善活动风险应采用不同的风险防范与应对策略。

（1）风险回避。排除特定威胁的关键是排除威胁起源。风险回避是指当公益慈善活动的潜在风险发生的可能性很大，不利后果可能很严重，而又无其他替代性策略来减小损失时，主动放弃活动或改变活动目标和行动方案，从而回避风险的一种策略。风险回避意味着放弃使用有重大风险的公益慈善项目资源、项目技术、活动方案；采取风险回避的策略，要对风险、威胁出现的可能性和后果的严重性有清晰的把握。

（2）风险转移。风险转移又称为合伙分担风险，是将公益慈善活动面临的风险转移给其他个人或单位承担的行为，目的不是降低风险发生的概率及减轻不利后果，而是借用合同或协议，在风险发生时将损失的一部分或全部转移到活动以外的第三方身上。风险转移适用于对付那些发生概率小但一旦风险发生则损失较大，或者公益慈善组织很难控制风险的情况。其大多借助协议或合同，将法律责任或财务后果转由他人承担。

（3）减轻风险。减轻风险是一种积极的风险处理手段，是指公益慈善活动管理者和执行团队不回避也不转移风险，而是降低风险发生的可能性或减小风险不利影响的损失程度。减轻风险是对付无预警信息的公益慈善活动风险的一种重要措施。

（4）风险应急。风险应急是针对公益慈善活动中那些可能出现的、可以预料其来源和具体发生过程的风险所制订的应对措施，也是应对无预警信息的公益慈善活动风险的一种重要措施。

（5）风险分担。风险分担是指依据公益慈善活动风险的大小及活动团队成员、其他利益相关者的不同风险承担能力，根据合法、有效的协议由大家合理分担风险。

四、公益慈善活动的道德风险

公益慈善是一项高尚的爱心事业。但是，公益慈善领域也容易出现腐败问题，面临道德风险的可能性很大。因此，控制公益慈善活动的道德风险是公益慈善活动风险管理的重要内容。

道德风险主要包括信任风险和价值冲突风险，大致分为3种：①项目操作风险，主要是公益慈善项目在实施过程中因工作者责任心缺失而导致的瑕疵或缺陷，引起公众质疑；②机构风险，包括合作机构风险和公益慈善组织内部风险，导致道德上的连带责任和公信力下降；③个人风险，即公益慈善从业者个人素质、能力高低和品德的优劣，也关系到公益慈善活动效果的好坏、目标能否实现等。

对公益慈善事业来说，不控制道德风险有可能将公益慈善组织多年甚至数十年的公众形象毁于一旦，直接后果是破坏了捐赠人对公益慈善组织的信任。同时，道德风险必然会破坏公益慈善组织领导者、公益慈善工作者的社会形象，降低公众的包容度。此外，道德风险会影响公益慈善组织内部的各种关系，导致公益慈善组织成员之间的冲突甚至分裂。

> **防范公益慈善道德风险的举措**
>
> - 倡导社会责任意识。公益慈善事业是非功利的，其目标是纯粹的，不能让捐赠人、受助人、政府、媒体、社会公众从公益慈善活动中捕捉到功利的气息和过度的利益空间。
> - 直接面对服务对象。服务主体和服务对象面对面直接沟通交流可以减少"黑箱"环节，形成捐赠人与受助人有效互动的局面，实现相互配合、相互监督。
> - 信息公开、透明。阳光是最好的防腐剂。充分的信息披露有利于公益慈善组织加强自我约束、消除公众的猜测和质疑，道德风险也就降到了最低。
> - 完善公益慈善组织内部治理机制。公益慈善组织控制道德风险，需要全方位加强自身建设，实现自立、自律和自强，推进公益慈善活动的社会反馈机制和档案建设，强化与社会（网民）互动；打造良好的公益慈善形象、精湛的公益慈善专业、完善的公益慈善配套服务及深厚的人文内涵。

第六节　公益慈善项目评估

一、公益慈善项目评估的概念

所谓评估，是指在监测基础上，对正在进行或已经完成的计划、项目、政策的设计、执行及结果进行系统、客观的评价，以了解项目、计划、政策的成效、探讨其对目标群体的影响。基于此，公益慈善项目评估是指借助定量与定性相结合的科学方法，通过调研和分析，对一定时间维度和拥有社会资源、具有明确目标的公益慈善活动的设计、执行和结果进行评价，以帮助执行团队把控、调整、改进项目，预测公益慈善活动的影响。

通常，公益慈善项目评估是一个阶段性成果的展示，以显示阶段性成果与最终目标的差距。通过公益慈善项目评估，了解该项目是否可持续、是否可以在下一年度或下一季度继续开展，以及了解其社会影响力，即公益慈善项目的开展带来了多少影响（包括量化的影响和不可量化的影响），并发现项目在执行过程中存在的问题，提出建设性意见和建议。

二、公益慈善项目评估的分类

根据不同的分类方法，公益慈善项目评估可以分为不同的类型。通常可以根据公益慈善项目实施阶段对公益慈善项目评估进行分类，也可以根据公益慈善项目评估的内容进行分类，还可以根据公益慈善项目评估的参与方维度进行分类。特别地，公益慈善项目评估的维度多样，评估方式也多样，且国际上已经从传统的单维度技术评估转向了参与式的多元化评估。对独立第三方独立机构评估有多年研究经验的清华大学公益慈善研究院邓国胜教授更强调参与式评估，因为这种评估方式让不同的主体参与到公益慈善项目评估中，组织内部人员、受益群体，以及其他利益相关方一起梳理和评判，既能达到监督和问责的目的，又能实现自我学习和改进。

公益慈善项目评估的分类

（1）根据公益慈善项目实施阶段，公益慈善项目评估可以分为：
- 前期评估，包括项目需求分析、项目合作方甄选和项目策划；
- 中期评估，包括项目监测和项目阶段性实施成果评估；
- 终期评估，包括项目终期成果评估和项目社会影响评估。

（2）根据公益慈善项目评估内容，公益慈善项目评估可以分为：
- 内容评估，包括项目需求（项目是否具备针对性、受益群众有多少、项目是否迫切等）、项目设计（项目是否具备独特性、创新性，以及项目设计目标、目标的量化指标、设计的合理性等）、项目团队（团队数量、人员构成、具体分工、专业水平、相关经验等）；
- 可行性评估，是指基于项目立项前的调研，对项目背景、可行性及项目具体任务等方面进行分析；
- 过程评估，侧重于项目的覆盖面和主要项目活动的质量、满意度；
- 效果评估，主要围绕项目的目标，利用对照组进行对比分析，其中，项目执行、项目策划、项目启动、项目验收及项目监测等都是围绕项目的目标进行的；
- 影响评估，对项目产出、成果或长期影响的评估，具体方法是找一个结构和趋势两个方面相似的对照组，将干预组的变化减去对照组的变化即项目影响。

（3）根据评估的参与方维度进行分类，公益慈善项目评估可以分为：
- 组织内部评价，包括内部年度目标、关键绩效指标和预算、项目管理的评价；
- 受益人外部评价，包括受益群体的故事、感受和建议，甚至批评和投诉；
- 第三方独立机构评估，捐赠机构会邀请第三方独立机构进行项目效果、内部治理水平和项目管理水准的评估；
- 政府和媒体对机构的评估、认可、嘉奖。

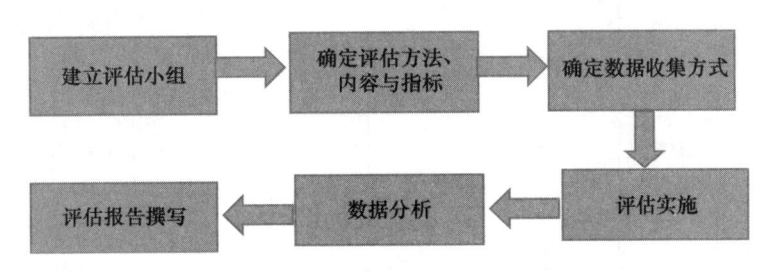

三、公益慈善项目评估流程

公益慈善项目评估流程包括项目评估前期准备工作、项目中期评估及项目终期评估3个阶段。其中，项目评估前期准备工作包括：建立评估小组，确定评估方法、内容与指标，确定数据收集方式；项目中期评估是指评估开始后的具体评估工作，包括评估实施与数据分析；项目终期评估主要是指评估报告撰写。3个阶段互相联系，前一个阶段的完成和完成质量与下一个阶段的完成和完成质量息息相关，最后一个阶段为下一个项目的开展提供借鉴和参考。图4-1呈现了公益慈善项目评估流程。

图 4-1　公益慈善项目评估流程

四、公益慈善项目评估指标

公益慈善项目评估，重点是进行项目管理评估及项目绩效评估。

1. 项目管理评估指标

评价一个公益慈善组织的项目管理水平，关键是评价公益慈善组织是否具备战略思考与规划，这是公益慈善组织项目管理的基础。项目管理评估指标包括：组织是否具备战略的思路与想法；组织是否已经制定了一个经理事会批准的战略方案；组织是否编制了符合国际标准的、与战略规划一致的计划和年度工作预算；组织是否有创新或示范作用的活动计划；与其他公益慈善组织相比，组织是否在提供服务方面居于主导地位；项目是否制定了项目管理制度并确保执行水平；项目是否实现合同化管理；项目在实施过程中的监督反馈与实际问题的差异；项目是否具备完善的总结与评估资料。

根据上述几个层面及每个层面下的具体指标对项目指标量化并赋值，得出项目管理评估指标体系，如表4-1所示。

表 4-1 项目管理评估指标体系

评估指标 一级指标	评估指标 二级指标	评估指标 三级指标	评估指标 四级指标	四级指标分值	评估小组记分栏	评估方法与说明
工作绩效（410分）	公益项目（120分）	项目管理（50分）	项目管理制度	5分	0分	查看项目管理制度及执行情况的证明材料： （1）制定项目管理制度且执行较好 5分 （2）制定项目管理制度但执行一般 3分 （3）未制定项目管理制度 0分
			项目管理合同化	5分	5分	（1）所有项目管理全部实现合同化 5分 （2）个别项目管理未实现合同化 3分 （3）所有项目均未实现合同化 0分
			项目前期有论证和计划，履行必要的报批程序	15分	5分	查看项目前期论证资料及计划、会议记录等： （1）项目运作事先有完善的论证，并履行了报批手续 15分 （2）项目运作事先有论证、计划，并履行了报批手续，但论证计划不够完善 5~10分 （3）项目运作事先有论证、计划，但未履行报批手续 3分 （4）项目运作无事先论证、计划，也未履行报批手续 0分
			对项目运作实施监督与反馈	15分	10分	查看项目运作实施监督与反馈的证明材料： （1）对项目能较好地实施监督与反馈 15分 （2）对项目实施监督与反馈不到位 5~10分 （3）未对项目实施监督与反馈 0分
			项目总结与评估	10分	8分	查看重大项目事后总结和项目评估材料： （1）重大项目完成后有完善的总结和项目评估材料 10分 （2）重大项目完成后有总结和项目评估材料，但不够完善 3~8分 （3）重大项目完成后无总结和项目评估材料 0分

2. 项目绩效评估指标

项目绩效评估是指对公益慈善组织实施项目或活动的适当性、效率、效果、社会效益、可持续性、受益群体满意度等的评价。根据具体要求，可选取部分或全部项目绩效评估指标。项目的适当性评估指标包括：项目是否可视为优先项目；项目立项的迫切性；项目是否对目标群体需求有及时回应；项目的目标是否与组织的宗旨一致。项目效率的评估指标包括：项目的成本及收益如何；项目在实施过程中是否节省了时间；项目经验在当地的推广情况；项目经验在其他地区的推广情况。项目效果的评估指标包括：受益群体生活条件的变化；受益群体生活方式、行为的变化；受益群体精神面貌的变化。项目社会效益的评估指标包括：项目对消除贫困的影响，项目对民族关系的影响。项目可持续性的评估指标包括：项目的管理制度是否完善；项目管理人员的责任心；项目管理人员的变更；项目的风险性；项目的后续管理是否到位。项目受益群体满意度的评估指标包括：受益群体对工作人员或志愿者服务态度的满意程度，对服务内容的满意程度，对资金安排的满意程度，对项目实施时间选择的满意程度，对项目结果的满意程度。另外，对各项指标进行赋值，得出项目绩效评估指标体系，如表 4-2 所示。

表 4-2　项目绩效评估指标体系

一级指标	二级指标	三级指标	四级指标	四级指标分值	评估小组记分栏	评估方法与说明
工作绩效（410 分）	公益项目（120 分）	项目内容（70 分）	适当性	10 分	10 分	查看证明项目适当性的材料： （1）项目的目标与机构的宗旨、使命完全一致　10 分 （2）项目的目标与机构的宗旨、使命基本一致　5～8 分 （3）项目的目标不符合机构的宗旨、使命　0 分
			可持续性	20 分	20 分	查看相关证明材料（项目开展持续 3 次以上）： 开展可持续性的公益项目，在 3 次的基础上，举办一次加 5 分，加满 20 分为止
			项目完成情况	25 分	20 分	查看项目计划及项目完成程度的相关证明材料： （1）全部或超额完成项目计划目标内容　25 分 （2）完成项目计划目标内容的 90% 以上　23 分 （3）完成项目计划目标内容的 80%～90%　20 分 （4）完成项目计划目标内容的 60%～70%　10～15 分 （5）完成项目计划目标内容的 60% 及以下　0 分
			社会效益	15 分	10 分	查看反映社会效益的相关材料： （1）项目针对性强、受益面广、社会效益显著　15 分 （2）项目针对性一般、受益面有限、社会效益一般 5～10 分 （3）项目产生负社会效益　0 分

第七节　宗教公益慈善活动

一、宗教公益慈善的概念

一个不容否认的事实是，公益慈善经常发生的领域是在宗教信仰中，即某宗教的社会关怀。在世界上绝大多数国家或地区中，佛教（Buddhist Philanthropy）、道教（Daoist Philanthropy）、基督教（Christian Philanthropy，即新教）、天主教（Catholic Charity）、伊斯兰教都有悠久的公益慈善传统。以基督教为例，基督教将《圣经》作为活动指南，其公益慈善传统深刻影响了西方人的思想和行为方式，其慈善思想其实是基督教文化中关于爱的看法的现实表现。《圣经》中上帝通过基督彰显无私的爱——"我怎样爱你们，你们也要怎样相爱""不要让你的左手知道你的右手做的"，倡导人与人之间形成更广泛、更深沉的爱，这种无私的、牺牲的爱使人们摆脱了个体的束缚，重视穷人和弱势群体的尊严和价值，实现了爱的对象的延伸，由此形成了"爱邻舍""爱人如己"等关于爱的诫命，且这里的邻舍是广义的，与血缘、地缘、亲缘无关，强调不求回报、保持谦卑。

基于公益慈善与宗教之间的这种关系，可以对宗教公益慈善做出如下定义：宗教公益慈善是指发生领域介于宗教与社会之间的，从宗教信仰出发对贫弱者施以金钱、物资、服务上的援助，或者提供其他实际援助的社会事业，其本质是宗教的社会关怀。

随着公益慈善事业的发展，宗教组织与宗教公益慈善成为受到高度重视的力量，引起了学术界的广泛关注。王佳以厦门南普陀寺慈善会等3个佛教公益慈善组织为重点个案，对其公益慈善活动及组织运行机制进行剖析，提出了佛教公益慈善组织的"救济型慈善""服务型慈善""弘法型慈善"3种基本类型。廖南德考察了道教啬色园的社会服务和社会教育，探讨了道教公益慈善组织的现代化及可持续发展问题，认为解决问题的关键举措是在组织现代化的层面上大兴社会公益服务事业和社会教育事业。黄海波总结了上海基督教青年会（SYMCA）在社会公益事业领域取得较大成就的3个经验：①把握时代脉搏，探索组织定位；②持守博爱理念，延伸服务意识；③提升专业能力，塑造组织品牌，并认为上海基督教青年会创造性地将基督教背景转化为对组织生存与发展有实际引导功能的组织要素，从而突破了基督教背景带来的约束，使基督教精神价值和资源转化为公益慈善事业的组织化参与力量，实现了宗教与现代化非营利性组织的成功结合。

100年前基督教公益慈善案例

19世纪初到20世纪初的100多年里，伴随着西方列强对中国的侵略和资本主义生产方式的传播，也有一部分西方传教士远赴重洋，来到中国，建学校、建医院，反对妇女缠足，反对溺女婴、杀残婴，将现代文明之光带到中国。举例如下。

- 1807年，英国传教士马礼逊（Robert Morrison）在广州创办英华书院，开启了中国人现代教育的源头，马礼逊1834年在广州逝世，将一生献给了中国。
- 1835年，美国传教士伯驾（Peter Parker）在广州创办第一家现代医院，这就是著名的博济医院的前身。
- 1844年，英国女传教士艾迪绥（Mary Ann Aldersey）在宁波创办中国第一所现代女子学校。
- 1844年，英国传教士雒魏林博士（William Lockhart）创办中国医馆，这是上海仁济医院的前身,是上海开埠后建立的第一家西医医院,也是中国第二家西式医院。

- 1845 年,美国传教士麦嘉缔(Elijah Coleman Bridgman)夫妇在宁波创办崇信义塾(Chung Sing School),这是之江大学的起源。
- 1847 年,美国传教士哈巴安德(Elijah Coleman Bridgman)在广州创办格致书院(Anglo-Chinese College),这是岭南大学的前身之一。
- 1861 年,美国传教士倪维思(John Livingstone)夫妇在山东开启反缠足活动,是最早反对妇女缠足的人士之一。
- 1864 年,美国女传教士裨爱丽莎(Eliza Jane Gillett Bridgman)在北京创办了贝满女校(Bridgman Girls' School),这是华北协和女子大学(North China Union Women's College)的前身之一,也是燕京大学的源头之一。
- 1864 年,美国传教士狄考文博士(Calvin Wilson Mateer)夫妇在山东创办登州蒙养学堂(Tengchow School for the Deaf),这是齐鲁大学的前身之一。
- 1864 年,英国传教士杜若兰(William Muirhead)博士受法国领事爱棠(Consul Edan)的委托在上海创办了综合医院(General Hospital),后改名公济医院,这是今天上海市立第一人民医院的前身。
- 1872 年,美国女传教士那夏理(Harriett Newell Noyes)在广州创办首家女子真光书院(True Light Seminary for Girls)。
- 1879 年,美国传教士施约瑟(Samuel Isaac Joseph Schereschewsky)在上海创办了圣约翰书院(St. John's College),这是圣约翰大学的前身。
- 1881 年,美国传教士林乐知(Young John Allen)在上海创办中西书院(Anglo-Chinese College),这是东吴大学的前身之一。
- 1881 年,美国传教士麦利和(Robert Samuel Maclay)在福州创办了福州英华书院(Foochow Anglo-Chinese College),这是福建协和大学的前身之一。
- 1884 年,美国女传教士梅耐德(Annetta Thompson Mills)在山东登州(今蓬莱市)创办了中国第一所聋哑儿童学校。
- 1885 年,美国女传教士玛格丽特·道济(Margaret Williamson)在北京创办道济医院(Margaret Williamson Hospital),这是中国第一所妇婴专科医院。
- 1887 年,美国女传教士麦美德博士(S. Luella Miner)创办了华北协和女子大学,这是中国第一所女子大学。
- 1887 年,英国传教士武成献(William Charles C. Morrison)博士夫妇在山东创办第一家医学堂,后成为齐鲁大学医学院。
- 1887 年,英国传教士梅藤(Charles B. Houghton)博士在杭州开办了中国最早的麻风病医院(Leprosy Hospital)。
- 1890 年,美国传教士聂会东(Boyd Neal)在济南创办华美医院(Hua Mei

Hospital），他后来成为齐鲁大学医学院首任院长。
- 1891 年，美国传教士赖马西（Samuel R. Clarke）医生在广州创办中国第一所盲童学校——光明学校（School for the Blind），这是中国盲童教育的开端。
- 1894 年，美国女传教士富马利（Mary E. T. Wood）在广州创办了广东女医学堂（Guangdong Women's Medical School），这是中山医科大学的前身之一。
- 1896 年，加拿大传教士启希贤（Hugh S. H. Hume）夫妇在成都创办四川最早的妇女儿童医院——华西医院（West China Hospital）；这家医院也是华西协和大学（West China Union University）和华大医学院（West China University Medical College）的创始机构之一。
- 1898 年，美国传教士嘉约翰夫妇（John G. and Mrs. Mary A. Smith）在广州创办中国第一所精神病医院——光华医院（Kuanghua Mental Hospital）。
- 1900 年，美国传教士孙乐文（L. W. P. Johnson）成为东吴大学的首任校长。
- 1903 年，天主教江南传教区的法国籍主教姚宗李（Paul-Marie Reynaud）在上海创办广慈医院（法语：Hôpital Sainte Marie；英语：St. Marie Hospital），1907 年建成，即今天的上海瑞金医院。
- 1904 年，中国著名企业家、国际慈善家沈敦和（Shen Dunhe）发起成立了由中、英、美、德、法 5 国合办的上海万国红十字会（Shanghai International Red Cross Society），旨在救助伤病和贫困民众，提供医疗服务和人道援助，并于 1910 年创办华山医院，这成为红十字会重要的医疗机构之一。
- 1905 年，美国传教士胡美（Edward Hicks Hume）在长沙创办雅礼医院（Yale Hospital），就是现在著名的湘雅医院。
- 1905 年，美国传教士卜舫济（Francis Lister Hawks Pott）成为圣约翰大学首任校长。
- 1906 年，美国长老会(Presbyterian Church)等资助，美国传教士柏高德(James H. Pott)等在上海创办沪江大学，是复旦大学的源头之一。
- 1906 年，英、美两国 5 个基督教会在北京联合开办协和医学堂(Peking Union Medical College)，即现在著名的北京协和医院。
- 1907 年，德国福音派传教士和基督教医疗工作者在上海创办了同济医学堂，后更名为同济医学院，1951 年它与其他学院合并，成为同济大学的一部分。
- 1910 年，美国传教士包文（A. J. Bowen）在南京创办金陵大学。
- 1910 年，美国传教士毕启（Joseph Beech）在成都创办华西协和大学。
- 1913 年，美国传教士德本康夫人（Mrs. E. R. (Edith) L. Dodd）及其丈夫德本康（Edgar Dodd）在南京创办金陵女子大学，后成为南京大学的一部分。
- 1917 年，美国女传教士程吕底亚（Lydia Trimble）创办华南女子大学；同年，美国传教士庄才伟博士在福州创办福建协和大学。

- 1919 年，美国传教士司徒雷登博士（John Leighton Stuart）在北京创办燕京大学，这是中国高等教育领域的一个重要里程碑。
- 1920 年，石美玉（Mary Stone，中国医学界最早留学美国、最早在美国密歇根大学获得医学博士学位的中国女性之一）与美国卫理公会传教士合作，在上海建立伯特利医院（Bethel Hospital），即上海市第九人民医院的前身。
- 1924 年，美国传教士孟良佐（Alfred A. Gilman）在武汉创办华中大学，即华中师范大学的前身。
- 1929 年，英国传教士施德福博士（Edward Thomas Arnot Stedeford）协助薛美德（Margaret R. Stevens）在温州创办白雷德高级职业护士学校；1934 年，施德福博士又开办助产士职业学校，这两所学校是温州卫校的前身。

二、宗教公益慈善的特征

宗教公益慈善是近年来政府和社会常用的说法，也是社会公众接受程度较高的一种说法。宗教公益慈善活动与一般的公益慈善活动有许多共通之处，但也有自身特征。

1. 宗教公益慈善活动的一般特征

宗教公益慈善活动具有一般公益慈善活动的基本特征，包括以下 4 个方面。

（1）以宗教善爱之心作为道德或伦理基础。宗教公益慈善以历史形成的宗教伦理为基础，从"宗教是慈善之母"中便可充分体现两者间的关系。在宗教公益慈善活动中，除强调物质帮扶外，更强调心灵和精神安抚，以帮助贫弱者树立自信、重拾生活信心。

（2）以贫富差距的存在为社会基础。唯有贫富差距的存在才能构成公益慈善的两端社会成员——捐赠者与受助者，或者施者与受者，一般公益慈善和宗教公益慈善才能成为沟通两者之间关系，并适度平衡其利益再分配的途径。

（3）以社会捐赠为独特的经济基础。公益慈善事业的发展必须要有社会捐赠的支持，宗教公益慈善也不例外。如果没有社会捐赠的支持，宗教公益慈善组织及其活动也将不复存在。只有拥有相应的社会捐赠，宗教公益慈善才具有公益慈善行为的本源意义。

（4）以民间机构为组织基础。不同的组织基础决定了各类活动的不同社会性质，倘若由政府实施对弱势者（家庭）的帮助、救助、扶助行动，则属于社会保障系列，不属于公益慈善活动；如果由企业操作，则属于企业形象建设与社会责任承担的一部分。因此，作为第三方的民间社会组织才是宗教公益慈善的组织基础。

2. 宗教公益慈善活动的独有特征

美国休斯敦大学曾在 2003 年通过问卷对休斯敦和得克萨斯的公益慈善组织进行调

研，以此来比较宗教公益慈善服务和一般公益慈善服务之间的差异。研究发现，宗教公益慈善活动的独有特征可总结为以下 3 点。

（1）在吸纳捐款方面，宗教公益慈善占有较大的优势。宗教公益慈善组织比一般公益慈善组织更少得到政府的资助；宗教公益慈善组织的资金来源更加多样、自主。

（2）在组织动员方面，宗教公益慈善组织受益于宗教公益慈善精神信仰的向心力和宗教领袖的号召力，因而比一般公益慈善组织略胜一筹。

（3）在管理成本方面，宗教公益慈善组织的管理成本明显较低。绝大多数宗教公益慈善组织在进行公益慈善活动时，会招募志愿者，尤其是具有宗教信仰的志愿者，并使其通过公益慈善活动表达对信仰的见证，从而大大降低了管理成本和运行成本。

三、宗教公益慈善的现实意义

宗教的各个体系都蕴含着丰富的公益慈善思想，并以一种超凡脱俗的精神来推动人们寻求社会的公正、和谐、纯洁与道义，成为当代公益慈善发展的动力和源源不断的精神力量。因此，党和国家历来高度重视宗教问题和宗教工作，越来越重视发挥宗教在社会各领域，尤其是公益慈善领域的积极作用。我国宗教界一向秉持爱国爱教、荣神益人、慈悲济世、服务社会、造福大众的优良传统，积极参与扶贫救灾、捐资助学、环境保护等活动。党的二十大报告指出，"坚持我国宗教中国化方向，积极引导宗教与社会主义社会相适应。"在建设中国特色社会主义的关键时期，各个宗教体系都以自身的方式努力响应党和国家的号召，自觉走与中国特色公益慈善相适应的发展道路，积极融入新时代公益慈善事业发展的大潮中，为建设和谐、公平、友爱的社会贡献力量。

（1）宗教公益慈善活动是我国公益慈善活动的有力补充。我国现有宗教团体、宗教活动场所、宗教界人士和信教群众数量多，且各宗教都有从事公益慈善活动的优良传统及独特优势，是我国发展公益慈善事业不可或缺的重要组成部分。

（2）发展宗教公益慈善是创新宗教事务管理、推动宗教自身健康发展的客观要求。开展宗教公益慈善活动，必然会挖掘宗教经典教义中的公益慈善思想及文化资源，体现宗教的社会价值，树立宗教的良好形象，促进宗教与社会各界的协调与发展。

（3）发展宗教公益慈善是满足社会群众的需求、弥补公益慈善缺口的现实要求。宗教公益慈善的特别之处在于以一定的宗教思想为指导，创造一些特殊人性关怀的活动方式，形成人与人之间爱心的互动，净化大众的心灵，提升社会的良知，发挥其他团体活动难以企及的教化作用，弥补我国公益慈善的缺口。

（4）发展宗教公益慈善是扩大国内外慈善活动交流、促进社会团结的内在需求。宗教界在开展或参与公益慈善活动过程中，不分民族与国界，在公益慈善事业中找到了共同点，促进了公益慈善的国际交流与理解，增进了整个社会的和谐。

（5）发展宗教公益慈善是推动个体参与公益慈善活动、实现个人价值的重要途径。各宗教组织都号召、动员广大信众积极从事扶贫、助残、救灾、环保、教育、医疗等公益慈善活动，在实践中体现宗教的社会属性和应尽的国民义务。

总之，在中国式现代化进程中，我国宗教公益慈善也迈上了符合国情、具有特色的现代化发展道路。宗教公益慈善在基层社会治理创新中发挥着重要的作用。

四、宗教公益慈善活动领域

我国宗教公益慈善活动的基本形式为捐款捐物、设立慈善项目、创办公益组织，已经形成良好的导向效应，赢得了社会各界的赞誉，其主要活动领域涵盖以下10个方面。

（1）灾难救助。救灾赈灾历来是各宗教组织最重视的传统慈善活动，每逢发生自然灾害或社会事件等突发性灾难，宗教界都第一时间发动信众、捐募物资、奉献爱心。

（2）扶持残疾人。宗教界十分关注残疾人帮扶事业，他们呼吁社会大众消除对特殊群体的偏见和歧视，为特殊群体及其家庭融入社会营造包容、友爱、关怀的社会环境。

（3）敬老爱老。敬老爱老一直是宗教界的良好风气，关爱老人是促进社会和谐的爱心之举。宗教公益慈善活动中养老的项目和内容很多，设立了多种类型的养老机构，且养老服务专业到位，受到了广泛赞誉。在老龄化时代，宗教公益慈善可以发挥更大作用。

（4）托幼慈幼。关心和保护未成年人健康成长是全社会应尽的责任，各宗教组织也努力发挥其信众优势为未成年人提供服务，组织志愿者为孤残儿童提供温暖等。

（5）扶贫济困。扶贫济困是宗教公益慈善的重要内容，即主动关心和帮助身边有需要的人群。在党的领导下，宗教公益慈善组织的扶贫济困活动发挥了一定的作用。

（6）捐资助学。宗教界捐资助学方面的公益慈善活动非常多，积极支持贫困家庭，推动贫困地区发展教育事业。

（7）医疗卫生服务。施医送药是宗教公益慈善活动的优良传统，开设诊所、组织义诊、捐款助医等多种形式的宗教公益慈善活动，挽救了无数患病者的生命。

（8）环境保护。宗教界主张环境保护和动物福利，促进生态平衡，积极开展植树造林行动、组织放生活动、倡导垃圾分类、开展节约能源活动等环境保护活动。

（9）社区公共设施建设。宗教界秉承爱心理念，为有需要的社区和群众修建公共设施，践行其信仰。

（10）阐释与重构宗教公益慈善文化。宗教公益慈善更强调心灵的抚慰，不仅在调和心理、提供精神支持方面发挥着独特作用，而且促进了宗教公益慈善文化的传播。

总之，在党的领导和政府的支持下，我国宗教公益慈善活动将进一步完善宗教团体的发展规划，开展宗教界人士的专业培训，形成上下支持、左右联动的良好局面。

本章提要

1. 公益慈善活动是指公益慈善组织或其他社会组织，以及政府、企业、社会公众、公民个人基于公益慈善目的所开展的一系列活动或项目，包括筹募善款、赈灾救助、扶贫济困、慈善救助、公益援助、交流与合作、宣传与培训、业务指导等。

2. 公益慈善品牌是指在为社会公众谋福利的活动中得到广泛认可和响应的、具有极高信誉度和评价的慈善组织、企业、个人的名称、符号及公益产品。塑造公益慈善品牌的路径是：提高公益慈善品牌的知名度、美誉度、忠诚度。

3. 公益慈善市场化并非以市场中私人利益最大化为目标，而是运用市场的竞争机制、契约精神来促进公益慈善活动的优化、竞争，维护公益慈善秩序，满足社会需求，实现公共利益最大化，促进公益慈善事业发展，捍卫公益慈善的宗旨和价值。

4. 公益慈善活动的风险管理是指在公益慈善活动中进行风险分类、风险识别、风险治理与道德风险控制。

5. 宗教公益慈善是指发生领域介于宗教与社会之间的、从宗教信仰出发对贫弱者施以金钱或物质上的援助，或者提供一些其他实际援助的社会公益事业，其本质为宗教的社会关怀。其基本特征是：以宗教善爱之心为道德或伦理基础；以贫富差距的存在为社会基础；以社会捐赠为独特的经济基础；以民间宗教机构为组织基础。

本章案例

【案例 4-1】一个失败的公益慈善市场化案例：对非洲儿童饮水项目的反思［来源：雷怡然．NPOCN；有删节］

为非洲儿童提供免费、洁净的饮用水是许多公益慈善组织都在努力的事业，如果有一种方法可以让儿童通过参与简单的游戏就能获得饮用水是不是很吸引人呢？PlayPumps 曾经做到了。

PlayPumps 的点子很简单但非常有趣：在缺水的社区建立儿童旋转游乐设施，利用设施转动所产生的动力带动水泵抽取地下水，从而解决当地居民长途取水的困难。同时，水箱的四面可以租给社会服务机构或商业机构张贴广告，设想以此为 PlayPumps 带来可持续资金。从 1994 年在南非农村地区初次安装两台 PlayPumps 抽水机，到 2000 年 PlayPumps 赢得"世界银行发展市场"比赛，这个抽水机界的创新产品越来越多地受到国际媒体的关注和欢迎。截至 2005 年年底，PlayPumps 已经在南非安装了约 700 台抽水机。

2006 年，美国国际开发署（USAID）联合凯斯基金会（The Case Foundation）投入超过 1600 万美元来支持这个项目在非洲南部实施。同时，USAID、凯斯基金会和世界银行国际金融公司也开始负责 PlayPumps 在美国本土的资金募集宣传,一时间社会各界的名流和明星都开始投入 PlayPumps 的筹资活动中,开展了一系列演唱会、电视节目和比赛等活动,甚至打出了"100 天(安装)100 个抽水机"的宣传口号。

PlayPumps 发展初期,资金的主要来源是个人投资和水箱上的广告收入。2003 年,PlayPumps 的创始人建立了一个非营利性组织 Roundabout PlayPumps (RPP) 来专门负责推动投资。RPP 同时与营利性企业合作,将 PlayPumps 抽水机的安装外包出去,同时建立了另一家营利性企业负责抽水机的生产制造。2006 年之后,因受到美国政府的支持,PlayPumps 开始被越来越多的高端政客、名流慈善家及所谓的"慈善娱乐界"(Charitainment) 关注,普通大众通过大量消费 PlayPumps 合作企业的相关产品,也逐渐成了重要的捐赠人。资金的大量流入使 PlayPumps 变得雄心勃勃起来,他们开始在非洲南部扩张,在更多的地区安装抽水机,并且开始寻找当地代理商负责相关业务。

然而,问题随之出现了。许多 NPO 都开始批评 PlayPumps 的过度扩张:在自然条件不适宜、人口密度小的地区安装抽水机几乎没有机会获得广告收入;即使在有稳定广告收入的地区,广告也大多是烟酒广告,这显然不利于社区建设和社会福利提升;太过夸张地宣传抽水机的效果使 PlayPumps 想达成的高目标根本无法实现。调查发现,儿童们每天需要在旋转设施上"玩耍"27 个小时才能满足联合国难民署 (UNHCR) 规定的每人每天 15L 的用水需求。当儿童们不在 PlayPumps 抽水机上玩耍时,需要打水的妇女们发现 PlayPumps 供水系统未安装前臂,整个打水过程变得更复杂、更辛苦了;同时,由于高额的维修成本,很多村庄坏掉的 PlayPumps 供水系统无人更换。

2010 年,更多的质疑和批评接踵而至。很多国际媒体开始报道 PlayPumps 是受市场驱使敛财的骗局,因为抽水机的旋转娱乐设施本身并没有宣传的那样为非洲的孩子们带来乐趣,相比之下反而更像一种利用儿童劳动力来运作的产品。另外,水箱本身作为广告牌并没有带来预期中长期、持续的收入,大约只有 22% 的广告牌有固定的广告。媒体风向一变,随之而来的就是名流慈善家的一哄而散,不仅因为 PlayPumps 项目自身饱受诟病,更因为在上流圈子持续了许久的"非洲慈善热"也渐渐过气了。迫于舆论和资金的双重压力,PlayPumps 原有的机构将其转卖给了一家商业企业,PlayPumps 项目宣告失败。

PlayPumps 项目引起了人们对于市场化慈善究竟是福是祸的热烈讨论。

首先,PlayPumps 项目让儿童参与简单的游戏就能获得饮用水的想法太过浪漫了,这种美好的想法诚然能够迅速引起投资者的兴趣,但是情绪化的回应其实掩盖了贫苦非洲人民真正迫切的需求。很多时候那些真正的需求都被富裕阶层人们的情感擅自下了定义,以至于他们的捐助只是一厢情愿地在满足自我的情感需求。

其次,市场化公益慈善能否成功,受制于慈善项目的市场可行性,并且承担着市场变化的风险。市场本就是风云变幻的,这无疑注定市场化公益慈善为受助人带来的支持和服务也是充满变数的。更何况媒体和名流的口味往往很难取悦,像 PlayPumps 这样被舆论打入冷宫的 NPO，对于业界其他 NPO 的形象也带来了不小的负面影响，对于其今后的市场化探索或健康发展都产生了阴影。除此之外，市场化公益慈善的一大特点就是将目标量化，像 PlayPumps 提出的"100 天（安装）100 个抽水机"的口号，听起来很激动人心，可是既没有经过仔细的计算评估，也没有配套的策略跟进，目标实现最终流为妄谈。

最后，也是最令人痛心的一点是，市场化公益慈善使公益慈善组织与大众的关系由之前的公益慈善精神纽带沦落到简单的买卖关系，这和公益慈善的初衷是相违背的。

市场化公益慈善仍然处于探索阶段，有很多问题仍然没有满意的答案，例如，过度消费主义和营销在慈善事业中应该担当的角色问题，如何将公益慈善目标与市场更好地结合，如何实现道德营销，等等。这些问题仍然需要通过研究和实践寻找答案。

案例导读：公益慈善市场化存在的隐忧；规避市场化公益慈善活动的风险。

思考与练习

一、名词解释

1. 公益慈善活动
2. 公益慈善品牌
3. 应急公益慈善

二、简答题

1. 简述公益慈善活动的风险管理。
2. 简述公益慈善项目评估的内容。
3. 简述公益慈善品牌建设路径。
4. 简述宗教公益慈善活动的意义。

三、论述题

1. 结合实际，阐述公益慈善市场化的困境。
2. 结合实际，阐述公益慈善道德风险的管理。

参考文献

[1] 刘怡仙. 揭秘公益圈里的第三方评估：要问责项目效果，更要提升执行能力[J]. 南方周末，2017-11-23.

[2] 陈勇. 秉承慈善新理念 建构公益大品牌——大型电视公益慈善活动的创新与突破[J]. 中国电视，2007（7）：36-39.

[3] 杜玉华，梁玉. 论慈善品牌战略机制的构建——以结构功能主义为分析视角[J]. 学习与实践，2009（7）：99-104.

[4] 杨明刚，商婷婷. 秉承慈善新理念 建构公益大品牌——慈善品牌的内涵与基本特征初探[J]. 华东理工大学学报（社会科学版），2008，23（4）：57-61.

[5] 高一村. 慈善事业需要有吸引力的品牌项目[N]. 中国社会报，2008-03-12（2）.

[6] 翟倩. 基金会"贫富"不均：慈善也需要品牌效应[N]. 中国社会报，2007-11-19（4）.

[7] 何兰萍. 慈善、道德与社会和谐[J]. 东南大学学报（哲学社会科学版），2006（5）：8-11.

[8] 罗文恩，周延风. 中国慈善组织市场化研究——背景、模式与路径[J]. 管理世界，2010（12）：65-73.

[9] Ralph Borland, Stephen Graham Saunders. Marketing-driven philanthropy: The case of PlayPumps[J]. European Business Review, 2013, 25 (4) : 321-335.

[10] 邓国胜. 公益项目评估——以"幸福工程"为案例[M]. 北京：社会科学文献出版社，2003.

[11] 陈延超. 社会建设视野中的宗教公益慈善研究[M]. 武汉：华中科技大学出版社，2015.

[12] 王佳. 中国佛教团体与慈善公益事业研究评述[J]. 世界宗教文化，2011（2）：6-11.

[13] 廖南德. 从宗教组织的社会服务看道教组织的现代化——以香港啬色园为例[J]. 宗教学研究，2010（2）：214-217.

[14] 黄海波. 青年会模式：以宗教信仰为基础的社会公益组织及其特征——以上海基督教青年会为例[J]. 学会，2010（6）：11-14.

[15] 张士江，魏德东. 中国宗教公益事业的回顾与展望[M]. 北京：宗教文化出版社，2008.

[16] 毕素华. 论基督教的慈善观[J]. 南京社会科学，2006（12）：55-59.

[17] 姚任. 宗教公益：宗教与社会主义社会相适应的有效途径[J]. 特区实践和理论，2010（4）：86-88.

[18] 郑筱筠. "另类的尴尬"与"玻璃口袋"——当代宗教慈善公益的"中国式困境"[J]. 世界宗教文化，2012（1）：52-58.

[19] 董栋. 宗教界开展公益慈善事业问题研究[J]. 世界宗教文化，2012（1）：47-51.

[20] 王俊秋. 中国慈善与救济[M]. 北京：中国社会科学出版社，2008.

[21] 谭树林. 美国传教士伯驾在华活动研究[M]. 北京：群言出版社，2010.

[22] 王国平. 从苏州博习医院看教会医院的社会作用与影响[J]. 史林，2004（3）：85-91.

[23] 潘小娟，吕芳. 中华慈善榜样：记录中华慈善奖获得者的故事[M]. 北京：中国社会出版社，2010.

第五章
公益慈善从业者

05

知识目标

1. 掌握志愿者的概念
2. 掌握公益慈善从业者的概念
3. 掌握公益慈善组织工作者的培训

能力目标

1. 理解对公益慈善组织工作者的约束
2. 掌握公益慈善组织从业者管理的国际经验
3. 理解我国公益慈善从业者管理创新

素质目标

1. 正确看待公益慈善组织工作者的薪酬待遇
2. 掌握公益慈善组织工作者能力与素质要求
2. 认识社会公众参与公益慈善的意义和价值

第一节　公益慈善从业者的基本概念

公益慈善事业的发展，需要各类人才或人力资源的参与，且不仅需要有社会责任感和公共精神的公益慈善专业人才，也需要有财务管理经验、协调沟通能力、资产管理经验和战略规划的人才加入公益慈善事业，共同开展公益慈善活动、从事公益慈善事业。

一、公益慈善从业者

公益慈善事业的发展，离不开财力、物力的投入，更离不开人的参与和奉献。常见的公益慈善从业者有慈善工作者、公益慈善组织工作者、志愿者、慈善家和捐赠人等。通常，慈善家与捐赠人主要在财物上对公益慈善事业提供支持，而慈善工作者、公益慈善组织工作者和志愿者主要付出时间、知识、劳动或服务。一般地，不能将一个服务于公益慈善事业的人（组织）进行简单归类，因为一个参与公益慈善活动的人，可能扮演多种角色。因此，需要基于公益慈善的实践工作对公益慈善从业者加以区别。

1. 慈善工作者

慈善工作者是为公益慈善服务、追求广泛的社会公共利益的工作人员，有的专职工作，如公益慈善组织的工作人员，有的兼职或业余工作。慈善工作者具有如下特点。

（1）自愿性。慈善工作者自愿参与、专门或业余从事公益慈善事业及其相关工作，普遍具有强烈的奉献意识，渴望能够以自己的知识和专长帮助有需要的人群，并且通常能积极主动地帮助他人、服务社会。

（2）利他性。慈善工作者的工作是帮助他人，且不向被帮助者索取任何报酬，他们的日常收入有的从公益慈善组织获取（专职工作人员的工资福利），有的从自己本职工作单位获取，也有的不接受任何酬劳。

（3）自律性。慈善工作者的工作出发点和行业从业动机决定了他们应具有良好的自我约束能力，能抵制金钱、名誉的诱惑。强大的自律能力是其职业道德中的突出特征。

2. 公益慈善组织工作者

公益慈善组织工作者，是公益慈善组织中从事管理、策划、服务、项目运作等专门工作的专职工作人员，是受聘于公益慈善组织的职员，属于非营利性机构的员工（Non-Profit Employee），包括公益慈善组织管理人员、一般工作人员和其他公益慈善组织成员。公益慈善组织工作者除了具有慈善工作者的特征，还具有如下特点。

（1）职业性。公益慈善组织工作者将奉献和自愿从事公益慈善工作作为一种职业，主要利用自己的专业知识、专长等服务于公益慈善组织和社会，帮助有需要的人群。

（2）专职性。公益慈善组织工作者是各种公益慈善组织的专职工作人员，有一定的专业技能和专业知识，且一般以在公益慈善组织中任职为唯一或主要收入来源。

3. 志愿者

志愿者（Volunteer），中国香港地区译为"义工"，中国台湾地区译为"志工"，是不以利益、金钱、名誉为目的，利用自己的时间、技能、知识等资源，为近邻、他人、公益慈善组织、社会乃至世界提供社会服务、作出贡献的人。志愿者通常需要具有一定专业技能，不以谋求物质报酬为工作或服务目的，自愿贡献个人的时间、精力、知识，主要从事扶助弱势群体、抗灾救灾、服务社区、促进教育、保护环境、卫生防疫等专业性、技能性、爱心性服务活动。志愿者起源于19世纪西方国家宗教性的慈善服务，中华人民共和国成立后中国第一个志愿者团体是成立于1990年6月的"深圳市义工联合会"。志愿者是慈善工作者。

志愿者工作，又称为志愿服务、志愿者活动，具有志愿性、无偿性、公益性、组织性等特征，其本质是服务社会、传递"爱与责任"。志愿者工作的核心精神是"自愿、利他、不计回报"。因此，志愿者具有如下特点。

（1）自觉性。志愿者是自觉、自发参与公益慈善活动的人，不受年龄、性别、民族和职业等限制，任何有意愿且具备相应能力的人都可以成为志愿者，参与志愿服务。

（2）非获利性。志愿服务是一种利他行为，不以谋求个人利益为目的，旨在帮助他人或组织，推动人类社会发展，增进社会福利，促进社会进步。

（3）非专职性。大多数志愿者是社会上其他各行各业的工作者，他们主要利用业余时间从事公益慈善活动，有的志愿者只是临时、偶尔地参与，志愿者工作不具有长期性。

（4）间接的自利性。志愿者在帮助他人、服务社会过程中也会积累经验和能力，满足个人的心理需求。从事志愿者工作是实现个人价值、促进身心健康发展的良好途径。

（5）谨守职业道德。尽管志愿者是非受薪雇员，但也应该恪守职业道德，包括服务友善、尊重他人、出勤守时、信守承诺、积极主动、有使命感、严守秘密、保守隐私、不滥用志愿者身份、不欺诈、不贪污、不私下推销有私利的商品或服务。

4. 慈善家

慈善家（Philanthropist），一般是具有一定社会影响力、热心公益事业、经常参与慈善活动、对公益慈善组织或公益慈善活动／项目等进行长期或大量捐助，并大力宣传的社会知名人士，如慈善企业家、慈善大使等公众人物。慈善家也是慈善工作者。

5. 捐赠人

公益慈善的捐赠人（Donor），也称捐款人，是指向公益慈善组织、公益慈善活动或项目、政府、学校、医院、社区、福利机构、宗教组织／宗教场所或处于困境中的个人（家庭）、群体等捐赠财产（包括货币、实物、房屋、有价证券、股权、知识产权等有形财产和无形财产）的自然人、法人和非法人组织，包括个人（家庭）、企业、政府、社会组织、宗教机构，以及境外组织或个人、外国政府、国际组织。慈善家通常也是捐赠人。

二、公益慈善组织工作者与志愿者

公益慈善组织工作者、志愿者和慈善家，都是慈善工作者；公益慈善组织工作者和慈善家有时候也会充当志愿者的角色，从事志愿服务。

1. 公益慈善组织工作者与志愿者的联系

（1）两者都是公益慈善的实际参与者。公益慈善组织工作者与志愿者虽然具体事务不同，但公益慈善活动通常是在公益慈善组织工作者和志愿者的共同参与下完成的。

（2）两者的根本目的相近。无论公益慈善组织工作者是否领取工资福利，也无论志愿者是否有适当的补贴，他们参与公益慈善活动都不以获取物质利益为目的。实际上，只有真正具有社会责任感和奉献精神的人，才可能持久地奉献于公益慈善事业。

2. 公益慈善组织工作者与志愿者的区别

（1）从业主体不同。公益慈善组织工作者是在公益慈善组织中对组织的日常事务、公益慈善活动／项目等进行管理、组织、策划的专职人员；而志愿者主要是利用业余时间自愿参与公益慈善活动的各行各业的劳动者，只要符合基本条件，人人都可以参与。

（2）招聘方式不同。公益慈善组织工作者需要特定公益慈善机构通过一定渠道进行招聘甄选得以任职；而志愿者一般是由志愿者组织或公益慈善项目公开招募的，有些志愿者是主动前往各种志愿者组织办事处或通过网络进行登记注册成为志愿者的。

（3）甄选标准不同。由于公益慈善组织工作者和志愿者的工作性质有一定的区别，因此对两者的能力要求也不尽相同。公益慈善组织工作者需要专业知识和技能，如策划、组织、财务管理等；而志愿者主要担任具体的操作工作，除心理咨询、外国游客引导等一些需要特定能力的工作岗位外，志愿者只要具备一定的脑力、体力，就能胜任大部分志愿者工作。

（4）工作内容不同。公益慈善组织工作者主要在公益慈善组织中担任管理或服务工作，是公益慈善组织的员工；而志愿者处理一些具体的工作，是公益慈善活动的一线工作者。

（5）收入来源不同。公益慈善组织依法从慈善财产中提取一定比例用作组织的管理费用及员工的工资、福利、保险，这是公益慈善组织工作者的主要收入来源；而志愿者有其本职工作，基本上无偿奉献时间、知识、精力，一般不从中获取任何物质报酬。

（6）监管机构不同。公益慈善组织工作者接受政府职能部门、社会的直接监督，公益慈善组织及其工作人员的工作行为和财产运作被严格监管；而志愿者主要受公益慈善组织或公益慈善活动举办方的约束、管理，并接受服务对象的监督。

（7）劳动关系不同。公益慈善组织工作者是公益慈善组织的正式员工，与公益慈善组织是一种雇用劳动关系，一般有正式的、书面的劳动合同；而志愿者自发参与公益慈善组织或其他组织举办的公益慈善活动，一般经过申请或注册、符合一定条件就可参与，一般不向该组织收取酬劳（必要的补贴除外）。公益慈善组织工作者与志愿者是组织者和参与者的关系。

三、公益慈善组织工作者与社会工作者

社会工作者，简称社工，是运用社会工作专业知识、技巧和科学方法为有需要的个人、家庭、机构、社区提供专业服务的专业人员。两者既有联系又有区别。

1. 公益慈善组织工作者与社会工作者的联系

（1）指导原则相同。公益慈善组织工作者和社会工作者均以"利他主义"为指导原则，扶弱济贫，追求社会正义。

（2）两者的专业知识是包含关系。社会工作者具备的专业知识包含公益慈善组织工作者所具备的专业知识。同时，两者都需要掌握或了解公益慈善相关知识及社会保障、管理、经济、法律等相关知识，但社会工作者一般还需要具备心理学等专业知识。

2. 公益慈善组织工作者与社会工作者的区别

（1）价值理念不同。社会工作者秉持"助人自助"的价值理念；而公益慈善组织工作者通常帮助他人，给予其需要的东西。

（2）服务方式不同。公益慈善组织工作者首先确定困难群体，然后开展公益慈善项目或活动，通过募捐等方式为困难群体提供财物或服务等，进而帮助困难群体解决问题；而社会工作者以个案、小组、社区三大专业方法开展服务工作，运用"同理心、聆听、自我披露"等技巧，以及心理辅导、心理咨询等专业进行服务。

（3）服务的倾向性不同。社会工作者注重预防，而公益慈善组织工作者主要倾向于事后援助。社会工作者利用其专业主动探索受助者的需求，并从多方面提供服务援助；而公益慈善组织工作者一般缺乏这种专业，提供援助的方式较少。

（4）薪资来源不同。目前，中国社会工作者的薪资报酬大部分来源于政府购买服务；而公益慈善组织工作者的薪资报酬主要来源于公益慈善组织所募集的慈善财产或善款。

四、志愿者与社会工作者

1. 志愿者与社会工作者的联系

（1）两者都要有奉献精神。社会责任感和奉献精神是志愿者和社会工作者的内在本质。社会工作者通过所学的专业知识和技巧服务于社会；志愿者虽然没有专业性知识，但也在做自己力所能及的事情，为社会服务，为他人负责。

（2）两者都是参与社会治理、促进社会发展的重要群体。志愿者和社会工作者为需要帮助的人提供服务，追求社会公平、正义的总目标是相同的。

2. 志愿者和社会工作者的区别

（1）获得报酬不同。对社会工作者来说，社会服务是其职业，是有薪资报酬的；而志愿者自愿、无偿奉献自己的时间、精力或知识，服务他人、社会，没有薪资。

（2）专业性程度不同。社会工作者经过系统、专业的教育和培训之后运用自己的专业知识和手段来提供社会服务，而志愿者通常不需要这种系统的专业训练；社会工作者一般要通过社会工作职业资格考试获取职业资格证书才能从事社会工作，而志愿者一般没有专业资格限制。因此，社会工作者在专业知识、技术、能力方面要强于志愿者。

（3）服务范围的广泛程度不同。志愿者的服务范围比社会工作者的服务范围更广泛。志愿者的服务包括一系列为他人、社会提供的无偿劳动；而社会工作者的服务一般有具体工作范围。

（4）专业伦理的遵循程度不同。社会工作者需要遵循严格的专业伦理，是强制性的；志愿者也遵循社会伦理和价值，但没有社会工作者那么严格和专业，一般只要不超出道德规范、不触犯法律等约束即可。

（5）服务理念不同。从社会使命看，社会工作者以帮助社会弱小、解决社会问题为己任；从专业使命看，社会工作者秉持"助人自助"服务理念，运用专业帮助服务对象。志愿者倡导"奉献他人、提升自己"服务理念，强调"赠人玫瑰，手留余香"。

第二节　公益慈善组织人力资源管理

一、公益慈善组织的岗位设置

随着公益慈善事业的发展，公益慈善组织对人才的需求越来越大，也客观为社会提供了广泛的就业机会。公益慈善组织已经并将在未来继续成为我国服务社会、吸纳就业的重要平台。公益慈善组织大致能提供以下几个职能部门的职位。

1. 内务部门

内务部门的职位及其职业要求包括：①志愿者管理，对公益慈善组织的志愿者进行统一管理、调配；②项目策划管理，对具体公益慈善项目进行策划、安排；③专业服务，对具体公益慈善活动提供技术支持，如法律咨询、医疗康复服务等；④人力资源管理，基于现有及未来所需人力资源的评估和预测，按需招聘、调动及管理人才。

2. 外联部门

外联部门的职位及其职业要求包括：①募捐，为公益慈善组织或特定的公益慈善活动或项目筹集善款，组织募捐活动，游说、组织义卖活动等；②宣传，通过网站、传统媒体、自媒体、公益广告等公关手段，对社会公众宣传公益慈善组织及其慈善活动或项目，让外界了解公益慈善组织的目标、宗旨、使命、任务和当前的工作状况。

3. 后勤部门

后勤部门的主要职位及其职业要求包括：①行政文秘，主要负责公益慈善组织日常事务管理、运作，负责与政府相关职能部门的联络、支持与互动；②财务，负责公益慈善组织日常的财务运行，包括资金往来、款项运作、办公费用管理、会计、出纳及账目管理、工资福利发放等。

4. 高层管理

高层管理是公益慈善组织高级管理人员的职位，负责组织架构、宗旨、发展目标、工作方向、大型公关事务、危机应对、项目决策等重大事项。高层管理职位的工作者多数由公益慈善组织的创建者、发起人或从市场上聘任的职业经理人来担任，通常也是其所隶属公益慈善组织的主要捐赠人或贡献者，是公益慈善事业的重要开拓者和倡导者，有丰富的政府、企业或其他行业的工作经历，或者有社会影响力。

二、公益慈善组织工作者的能力素质

在公益慈善活动中，公益慈善组织工作者不仅要面对实际工作和众多有不同需要的受助人群，也要接触并管理、运营好大量的善款、物资或人员，其工作既要有社会效益，也要客观上讲究经济效益，这就要求公益慈善组织工作者具备不同于一般企业员工的素质和能力。公益慈善组织从业人员，应该具备如下基本素质或能力。

1. 专业能力

（1）熟悉党的政策和公益慈善的相关法律、法规、规章及地方相关管理办法，自觉地严格遵守制度规范，合理、高效地运用公益慈善资产帮助那些有需要的人群。

（2）具备一定的知识、良好的心理素质和综合能力。综合能力包括善款募集能力、项目开发设计能力、动员宣传能力。其中，善款募集能力是公益慈善组织长久发展的关键因素，从业人员需要具备良好的沟通、协调、快速反应及把握捐赠人意图、动机等能力；项目开发设计能力决定一项公益慈善活动的成败，从业人员需要开发设计准确、鲜明的项目名称，切实、有效的项目内容，清晰、可操作的项目流程；动员宣传能力是吸引更多公众尤其是社会知名人士参与的关键。

（3）适当的管理能力，如战略、决断、激励、应急、抗挫等能力。公益慈善组织管理人员就像一盏指路灯，指引着公益慈善组织的前进方向。

2. 社交能力

（1）具备良好的交流、沟通能力。从事公益慈善工作，既要与同事、上级、政府、志愿者、捐赠人、受赠人、其他组织的人员打交道，又要直接面对那些接受帮助的特殊群体或个人（如病人、老人、残疾人、心理不健康的人及遭遇地震等重大灾难的群众），还要跟媒体打交道。因此，公益慈善组织工作者不仅需要具备一般的沟通能力，还需要具备与这些特殊受助者进行友善、有效交流的技巧和心理素质，更需要做好保密工作。

（2）团队协作能力。公益慈善组织通常有一个庞大的服务团队，非常强调协同、协作和团队合作精神。因此，公益慈善组织工作者须具备团队合作的素质与能力。

（3）应变能力。公益慈善项目或活动，无论策划得多完美，在活动过程中都可能会出现意外，特别是针对应急慈善，各种突发、意外或紧急的事情时有发生，因此公益慈善组织工作者必须具备较强的应变能力才能有效地应对工作中出现的意外。

3. 职业素养

（1）尊重受助者、受益人。公益慈善组织工作者应以平等的方式去帮助受助群体，学会尊重、包容、体谅受助者，注意帮助、救助、扶助的方式和技巧，体会受助者心理。

（2）具有爱心、耐心。爱心是一名合格的公益慈善组织工作者应具备的前提条件，耐心会让公益慈善组织工作者坚持下去，两者缺一不可。

（3）具有博爱精神。公益慈善组织工作者通常怀着帮助他人、推动社会进步的理想进入公益慈善事业领域，他们发自内心地帮助弱势群体或有特殊需要、遭遇特殊困难的人，以促进社会正义、社会和谐、社会进步为职业使命和职业追求。

卓越的公益慈善组织工作者，能够积极思考并恰当地回答以下问题

（1）您愿意要的是公益慈善组织的绩效，而不仅是良好意图吗？

（2）您愿意做出严格的以事实为依据的决定，即使这些决定与流行观点或以自我利益为中心的捐赠人的看法相左？

（3）您喜欢的是影响力而非赞誉？

（4）您愿意为了获得广泛影响力而扩大经过检验的创新，而不仅追求小打小闹的创新？

（5）您愿意将自己最出色、最热情、最具创造力、最训练有素的自我投身于公益慈善事业吗？

三、公益慈善组织工作者的招聘

1. 独立发布招聘启事

公益慈善组织有社会团体、基金会、社会服务机构等组织形式，且其服务对象和服务针对性不同，因而在实际工作中公益慈善组织对人才的需求有所不同。此时，独立招聘就成为我国许多公益慈善组织常用的招聘方式。

公益慈善组织通过对人力资源进行测评和研究，包括任职条件、求职者个人条件、需要具备的专业素质和专业技能等，确定具体的人才需求。经过一定的程序后，公益慈善组织以独立身份在报纸、电视、网络上向社会招聘人才。特别地，由于互联网的普及，大多数公益慈善组织都拥有自己的网站或自媒体（App、微信公众号等），在官方网络或自媒体上发布招聘信息，具有受众广、成本低等特点，受到公益慈善组织的青睐。

2. 综合招聘网站

网络招聘进入公众尤其是大学生的生活，一些公益慈善组织以低成本通过综合招聘网站发布招聘信息。一方面，通过综合招聘网站进行招聘，能够使更多有工作需求的人接触公益慈善行业，了解其人才需求，使有意向且符合条件的人才有更多机会与公益慈善组织取得联系，为寻找工作的人提供一个新的职业选择；另一方面，通过综合招聘网站进行招聘，有利于公益慈善组织更广泛地招揽人才。

3. 合作招聘

为推动公益慈善事业的健康发展，政府职能部门通常会与企事业单位、公益慈善组织、其他社会组织共同合作，推出相关的用人计划，鼓励人才进入公益慈善行业。

一般地，针对一些需求大、影响广、意义深远的公益慈善项目，多方联手才能扩大项目或活动的影响力，让公益慈善的声音传播给更广泛的群体。公益慈善组织的人才招聘也可以利用这种跨部门的联合平台，在更广范围内招揽合适的人才。另外，政府在向公众推广公益慈善组织、公益慈善活动或项目的同时，也可以储备公益慈善人才。

四、公益慈善组织工作者的培训

组建高水平的公益慈善组织工作者队伍，必须把造就、培养、挖掘和使用专门人才，以及提高现有工作人员的素质、能力放在战略位置。为此，政府应发挥积极的导向作用，鼓励高校开设公益慈善领域的相关专科、本科、研究生专业或方向，激励投身公益慈善事业的从业者接受再教育和专业培训；同时，以学历或证书等方式对公益慈善人才予以承认，扩大就业途径，保障公益慈善组织工作者的薪酬福利待遇，让广大毕业生有热情、有尊严、有底气、有专长地投身公益慈善事业。

公益慈善组织工作者的培训案例

（1）2010年10月8日挂牌成立的广州志愿者学院是我国第一家公益慈善人才培训机构，其功能设定为"培训"和"研究"。

（2）中山大学公益慈善硕士研究生课程进修班是我国首个高校开办的以公益慈善为方向的硕士研究生课程进修班。

（3）深圳国际公益学院是我国首家独立注册的公益学院，其采用"理论引导、实践引领、行动至上"的教学模式，致力于培养满足全球公益慈善需求的高级管理人才，以及推动社会实现可持续发展的榜样型慈善家、社会企业家和新公益领导者，开设 EMP 国际公益管理项目、GSE 全球社会企业家项目及 POA 公益网校、职业资格认证课程。

五、公益慈善组织工作者的薪酬

我国公益慈善组织工作者薪酬较低，除资金不足外，还有社会对公益慈善组织工作者高薪的不认可，甚至还有公众认为公益慈善组织工作者应当无偿奉献。鉴于此，一方面，公益慈善组织要完善薪酬福利制度，构建一个公开、透明、合理的薪酬体系，这是提高公益慈善组织公信力及促进公益慈善组织工作者职业发展的根本保证，也是吸引人才、使用人才、留住人才的要求，而专职的公益慈善组织工作者理应获得相应的酬劳以维持其家庭的基本生存；另一方面，公益慈善组织也要完善激励约束制度，公益慈善组织工作者的薪酬福利体系应该具有的激励约束功能，与其他行业或职业并无本质不同。

（1）公益慈善组织工作者确实为公益慈善事业和组织的发展作出了贡献，他们与其他行业的劳动者一样，付出了心血和汗水，当其贡献超出常规时理应获得额外的奖励。

（2）奖励是一种激励，这是对公益慈善职业的肯定。公益慈善组织工作者的工作被认可，有助于促进组织内部竞争，促进公益慈善组织创新、高效发展。

六、对公益慈善组织工作者的约束

在公益慈善领域，"郭美美事件""吴花燕事件""困境血友病患者救助项目"等慈善腐败、慈善丑闻、慈善欺诈事件，深刻揭示了中国公益慈善事业运行中的重大问题、公益慈善组织工作者的道德素质问题及公益慈善行业存在的问题，严重损害了公益慈善组织的公信力，破坏了中国公益慈善事业的健康发展。因此，完善对公益慈善组织工作者的约束机制就成了维护公益慈善秩序、净化公益慈善事业的重要内容。一般地，可以从绩效评估、内外监督、信息披露、投诉举报、责任追究 5 个方面对公益慈善组织工作者进行约束。

1. 绩效评估

对公益慈善组织工作者进行绩效评估，有助于：确保公益慈善组织成员不偏离组织使命、目标、宗旨，注重组织效益，降低组织成本；帮助公益慈善组织成员及管理人员寻找工作差距、漏洞或缺陷，扬长避短、精益求精，提高公益慈善工作质量和公益慈善服务水平；有利于政府职能部门掌握公益慈善组织的运营状况，优化监管和政社互动；优化社会监管、捐赠人监督。

公益慈善组织一般不创造利润，也不生产具体的、有形的产品，主要提供无形服务，其服务依赖从业者的道德品质、志愿精神和公益情怀。因此，公益慈善组织工作者的工作绩效很难用单一、定量的方法进行测评，而需要综合评估。

（1）社会评价。社会评价即社会公众尤其是媒体、捐赠人对公益慈善组织工作者的工作绩效、服务精神、服务意识、服务效果的口碑或看法。不过，社会评价的收集并不容易，可以采用网络方式进行在线调查，也可以随机邀请部分公众通过互联网或调查问卷对公益慈善组织及其员工的服务进行评价。

（2）问卷调查。让受助者填写调查问卷来评价公益慈善组织工作者的服务和效果。受助群体作为直接服务对象，对公益慈善组织成员的工作状况有切身感受，其意见最直观。

（3）互评。公益慈善组织工作者内部之间的相互评价。公益慈善组织员工在共同的工作中需要协调一致、相互协作，对彼此的工作状况深度了解。不同部门之间、同一部门成员之间以科学的方式互评，帮助员工了解自身缺陷，以改进不足、互相促进、共同进步。

（4）自评。基于自律要求，公益慈善组织可以要求工作人员从德、勤、绩、能、廉等角度对自己的工作进行自我评价，帮助工作人员正确认识自己，客观看待工作。

2. 内外监督

（1）自我监督。自我监督是公益慈善组织成员对自己的约束，避免工作人员不正确地使用慈善财产及出现不恰当的行为、言论。

（2）立法监督。公益慈善事业主要是民间社会事业，除依法履行必要的监管职能外，要尽可能弱化政府对公益慈善组织的行政干预；此时，需要建立健全公益慈善制度来实施对公益慈善组织及其工作人员的约束，推动一般的从业标准制定，以及促进公益慈善组织实现管理人员遴选、聘用、考核、惩罚的制度化、规范化和法治化。

（3）行业监督。公益慈善市场化的一个重要目标在于，通过公益慈善行业的竞争，实现对公益慈善组织工作者的约束，使那些绩效差、诚信差、声誉差乃至违法犯罪的公益慈善组织及其工作人员难以在行业内立足。

（4）社会监督。社会（社会舆论、新闻媒体、社会公众、捐赠人、受赠人、受益人、第三方独立机构）对公益慈善组织的公信力、廉洁度、关联交易的适当监督。

3. 信息披露

信息披露主要是指筹募方式、捐赠款物接受情况、公益慈善项目方案、资助对象、资助审批程序、慈善财产使用情况、选择受助对象的方式、年度报告、财务报告、审计报告等信息的公开。信息披露可以间接推动并实现各方对公益慈善组织工作者言行的约束。

> **公益慈善组织信息披露内容**
>
> - 公开慈善财产筹募方式及现场捐赠、邮寄、转汇等捐赠渠道；
> - 公开捐赠款物的接受情况，并依法或依据协议处理好隐私保护信息；
> - 公开公益慈善项目背景、项目规模、受助对象条件、受助申请文件等信息；
> - 受助对象的资料向捐赠人公开，并依法或根据协议进行隐私保护；
> - 受助对象的选择、审批程序的公开；
> - 直接向社会公布或直接向捐赠人反馈慈善财产的使用情况；
> - 建立爱心捐赠人档案，公布评选资格和条件，公开评选爱心捐赠人；
> - 公开公益慈善项目进度、活动或项目财务情况和资助情况。

4. 投诉举报

社会公众有权将公益慈善组织工作者的不良行为、腐败行为、欺诈行为及其他违法行为向政府职能部门、公益慈善组织主管部门、媒体或行业自律组织投诉举报。畅通社会公众对不良行为的投诉举报是有效约束公益慈善组织工作者的重要渠道。

> **慈善监督委员会**
>
> 2013年，广州市成立了慈善监督委员会，这是全国首个公益慈善组织第三方监督机构，公众不仅可以向民政部门等职能部门投诉或举报，还可以向慈善监督委员会投诉或举报。
>
> - 监督公益慈善组织对善款的使用情况；
> - 提出或转达社会公众对公益慈善组织的工作意见；
> - 向民政部门或其他政府部门投诉举报公益慈善活动中存在的违法违规行为；
> - 主动开展民众质疑的公益慈善事项调查，监管、公布调查结果；
> - 向民众发布公益慈善年度监督工作报告。

5. 责任追究

责任追究是针对公益慈善组织工作者的一种硬约束。注意事项包括：①明确责任主体，责任主体是一切利益相关者，包括政府职能部门、公益慈善组织、志愿者、捐赠人、受助人；②内部问责和外部问责相结合，内部问责是公益慈善组织内部的惩治，外部问责主要是权力机关的问责、社会公众的问责和新闻媒体的问责；③合理确定责任，规范落实责任追究。

第三节　公益慈善从业者的管理变革

一、公益慈善从业者管理的国际经验

总体来看，在经济较为发达、社会建设相对成熟的欧美国家，公益慈善事业相关人才市场的发展有久远的历史、良好的文化氛围、发达的社会基础和健全的制度架构。

1. 欧美社会公益慈善从业者状况

许多欧美国家有庞大的公益慈善工作者及志愿者队伍，参与公益慈善事业对许多民众而言是日常行为，他们可以在家附近、工作地点、广场、商场、街头得到志愿者招募信息，经过相对比较简单的手续就能成为某个公益慈善机构的注册志愿者，利用下班、周末或假期从事公益慈善活动，且主要通过教会或社区团体，以参与募捐、义卖、助教、分发食品等形式提供志愿服务。在公益慈善组织林立的国家，当拥有志愿者经验的人想要全职从事公益慈善事业时，他们能相当容易地在公益慈善机构找到工作岗位。另外，女性是欧美国家公益慈善事业的主要力量。

2. 公益慈善专职从业者的培训

在欧美社会，公益慈善机构的专职从业者与其他行业的工作者没有本质区别，其薪酬和培训制度与其他行业无异。一些大型公益慈善机构从业人员招聘网站上，一般会发布相应的职业技能培训信息，这些培训通常是收费的，与其他职业培训一样。一般地，无论是志愿投身于公益慈善活动培训课程报名者，还是想要按劳取酬谋取一份公益慈善组织职位的培训课程报名者，他们所要缴纳的培训费是相同的。

欧美国家认为，虽然在公益慈善组织任职的工作内容与在商业组织任职的工作内容由于行业差异而有所不同，但从业者的基本知识、基本能力与基本素养理应是一致的，甚至公益慈善专职从业者要比一般企业员工、政府雇员更具有自律性、爱心和奉献精神。因此，公益慈善专职从业者不仅要有热情，也要提升能力、素质和专业，并平等地支付培训费用。

3. 对公益慈善从业者的约束

相对而言，欧美国家的公益慈善制度更健全一些，对公益慈善从业者的激励与约束制度也更完备一些，但这些国家仍会因对公益慈善工作者的约束不力而暴露出问题，影响了公益慈善行业的信誉和公信力。因此，欧美国家公益慈善组织对职员的内部管理约束及政府对公益慈善从业者的外部监督都非常严格。以美国为例，美国的慈善基金会均被要求建立完善的内部治理机制，对其员工参照企业的激励约束机制加以管理；美国联邦税务局严格要求公益慈善组织提供年度报表，包括年度收支明细账，以及支付给董事、执行官、骨干雇员和5位收入最高员工的薪酬等，对公益慈善从业者酬劳及资金运作进行严格财务监督；美国建立了完善的个人诚信系统、机构自律体系和行业评级机制。

国际上的慈善腐败举例

- 1992年，《纽约时报》揭露美国联合劝募会前任主席阿尔莫尼自占捐款用于度假、购买豪华别墅和其他奢侈物品。
- 2008年，英国广播公司（BBC）被揭露侵吞超过10万英镑善款，且BBC环球公司一些员工经常私下扣留本应用于慈善用途的钱款。
- 2008年，联合国儿童基金会德国委员会负责人迪特里希·加里希思被揭露乱用捐赠基金，其领导的基金会内部管理混乱，捐赠过程缺少透明度。
- 2015年，英国"孩子公司"（Kids Company）因滥用资金和缺乏财务控制的指控而被关闭。Kids Company被指控将大量捐款用于高额行政开支和不必要的豪华项目；同时，英国议会公共账目委员会（Public Accounts Committee）审查发现该组织在财务管理上存在预算失控、资金分配不合理等严重漏洞。
- 2011年，意大利"圣拉斐尔基金会"（Fondazione San Raffaele del Monte Tabor）因财务丑闻和贪污指控而被重整。其管理层被指控通过虚报账目、虚假合同和不正当资金转移等复杂的金融操作掩盖其巨大债务，管理层挪用大量捐款并将其用于非医疗用途。部分高层管理人员还被指控收受贿赂。
- 2011年，美国"全球健康基金"（Global Fund to Fight AIDS, Tuberculosis and Malaria）内部审计发现，马拉维和马里等多个受资助国家的官员和项目负责人涉嫌挪用基金会的资金，捐款被用于个人开支和虚假采购；同时，某些项目虚报受益人数、伪造项目成果；部分资金被非法转移到私人账户。

4. 公益慈善组织工作者的薪酬待遇

在欧美社会，公益慈善组织工作者被视为一般的社会工作者，其获取的薪酬与其他非营利性组织员工或企业员工的并没有太大区别。非营利性组织与营利性组织竞争人才，必须给非营利性组织员工较高的薪酬。公益慈善组织工作者的薪酬水平，一般通过与相同环境下、相同领域且相同规模的营利性企业类似职位的员工的平均薪酬比较来确定。当然，公益慈善组织给每位员工的薪酬都必须有据可依，否则将会受到罚款处分，甚至丢掉免税资格。

> **英、美两国公益慈善组织从业者福利待遇案例**
> - 英国有一家专门提供公益慈善工作岗位的网站Third Sector Jobs，在该网站上找工作，可以利用"Narrow Your Search"版块的分类进行范围搜索，分类方式包括工作部门、慈善机构所在地、全职或兼职薪酬等级。
> - 美国薪酬制度允许公益慈善工作者享有与一般企业员工同等的待遇。
> - 健全的社会保障体系让西欧一些国家的公益慈善工作者没有后顾之忧，人们可以无压力地全力参与公益慈善事业。

二、公益慈善从业者的专业化

专业人才的欠缺、社会服务观念的滞后和公益慈善公信力的低下，成为制约中国公益慈善事业发展的瓶颈。各类公益慈善组织从开始创建、启蒙到发展，迫切需要具有专业技能、专业素养和服务观念的理论研究人才、高级管理人才、项目运作人才、专业服务人才、宣传推广人才。这既要依托高校的培养输送，也要公益慈善组织去培育、发掘、建设一支高水平、高素质、高专业技能的专业化公益慈善从业者人才队伍。

（1）大力推动公益慈善从业者的专业培训，开设有针对性的课程，不断丰富公益慈善组织工作者、志愿者和其他社区工作者的理论知识，提高其专业技能和专业素养。

（2）积极引导政府、企业、公益慈善组织与从事公益慈善科学研究、培养公益慈善专业人才的高校、科研院所合作，促进公益慈善从业者队伍的专业化、社会化。

（3）完善专职性公益慈善从业者的薪酬、福利制度和社会保障制度，健全志愿者的权益保障、奖励表彰、信用激励等制度，增强公益慈善事业的吸引力，吸纳更多人才。

（4）着力完善公益慈善事业的行业从业标准，以社会的需要、受助者的需求为导向，提高公益慈善从业者的服务意愿、服务水准和服务能力。

（5）健全公益慈善工作者的监督约束机制，完善公益慈善信息披露机制和投诉回应机制，推进政府监管、社会监督和行业自律，依法约束公益慈善从业者的行为。

三、促进公益慈善从业的对策

中国公益慈善事业的发展程度与美国等发达国家相比还有一定差距，这种差距尤其表现在社会公众参与公益慈善活动、从事公益慈善事业的活跃程度上。目前，我国社会公众对公益慈善参与的热情不高，参与途径不够畅通，慈善资金来源单一且较少，志愿服务尚不发达，严重制约了公益慈善事业的发展。事实上，促进广大社会公众参与公益慈善，不仅是公民践行社会责任感和人道主义精神，以及增加居民幸福感、让居民生活更充实更满足的重要途径，也是解决慈善财产和公益慈善人才缺乏问题，促进更多的人从单纯捐资捐助、单次性地参与公益慈善活动或参加志愿服务，转变为积极投入公益慈善行业，多渠道、多形式从事公益慈善事业的关键举措。本章从以下4个方面提出对策。

（1）强化公益慈善教育。营造公益慈善氛围，弘扬公益慈善文化，让民众全面了解公益慈善，化解社会公众对公益慈善的误区。这就要从公益慈善教育抓起，不仅要建设公益慈善管理相关专业教育与人才培养体系，而且要完善大学通识教育体系和中小学生素质教育课程体系，普及公益慈善相关课程，培养青少年的公益心和公共精神，使青少年在成长过程中关注公益慈善。

（2）构建社会信任关系。推进社会诚信建设，营造诚信文化，促使政府、企业、公益慈善组织、志愿者、社区工作者、捐赠人、受赠人、受益人之间建立信任关系；强化公益慈善组织信息公开透明，实现公益慈善活动合法、公开、透明和有效运作。

（3）鼓励经常性小额捐赠。建立经常性小额捐赠机制，践行微公益，保障慈善财产来源稳定，减少浪费；优化当前针对特定目的、特殊救助对象的轰动性、短暂性捐赠机制。

（4）拓宽社会公众参与公益慈善活动的途径，包括：持续优化志愿服务和志愿者注册机制，完善志愿者招募机制、平台和程序；推动义卖、义演、义展和公益性体育活动开展，优化、简化慈善商店的工商税务注册登记制度；强化社会实践和社区服务体系，促使更多青少年、老年人积极参与公益慈善活动；强化网络公益平台的公信力和诚信建设，营造社会公众广泛参与网络公益的氛围，推动更多公众积极投身到公益慈善活动中来。

本章提要

1. 支撑整个公益慈善事业大厦的是慈善工作者、公益慈善组织工作者、志愿者、慈善家和捐赠人，他们虽然以不同的角色参与到公益慈善活动中，但都有一颗大爱的心。

2. 公益慈善事业对专业人才的需求越来越大，公益慈善组织亟须建设一支高水平、高素质的人才队伍，不仅有公益慈善工作的热情，而且熟悉公益慈善的法律、法规、章程，具备专业的基本知识技能、良好的实践能力和开拓进取的创新精神。

3. 目前，公益慈善从业者队伍建设面临诸多问题，如待遇过低导致人才吸收和存留困难、公益慈善工作社会认同度不高、缺乏有影响力的人才招聘渠道等。因此，必须转变人才观念，重视人才的纳新、培养和提升，制定一套公益慈善从业者队伍建设方案。

4. 借鉴国外公益慈善从业者管理经验，强化公益慈善工作者的教育、培训，健全公益慈善专职工作者的激励约束机制，营造良好的公益慈善人才发展氛围和环境，扩大公益慈善事业的社会参与面。

本章案例

【案例 5-1】济世惠民：嘉庚先生与公益慈善 [资料来源：李佳莹. 中华全国归国华侨联合会官网，2024 年 06 月 14 日；有删节]

陈嘉庚先生是著名的爱国侨领、教育家、企业家，更是受人敬仰的慈善家，他对中国的公益慈善事业作出了巨大的贡献，其先天下之忧而忧、后天下之乐而乐的慈善精神、崇高品格，不仅没有随着社会的变迁而消逝，而是随着时光的流逝熠熠生辉。陈嘉庚济世惠民的实践为后世留下了丰沃的物质财富，更是宝贵的精神财富。

1. 结缘慈善：嘉庚先生公益慈善的发源

中国传统文化是陈嘉庚慈善思想的发源。陈嘉庚出生于 1874 年，是福建省泉州府同安县集美社（今福建省厦门市集美区）人。福建是南宋朱子学的发祥地，拥有悠久的慈善文化。朱子家训有云："患难不可不扶。"当地很早便产生了"社仓"之类的慈善机构。陈嘉庚自幼在家乡南轩私塾就学，深受中国传统文化熏陶，熟读《四书》《五经》《四书注》等，因此，幼年的陈嘉庚对儒家经典文化心领神会，儒家义利观主张舍"小我"重"大义"，这种"重义轻利"的价值观深深烙印在陈嘉庚的脑海中，并向往"天下为公"的理想社会。这些教育不仅为陈嘉庚打下了良好的文化基础，也对其未来的公益慈善实践产生了深刻影响。

陈嘉庚的家庭氛围是其慈善思想的基础。童年时，陈嘉庚的父亲在新加坡经商，并不在身边，母亲孙氏一手将他抚养成人。其母素有贤德美名，为人公正、尊老爱幼、贤良淑德、勤俭节约，对孩子既关爱有加，又严格教导。此外，其母亲乐善好施，除亲生孩子外，一生还收养了多个孩子。母亲言传身教，在陈嘉庚内心埋下了热爱祖国、乐善好施的种子。陈嘉庚也深受其父陈杞柏影响。陈嘉庚 17 岁时投奔其父，陈父经商，为人正直，热心社会公益活动，积极承担社会责任，曾捐款修建宗祠和庙宇，还捐款建设医院。父母的家庭教育对陈嘉庚日后做公益慈善实践奠定了牢固基础。

陈嘉庚与公益慈善的结缘也有当时时代的烙印。正处晚清时期的中国，面对外有列强入侵、内部封建王朝统治腐败的困境，国家积贫积弱，百姓民不聊生。陈嘉庚早年便关注民生疾苦。青年时期，陈嘉庚展现出对社会公益的关注和热爱，其自述"生平志趣，自廿岁时，对乡党祠堂私塾及社会义务诸事，颇具热心"。青年陈嘉庚曾多次征集药房和医书，印制后免费赠给家乡村民。

陈嘉庚的慈善观与其在南洋的经历有密切联系。福建省是我国著名的侨乡，散布世界的爱国华侨时常回国创办实业，并致力于家乡乃至国内公益慈善事业。17 岁时，陈嘉庚离开福建家乡，来到新加坡经营商业，并发家致富。作为福建人的陈嘉庚尽管身处南洋，但始终保持爱国情怀，并挂念着祖国的一切。1906 年江苏洪涝灾害、1908 年漳州水灾、1917 年天津水灾等全国各地自然灾害发生后，陈嘉庚对灾区人民施以援手、多方筹款赈灾。

西方慈善文明也影响着陈嘉庚的公益理念。在新加坡生活的陈嘉庚感受到了先进的工业与教育，为此，陈嘉庚先生从年轻时便开始倾尽全力捐款兴建学校。他曾说："教育是千秋万代的事业，是提高国民文化水平的根本措施，不管什么时候都需要。""国家之富强，全在于国民，国民之发展，全在于教育，教育是立国之本。"此外，他也曾称赞西方国家的慈善文化，在西方，资产越雄厚的人，越是倾资慈善公益，让更多的人受益，因此能国强而民富。陈嘉庚的一生都在践行着轻私利为大义，为了国家、民族奉献一切的精神。

2．倾资垂范：嘉庚先生公益慈善的实践

1) 兴学报国，教育慈善

陈嘉庚先生的慈善实践在教育领域作出了重要的贡献。他曾经说："民智不开，民心不齐，启迪民智，有助于革命，有助于救国，其理甚明。教育是千秋万代的事业，是提高国民文化水平的根本措施，不管什么时候都需要。"他认为，慈善不仅仅是捐款捐物，更重要的是解决社会问题的根源，推动社会进步和发展。因此，陈嘉庚提倡慈善事业要与教育事业相结合，通过教育培养更多的慈善人才，推动慈善事业的可持续发展。他先后创办了集美小学、集美师范及中学、集美女子小学，又陆续创办了包括幼稚园、男小、水产、航海、商业、农林、幼师、乡师、国专等十几所学校，统称为集美学校，筹办了厦门大学。……他在新加坡长期资助、倡办多所华侨学校，包括道南小学、爱同小学、崇福小学、南侨师范、新加坡水产学校和南洋华侨中学等，办学经费均靠其所经营实业来维持，这些华侨学校对培养华侨生的爱国情怀、增强民族意识、加强华侨团结起到了重要的作用。

有人统计，陈嘉庚先生一生中在教育方面的公益慈善金额超过了 1 亿美元。

2) 支持革命、抗战，救济祖国

陈嘉庚先生不仅在教育领域有卓越的成就，而且是著名的爱国侨领。他投身于民主主义革命，并资助筹款……

3) 支持各行各业的社会公益

除了教育慈善事业、爱国救济，陈嘉庚先生还非常关注其他社会公益事业。他积极捐赠资金用于修建医院、养老院和孤儿院等社会福利设施，改善了民众的生活条件；多次投资修建水电站、水厂、公路、桥梁等基础设施；创办了《南洋商报》《南侨日报》《南桥晚报》，这些报纸成为呼吁华侨为国出力、国共合作、积极抗战的政治舆论阵地。

陈嘉庚先生非常重视文化事业的发展，他投资创办了华侨博物院等多个文化机构，还支持了多项文化活动，如戏剧演出、音乐会、展览等，促进了文化交流和传承。

3．应尽之天职：嘉庚先生慈善思想的特点

陈嘉庚先生的公益慈善经历有鲜明的时代烙印，其慈善思想更是在实践过程中形成了完整的、具有长远启发意义的公益理念。他的慈善行为不待富而后行,重视募捐,且躬先表率带头捐资。此外,他积极以办慈善基金会的模式筹集资金,这种先进的公益形式保障了公益的持续性。

1) 公益不待富而后行

1918 年,陈嘉庚先生在筹办南洋中学的演讲中提出:"夫公益义务固不待富而后行,如必待富后行,则一生终无可为之日。"这句话鲜明地勾勒出陈嘉庚公益思想最大的特点,即无论贫富,皆将公益慈善付诸实践。他并非等自己积累了一定资产,再拿出资产的一部分做公益,而是只要有余力,就要倾其所有贡献给社会。

2) 躬先表率,成众人之事

陈嘉庚深知,长久的慈善需要集结社会力量。他非常重视募捐活动,并认为募捐一定要有人带头募捐、多捐,因此,在募捐中他都率先垂范、慷慨捐资,从而能够博施济众,形成力量更大的慈善援助。

3) 公益模式先进,筹办慈善基金会

陈嘉庚先生的公益慈善注重长期可持续性,他的企业家精神使得他擅长,并重视对公益慈善资金的管理与监督。他表示:"盖厦集两校,经费浩大,必有基金为盾,校业方有强健之基。"传统的慈善往往是一次或几次的捐助,缺乏长久性。为了其慈善事业可以永久发展下去,陈嘉庚先生成立了慈善基金会,用于保障各种慈善项目,如教育事业与社会公益等的稳定发展。

4. 民族光辉:嘉庚先生公益慈善的贡献与影响

陈嘉庚先生的公益慈善事业不仅范围广泛、内容丰富,而且具有深刻的思想内涵和价值观。他的公益慈善事业不仅推动了中国公益事业的发展,更是为近代中国的发展和进步作出了卓越的贡献。

1) 发展了中国的公益慈善事业

陈嘉庚的慈善思想是中国慈善的重要精神资源,其慈善事业开创了华侨公益回馈祖国家乡的先河,对中国社会产生了深远的影响,激励了更多人参与公益事业,缓解了革命、抗战等各个重要时期祖国面临经费不足的局面,更是推动了中国慈善事业的发展。

陈嘉庚的慈善事业促进了西方先进慈善理念在中国的传播,他开创了福建华侨在家乡重教乐捐的先河,他的慈善行为引发了众多侨胞效仿。

2) 推动了中国的教育事业

陈嘉庚在教育事业的慈善行为,为中国培养了大批优秀的人才,他在慈善实践中尤其重视教育行业,无论自身面临多大困境,他都义无反顾。他不仅倾资办学,且有目标、按计划躬亲统筹安排学校的发展、规划,并善于借鉴国外教育精华思想,改革旧式教育,通过办教育、演讲、报纸等形式引导更广泛的民众,真正起到了"开民智、鼓民力"的作用。

3) 为中国的发展作出巨大贡献

陈嘉庚作为爱国华侨领袖,他的慈善事业时刻与祖国的发展联系在一起。陈嘉庚创办的厦门大学、集美大学的师生以各种形式参与爱国正义斗争,被称为"民主堡垒""革命摇篮"。抗日战争时期,民族危机严重,陈嘉庚实业收盘,继而专心组织华侨募捐、筹赈祖国,陈嘉庚担任主席成立南侨总会,组织华侨筹款救济,以巨大的物力、财力和人力支援祖国抗战。中华人民共和国成立后,看到国内百业待兴,陈嘉庚先生毅然离开居住了50余年的新加坡,回到祖国,继续其慈善事业。

总之,陈嘉庚先生的公益慈善在革命、抗战等各时期、各领域都作出了巨大的贡献。他通过创学、捐赠资金和参与各种慈善活动,推动了中国教育事业的发展,缓解了革命、抗战等各个重要时期中国面临经费不足的局面。因此,学习和发扬陈嘉庚的慈善精神对于中国社会慈善事业的发展、中华民族精神文明的进步有重要意义。

案例导读:理解慈善家的概念及其公益慈善思想的源泉;把握慈善家可开展的公益慈善活动领域;理解公益慈善从业者对社会发展的贡献;辨析慈善家与捐款人的关系。

思考与练习

一、名词解释

1. 慈善工作者
2. 志愿者
3. 公益慈善组织工作者

二、简答题

1. 志愿者与公益慈善组织专职从业者有什么不同?
2. 简述慈善工作者与社会工作者的区别与联系。

三、论述题

1. 讨论公益慈善组织工作者的约束机制。
2. 论述公益慈善组织的人力资源管理。

参考文献

[1] 王思斌. 社会工作概论[M]. 北京：高等教育出版社，2011.

[2] 张明敏. 如何更好服务捐赠人成为公益慈善行业从业者探寻发力的新方向[N]. 公益时报，2024-02-06（10）.

[3] 郭丽菲. "科学公益"助力青年公益从业者专业成长[N]. 山西青年报，2022-08-18（11）.

[4] 江明修. 志工管理. 台北：五南图书出版公司，2007.

[5] 卢磊. 公益慈善事业需要什么样的人才[J]. 中国社会工作，2020（10）：43.

[6] 李勍. 慈善监管：政府最大的"慈善困惑"[J]. 中国西部，2009（Z7）：74-75.

[7] 林红. 银杏伙伴成长计划——探索支持公益人才的路径[M]. 北京：社会科学文献出版社，2011，186-187.

[8] 杨团. 慈善蓝皮书·中国慈善发展报告（2011）[M]. 北京：社会科学文献出版社，2011.

[9] 王小波. 试论普通人参与慈善事业的意义、影响因素及其途径[J]. 道德与文明，2006（2）：12-15.

[10] 苏伦军. 全面提升民众慈善观念，全力推行"平民慈善"理念——对新形势下发展慈善事业的几点思考[A]//寒山寺文化研究院. 寒山寺文化论坛论文集（2009）[C]. 2009.

[11] 徐彤武. 美国政府对公益慈善事业的管理及启示[M]. 北京：社会科学文献出版社，2011.

[12] 李迎生. 慈善公益事业的公信力建设论析[J]. 中共中央党校学报，2015，19（6）：85-92.

第六章
公益慈善财产

知识目标

1. 掌握公益慈善财产的基本概念
2. 掌握公益慈善募捐、捐赠方式
3. 掌握公益慈善财产使用的规定
4. 理解公益慈善财产投资的概念
5. 了解公益慈善组织的财务管理

能力目标

1. 理解公益慈善财产管理的目标
2. 比较中西方公益慈善募捐、捐赠的差异性
3. 理解公益慈善财产投资的风险
4. 理解公益慈善组织的成本管理

素质目标

1. 理解公益慈善信托的意义和价值
2. 理解公益慈善财产投资交易原则

第一节　公益慈善财产概述

公益慈善财产是公益慈善事业的核心，公益慈善活动主要围绕公益慈善财产来开展并加以管理。因此，对公益慈善财产的有效管理是公益慈善学的核心命题，包括公益慈善相关资金（主要是善款，也包括可以折合成货币的捐赠物资、设备、厂房等固定资产）的筹集、组织、使用和核算；公益慈善财产的管理要素也主要存在于这些环节中。近年来，我国公益慈善财产的募集、运作、使用、投资等管理过程出现了一些问题，严重影响了公益慈善的公信力和我国公益慈善事业的发展。

一、公益慈善财产的概念

公益慈善财产，简称慈善财产，在习惯上或公益慈善实践中，或者在非正式文本里，亦可被称为慈善资金、善款。公益慈善财产是指社会捐赠或国家财政资助的，主要用于公益慈善目的或相关活动的各种财物。公益慈善组织的财产要按照组织章程和捐赠协议的规定全部用于慈善目的。公益慈善财产是构成公益慈善活动及保障公益慈善组织、其他慈善活动或项目正常运转的物质基础，也是实现慈善与公益功能、推动公益慈善事业发展的物质载体。

公益慈善财产有广义与狭义之分。狭义的公益慈善财产是指以现金、银行存款或电子货币形式等货币资金体现的各类善款（电子货币具备了流通货币的特征，本书将它纳入资金的范畴）。对善款的透明使用或运作，是社会公众最关注的事项。广义的公益慈善财产也被称为公益慈善资源，包括公益慈善组织可以运作的各种捐赠善款、物资及非物质或非金钱体现的服务，如心理康复服务等，但主要是善款及各类捐赠物资。具体地，广义的公益慈善财产除货币资金外，也包括各种捐赠的物质、机器、设备、土地、厂房、知识产权、时间、体力劳动、智力劳动、专业知识等非货币资金。由于捐赠的物质、机器等理论上可以折合成货币资金（现金），且实际上公益慈善组织在统计捐赠总额时通常会将捐赠物资折算成现金计入总账，因此，本书涉及的公益慈善财产并不进行广义、狭义的区分，在不进行特殊说明时也不具体区分是货币资金还是非货币资金。

公益慈善财产一般有以下几个特征。

（1）来源的多样性。公益慈善组织及其他公益慈善活动的资金来源主要是社会捐赠（捐助、捐献）和政府一定的财政支持，还有善款的再投资收益。其中，社会捐赠包含国内外个人、家庭或企事业单位、社会组织、宗教机构的捐赠，以及外国政府、国际组织的捐赠。公益慈善组织或公益慈善活动必须靠大量的捐赠、投资基金及政府的财政投入来获得资金。当然，公益慈善组织与某项具体的公益慈善活动／项目并不单纯依赖某种资源，其资金来源多元化，但民众和企业捐赠是最重要的来源。目前，中国的公益慈善财产规模与社会发展的需求相比还有很大的差距。

（2）产权虚化。捐赠人自愿从自有的合法财产中拿出一笔财产，用于公益慈善相关活动、项目，或者向公益慈善组织捐赠。当捐赠行为依法完成后，捐赠人就与这笔财产脱离了关系，公益慈善组织或其他受赠人、受益人、政府相关部门在法律或契约的框架下对财产处置、运作、管理等权利。此时，捐赠人失去了对这笔资金或款项的所有权；然而，受赠人、受益人或受助人也不拥有一般意义的所有权或产权。譬如，公益慈善组织只享有一定范围内的控制权，公益慈善捐赠的受助人实际上是社会上的不特定人群，具有虚化的特征。又如，接受捐赠的受助人（或其监护人）对资金的使用也不具有完全产权意义上的自由，必须合法且符合捐赠合约要求，或者至少符合捐赠目的。

（3）无营利性。公益慈善财产因其特殊的慈善或其他公益用途，一经捐出便无偿地供受助人使用，不得存在任何营利性行为。公益慈善财产通常也可以基于保值和增值目的、在保障资金安全的前提下进行投资，其投资收益或其他孳息也只能用于公益慈善事业，不是任何组织或个人的私利，也不能用收益的多少来衡量公益慈善组织的运作绩效。

二、公益慈善财产的管理

联合国、世界银行、经济合作与发展组织于1993年共同编制的国民经济核算体系（SNA）明确规定，非政府、非营利性机构必须"受社会和政策的严密审视，有相应的财务管理制度和监督制度"。对于公益慈善财产的管理，公益慈善组织内部要建立完善的会计、审计和其他财务管理制度，而外部要建立、健全公益慈善财产相关法律法规和社会监督制约机制。在公益慈善的组织化、专业化、规范化和法治化时代，公益慈善财产的管理重点是公益慈善组织的善款。公益慈善组织的慈善财产管理，不仅是政府监管和公益慈善组织内部财务的事情，还需要建立一套公益慈善财产管理制度。

1. 公益慈善财产管理的层次

公益慈善财产管理分为两个层面：一是公益慈善组织善款运作、财务行为的外部监管，包括政府的会计、审计、监管部门所进行的制度性约束或管理，以及社会第三方独立机构审计评估、媒体监督、公民监督等社会非正式监管；二是公益慈善组织的内部治理体系，或者依据国家财务制度所呈现的内部管理和自我约束，为实现内部管理和治理目标提供服务，一般来说健全的公益慈善组织都配置了专门的财务管理部门。

2. 公益慈善财产管理的特征

公益慈善事业的民间性、社会性、非营利性、非政府性，使公益慈善组织的财产管理具有不同于企业或政府财务管理的特征，表现在如下方面。

（1）不存在利润指标。公益慈善组织不以营利为目的，组织成员在各种目标的重要性或目标实现程度上通常分歧较大，不同组织之间的绩效对比主要看社会影响力。

（2）职责权利不清晰。公益慈善组织一般不存在利润目标，其募捐、服务、项目运作、投资等部门的职责履行情况难以考核评价，善款运作上的职责、权利难以体现。

（3）产权形式特殊。公益慈善组织通常不能对公益慈善财产及其权益进行转让、出售，只能按契约或捐赠人的要求对公益慈善财产运作、管理或依法处理，不开展损益计算，不进行利润分配。

（4）资金保障依赖社会声誉。公益慈善组织运作的资金保障及组织的生存、发展强烈地依赖其使命及其在社会中的声誉，包括受助人传递给社会公众的服务质量信息。

（5）资金规划预算管理可能损耗资金效益。公益慈善组织的资金规划通常采用预算管理的方式，但预算管理的各种掣肘（如政策性审核、可靠性审核、合理性审核、完整性审核和技术性审核等各种审核）可能使公益慈善的使命、价值难以有效实现。

公益慈善财产管理的财务特征源于公益慈善事业的经济特征

根据美国财务会计准则委员会发布的《财务会计概念公告》第四号《非营利性组织财务报告的目标》，非营利性组织具有如下经济特征：

(1) 资金的供给不期望收回或据此取得经济上的利益；

(2) 业务运营的主要目的不是获取利润或利润同等物；

(3) 没有明确界定出售、转让、赎回、清算／结算的所有者权益。

中国台湾地区的会计界认为非营利性事业具有的经济特征是：

(1) 不以营利为目的；

(2) 不能以任何方式向任何特定的个人或组织输送特殊利益；

(3) 不进行损益计算和利润分配。

---

3. 公益慈善财产管理的目标

一个组织的资金管理目标取决于组织的目标、使命。同样，公益慈善组织／活动／项目相关联的财产管理目标取决于公益慈善组织／活动／项目的使命、目标。譬如，持续性地服从于公益慈善宗旨是公益慈善组织存在的基础，财产管理的目标就是实现该组织的社会使命。基于此，公益慈善财产管理目标的基本内涵是：公益慈善效益最大化及维系组织的持续发展，即"实现社会效益最大化"和"维持自身可持续发展"的有机统一。

（1）公益慈善财产运作必须以社会效益最大化为目标。在完成使命、任务及保障资金安全的前提下，沉淀期的公益慈善财产可以基于保值、增值目的投资或经营，但不以最大化地获取投资收益或利润为目标；否则，极容易导致腐败、产生风险或偏离组织使命。

（2）公益慈善组织应当从募集的资金及其投资收益中取得法律法规许可和社会可承受的提成比例，支付组织运营的管理费和组织成员的薪酬、购买保险或其他正当的福利待遇，以延续公益慈善组织的生存、提高公益慈善组织的服务能力。

（3）由于社会效益具有不确定性，边界模糊，难以量化，因此，第三方独立机构和政府职能部门的审计、评估、年检，以及公益慈善组织的社会声誉、社会影响力，是刻画公益慈善财产管理目标（效率、效果）的重要衡量标准。

4．公益慈善财产管理的国外实践

欧美等西方国家公益慈善的历史比较久远，法律法规等相关制度体系比较健全，公民的公益慈善意识较高，社会的公益慈善氛围比较浓厚，公益慈善文化较为发达，公益慈善财产的管理体系也较为健全，其实践经验主要表现在以下几个方面。

（1）公益慈善组织通常有比较完善的治理结构，包括完备的内部财务预算、财务风险管理体系和健全的资金监管机制，有助于安全、高效地管理、使用资金，规避风险。

（2）公益慈善组织有相对完善的财务管理体系，可以实时反映公益慈善组织的财务状况和性质，预测财务变化趋势，保证财务特征能准确地反映公益慈善组织的财务情况。

（3）公益慈善财产管理的信息化。基于信息技术，公益慈善组织建立了全面、翔实的财务信息资料库，拥有强大的信息收集、整理、归类能力和健全的信息披露机制。

（4）财务人员具备专业水准。公益慈善组织的财务人员需要具备计算机、风险管理、金融、法律等业务知识，一些公益慈善组织还会聘用注册会计师等高级财务人员。

第二节　公益慈善募捐

公益慈善的资金规模在很大程度上决定了公益慈善事业的规模和水平，这就涉及公益慈善募捐、捐赠的问题。目前，我国公益慈善募捐、捐赠的基本格局是：经济较发达地区的公益慈善组织、相关机构往往能获得较多的慈善资源，但公益慈善项目通常在经济欠发达地区实施。例如，教育、救灾和医疗等是国内最能吸引公益慈善资源的领域，民政部、团中央和全国性公益慈善组织（如中国红十字会总会、中华慈善总会及全国性公募基金会）占据了较大市场，这些部门和机构集中在北京、上海、广州、深圳等经济发达地区，但公益慈善项目分布在全国各地，尤其是中西部欠发达地区和边疆、偏远的贫困地区。

一、公益慈善募捐的概念

公益慈善募捐，简称慈善募捐，是公益慈善组织基于慈善宗旨募集财产的活动，包括面向社会公众的公开募捐和面向特定对象的定向募捐。客观上还存在一些情形，即公益慈善募捐也可以是个体、群体或其他组织基于某种慈善需要临时发起的慈善物资的筹集活动。本节阐述的主要是公益慈善组织的募捐行为。公益慈善财产的筹集，根据筹集手段可以分为常规筹资、项目筹资、活动筹资等；根据筹资载体的不同，又可分为街头劝募、广告劝募、媒体劝募、会议劝募、网络众筹等方式。

公益慈善募捐是公益慈善财产的主要来源，也是公益慈善组织的财务行为及进行资金管理的起点。公益慈善募捐的能力、水平及其募集管理在很大程度上反映了公益慈善组织及其公益慈善活动开展的能力、水平和效果，决定了公益慈善财产的规模及其使用，并影响了公益慈善财产保值、增值管理的有效性。因此，公益慈善募捐极其重要，是大多数公益慈善组织最重要的日常工作内容之一。

开展公益慈善募捐活动，应当尊重和维护募捐对象的合法权益，确保募捐对象的知情权和合理参与权，不得通过虚构、夸大、编造事实等方式欺骗、诱导、威胁募捐对象实施捐赠，不得摊派或变相摊派，不得妨碍公共秩序、企业生产经营和居民生活。禁止任何组织或个人假借公益慈善名义或假冒公益慈善组织展开募捐、骗取财产。

二、公益慈善公开募捐

公开募捐是公益慈善组织依法向全社会公众开展的公益慈善财产筹集活动。其中，公益慈善组织开展公开募捐，应当在其登记的民政部门取得公开募捐资格，经审核符合内部治理结构健全、运作规范的条件，获得公开募捐资格证书；其他法律、行政法规规定可以公开募捐的非营利性组织，由县级以上人民政府民政部门直接颁发公开募捐资格证书。目前，公益慈善财产大部分来自面向公众的公开募捐，包括以下几种方式。

1. "一对一"筹款

"一对一"筹款，是指通过公益慈善组织或其他社会组织、福利机构、政府机构、个人等的牵线搭桥，公开地将捐赠人与受助人有针对性地挂钩，进行直接联系、定向资助，其特点是进行直接的、特定的资助，捐赠人可以自由选择受助人。

2. 募捐箱募捐

在银行、商场、超市等商业场所设置固定募捐箱，或者在公园、市政广场、校园等人流量较为密集的公共场所设置流动募捐箱，都是较常见的募捐箱募捐方式。公益慈善组织采取募捐箱募捐方式开展公开募捐，一般只能在办理登记的民政部门管辖区域内进行；若确有必要在区域外进行募捐，应当向其开展募捐活动所在地的县级以上人民政府民政部门报备。需要注意的是，在商业场所或公共场所设置募捐箱，除需要事先取得公开募捐资格证书外，还可能需要取得商业场所或公共场所管理者的同意和城市市容市政部门的许可。

3. 专门活动筹集

在一定的背景下，为了达到一定的目的，举办面向社会公众的义演、义赛、义卖、义展、义拍、慈善晚宴、慈善音乐会、慈善球赛，以及对捐赠书画、古董、珠宝、不动产等进行慈善拍卖来募捐或筹集资金。选择专门活动进行募捐，需要考虑筹资方案的吸引力、活动时间和场合的适当性、志愿者参与程度、可重复性、设计有感染力的口号及保证足够的初始投入等。另外，公益慈善组织采取义演、义卖等专门活动开展公开募捐，一般只能在办理其登记的民政部门管辖区域内进行，若确有必要在区域外进行，应当向其开展慈善募捐活动所在地的县级以上人民政府民政部门备案。

4. 媒体募捐

公益慈善组织开展公开募捐的效果如何，还要看募捐信息的传播速度和传播范围。当前，通过广播、电视、报刊、互联网、自媒体等发布募捐信息已经很普遍。《中华人民共和国慈善法》肯定了这些做法，并要求广播、电视、报刊及网络服务提供者、电信运营商，对利用其平台开展公开募捐的公益慈善组织的登记证书、资格证书进行验证。

互联网公开募捐注意事项

（1）应当在国务院民政部门指定的互联网公开募捐服务平台进行，可以同时在其网站进行。

（2）互联网公开募捐服务平台提供公开募捐信息展示、捐赠支付、捐赠财产使用情况查询等服务。

（3）无正当理由，互联网公开募捐服务平台不得拒绝为具有公开募捐资格的公益慈善组织提供服务，不得向其收费，不得在公开募捐信息页面插入商业广告和商业链接。

5. 网络众筹

网络众筹（Crowdfunding）是指通过互联网发布筹款项目，并募集资金。随着新媒体和移动互联网的发展，轻松筹、水滴筹等成为常见的网络众筹方式，通常用于大病救助。

6. 其他公开募捐

生活中比较常见的募捐方式还有上门募捐、电话募捐、短信募捐等。随着信息技术的不断发展，新的信息传播途径不断出现，募捐方式必将不断创新。

如何开展公开募捐

（1）应当编制募捐方案。募捐方案包括募捐目的、起止时间和地域、活动负责人姓名和办公地址、接受捐赠方式、银行账户、受益人、募得款物用途、募捐成本、剩余财产的处理等。募捐方案应当在开展募捐活动前报公益慈善组织登记的民政部门备案。

（2）应当在募捐活动现场或募捐活动载体的显著位置，公布募捐组织名称、公开募捐资格证书、募捐方案、联系方式、募捐信息查询方法等。

（3）不具有公开募捐资格的组织或个人基于慈善目的，可以与具有公开募捐资格的公益慈善组织合作，由该公益慈善组织开展公开募捐，合作方不得自行开展公开募捐。具有公开募捐资格的公益慈善组织应当对合作方进行评估，依法签订书面协议，在募捐方案中载明合作方的相关信息，并对合作方的相关行为进行指导和监督。

（4）具有公开募捐资格的公益慈善组织负责对合作募得款物进行管理和会计核算，将全部收支纳入其账户。

三、公益慈善定向募捐

公益慈善定向募捐是公益慈善组织依法在发起人、理事会成员和会员等特定对象范围内进行的公益慈善财产筹集活动。公益慈善定向募捐需要向募捐对象说明募捐目的、募得款物用途等事项。开展公益慈善定向募捐，不得采取或者变相采取公开募捐的方式。

第三节　公益慈善捐赠

公益慈善捐赠是公益慈善财产的来源，在公益慈善事业中扮演着重要的角色，也是组织或个人（家庭）从事社会实践、参与社会服务、承担社会责任的重要形式。公益慈善捐赠情况及其构成，反映了一个国家、地区社会大众的公共意识、公共精神状况。

一、公益慈善捐赠的概念

公益慈善捐赠，又称慈善捐赠、捐献，是自然人、法人和非法人组织基于慈善目的，自愿、无偿赠与财产的活动。此时，捐赠财产的自然人、法人或非法人组织被称为捐赠人（实践中也被称为捐助人、捐款人、捐献人、施者）；接受捐赠财产的自然人、法人或非法人组织被称为受赠人；捐赠财产所惠及的自然人（家庭）、法人或非法人组织被称为受益人（实践中也被称为受助人、受助者、受者）。在公益慈善实践中，受赠人与受益人有时候一致，有时候不一致。捐赠人可以通过公益慈善组织进行捐赠，然后通过公益慈善组织开展公益慈善服务，也可以直接向受益人捐赠，还可以向法律法规所规定的政府职能部门捐赠。国有企业实施公益慈善捐赠，应当遵守国有资产管理的有关规定，履行批准和备案程序。公益慈善捐赠，一般要遵循以下 5 项原则。

（1）平等原则。在捐赠主体上，个人、企业或其他组织均可进行捐赠。捐赠主体没有高低贵贱之分，个人无论性别、年龄、国籍、种族、肤色、经济状况、宗教信仰等，组织无论是否具有法人资格，均有权捐赠。捐赠主体是多元的，捐赠是一项平等的权利。

（2）自愿无偿原则。个人、企业或其他组织、宗教组织、国际组织或境外政府、境外组织、境外个人自愿、无偿地捐赠财产用于公益慈善事业，禁止摊派或变相摊派。

（3）公益性原则。个人（家庭）、企业或其他组织向公益慈善组织或其他机构、非营利性组织捐赠，其捐赠财物用于公益慈善事业，不得以捐赠为名从事营利性活动；公益慈善组织受赠的财物及其增值部分，任何单位、个人不得侵占、挪用和损毁。

（4）尊重隐私原则。捐赠这个公益慈善行为中存在隐私问题，捐赠人（捐助人）、受赠人（受助人）的隐私权要得到同等尊重和保护，不能受到侵犯。公益慈善组织有保护捐赠人、受赠人的责任，有严格保密的义务，应维护捐赠人、受赠人的尊严、自尊，且应恪守《国际募款伦理守则》规定的"诚实、尊重、廉正、移情、透明"5 项通用准则。

（5）法治原则。国家鼓励个人、企事业单位、社会组织对公益慈善事业进行捐赠，但要遵守法律法规，不得违背社会公德，不得损害公共利益和其他公民的合法权益。

二、美国的公益慈善捐赠

在美国，公益慈善捐赠被定义为向符合 501（c）（3）标准的组织捐献财产或实物。在该定义下，直接向个人捐赠、向政治活动捐赠及影响力投资等都不被视为公益慈善捐赠。但根据 2023 年 4 月 6 日印第安纳大学礼来慈善学院发布的《美国人怎么看公益慈善与非营利性组织？》(*What Americans Think about Philanthropy and Nonprofits*，IU Lilly Family School of Philanthropy，April 2023）研究报告，约 60%的受访者认为直接向个人捐赠是公益慈善行为，近 50%的受访者认为参与众筹也是公益慈善捐赠。根据公益慈善财产的"社会捐赠"和"政府资助"的来源，公益慈善捐赠可以进一步分为 4 个渠道：国内民间捐赠、服务收费、政府补贴、国外援助。大体上，多数国家的公益慈善财产依赖国内民间捐赠和政府补贴，一些欠发达国家的公益慈善组织也依赖境外或国际组织的援助。

1. 民间捐赠

美国的民间捐赠包括来自个人、企业、非营利性组织和宗教机构的捐款。民间捐赠是大部分美国私人基金会的主要资金来源，也是公益慈善组织与政府、企业的主要区别。

1）民间捐赠的优点

（1）有利于维护基金会的自主性、民间性。服务收费、政府补贴、国外援助等方式均不可避免地会影响公益慈善组织的独立性，而民间捐赠的附带条件要少得多。

（2）有利于聚集民间资源。公益慈善组织聚集大量民间资源，减轻了政府的财政压力，对百姓渡过困境、难关和危机具有重要作用。

（3）有利于传递爱与正义。接受民间捐赠的公益慈善组织更倾向于关注弱势群体，而鼓励民间捐赠也有利于营造和谐、友爱、互助、正义的社会风气。

2）民间捐赠的特征

提起美国的公益或慈善捐赠，人们很容易想到《福布斯》《财富》《商业周刊》等财经杂志的全球慈善家及慈善企业排行榜，想到安德鲁·卡耐基、比尔·盖茨、戈登·摩尔、沃伦·巴菲特、乔治·绍罗什、詹姆斯·斯托尔斯等慈善人物。但实际上，普通个人或家庭才是美国慈善捐赠、社区志愿服务的主流。美国民间捐赠的主要特征如下。

（1）民间捐赠的主体是个人（家庭）捐款。历年的统计数据显示，美国慈善捐款总额中个人（家庭）捐款占绝大多数，美国绝大多数家庭平均每年捐款上千美元，绝大多数初中生以上的美国人每周平均做 4 个小时以上的志愿服务。总体来说，美国公益慈善捐款是全民行为，具有以个人捐款为主的公民参与慈善的社会公益形态。

（2）遗产慈善捐款比例较高。这与美国遗产税法和美国社会传统价值观有关系。慈善捐款可以免税，很多美国人愿意或不得已将遗产拿出一定比例捐献给社会。

（3）私人基金会和企业的捐款在慈善捐款中有重要影响力，但多数基金会的善款来自家庭基金会，如比尔及梅琳达·盖茨基金会（The Bill & Melinda Gates Foundation）。

（4）慈善捐赠公信力的塑造体系完善。公信力是公益慈善事业的生命线。相关法律、第三方独立机构评估、媒体的合力作用，使美国拥有一套完善的慈善捐赠公信力监督体系。

3）民间捐赠的方式

表 6-1 揭示了美国民间公益慈善捐赠的主要途径与方式。

表 6-1　美国民间公益慈善捐赠的主要途径与方式

捐赠方式	解释与说明
现金捐赠	传统上，小额现金直接给予受助者或公益慈善组织；大额款项主要是支票；网络捐赠流行，以适应互联网发展、公益慈善项目的全球化及公益慈善对效率、透明度的需求
有价证券捐赠	一年及以上有价证券的捐赠，能获得减免税资格；用有价证券的升值获利进行捐赠，可以减税；有价证券亏损，用卖掉有价证券所得的本金进行捐赠，可享受卖掉有价证券的减税政策和现金捐赠的免税政策
地产捐赠	美国地产买卖的资产收益税相当高，但若选择用地产进行捐赠而不是卖出，就不再负有地产增值的偿付责任
个人实物捐赠	个人实物捐赠在美国有专门的减税规定
未来财产捐赠	个人通过拟遗嘱、找信托公司或直接与公益慈善机构签订合约等多种方式，实现未来财产（如人身保险、退休保障金、遗产等）的捐赠
活期捐赠	选择一个期限，把财产"借"给公益慈善机构或慈善咨询公司帮忙管理。在期限内，公益慈善机构通过项目运作使其增值，增值部分用于救助他人。财产到期后，公益慈善机构再把它还给捐赠人或其继承人
无形财产捐赠	捐赠你自己的"体力"和"才力"，最普遍的例子是做义工、提供社区服务。很多专家、学者或教授捐赠自己的知识，如无偿提供其最新的研究成果和指导意见、向贫苦孩子提供免费教育等

资料来源：根据网络资料整理而成。慈善研究专家、美国著名募捐咨询机构 Sharpe Group 总裁罗伯特·夏普（Robert Sharpe）根据美国慈善募捐情况，总结了上述 7 种捐赠方式。

2. 服务收费

服务收费是公益慈善事业获得资金的一个重要来源，它是公益慈善组织收入的组成部分，包括会费、一定的收费活动和商业经营的收入，这样的收费收入被称为"收入活动"（Earned Income）。美国的民间慈善基金可以适度商业化；慈善医院可以兴办面向社会的健康俱乐部；慈善博物馆可以开办礼品店；慈善社团与公司签订产品认可或促销协议，可以换取对方的捐款。不过，如果公益慈善组织的服务收费过度商业化，必然会扭曲公益慈善行为，违背组织宗旨，因此，公益慈善组织服务收费的关键点如下。

（1）合法性、合规性。要求服务收费符合该公益慈善组织的使命和非营利性质，如一家提供教育培训的非营利性组织可以向参与者收取培训费用。

（2）税务考虑。由于服务收费通常被认为是与公益慈善组织使命相关的收入，因此不会影响其税务豁免地位；但是，如果服务收费被认为是与公益慈善组织的核心使命无关的"无关业务收入"（Unrelated Business Income），那么需要支付无关业务收入税款（Unrelated Business Income Tax）。

（3）透明度。公益慈善组织要在其财务报表和年度报告（如IRS Form 990）中清楚地报告其收费收入及其用途，以保持透明度，确保捐赠人和监管机构对资金使用的信任。

（4）定价策略。制定合理的定价策略，确保服务收费不会过高，避免阻碍目标人群的参与。此外，公益慈善组织需要提供基于收入的滑动收费标准或补贴，以确保服务的可及性。

3. 政府补贴

政府补贴包括直接拨款（政府直接给予公益慈善组织补贴以支持其某项特定公益慈善活动和项目）、合约（公益慈善组织向有资格享受某些政府项目的人提供服务，由政府支付服务费，即政府购买服务）和补偿（政府向那些有资格享受政府项目，并从公益慈善组织那里购买服务的人支付补偿费）。另外，美国政府对于公益慈善组织的资助分为"直接资助"和"间接资助"两种形式。其中，直接资助就是美国联邦政府或州及州以下政府对公益慈善事业的直接资助；间接资助是美国联邦政府豁免公益慈善组织所得税，对私人和企业慈善捐款减税，州及州以下政府对公益慈善组织所得税、财产税进行豁免。此外，德国、法国等西欧国家公益慈善组织的重要资金来源是政府补贴、政府拨款和服务收费，民间捐赠较少。

4. 外国援助

在广大发展中国家，特别是贫困国家，政府、企业和百姓的收入十分微薄，公益慈善组织在国内难以筹集到足够的资金，外国援助（包括外国政府、非营利性组织或个人及国际组织的捐赠）成为发展中国家部分公益慈善组织收入的重要来源。美国是发达国家，外国的慈善援助相对于贫困国家要少得多，但也有一部分非营利性组织、大学等机构会得到来自美国以外的个人（家庭）、企业、非营利性组织、国际组织、外国政府的捐赠。

三、中国的公益慈善捐赠

中国公益慈善事业的资金来源主要是社会捐赠、政府财政支持及发行彩票获取的公益金。进入 21 世纪以来，中国公众的捐赠热情持续升温，千万元级甚至亿元级的大额捐赠不断涌现（如曹德旺发起、河仁慈善基金会首期投入 100 亿元兴办福耀科技大学）；在面对洪水、地震、泥石流等重大自然灾害和突发公共事件时，民间个人或企业捐赠蓬勃发展，小额捐赠次数多、覆盖面广、数额增长较快；各类公益慈善捐助活动此起彼伏。但近年来，我国的社会捐赠处于低迷状态，无论是个人还是企业，民间捐赠呈现断崖式下降，来自外国政府、企业或个人及境外非营利性组织、国际组织的捐赠也大幅降低。

不过，我国的公益慈善组织并不单纯依赖某种资源，其资金来源呈现多元化特征，包括个人捐赠、基金会捐赠、财产捐赠、企业捐赠、财政资助、利息收入和投资收益、福利彩票、境外捐赠、网络捐赠等。其中，个人捐赠、企业捐赠、财政资助所占的比例相对较高。但总体来说，我国的公益慈善捐赠及资金来源构成主要有以下 7 种方式。

1. 个人捐赠

个人捐赠几乎是每个公益慈善组织都不可缺少的资源，普通百姓是我国个人捐赠的中坚力量，慈善捐赠正以网络化、趣味化、年轻化、小额化的方式进入社会公众的生活，并日趋成为一种生活方式。不过，相比较而言，我国的个人捐赠较为分散、数量较小，个人捐赠占公益慈善组织筹资的比例还较小。

2. 企业捐赠

企业长期以来扮演着公益慈善财产主要捐赠人的角色。在历年我国公益慈善的捐赠来源中，企业捐赠始终占了一个比较大的比例。其中，民营企业是中国公益慈善捐赠的主力。

3. 财政资助

财政资助在我国公益慈善财产来源中占十分重要的地位，是公益慈善组织的保障资金来源。财政资助方式多种多样，常见的有直接拨款、政府采购、免税待遇等。例如，美国减免税收和购买服务的形式，以及中国香港特别行政区政府帮助民营的财政主导类社会公益事业等。我国财政资助主要体现为政府各部门的财政支持和税收优惠政策。其中，项目资金是中央财政通过民政部门预算安排的专项用于支持社会组织参与社会服务的补助资金，通常包括发展示范项目，以及承接社会服务试点项目、社会工作服务示范项目、人员培训示范项目等，且具体资金分配根据项目申报和评审结果予以调整。

4. 境外捐赠

随着我国对外交往的深入发展，官方与民间接受境外公益慈善捐赠越来越频繁，由此产生的捐赠外汇收入也越来越多。从来源上看，华人华侨、国际组织，以及美国、意大利等西方国家的捐赠善款和物资占较大比例。

5. 利息收入和投资收益

在恪守公益慈善宗旨、保障公益慈善目标完成和资金安全性等条件下，把公益慈善捐款存入银行或投资于基金，其利息收入和投资收益仍用于公益慈善事业。

6. 福利彩票

福利彩票是我国公益慈善财产的重要来源之一。福利彩票从一开始就是为了筹集社会福利资金、弥补民政经费不足、建设社会福利事业而设的，公益性、慈善性是福利彩票的基本属性。我国福利彩票公益金一直在稳定扩充，但近年来丑闻事件增多。

7. 网络捐赠

网络捐赠是通过互联网平台进行捐赠的方式，众筹就是一种重要的网络捐赠方式。随着互联网技术的发展，尤其是移动支付等网络支付方式的日趋成熟，网络捐赠逐渐成为一种新兴的、无边界的公益慈善捐赠模式。腾讯公益、淘宝公益、公益中国，以及 GoFundMe、Indiegogo、Kickstarter 等是国内外较常见的网络捐赠平台。网络捐赠的领域主要是医疗救助、教育助学、救灾减灾、环境保护、动物福利及艺术、创意设计等。

第四节　公益慈善财产的使用

公益慈善财产的使用包括所有受赠人或受益人对受赠财产的运用。个人（家庭）、政府、福利机构等对善款或公益慈善财产的使用主要用于解决实际问题、缓解困境，而公益慈善组织获得善款后一般较少直接解决自身问题，而是将资金投入该组织承诺或计划的公益慈善项目或活动中，同时依法提取管理费用于公益慈善组织的正常运转及工作人员的工资、福利、津贴发放等。这些是公益慈善财产运用中最受公众关注的重点，也是最容易出现腐败、欺诈、关联交易问题的环节。因此，本书重点讨论公益慈善组织对其掌握资金的使用，这也是公益慈善财产管理的重点。

公益慈善组织对公益慈善财产的使用，按照用途可以分为拨出经费、拨出专项款、事业支出、专项支出等，其管理的任务是要确保公益慈善资源的优化配置和合理利用。公益慈善财产的分配和有效利用是公益慈善组织公共支出管理的核心问题。

一、公益慈善财产的流向

通常，公益慈善财产的主要（或最终）流向是需要得到帮助的受益人。除私人基金会外，美国慈善捐款集中捐献给教会、大学，例如，哈佛大学、耶鲁大学、斯坦福大学等常春藤名校的资金来源主要是社会（含校友）捐款。美国社会给予医疗、健康等公共卫生事业、国际援助和环境保护方面的公益慈善捐款比例也较大。总体上，美国公益慈善捐款的主要流向是社区、教会、学校、基金会、公共事业、医疗健康服务行业、社会团体、文化和人文组织、困难家庭或个人、国际援灾、环境保护等领域。

我国公益慈善的主要工作领域包括扶贫济困、安老助孤、助残助医、文化教育、公益援助等，因此公益慈善财产的主要流向是赈灾救灾、扶贫济困、慈善救助，教育、科研、文化、卫生、体育、环保事业，健身设施等社区公共设施建设，以及促进社会文明与进步的其他社会福利事业。中国是重大自然灾害或重大安全事故频发的国家，因病致贫现象突出，因此，我国在应急救助、救灾、助残、乡村教育、社会服务、公共健康和大病救助等领域比较能吸引捐赠资源。为了把控公益慈善财产的流向，公益慈善组织应建立健全项目管理制度，对项目实施情况进行跟踪监督。

二、公益慈善财产使用的原则

公益慈善财产在赈灾救灾、扶贫济困、养老慈幼、助残助学，以及教育、科学、文化、卫生、体育、环保事业等领域使用时，公益慈善组织应根据需要与受益人签订协议，约定公益慈善财产的用途、数额和使用方式等内容，并遵循以下 7 项原则。

（1）扶贫济困。公益慈善财产常常用于救济行为，旨在帮助处于困境中或劣势地位的人群，重点解决困难群众的基本生活问题，帮助受助者排忧解难、心理康复。

（2）自愿无偿。公益慈善财产是捐赠人自主实施的捐赠，受赠人或受益人无须偿还财物，也无须为捐赠人的捐助、捐赠行为或服务支付任何物质回报。

（3）公开透明。《中华人民共和国慈善法》规定公益慈善组织须公开、公平、公正地确定受益人，不得指定或变相指定公益慈善组织管理人员的利害关系人作为受益人。基于此，公益慈善财产的管理、使用，要接受社会和专门机构的监督，公益慈善组织应定期公开公益慈善活动、项目的财务收支情况，公布资金账目。至于是否公开或在何种程度上公开公益慈善财产或受赠款物，需要尊重捐赠人或受赠人的意愿。

（4）依法使用。国家为公益慈善财产的使用提供了制度架构，制定法律法规或规章，规范公益慈善财产的使用，维护公益慈善组织和捐赠人、受赠人的合法权益。

（5）平等尊重。捐赠人和受赠人是人格平等的，公益慈善财产的使用要尊重隐私；受赠人有维护自尊的平等权利。免除受赠人、受益人的心理负担是现代公益慈善的特征。

（6）靠近问题。公益慈善财产通常必须投入与捐赠人的本意最接近的公益慈善项目上，未经捐赠人同意，一般不允许改变公益慈善财产的用途、救助对象和慈善目标。

（7）民主决策。公益慈善组织对善款的使用，要评估论证、民主决策，视财力的可能分清先后、轻重、缓急，综合平衡、科学论证，并坚持民主决策。

三、公益慈善财产使用的管理

（1）登记造册。公益慈善组织对募集的财产，应当登记造册、专款专用、严格管理。若捐赠的实物不易储存、运输或难以直接用于慈善目的，可以依法拍卖或变卖，所得收入扣除必要费用后应全部用于慈善目的。在一般情况下，受赠人接受捐赠后，依法或按惯例向捐赠人出具合法、有效的收据，将受赠财产登记造册、妥善保管。

（2）有效使用。公益慈善财产是公益慈善事业的专用资金，必须基于公益慈善组织的宗旨、公益慈善财产的适用范围或捐赠协议的约定专款专用（见表6-2）。公益慈善组织需要按照募捐方案、捐赠协议及《中华人民共和国慈善法》规定的支出额度、变更条件、备案要求，积极开展公益慈善活动，充分、高效地运用公益慈善财产、使用公益捐赠财产、保守公益慈善财产。公益慈善财产体现了捐赠人的社会责任和良善愿望，其资金使用的恰当性，直接影响公益慈善组织或受助者的声誉和未来的捐赠。

表 6-2　公益慈善财产的使用情况介绍

对　象	解释与说明
公益慈善组织	（1）按照法律规定支付工作人员工资、福利及行政办公费用等； （2）公益慈善财产要用于资助符合组织宗旨的活动和事业； （3）灾害救助的公益慈善财产应及时用于灾害救助活动； （4）资助公益慈善事业的资金数额不得低于国家规定的比例； （5）在保障安全性的基础上依法实现公益慈善财产的保值、增值； （6）公益性非营利性事业单位将受赠财产用于本单位的公益事业，不得挪作其他用途； （7）对于不易储存、运输和超出实际需要的受赠财产，受赠人可以依照市场规则变卖，所取得的收入扣除必要的费用后全部用于捐赠目的； （8）受赠人与捐赠人签订了捐赠协议的，应当按照协议约定的用途使用捐赠财产，不得擅自

续表

对　　象	解释与说明
公益慈善组织	改变捐赠财产的用途；若确实需要改变用途，应当征得捐赠人的同意； （9）公益慈善项目终止后捐赠财产有剩余的，按照募捐方案或捐赠协议处理；若募捐方案未规定或捐赠协议未约定，则应将剩余财产用于目的相同或相近的其他慈善项目，并向社会公开
县级以上政府或政府职能部门	及时按照规定对捐赠财产进行管理
受赠人、受益人（或其监护人）及其家庭	（1）本着感恩和节约的原则，及时将受赠财物落实到有用之处，合理、合法使用受赠财物，在让自己摆脱困境的同时得到能力的提升； （2）有条件的受赠人应当及时将受赠财物的使用情况通报给捐赠人或公益慈善组织
基金会	公募基金会 / 非公募基金会用于从事章程或法律法规规定的公益支出
社会服务机构	（1）取得的合法收入必须用于章程规定的公益慈善活动； （2）接受捐赠、资助，必须符合章程规定的宗旨、业务范围及约定的期限、方式、用途； （3）应当向业务主管单位报告接受、使用捐赠和资助的情况，并以适当方式向社会公布

（3）强化财务管理。公益慈善组织或其他受赠人，需要依照国家规定建立健全相关财务会计制度，加强、优化、创新对公益慈善财产的财务管理。

（4）接受监督。公益慈善组织或其他受赠人，必须接受政府相关职能部门及捐赠人的监督，并依法定期或不定期披露公益慈善财产使用情况等相关信息。

公益慈善财产使用的监督

（1）受赠人每年度应向政府职能部门报告受赠财产的使用、管理情况；必要时，政府可以对其财务进行审计。

（2）海关对减免关税的捐赠物品依法实施监督和管理。

（3）县级以上人民政府侨务部门可以参与对华侨向境内捐赠财产使用与管理的监督。

（4）捐赠人有权向受赠人查询捐赠财产的使用、管理情况，并提出意见和建议。对于捐赠人的查询，受赠人应当如实答复。

（5）受赠人应当公开捐赠的情况及受赠财产的使用、管理情况，并接受社会监督。

（5）降低成本。受赠人需要遵循管理费用、募捐成本等最必要原则，厉行节约，合理设计公益慈善项目，优化公益慈善项目流程，降低运行和管理成本，提高效益；公益慈善组织办公费用、工作人员工资及利息收入分配应严格按法定标准开支，极特殊情况需要报告给政府民政部门并向社会公开。同时，受益人应当珍惜善款，按照协议使用公益慈善财产；若受益人违反协议，则捐赠人、公益慈善组织有权要求其改正或解除协议，并要求受益人返还财产。

第五节　公益慈善财产的投资

一、公益慈善财产投资的概念

公益慈善组织为实现宗旨、完成使命，需要有充足的资金支持与物质保障。公益慈善组织可以在不违背宗旨、公益目的及保障安全性的基础上，对暂时不用的或富余的公益慈善财产进行科学的管理、运营，通过以保值、增值为目的的投资获取收益或其他孳息。国家法律法规允许基金会等公益慈善组织按照合法、安全、有效的原则实现资金的保值、增值。

1. 公益慈善组织的自创收入

在公益慈善财产的保值、增值过程中，其产生的收入是公益慈善组织的自创收入，主要包括业务收入、经营收入和投资收益，是构成公益慈善财产的部分之一。

（1）业务收入。一些公众支持型公益慈善组织为实现其社会使命开展业务活动而取得的收入，表现为公益慈善组织对其"顾客"提供产品或劳务时收取的一定费用。

（2）经营收入。公益慈善组织在实现其社会使命的业务活动之外开展经营活动，进行一定的有偿服务而取得的收入，其需要进行经济核算。例如，一些公益慈善组织通过办展览会、宣传会等活动适当售卖一些门票；慈善商店销售商品获得收入；等等。不过，公益慈善组织从事合法的经营来获取经营收入，需要符合两个条件：其一，所获得的净收入不可分配给公益慈善组织的创立人、会员、董事或理事、员工，利润也不返还给捐赠人，而用于补偿完成其社会使命的花费；其二，其不是在从事经济活动，而是为了更好地实现公益慈善服务宗旨，将盈余继续用于公益慈善事业，并支持公益慈善组织的持续存在。

（3）投资收益。公益慈善组织将沉淀资金用于某项公益慈善活动之前，通过资本运作方式进行投资所取得的收入。此时，公益慈善组织应认真研究投资项目的风险、收益，优化投资组合，在控制风险的条件下使收益增高或在一定收益条件下降低风险，以较高的资金运作水平和较完善的风险防范措施，实现善款的保值、增值，促进公益慈善事业的发展。

总之，公益慈善组织需要结合自身丰厚的人力资本（专业人才、志愿者）、实物资本（闲置的设备、土地或建筑物）、环境资本和社会资本，以延伸服务的方式，在保障资金安全性和公益慈善组织宗旨的框架下依法开展适当的经济活动，实现自创收入。

2. 公益慈善财产的投资辨析

基于市场的角度，货币保值、增值的重要途径是投资与再投资。公益慈善组织募集到善款后，除依其宗旨或协议开展公益慈善活动和支付必要的行政开支外，可能会有资金富余，这些富余资金可能会有一个沉淀期。处于沉淀期的资金不进行保值、增值就意味着贬值。此外，在捐赠资源有限的背景下，公益慈善组织应在继续争取传统财源的同时，适当地进入营利性领域寻求新的资金来源或公益慈善财产的增长点，以保证公益慈善活动的有效开展和减少外界捐赠不足的制约。这就涉及公益慈善财产投资的问题。在上述关于公益慈善组织的自创收入中，有一部分就是公益慈善财产的投资收益。

所谓投资，是放弃现在可用于消费的价值以获取未来更大价值的一种经济活动。实际上，本金未来能增值或获得收益的所有活动，都可被称为投资。基于此，公益慈善财产的投资是指，在确保公益慈善财产发挥应有的公益效益、实现慈善目标及保障资金安全性的基础上，以保值、增值为目的，将所得公益慈善财产在沉淀期用于市场投资，且所得投资收益在扣除必要的成本后全部用于公益慈善事业，包括买卖一些安全性高的债券、股票、短期投资项目、国债、商业票据、短期贴现债券、企业债券等，或者将不动产出租，或者与商业机构合作等。《中华人民共和国慈善法》规定，公益慈善组织为实现财产保值、增值进行投资的，应当遵循合法、安全、有效的原则，投资取得的收益应当全部用于公益慈善目的；国家为公益慈善事业提供金融政策支持，鼓励金融机构为公益慈善组织、慈善信托提供融资和结算等金融服务。由此可见，公益慈善财产的保值、增值是公益慈善组织需要履行的一项义务和职责，也是促进公益慈善事业可持续发展的重要条件。

公益慈善财产投资案例

为实现公益慈善财产投资的效益最大化，不少基金会委托专业公司理财。

（1）上海慈善基金会同时委托数家公司进行资金运营，这几家公司均承诺：一旦出现亏损，会将捐赠款补足。

（2）中国香港特别行政区的施氏家族慈善基金会将投资增值事务交由 J. P. 摩根公司打理，资金支出与汇丰银行合作，且主要投资政府债券与蓝筹股等安全性、收益性高的领域，主要资助方向为气候、环保、能源、文化遗产保护等。

实际上，进行合理投资，获取适当的回报，并将收益用于公益慈善，剩余收益和本金继续投资，通常也是国外基金会的基本运作模式，最著名的例子莫过于诺贝尔基金会。出色的投资回报是很多公益慈善组织的有力依靠，有助于减少其对于募款的依赖性。中

国也允许公益慈善基金在资本市场上对风险资产进行投资以实现资金保值并获得收益；或者通过委托专业基金公司代理进行投资管理。但目前中国公益慈善财产投资所需的法律、评估、风险管理及项目管理的专业人才是一个瓶颈。

诺贝尔奖的奖金从哪里来？

1900年诺贝尔基金会成立，其初始资金是诺贝尔3100万瑞典克朗的遗产，其中，约2800万瑞典克朗是"主要基金"或"奖金基金"，剩余部分被用于设立"建筑物基金"和"组织基金"。"建筑物基金"用于诺贝尔基金会办公楼和颁奖仪式会场的租金开支，"组织基金"用于各颁奖机构及各委员会的组织费用。另外，颁奖机构自己的"特别基金"和"储蓄基金"用于某些特定需要的开支。

诺贝尔基金会的资产运行方法：每年将"主要基金"投资净收益的10%作为公积金继续投资，余下的90%再均匀分为5份，交给各颁奖机构，各颁奖机构再将分到的25%用作评奖费用和诺贝尔研究所的经费，剩下的75%就是当年诺贝尔奖的奖金。每年"主要基金"净投资收益的约13.5%是当年各项诺贝尔奖的奖金。

诺贝尔基金会的投资规则有一个历史发展变迁过程。

- 起初，按照诺贝尔的遗愿，只有诺贝尔基金会的红利和利息等直接收益才能用作诺贝尔奖的奖金，资本收益不能用作奖金；投资规则也规定，进行"安全可靠的投资"主要是指金边证券或以金边证券和不动产为抵押的贷款。
- 1946年，瑞典议会决定同意诺贝尔基金会享受免税待遇。
- 自1953年起，诺贝尔基金会在美国的投资活动享受免税待遇。
- 1953年，瑞典政府允许诺贝尔基金会独立进行证券、不动产和股票等方面的积极投资。
- 20世纪80年代，股市增长迅速，诺贝尔基金会的资产不断增值，不动产也在不断升值。
- 1987年，诺贝尔基金会决定将其拥有的不动产转到一家名为"招募人"的新上市公司。
- 自2000年1月1日起，诺贝尔基金会被批准可以将从资产售卖中获得的资本收益用于诺贝尔奖奖金，支付各种授奖活动及其他开支；从此，诺贝尔奖奖金除来自利息、红利外，也可以来自投资所得。

受诺贝尔基金会理财与操作模式影响的科学技术大奖还有："日本奖"和"京都奖"这两项日本科学技术大奖；瑞士的巴尔赞（BALZAN）基金会。

进一步地讨论，基于公益慈善财产主要来源的性质，公益慈善组织实际上仅是社会财富的托管人，公益慈善事业所谋划的是一种赚取信任的"生意"，享受的是公众信任。因此，问题的关键不在于公益慈善财产能否用于投资，而是公益慈善组织如何能获得足够的社会信任，以及如何规范自身的投资行为，保障公益慈善财产的安全性。这意味着，公益慈善财产的管理应该是"透明的玻璃口袋"，政府、捐赠人、公众能够了解并监督资金是如何投资运作的。公益慈善财产承载着更多的责任、寄托和希望，为了保障公益慈善财产的安全，其投资通常不能用于高风险的商务运作或改变资金的用途。

二、公益慈善财产的投资、交易原则

1. 公益慈善财产的投资原则

公益慈善财产的投资决策，必须充分考虑投资目标、投资期限、风险极限、预期回报率、契约、制度约束等因素，充分考量公益慈善财产的安全性、收益性和流动性。安全性是指充分保障公益慈善财产的安全；收益性考量经济效益的多少和社会效益的高低；流动性则包含投资期限的长短、变现能力和款项划拨的便捷性等。基于此，公益慈善财产的投资，应遵循以下5项原则。

（1）合法。合法是前提。公益慈善财产被用于投资活动，其投资形式和投资经营领域，都必须符合相关的法律、法规、规章和党的政策，且一般禁止涉足高风险领域。例如，公益慈善财产的投资项目必须与公益慈善项目绝对分开，避免出现"善款放贷"现象。

（2）安全。就投资而言，高回报意味着高风险。公益慈善财产是社会财富，担负着社会寄托、社会责任，其投资活动不应该是高风险的，不能过于冒险，不应过于追求高利润。否则，一旦出现问题，就无法向社会公众、捐赠人和受赠人交代。

（3）有效。有效是指投资方案可行，要对投资项目进行充分的可行性论证。只有经过充分、有效、民主、科学论证的投资项目，才能保证一定的投资回报率和资金安全性。

（4）流动性。公益慈善组织要维持日常运转、保证善款的及时划拨、应对突发事件（事故、灾难）；流动性低显然不利于资金周转和公益慈善活动的开展。

（5）道德。公益慈善组织决策层、管理层的投资决策，应着眼于公益慈善组织自身长远利益和社会利益，恪守道德规范，不涉入不健康或危害环境的产业。

> **公益慈善财产的投资政策："允许但限制"**
>
> （1）公益慈善财产的保值、增值应当合法、安全、有效，符合公益慈善组织的宗旨、使命，维护其信誉和公信力，遵守与捐赠人和受赠人的约定。
>
> （2）进行投资实现保值、增值的资金仅限于非限定性资产，以及在保值、增值期间暂时不需要拨付的限定性资产。
>
> （3）如果进行委托投资，则应当委托银行或其他金融机构进行。

2. 公益慈善财产的交易原则

前已述及，对公益慈善财产在沉淀期进行保值、增值的工作非常重要。由于通货膨胀等，资产缩水也是对善款的不负责任。有额外的投资收益，既可充足善款，又可用于组织建设和人才培养等。鉴于此，公益慈善财产的交易、合作，应遵循以下原则。

（1）区分。不能混淆公益慈善组织中的交易收入和捐赠收入。交易包括出售物资、提供服务、授权使用或转让有形、无形资产等交换，其收入应当计入商品销售收入、供给服务收入等相关会计科目，不得计入捐赠收入，不得开具公益慈善捐赠票据。

（2）合法。公益慈善组织进行善款交易，应当保护自身的和社会公众的合法权益。不得以低于公允价值的价格出售物资、提供服务、授权或转让无形资产；不得以高于公允价值的价格购买产品和服务。

（3）公益。公益慈善组织不得将组织名称、公益慈善项目品牌等其他应当用于公益慈善目的的无形资产用于非公益慈善目的；不得向个人、企业直接提供与公益慈善无关的借款；不得直接宣传、促销、销售企业的产品和品牌；不得为工商企业及其产品提供信誉或质量担保。

三、公益慈善财产的投资风险

毋庸讳言，既然是投资，即市场行为，就必定有风险。完全没有风险的投资是不存在的。因此，公益慈善财产投资失败的风险也始终存在。

由于市场风险客观存在，因此对应该选择什么样的投资渠道和投资方式进行具体规定注定是徒劳的。也因为如此，国家相关法律、法规、规章并未对此进行具体限定，而是确立了一些抽象的原则，如"合法、安全、有效"等。关于公益慈善组织中的公益慈善财产可用于投资的比例，一般除按其宗旨、章程、协议或法律规定必须用于公益慈善事业的支出与必要的行政办公经费等开支外，剩余资产在沉淀期都可用于投资。但是，违反国家法律、法规、规章和组织章程、协议的投资决策不当，致使投资遭遇财产损失，参与决策者应当承担赔偿责任。另外，公益慈善财产的投资应重点关注3个方面：其一，价格预测，即在判断投资可行性时须尽可能预测各种债券的价值、投资各种债券的收益率；其二，时机选择，即确定合适的入市点与出市点；其三，资金配置，即投资组合、投资工具的优化设计和多元化安排，在分配资金时权衡收益与风险。

公益慈善财产的投资途径，可以分为被动收入投资途径和主动收入投资途径。被动收入投资途径是相对保守或保险的投资途径，如银行存款利息、购买股票／债券、购买国债、一次性转让不动产的收入、房租等；主动收入投资途径通常是风险性投资，如经营与公益慈善目的相关的项目或与公益慈善无关的经济实体。通常，公募基金可购买国债、银行存款，或者有条件地介入资本市场审慎、稳健地投资，或者在完善投资风险补偿制度下委托投资（受托者承诺出现亏损时，将善款补足）；而私募基金除利用公募基金的投资途径外，还可审慎、稳健地通过长期债券、票据、股票、短期投资等进行组合投资。表 6-3 列举了几种常见的公益慈善财产投资方式与投资途径及其可能的风险情况。

表 6-3 公益慈善财产投资方式与投资途径及其可能的风险情况

投资方式与投资途径	风险解释与说明
银行存款	通过银行存款进行投资，安全性、流动性高，但银行利率水平较低，收益性较差，资金增值空间较小
股权投资	流动性较低，其安全性、收益性由所投资公司的资产和经营状况决定，风险通常较大
证券投资	证券投资分为债券投资和股票投资两大类。债券投资包括国债和企业债券；国债发行量大，信誉度高，流通性好，安全性最高，收益比银行存款略高，适合公益慈善财产投资；企业债券流动性好，收益高，但风险大
信托存款	金融信托投资机构可以吸收公益慈善财产 1 年期及以上的信托存款，其安全性基于金融信托机构的信誉，收益随市场变化。当国家政策对高息揽储行为实行严格监管时，信托公司容易出现信誉危机
委托贷款	委托贷款的安全性基于金融机构的信誉，风险由公益慈善组织自身承担
信托投资	信托投资是受托人按照委托人的要求，收受、经营或运作信托资金、信托财产的高风险金融业务

此外，作为一种市场经济活动，公益慈善组织资金的投资存在银行利率调整、股市波动、法律法规修订、政府行为等外部市场风险及内部组织使命转移的风险，并随之波动。特别地，在基金会运作过程中，可能还会出现支出结构不合理、资金流向过于集中、过于行政化等问题，并导致基金会运作效率低、资源浪费、影响社会公平等。

> **美国大学基金会的投资**
>
> 美国大学基金会的投资首先由校理（董）事会确定投资的目标收益，然后聘请职业风险投资家或委托中介机构开展具体投资活动，并由审计机构对投资结果进行审计，最后扣除投资活动开支，其收益按规定份额投入大学发展，其余部分转作资本金继续投资，确保资金保值、增值。
>
> （1）美国大学基金会的投资，一般由大学校长或校董直接掌控，由专业人士操作；
> （2）普遍注重投资的安全性；
> （3）采取银行存款、信托投资、证券投资、购置土地等多种形式；
> （4）将每年投资所得的一部分用于学校的发展和建设。

四、公益信托与慈善信托

在公益慈善管理实践中，公益信托与慈善信托并没有概念及内涵上的本质差异，相关行为受《中华人民共和国信托法》和《中华人民共和国慈善法》约束，在学术性正式文本中可以统称为公益慈善信托。

1. 公益信托

根据《中华人民共和国信托法》，所谓信托，是指委托人基于对受托人的信任，将其财产权委托给受托人，由受托人按委托人的意愿以自己的名义，为受益人的利益或特定目的，进行管理或处置的行为。基于此，公益信托（Public Trust）是委托人将其财产或权利交给受托人，要求受托人按照信托文件的约定，以公益为目的进行管理和处置的行为。公益信托对解决社会贫困问题、推进现代福利国家的发展进程起到了重要作用，成为实现公益慈善财产保值、增值的重要途径和方式。英国、美国等国家的很多大学、美术馆、博物馆、贫困救济和医疗事业等都得到公益信托不同程度的支持，诺贝尔基金会就是国际性公益信托事业的典范。公益信托的意义表现在：①发挥信托的金融理财功能，将超额收益部分用于公益慈善事业，使投资者在获得稳健收益的同时向社会奉献爱心；②引入公益信托制度，使公益基金会的管理更透明；③吸引更多的投资人通过公益信托来扩大社会参与公益慈善活动的渠道，促进公益慈善事业的发展。

公益信托的经营典范——诺贝尔奖基金

基于诺贝尔奖基金的设立和基金财产的取得、基金管理人的选定、投资策略、监察机制和获奖人评定制度，诺贝尔奖基金是一个典型的以遗嘱方式设立的公益信托。

1. 诺贝尔奖基金的信托财产

诺贝尔奖基金设立之初的信托财产是从诺贝尔的遗产接收过来的，共3100万瑞典克朗（当时约合920万美元）。信托财产用于低风险的投资，以每年的信托收益分设物理学奖、化学奖、生理学或医学奖、文学奖及和平奖5项奖金，授予世界各国在这些领域对人类作出重大贡献的人或组织。1968年，瑞典中央银行于建行300周年之际，提供资金增设诺贝尔经济学奖。另外，日本科学技术基金、日本INAMORI基金和瑞士的巴尔赞基金会都曾向诺贝尔奖基金捐赠过巨额资金。

2. 诺贝尔奖基金的管理

诺贝尔奖基金的管理人（受托人）由瑞典政府任命的正、副董事长和诺贝尔基金会理事会选举的董事、副董事组成的董事会担任。

董事会的一项重要任务是如何让基金保值、增值。根据1901年瑞典国王批准通过的评奖规则，这笔基金应投资在"安全的证券"上。当时，人们将"安全的证券"理解为"国债与贷款"，也就是以固定财产作为抵押，中央或地方政府提供担保，能支付固定利息的国债与贷款。自1953年起，诺贝尔基金会在美国的投资活动享受免税待遇。

诺贝尔奖每年颁发的奖金金额视基金投资收益而定，早期为 11000 英镑（31000 美元）～30000 英镑（72000 美元），20 世纪 60 年代为 75000 美元，20 世纪 80 年代达 22 万多美元，20 世纪 90 年代至今都是 1000 万瑞典克朗（2006 年颁奖时约合 145 万美元）。截至 2023 年年底，诺贝尔基金会的总资产价值达到 62.33 亿瑞典克朗，还不包括诺贝尔基金会直接持有的房地产的价值。可以看出，诺贝尔基金会 100 多年来的经营是相当成功的。

3. 诺贝尔奖基金的监管

诺贝尔奖基金设有一个理事会，其职能相当于公益信托监察人和公益事业管理机构，它的主要任务是：选举董事会（基金管理人或受托人）的董事和副董事；审核董事会的年度报告及审计员的财务报告，并对董事会当年的工作进行审核批准。

4. 诺贝尔奖基金的受益人选定

诺贝尔奖的评定和颁发由 4 个奖金颁发机构、5 个诺贝尔委员会和 4 个诺贝尔学会共同负责。获奖人的评定由奖金颁发机构负责：诺贝尔物理学奖和诺贝尔化学奖由瑞典皇家科学院评定，诺贝尔生理学或医学奖由瑞典皇家卡罗林医学院评定，诺贝尔文学奖由瑞典文学院评定，诺贝尔和平奖由挪威议会选出，诺贝尔经济学奖委托瑞典皇家科学院评定。诺贝尔委员会负责获奖人的推荐工作和召集专家参加奖金颁发机构的评议。诺贝尔学会提供专业意见，协助评估提名。

另外，公益信托是基于社会公共利益的信托形式，其特点如下。

（1）目的公益性。公益信托必须是为了社会公益，如教育、科学、文化、卫生、环保、救灾等方面。公益信托的信托财产及其收益，不得用于非公益目的。

（2）财产专属性。信托财产必须独立于委托人的其他财产，并用于特定的公益目的，不能被挪用。

（3）受益人不特定性。公益信托的受益人通常是面向社会的不特定公众，而不是特定的个人或团体。

（4）法律监管的严格性。公益信托的设立和运作通常需要接受政府或相关机构更严格的监督管理，以确保信托财产被用于预定的公益目的。公益信托通常由政府民政部门或专门机构监管，但可能需要其他相关部门的监督和管理。公益信托应设置信托监察人。

我国也鼓励发展公益信托。依据《中华人民共和国信托法》第六章关于"公益信托"的规定，基于以下公共利益目的之一设立的信托属于公益信托：①救济贫困；②救助灾民；③扶助残疾人；④发展教育、科技、文化、艺术、体育事业；⑤发展医疗卫生事业；⑥发展环境保护事业，维护生态环境；⑦发展其他社会公益事业。《中华人民共和国信托法》同时规定了受托人、信托监察人及报告公益信托事务及财产状况等事项。

公益信托的业务流程

（1）确定公益信托资金来源及设立公益信托的公益性目的。

（2）经批准后，信托公司作为受托人接受公益资金，并设立信托监察人；公益信托业务可以采取单一信托和集合信托两种形式。

（3）委托人与受托人签订《公益信托合同》，确定公益信托资金金额、信托期限等条款，并在受托人处开立公益信托专户，将公益信托资金交付受托人。

（4）受托人对公益信托资金采取独立账户、封闭管理的运作方式，在公益慈善事业管理机构和信托监察人的监督下，运用专业知识及多种金融工具，对信托资金加以运用。

（5）受托人运作公益信托资金所获得的收益，在扣除一定比例的手续费和管理费后，其余资金划入公益信托专户。

（6）受托人应当至少每年出具一份信托事务处理情况及财产状况报告，经信托监察人认可后，报公益慈善事业管理机构核准，并由受托人予以公告。

（7）公益信托终止时，受托人应当于终止事由发生之日起 15 日内，将终止事由和终止日期报公益慈善事业管理机构。

（8）受托人撰写的处理信托事务的清算报告，应当经信托监察人认可后，报公益慈善事业管理机构核准，并由受托人予以公告。

（9）公益信托受益人在每次分配公益信托资金及收益时，应由收益代理人通过相关规定和程序确定，信托受益人自公益信托生效之日起，享有公益信托受益权。

2. 慈善信托

慈善信托属于公益信托，根据《中华人民共和国慈善法》的规定，慈善信托是指委托人基于慈善目的，依法将其财产委托给受托人，由受托人按照委托人意愿以受托人名义进行管理和处置、开展慈善活动的行为。慈善信托是在实践中较多地为了救助贫困、医疗援助、灾害救助等帮助特定的弱势群体或解决某些社会问题而设立的信托。

慈善信托的受托人，可以由委托人确定其信赖的公益慈善组织或信托公司担任。受托人应当将其所签订的慈善信托文件在规定时间内向受托人所在地县级以上人民政府民政部门备案，否则不享受税收优惠。慈善信托的委托人根据需要，可以确定信托监察人，对受托人的行为进行监督，依法维护委托人和受益人的权益。

慈善信托的受托人管理和处置信托财产，要按照信托目的，恪尽职守、履行诚信、谨慎管理，并根据信托文件和委托人的要求，及时向委托人报告信托事务处理情况、信托财产管理使用情况，将信托事务处理情况及财务状况向办理其备案的民政部门报告，并每年至少一次向社会公开。

慈善信托无论是委托人还是受托人（包括其工作人员），都不得指定或变相指定其利害关系人作为受益人，且坚持公开、公平、公正的原则。

第六节 公益慈善组织的财务管理

财务管理是有关组织资金的筹集、投放和分配等的管理工作，是在一定目标下关于资产的购置（投资）、资本的融通（筹资），以及经营中现金流量（营运资金）及利润分配的管理。财务管理处理的是一个组织内部的财务关系。

公益慈善财产是用于公益慈善活动或项目的专项资金，健全的财经制度和严肃的财务管理纪律是公益慈善事业健康发展所必需的。因此，公益慈善组织应建立与自身性质、宗旨和使命相符合的财务管理制度，以赢取良好的信誉和社会公信力。

一、财务管理体系

目前，从整体情况来看，我国公益慈善组织的资金募集、财务管理存在资金规模较小、岗位职责不明确、账簿和原始凭证不规范、公益慈善财产未按捐赠意愿使用、信息不透明、内部财务监管缺位、财务信息失真等问题。借鉴现代企业财务管理制度和其他非营利性组织的财务管理经验，构建公益慈善组织的财务管理体系，应重点把握以下6个方面。

（1）财务预算管理。财务预算管理是信息社会对财务管理的客观要求。公益慈善组织必须根据公益慈善特点和市场变化情况，建立科学、有效的财务预算管理体系。

（2）财务控制管理。对公益慈善组织资产的运转或资金的耗费进行控制，在公益慈善项目／活动过程中，要对各项资产或资金需求的耗费情况加以控制，节约成本。

（3）财务监督管理。设置专门的内部审计部门及人员对财务收支和慈善活动实施审计和评价，审计结果根据情况向政府职能部门、捐赠人、慈善行业协会或社会公众报告。

（4）财务风险管理。公益慈善项目运作的变化和经济发展周期对慈善捐赠、公益慈善财产的投资、经营等有客观影响，因此，公益慈善组织应健全财务风险预警和管理系统。

（5）会计记录管理。会计记录管理是公益慈善财产管理的基础，也是传递和报告公益慈善组织财务信息、市场征信的重要凭据。

(6) 绩效评价管理。公益慈善组织的绩效评价管理包括员工工作质量评价及公益慈善组织公信力评价、社会贡献评价。评价内容重点把握社会效益、资金效率、员工贡献。

二、财务管理要求

1. 诚实信用的财务

诚实信用，即愿意对自己的行为承担责任，包括：财务记录和财务报表客观、真实、完整、公允，不说假话，不做假账，不出假报告。这是公益慈善组织财务管理的基本要求，也是构成公益慈善组织之形象、声誉的基础和精神财富。只有建立了诚信的财务体系，才能为公益慈善组织营造一种良好的公众认可、信赖心理，吸引更多的捐赠或资助。

2. 制度制约的财务

公益慈善组织的财务管理，不仅要满足内部管理和内部控制的要求，使组织管理、运行有序，而且要体现治理层次的作用，使公益慈善组织的管理层得到有效的监督和制约，通过制度、机制、治理结构的优化确保公益慈善组织对社会、捐赠人负责。

3. 公开透明的财务

公开透明是诚信要求的延伸，也是诚信要求得以实现的保证。公益慈善的使命也对公开透明的财务提出了明确要求。这就要求公益慈善组织完善信息披露制度，向政府、行业协会、捐赠人及社会公众及时、可靠地提供真实的财务会计信息和其他经济信息。

三、财务管理目标

财务管理目标是通过财务管理所要达到的目标。正确的目标是公益慈善组织财务系统实现良性循环的前提。通常，企业的财务管理目标包括利益最大化、最大的边际效益、行为目标和社会责任，但公益慈善组织的财务管理目标是稳健、宗旨、责任、行为目标和社会责任。公益慈善组织不能像企业那样拼命追求经济利益，其所追求的是公益、社会目标。按照管理层次，公益慈善组织的财务管理目标分为战略目标和具体目标。

1. 战略目标

在管理领域，战略目标是指一个组织的总目标，涉及一定时期内带动全局发展的方针、政策、任务的制定，是组织内部的资源因素与外部的环境因素互动进行机会与威胁、优势与劣势合理匹配的结果。从战略上看，公益慈善活动必须服从或服务于公共利益。公益慈善组织财务管理的战略目标在提供财务计划、指导财务管理工作方向、实现公益慈善组织使命等方面发挥着十分重要的作用。其战略目标的具体描述是：有足够的财力、物力、人力，确保能够为社会上处于困境中的人（家庭）、社会公众提供持续不断的救助、救治、扶助，为社会的文明与进步提供支撑服务。

2. 具体目标

（1）加强预算管理，保证公益慈善项目、活动等工作任务的完成。这有利于优化公益慈善资源特别是慈善财产的配置，可以借鉴企业的财务预算管理模式进行。

（2）加强收支管理和控制，提高资金使用效率，保证财务预算管理的实现。收入管理是对慈善收入项目、标准及进度管理；支出管理是对慈善支出项目、范围、标准管理。

（3）防止资产流失。做到"计划、适当、认真、负责、制度、完备、健全"等关键行为，账账、账实要相符，防止慈善财产的损坏、丢失或闲置。

（4）加强财务分析和财务监督，如实反映公益慈善组织及其项目的财务状况，为财务决策提供依据。公益慈善组织既要建立一套符合自身特点的财务分析体系，又要努力适应政府财政、民政、金融等部门、组织的主管部门及公益慈善行业协会中介的监督。

（5）健全财务制度和会计责任体系，包括决策、预算、收支标准、物资运营、财务分析、财务监督等制度，以及内部会计责任体系，以规范公益慈善组织的财务行为。

四、财务管理任务

公益慈善组织的财务管理任务，既要降低成本、提高效率，使有限的资金发挥最大的社会效益，又要树立外部形象，提高公信力或信任度。财务管理任务具体包括如下方面。

（1）体现宗旨。公益慈善组织的收入和支出等财务管理，要体现组织的宗旨，这也是判断公益慈善组织是否具备免税资格的财务依据。

（2）提高效率。公益慈善财产的有限性和无偿性决定了严格收支管理的必要性，要在保障公益慈善项目所需的收支平衡和安全运营的基础上，提高善款利用效率。

（3）预防腐败。严格的财务管理，其任务也包括使公益慈善组织的工作规范和作风等每个环节处于透明和公开的状态，以有效地遏制腐败。

（4）运作监督。财务管理记录了日常活动情况，相当于从侧面监督组织的财务状况。理事会成员检查财务状况是对组织的运作进行监督，社会公众通过财务报告可以监督公益慈善组织活动的公益性、合法性和有效性。

（5）税收减免。公益慈善组织可以享受各种税收减免政策；好的财务管理，可以争取到更好的税收减免待遇。

（6）预防危机。公益慈善组织可能面临各种困难、危机和投资风险；而做好项目、活动的财务预算和财务分析，有助于保障慈善财产的合理使用，预防和化解财务危机。

（7）提高公信力。公益慈善组织的财务报告是展示给捐赠人的规范的书面交代，只有健全、透明、高效的财务管理架构，才能提高公益慈善组织的社会公信力。

五、财务管理原则

（1）交流获准原则。公益慈善组织与捐赠人双方基于一致的意愿签署捐赠协议，如果协议的捐赠项目在实施过程中发生变更，包括增减活动、调整资金或其他重大财务事项，应与捐赠人沟通，征得捐赠人同意。

（2）确保资金用途原则。由于公益慈善活动或项目预算通常都明确了资金的用途、范围和标准，合作双方应恪守协议约定，确保资金及时到位且严格用于捐助内容和范围的事项。

（3）预算控制原则。公益慈善财产的开支应以预算为基础，遵循预算内容和标准，通过对比预算与实际支出情况等手段使公益慈善活动与慈善财产相互印证，有效控制公益慈善项目的进度和资金计划。

（4）实报实销原则。通常，除项目预算明确约定采用包干结算的事项外，其他费用应按实际发生额核销，以反映公益慈善活动开支的真实情况。

（5）利益回避原则。内幕交易情况、关联业务、内部利益输送情况等事项是公益慈善组织必须向政府监管部门、捐赠人、行业协会和社会公众交代的事项。

六、公益慈善组织成本管理

公益慈善事业的业务活动体现为资金或价值运动和转换过程。其中，资金运动过程的每个阶段与一定的财务活动相对应。另外，经认定的公益慈善组织可以减免税收。公益慈善事业的这种财务特性决定了成本、费用管理亦是其财务管理的重点。费用将导致公益慈善组织本期净资产减少或服务潜力流出，因此既要区分捐赠收入与业务收入、经营收入、投资收入并加以管理，也要严格区分经营性成本和公益性费用并严加管理。

1. 成本

开展公益慈善活动或项目，需要大量人力、物力、财力，并支付相关费用。公益慈善组织维持自身正常运行所需的管理费用也是财务支出的一部分。这些成本具体包括如下内容。

（1）工资、津贴和必要的社会福利等公益慈善组织员工的薪酬福利。
（2）活动开销，如慈善物资的运送、仓储、保管、分配等过程中发生的费用等。
（3）沟通成本，公益慈善募捐的劝募工作需要成本，如合作、谈判、公益广告等。
（4）研发成本，慈善项目创新及产品（服务）研发设计、服务、落实、评估等成本。

2．管理费

公益慈善组织由于特殊的产权关系，其管理费的合理安排与政府类似。管理费的提取在我国有严格的法律限制，但在实践中非常复杂，充满争议。

实际上，管理费所占比例小，并不能说明公益慈善组织的运营效率就高，也可能是其专业性或能力不足。多数公众并不清楚公益慈善组织的运作模式，主观误判的也较多。譬如，管理费的限制很可能束缚公益慈善组织的"手"，无法开发、选择、创新及研发其他更有价值的项目，导致成本管理与项目目标脱节。因此，管理费的提取比例，应该根据公益慈善项目的性质和捐赠人的意愿确定。从规模经济来看，具有规模效应的公益慈善项目的管理费可能要低一些，但规模较小且需要四处调研、落实和精细化管理的公益慈善项目的管理费可能会高一些。显然，管理费的提取，重点是需要充分披露资金用途和使用效率，并保证公益慈善组织运营状况的透明化，完善社会诚信体系，健全诚信机制。

当然，管理费提取的比例限制也确实是制约和控制公益慈善领域腐败的有效途径。一直以来，在公益慈善领域的弊案层出不穷，如诈骗、奢侈浪费、滥用资金、贪腐、挪用资金、内部财务管理混乱等，对公益慈善事业带来了巨大的负面影响。

3．成本控制

（1）监管机制。美国及中国香港地区的慈善监管机制相对比较成熟，这能够在很大程度上监督、控制公益慈善组织的行政成本、公益慈善活动的成本和投资运营成本。

公益慈善成本控制案例

（1）在美国，大多数州政府都规定公益慈善机构必须向州首席检察官提交年度报告；公益慈善机构每年都要填写美国联邦国税局统一编制的申报表，详细报告本年度资金来源和运转情况，税务部门负责对公益慈善机构的财务状况进行监督。

（2）中国香港地区社会福利署的《慈善筹款活动：内部财务监管指引说明》确保了善款用于指定用途、记录收支明细，以及遏制贪污、欺诈、谋利、滥用等行为。

（2）自律机制。自律包括公益慈善组织的自律，以及公益慈善行业的自律。公益慈善组织通过制定一些资源管治守则，加强自律，提高工作透明度以对公众负责。

（3）激励机制。公益慈善需要复杂的专业技能，涉及对工作人员和庞大志愿者群体的管理。因此，公益慈善组织从业者的薪资通常难以框定一个明确、严格的上限或下限，但薪酬发放必须有据可依，可以参照基层公务员的平均薪资水准或行业水平，并通过审计来调查公益慈善工作者的薪酬是否超过了其应得的部分或必要的限度。

本章提要

1. 公益慈善财产是社会捐赠或国家财政资助的，主要用于公益慈善目的或相关活动的各种财物，其产权形式比较特殊。公益慈善财产的管理包括公益慈善财产的筹集、运用、投资和财务核算等，具有职责权利不清晰、不存在利润指标、资金保障依赖社会声誉、资金规划的预算管理损耗资金效益等财务特征。基于此，公益慈善财产的管理目标是有效地使用财产实现慈善目标、社会效益最大化和维持自身可持续发展的有机统一。

2. 公益慈善财产的募捐和捐赠，应使筹资规模与组织发展规模相协调，选择经济的、风险小的、成本低的筹资方式，确保资金来源合理，应避免误用或滥用捐赠人的捐赠。慈善捐赠应遵循平等、自愿、无偿、公益、法治的原则。我国目前在应急救助、救灾、帮残、农村教育与发展、社会服务、公共健康和大病救助等领域较能吸引捐赠资源。

3. 公益慈善组织应按照合法、安全、有效等原则进行投资管理，实现资金的保值、增值。慈善财产的投资方式包括银行存款、股权投资、证券投资、信托存款、委托贷款和信托投资等。公益慈善组织在选择不同的投资方式、投资结构时，还应预测投资风险。

4. 公益慈善组织的财务管理旨在通过建立与自身性质和实践相符合的财务管理制度，基于明确的目标、任务和原则、要求，确保为社会公众提供有效、安全、及时、不断的救助、救治、扶助服务。其中，如何降低和控制管理成本是财务管理的重点。

本章案例

【案例 6-1】北京协和医学院［资料来源：常青.《协和医事（协和百年纪念版）》，北京联合出版公司，2017；海峡新干线官方账号，2023-08-22，有删节］

1916 年，美国著名实业家、慈善家，人称"石油大王"的洛克菲勒（John Davison Rockefeller）用 12.5 万美元购买了北京豫王府。破旧的豫王府在进行改造时，在地下发现了大量金银珠宝，但洛克菲勒并未私吞，而是决定"是谁的就用于谁！"几年后，豫王府焕然一新，成为北京协和医学院。建造这所现代化医学院耗资 750 万美元，并追加拨款 4000 万美元。后来，洛克菲勒将北京协和医学院无偿赠与中国。

据美国《时代周刊》记载：自 1913 年 5 月开始的 10 年内，洛克菲勒基金会花费了近 8000 万美元，其中，超过一半的经费用于公共卫生和医学教育，而"最大的单笔捐赠给了北京协和医学院"，截至那时，用于北京协和医学院共计 1000 万美元。1956 年的统计数据显示，实际上，加上后来的投入，洛克菲勒基金会为打造北京协和医学院总计投入 4800 万美元。今天，北京协和医学院是国家卫生健康委员会直属的唯一一所医科全国重点大学。

自那以后，北京协和医学院见证了中国现代医学的进步，也参与并见证了中国现代史上一些重要事件。尤其值得一提的是，北京协和医学院对中国公共卫生事业的建树和医学精英的培养。在中华人民共和国成立初期，中国 12 所医学院的领导都是从北京协和医学院毕业的，8 个研究所中有 6 个是从北京协和医学院出来的，中华医学会的骨干大部分来自北京协和医学院，《中华医学杂志》26 个编委中的 19 个来自北京协和医学院，1965 年当选的 9 名生物医学院士中有 7 名是协和人……。除了北京协和医学院，洛克菲勒还通过基金会资助了许多中国的其他医疗机构。1938 年，洛克菲勒基金会决定继续向中国农村建设项目拨款。

北京协和医学院为中国培养了大量医学人才，林巧稚、曾宪九、吴阶平等一批医学大家都曾在这里接受教育，也为中国建立了现代医学人才培养体系。从北京协和医学院走出的优秀毕业生回到了祖国各地，创办了更多医院，推动了中国现代医学的发展。

案例导读：理解公益慈善事业与中国医学教育事业。

【案例 6-2】慈善信托财产种类与模式实现新突破[材料来源：胡萍.《金融时报》，2024 年 1 月 17 日第 4 版，有删节]

2024 年 1 月 16 日，中国信托业协会与中国慈善联合会联合发布的《2023 年度中国慈善信托发展报告》（以下简称《报告》）显示，我国慈善信托总体呈现稳健发展态势，备案单数与规模均实现增长。

八年发展成效初显

自 2016 年《中华人民共和国慈善法》（以下简称《慈善法》）实施以来，慈善信托走过了八年的发展历程，《慈善法》中设有专章对慈善信托予以规范。中国慈善联合会慈善信托委员会主任蔡概说："慈善信托始终紧跟国家重大战略、持续发挥自身独特优势，逐步演化为广泛渗透社会多领域、深度参与社会公共事务的慈善方式，不断满足人民日益增长的美好生活需要，充分发挥第三次分配作用，助力共同富裕目标扎实推进。"

信托目的更趋多元

我国慈善信托继续向好发展，慈善信托发展环境不断优化。2023 年 3 月 21 日，中国银行保险监督管理委员会印发《关于规范信托公司信托业务分类的通知》，将公益慈善信托与资产服务信托、资产管理信托并称为三大类业务，为公益慈善信托的发展提供了有力支持。修订后的《慈善法》于 2024 年 9 月 5 日实施，坚持问题导向，回应社会关切，就慈善信托的纯公益性、年度支出和管理费标准、税收优惠、信息公开、监督管理等方面进行补充完善规定。

慈善信托财产种类与模式取得突破。其中，非货币财产设立慈善信托取得突破性进展，落地全国首单不动产慈善信托，并进行了我国首单不动产慈善信托财产登记及首项以著作权收益权作为慈善信托财产追加进入慈善信托的创新实践。在慈善信托模式方面，基于捐赠人建议基金（DAF）模式的慈善信托在国内实现了创新突破。

慈善信托目的更趋多元，慈善信托关注的慈善领域进一步拓展，首次覆盖了一些特定的细分领域和群体：一是关注现代社区建设和发展领域的慈善信托；二是关注单亲妈妈群体，"中航信托·大爱悦心慈善信托"是我国首单聚焦单亲妈妈群体的慈善信托；三是关注骑手群体，面向遭遇意外、疾病身故及重大伤残、重大疾病的骑手提供资助，同时设立"骑手见义勇为奖"和"骑手安全知识学堂"。此外，慈善信托关注防范非法金融风险，汇集社会更多资源和力量支持"防非处非"工作，提升公众防范非法集资意识。

配套制度有望加快落地

随着慈善信托的发展，信托公司成为受托人的主体，再加上一些社会组织的共同参与，受托机构呈现差异化特点。《报告》认为，慈善信托积极开展公益慈善项目的资助和运作，通过因地制宜的资助方式和长期持续的项目运营，最大限度地发挥慈善信托财产的社会价值，在服务国家战略、助力乡村振兴方面取得显著成果，并愈发受到社会各界的关注和认可。此外，慈善信托的发展呈现调查研究深入推进、品牌建设日益增强等特征。

对于接下来慈善信托的发展趋势，《报告》预计，慈善信托配套制度有望加快落地，其中一项就是税收优惠。修订后的《慈善法》在总体上明确了国家对公益慈善事业实施税收优惠政策，具体办法由国务院财政、税务部门会同民政部门依照税收法律、行政法规等制定。同时，增加规定明确自然人、法人和非法人组织设立慈善信托开展公益慈善活动的，依法享受税收优惠。未来，在多方参与、共同努力之下，慈善信托的生态圈将进一步成型，从而促进慈善信托从资金募集到善款使用全流程专业化运作。此外，公益慈善事业作为 ESG 的题中应有之义，必将凝聚更多企业力量。慈善信托作为一种个性、灵活、便捷、高效的慈善方式，也将成为企业践行 ESG 理念的重要途径之一。

案例导读：理解慈善信托的意义、价值、种类、风险、创新及激励约束制度。

思考与练习

一、名词解释

1. 公益慈善财产

2．慈善信托
3．公益慈善财产的投资

二、简答题

1．简述公益慈善财产的来源、特征及可能的流向。
2．简述公益慈善募捐与捐赠方式。
3．简述公益慈善财产的使用原则和相关规定。
4．简述公益慈善组织的成本管理方法。

三、论述题

1．论述公益慈善财产的投资方式及其风险。
2．阐述慈善信托的理论及在我国的实践。

参考文献

[1] 王崇赫，宫永健. 我国非公募基金会资金管理研究——基于资金来源视角[J]. 社团管理研究，2009（6）：35-37.

[2] 胡卫萍. 商法思维下的慈善公益资金运营思考[J]. 中国商法，2013（1）：205-210.

[3] 李宁. 关于我国基金会投资问题的探讨[J]. 北京：中国青年科技，1999（3）：34-37.

[4] 周批改，周亚平. 国外非营利性组织的资金来源及启示[J]. 东南学术，2004（1）：91-95.

[5] 王昌沛，王晶玉. 当代英国慈善财产筹募渠道析论[J]. 聊城大学学报（社会科学版），2017（6）：83-88.

[6] 韦祎. 公益慈善团体的财产所有权之辨——兼谈《公益事业捐赠法》与《物权法》的协调[J]. 法治研究，2009（2）：13-16.

[7] 杨思斌. 慈善组织财产的法律定性及立法规范[J]. 华东理工大学学报（社会科学版），2016，31（5）：112-119.

[8] 高一飞，徐亚文. 慈善财产监管中的比例限制规则及其完善[J]. 河南财经政法大学学报，2017，32（3）：52-61.

[9] 金曼. 把握慈善财产法律属性[N]. 北京日报，2021-10-11（10）.

[10] 庄德通. 慈善财产的特殊规范[N]. 民主与法制时报，2021-10-14（5）.

[11] 陈熔. "大资管时代"下慈善与金融结合的新路径——以慈善信托中财产投资的内部治理为切入[J]. 浙江金融，2018（5）：46-52.

[12] 李婕. 政府在慈善财产运作中的角色定位[J]. 中国市场，2014（29）：100-102.
[13] 胡卫萍，田田. 慈善财产的信托运营研究[J]. 企业经济，2012（9）：63-67.
[14] 皮磊. 慈善信托助力公益事业可持续发展[N]. 公益时报，2022-04-19（5）.
[15] 李楠. 我国慈善组织的财务管理问题浅析[N]. 山西经济日报，2014-08-19.
[16] 李春燕. 我国公益事业单位财务管理中存在的问题与对策研究[M]. 北京：北京邮电大学出版社，2012.
[17] 郑国安，赵璐. 我国公益事业的营销战略及相关的财务管理[J]. 经济管理，2011，25（13）：120-126.

第七章
公益慈善文化

知识目标

1. 理解公益慈善文化的概念
2. 把握公益慈善文化的特征
3. 理解公益慈善文化的功能
4. 了解公益慈善文化的构成

能力目标

1. 理解美国公益慈善文化的理念
2. 分析我国公益慈善文化的不足
3. 把握公益慈善文化的建设路径

素质目标

1. 解释我国公益慈善文化的制约因素
2. 理解公益慈善文化与公共精神的关系
3. 解释中西方公益慈善文化的差异及原因

第一节　公益慈善文化概述

一、公益慈善文化的概念辨析

1. 文化

文化是一个组织成员共有的价值和信念体系。文化有广义、狭义之分。广义的文化是指人类的物质生产和精神生产的能力及其全部产品，包括物质文化、行为文化、制度文化和精神文化；狭义的文化则是人类的精神活动及其产品的总称，即精神文化，本质上属于社会意识范畴。从影响层面来看，文化又具有表层和深层之分。文化的表层，即行为模式上的文学、艺术、风俗、习惯等层面；而文化的深层，是一种文化信念（Cultural Faith），是由价值观和理想信念所构成的人生观与世界观，包括了一系列行为方式、信仰形式、价值标准和社会伦理规范等。这种深层的文化信念可以用梁晓声的一句名言来表达：植根于内心的修养、无须提醒的自觉、以约束为前提的自由、为别人着想的善良。因此，文化能够在很大程度上影响甚至决定组织成员的行为方式。

> **组织文化的构成**
>
> - **物质文化**：一个组织、一个社会的物质基础、物质条件、物质手段和物质生产活动方式、产品等的总和，是可触知的、具有物质实体的文化事物。譬如，徽派建筑与欧式建筑在风格、设计、外观、结构及样式等物质形态上的差异，背后所揭示的是文化差异。
> - **行为文化**：既包括组织成员的生产行为、分配行为、交换行为和消费行为所反映的文化内涵，也包括形象、礼俗、民俗、风尚和礼仪等行为文化因素。
> - **制度文化**：组织与领导制度、工艺与工作管理制度、职工管理制度、分配管理制度等所体现的文化内涵。不同的组织文化，会有不同的制度建设思想。
> - **精神文化**：是文化的内核和主体，是社会成员共同而潜在的意识形态，包括管理哲学、敬业精神、价值观念、审美情趣、道德观念、信仰伦理等。

2. 志愿精神

志愿精神与公益慈善文化密切相关，又称志愿者精神，是一种在自愿的、不求回报的条件下，帮助处于困境中或有需要的个人（家庭）、群体、组织，或服务于社区，参与推动人类社会发展、促进社会文明和进步的具体化、日常化的人文精神，也是一种在个体参与志愿服务、帮助社会成员，以及促进社区发展、社会进步过程中折射出的道德理想、精神指引和心态观念，体现了个人对生命价值的尊重，对人生、社会、人类的一种积极态度，具有自愿性或非强制性、公益性或非谋利性、参与性或亲身实践性等特征。

志愿精神的构成

一般地，志愿精神具有两个方面的层次结构：

（1）较低层次的、社会心理层面的志愿精神，如个体性格、情感、态度和社会风气等；

（2）较高层次的、社会意识形态层面的志愿精神，如志愿群体的自觉意识、理论原则和价值取向等。

志愿精神以社会心理作为其形成的基础，以社会意识形态作为其发展的动力，概括起来就是奉献、友爱、互助、进步，在日常生活层面的实际体现形态就是志愿行动。其中，奉献是指不以名利、回报为目的，满怀深情地为他人服务，为社会发展作出积极贡献，是志愿精神的内核和要义。奉献，可以增进社会信任，构建平等、友爱、尊重的交流渠道，蓄积社会前进和发展的力量。一个人，对国家、社会、人民，应该有所担当、有所付出、有所责任，从而呈现最丰富的人格魅力。

这里有必要提到美国社会的志愿精神。美国早期移民者自建立公共图书馆和志愿消防部门开始，就一直向世人展示其建设公共事业，并牺牲自我的时间、力量和金钱来帮助困难群体的热情；美国联邦、州和市镇地方政府历来重视这种热情并鼓励民众发扬志愿精神。

美国肯尼迪政府和约翰逊政府的志愿服务

- 1961年，时任美国总统约翰·F. 肯尼迪创建了和平队（Peace Corps），这是一个致力于提供国际援助的志愿者组织，其使命是促进世界和平与友谊，通过志愿者的服务来满足各国的需求，促进跨文化理解。
- 1963年肯尼迪遇刺身亡后，林登·B. 约翰逊继任成为美国总统，其在任期内推行了一系列被称为"伟大社会"（Great Society）的社会改革和政府计划，旨在消除贫困和种族不平等，改善教育水平，提升医疗服务，并促进城市和农村的发展。其中，约翰逊政府鼓励并利用志愿服务作为社会改革的重要手段。

- 1964 年，约翰逊签署了《经济机会法案》（*Economic Opportunity Act*），制定了社区行动计划（Community Action Program），鼓励地方社区积极参与消除贫困的工作。志愿服务成为促进社会福利、提高公共服务质量的重要途径。

3. 公益素养

公益素养也是一个与公益慈善文化密切相关的概念。为了更好地理解公益素养，可以将素养与素质的含义进行对比。《辞海》对素质的解释是："人的先天的解剖生理特点，主要是感觉器官和神经系统方面的特点。素质只是人们心理发展的生理条件，不能决定人的心理内容和发展水平。人的心理来源于社会实践，素质也是在社会实践中逐渐发育和成熟起来的，某些素质上的缺陷可以通过实践和学习获得不同程度的补偿。"素养是平时修习的涵养，是平时养成的良好习惯，如艺术素养、文学素养、道德素养、法律素养等。可见，素质与素养之间存在细微的差异。素质一般强调与人的本质相关的特质和特性，但可以通过后天心理锤炼获得提升或补偿；而素养强调人的后天修习和通过学习逐步形成的涵养特性。"素"本身就是指平时，"素来已久""素不相识"中的"素"指的就是从来、平时的意思；"养"应该可以解释为涵养、修养，是人们逐步形成的一种文化特质，或者精神、观念和态度上的特点。

中国典籍中的"素养"

- 《汉书·李寻传》中有："马不伏历，不可以趋道；士不素养，不可以重国。"
- 陆游《上殿札子》曰："气不素养，临事惶遽。"
- 刘祁《归潜志》卷七中有："士气不可不素养。如明昌、泰和间，崇文养士，故一时士大夫，争以敢说敢为相尚。"
- 郭沫若《洪波曲》第八章提到："他虽然是一位经济学专家，而对于国学却有深湛的素养。"

基于此，所谓公益素养，是公民基于教育、修习逐渐形成的，在公益慈善方面的修养与能力。公益素养包含了公益认知、公益情感、公益理念、公益信仰、公益行为能力等多个方面的要素，是一种综合性的、社会的共同评价，应该包含 3 方面的内容：①关于一个具备公益素养的人的行为描述；②关于一个具备公益素养的人的心智状态描述（认知、情意、行为能力、价值观等）；③关于培育具备公益素养的人的教育条件。

一个人的生命历程中可能会遇到与公益有关的个人的、社会的、政治的、经济的各种问题，对这些问题的思考需要公益素养；而公民的公益素养，是公益慈善事业的基础。因此，应该加强对公民公益素养的培养，以增强公众的公益理念，培育公益慈善文化。

> **公益素养的构成**
>
> 公益素养包括扎实的公益知识、真挚的公益情感、正确的公益理念、坚定的公益信仰和良好的公益行为能力等。
>
> - 公益知识在公益素养中居基础性地位。
> - 公益情感是人们对公益及公益现象等的主观感受和心理体验，是一种直观的、自发自觉的意识形态。
> - 公益理念是高层次、高水平的公益意识，是对公益慈善组织和公益现象等的认识和理解，其核心和灵魂是公益价值观。
> - 公益信仰是人们内心对公益诚服与坚信的态度，它不仅是个体潜在修养的重要内容，也是公益知识、公益意识表现为外在修养的源泉。
> - 公益行为能力是人们完成公益活动所具备的本领和力量，包括完成公益慈善活动的具体方式、技能及所必需的生理条件、心理条件。

4. 社群主义

美国的报刊上经常出现"Communitarianism"（社群主义）这个词，在美国的语境中，这个词常被用来强调社会公益精神及集体责任。社群主义是一种社会和政治哲学，著名学者如迈克尔·桑德尔（Michael Sandel）和阿米塔·艾泰奇（Amitai Etzioni）是社群主义的重要倡导者。社群主义提倡民主，却与个人主义、自由主义对立，不仅关注个人的自由和权利，而且强调社会群体和集体的利益，又称为"社区主义""共同体主义""合作主义"等。社群主义全然反对自由主义的基本价值，认为自由主义忽略社群意识对个人认同、政治和共同文化传统的重要性。社群主义旨在恢复社群价值的重要性，重申社群对个人的重要性。20世纪90年代，社群主义者阿米太·爱特热尼、菲力普·塞尔尼克和威廉·加尔森等，不仅强调个人权利、责任与社会利益平衡的重要性，而且强调应确保强大的社群不会压迫个人的需要。

不仅如此，社群主义极力主张将个人的善与社群的善统一起来，并将这种共同的善作为评价社群生活方式的标准，因此共有价值高于个人自由选择的价值。社群主义认为社群本身有一种"内在善"，这个"善"的观念来自个体身处社群中的文化传统，不仅提供了个人在选择时所需考量的参考标准，也构成了个人的认同。从内在的"善"衍生而成的共同价值和目标可吸引个人，对社会的运作也具有凝聚性和连续性。另外，由于每个社群生活的标准不同，对"善"的定义也不尽相同，因此，共同的"善"只有在特定的社群内才能达成，需要一个拥有共同历史和文化的特定社群，也需要社会制度、社群成员的行为配合，共同实行具有"共同的善"的标准生活方式。

具体到生活上，社群成员以"共同合作"的方式促进"共同的善"。社群内每个人对社群中的生活规范有共同的理解，形成相互的责任与义务，并通过表达对彼此的关心、分享共同的价值及相互了解,提高社群成员道德的起点,建立社区成员对社群的认同感、归属感。特别地,"共同的善"虽然是社群的共同价值观,但并不意味着社群成员都必须毫无疑问地接受"共同的善"的标准或规范,成员之间可以公开、平等地讨论和实现有效的沟通,以对"共同的善"的标准加以修正或排除。

5. 公益慈善文化

对照文化的概念,公益慈善文化也有广义、狭义之分。广义的公益慈善文化,即人类在长期的社会实践中形成的公益慈善意识,以及公益慈善组织、公益慈善活动、公益慈善财产投资应遵守的价值与信念体系。广义的公益慈善文化包含3个层面的内容。

(1) 观念层,即人类在社会生产、生活实践中孕育而生的、对自身所取得的财富的态度,对他人特别是弱者、困难者的关心程度,以及对公益慈善行为的价值评价和社会认可度。其主要包括人的爱心、责任感及乐善好施、扶贫济困等风俗、传统、信念和信仰,以及系统的道德观念和价值体系等,是一种深层次的公益慈善文化。

(2) 制度层,即人类在公益慈善实践中构建的调整人与人之间关系的社会规范、规章制度。它们从制度上勾勒了公益慈善文化的特定内容,蕴含了观念层的精神文化。

(3) 行为层,即众多社会成员在自愿基础上从事的对社会弱势者的无偿救助行为。它通过合法的公益慈善组织或其他平台,以社会捐献、社区服务等方式,按特定需要将可汇聚的财富、知识、行动集中起来,再通过合法途径用于无力自行摆脱困境的受助者。

狭义的公益慈善文化,即广义的公益慈善文化在观念层的含义,是指人类在长期的公益慈善实践活动中形成的思想观念、价值体系,它是公益慈善事业的精神支撑,是推动公益慈善事业发展的内驱力。现代公益慈善,根植于对和谐、美好生活的追求和向往,注重社会道义,强调社会责任和仁爱、利他,更多考虑社会分配的公正性,把从社会中得来的利益再回报给社会,与公民社会有不可分割的联系。因此,现代意义上的公益慈善文化,其内涵是基于平等尊重的人文关怀、以人为本的价值观、公民社会责任观、利他主义价值观、理性社会财富观、志愿精神等精神或理念的综合。

本书所讨论的公益慈善文化主要是狭义的公益慈善文化,是由价值观和理想信念构成的精神文化或文化价值。在公益慈善事业领域,文化价值扮演着极为重要的角色,是推动整个国家、民族、社会、公益慈善事业发展的灵魂和精神内核。

二、公益慈善文化的特征

1. 自觉性

公益慈善文化与其他文化价值、文化形态的最本质区别在于,公益慈善文化要求个人或组织的行为在主观上是自愿的、自觉的。在公益慈善事业中,社会成员出于慈爱之心和友善之情对社会的特殊群体或社区进行的无偿救助行为，是一种自发、自愿、自觉的捐助、帮扶、奉献行为。其自觉性具体表现为：

（1）公益慈善资源的聚集依赖个人或组织在时间、金钱、服务等方面的自愿奉献；

（2）公益慈善组织的成员或其他参与者通过自愿行为追求他人和社会的公共利益；

（3）公益慈善组织成员或志愿者、其他组织的自觉行为，其动力来源不是经济利益、权力动机、声望名利或其他物质利益，而是其内在奉献的信念、价值观；

（4）社会公众把参与公益慈善当作个体责任，是公益慈善文化被个人内化的结果，且这种内化是一个柔性的过程，体现的是"自觉性"而非"强制性"。

2. 社会性

公益慈善事业本质上是社会的、民间的社会公共事业。政府会参与公益慈善活动，但政府不是主导；个人的公益慈善行为汇聚为一个社会整体；而企业的本质决定了企业只能是公益慈善行为的社会参与者。其社会性具体表现为：

（1）公益慈善的各种资源（物资、志愿服务等）主要来源于民间的社会捐助，通过公益行动来动员更多有能力帮助他人的社会成员筹措善款或提供志愿服务；

（2）慈善财产必须用于捐赠人所指定的或双方协商确定的公益慈善项目或活动，公益慈善组织和志愿者要自觉接受捐赠人和社会的监督；

（3）公益慈善行为必须尊重捐赠人、受赠人或受益人的意愿，保证慈善物资、慈善服务的社会公共利益效果；

（4）公益慈善文化建设只能进行引导，而非直接干预，即通过尊重并保护社会公众慈善意愿的表达方式，来促进公益慈善资源使用效率和使用效果的最大化。

3. 时代性

公益慈善文化的形成与发展、公益慈善文化的内容与形式，都在一定程度上受到经济、政治、社会、制度的影响，不同时期或不同历史阶段的公益慈善文化具有不同的表现形式，有一个不断发展变化的过程，具有时代的变化性。当前，公益慈善文化也体现在社会主义核心价值体系中。从传统到现代，从东方到西方，公益慈善文化具有明显的时代性。

4. 民族性

从世界范围来看，各民族、各国家所处的社会环境、自然环境不同，经济、社会、气候、信仰和生活方式也不同，文化的形成、积累和传播方式也不相同，导致不同的民族具有不同的精神气质，并在风俗习惯、宗教信仰、伦理观念和生活方式等方面形成了各具特色的民族文化和社会文化，也直接影响公益慈善文化。这也意味着，公益慈善文化必然体现了一个民族、一个国家、一个社会的特性，具有显著的民族性特征。

5. 利他性

一般地，学术界将利他行为定义为提供时间、资本、实力，以帮扶、辅助别人的行为，但其本质上是一种不期待受助人回报的自愿行为。"不期待回报"有两层含义：一是利他的具体行为，即在时间、资源、金钱上帮助别人的行动；二是对受助人的报答没有心理预期，不能因为自己的行为有利他性，而认为他人应该回报自己。真正的利他是单纯地利于别人的行为，实际上就体现了为别人的美好生活而扶助别人的一种观念，具有文化内涵。把利他行为冠以文化意义，即通过弘扬利他主义来彰显公益慈善文化的内涵。

三、公益慈善文化的功能

1. 普及公益慈善理念，促进公益慈善事业发展

公益慈善文化是公益慈善事业的不竭精神源泉。固然，公益慈善事业依赖经济发展和财富积累，依赖法律法规等制度建设，但也需要文化的推动。公益慈善是一种自主行动、自愿行为，既不能强迫，也不能摊派，于是只能通过公益慈善文化的"文治教化"，使倡导关爱之心成为全社会的风气，演化成为人们共同的行为准则，从而促使人们自觉、自愿地参与到公益慈善事业中来。公益慈善文化决定了公益慈善观念的生机与活力。我国要大力发展公益慈善事业，必须通过加强公益慈善文化建设来承载和激励。

2. 倡导人文关怀，促进精神文明建设

公益慈善文化也是一种关注人民福祉，特别是关注社会弱者和社会福利增长的社会价值选择。因此，弘扬公益慈善文化不仅有助于帮助处于困境中的群体或个人，鼓励、动员社会公众从事善举、关爱他人，也有助于人们充实内心、陶冶情操、提升自我，营造"爱人如己""谦卑""怜悯""同理心"的人文环境，促进精神文明建设。

3. 增进社会教化，化解社会矛盾冲突

公益慈善文化以其对他人困难与不幸的同情和关注，彰显了人性的美好，突出了人的尊严和价值，调整了社会关系，蕴含了人道主义、仁爱关怀等道德基础和价值导向，促使全社会形成一种普遍认同和奉行的诚信、友爱、团结、互助的道德观念、道德规范，对增进社会教化、维护社会公平正义意义重大。另外，社会的和谐稳定并不完全取决于刚性的规范与约束，还需要公民自觉自愿的行动。公益慈善文化彰显了一种自觉、自愿、互助、友善和利他的价值观，当公益慈善文化被认知主体内化后，公益慈善就能够成为多数人的行动，进而对创新社会治理、化解社会矛盾提供强大的教化作用。

第二节 美国的公益慈善文化

一、美国的公益慈善文化观念

英国、美国的公益慈善文化早期源于基督教信仰，以对上帝的信仰为精神支柱和价值根基。西方社会早期培育了博爱、罪感、恩典、谦卑等文化理念，并直接影响了其公益慈善事业的发展。但随着西方社会基督教信仰的日渐衰弱，这些文化观念在英国、美国也日渐淡化。

（1）博爱精神，即广泛地爱一切生命。在西方社会的传统信仰体系中，"博爱"包括"爱上帝"和"爱人如己"两个方面。在基督教文化中，"信"和"爱"是基本的信念，"爱上帝"是伦理的基础，而"爱人"是伦理的体现。早期基督教中把"上帝"绝对的"爱"转化为人与人之间的爱，鼓励人们互爱，鼓励"宽恕""饶恕""爱仇敌"。但随着时代的发展，在西方社会中，这些文化观念在人们的行为准则中越来越被淡化。

（2）罪感文化。"罪感"来自人的"原罪"，基督教有一种基本观念，叫作"罪感"。基督教认为人具有原罪，每个人是带着"原罪"来到世界上的，且人不能自我拯救。在"罪感文化"背景下，英国、美国社会倾向于将慈善活动和公益行为作为"赎罪"的一种形式。

（3）恩典观念。在英国、美国传统的基督教观念中，人类本该得到灭绝，但因上帝的恩典，上帝给予人类悔改的机会。在这种恩典的感召之下，人类倾向于给予爱、怜悯和帮助。

（4）谦卑心理。谦卑是一种态度、道德情感和信念，怀有一颗柔和、谦卑之心去为人处世，始终坚持"自知其行其善微不足道，尚须不断努力，持之以恒""不以善小而不为"。谦卑之心警醒人们不弄虚作假、不欺骗、不诡诈、不骄傲、不彰显自己。

二、美国公益慈善文化的特点

（1）强调普遍互助。英国、美国公益慈善文化观念的"博爱"不特别看重人类的血缘亲情及与生俱来的亲情等自然感情，也不期待回报而视之为义务或本能，这种"爱人"

遵循"普遍主义"原则。此时，人与人之间容易发展一种互济文化，强调普遍的互助。

（2）强调他律。在"原罪论"和"富罪论"的慈善观说教下，西方社会倾向于将自己的财产捐给社会或穷人。事实上，欧洲高福利国家的逻辑亦是如此：高福利意味着高税收，纳税其实是通过国家替自己承担为弱者解决贫困、灾难、疾病、养老、慈幼等问题的责任。由此可见，西方社会的公益慈善文化实际上体现了一种他律诉求。

（3）强调个人奋斗。美国社会传统上强调个人自主、个性自由，倡导个人自立、实现自我的价值观，促使慈善捐赠成为许多人的自觉行为。美国的公益慈善文化在"本体论"上属于"个人本位"，把人看作"原子式个人"，即无差别的、独立的、平等的个体，赋予每个人选择自身目标及实现这些目标的手段的自由和责任。传统的西方社会认为，靠自己的奋斗获得的成功才最有意义，但这种文化观念在西方左派意识里正在衰微。

三、美国公益慈善文化的演变

英国、美国公益慈善事业的广泛发展建立在人们对"慈善"二字的深刻认识上。在美国，北美殖民时代早期，移民就将英国清教伦理中的慈善观念和实践带到了北美殖民地。例如，美国佐治亚州最初就是几个慈善家与其他一些为单纯的明确目标而斗争的力量共同开拓的结果；乔治·皮博迪（George Peabody）、本杰明·富兰克林（Benjamin Franklin）等的探索，对美国基金会的发展有直接影响，为美国现代基金会的建立奠定了基石。

20世纪，卡内基（Dale Carnegie）的"科学慈善"理念对美国现代公益慈善文化有深远的影响。卡内基是美国"科学慈善"领域的开拓者，其"科学地运用和管理富人的剩余财富，并使之为社会的长远利益服务"的观点影响深远；他揭示的"财富福音"的基本原则，推动了美国慈善基金会的建立和完善，奠定了卡内基公益慈善事业的基础。随着现代基金会的逐步发展，一大批在世界经济舞台上有影响力的企业家加入公益慈善事业中来，代表性的有福特（Henry Ford）、比尔·盖茨（Bill Gates），他们都遵循卡内基"科学慈善"理念及"发了财就捐赠"的思想传统。

与此同时，在公益慈善文化的推动下，美国公益慈善组织及相关制度也日趋建立、健全，慈善基金会是其中的典型。1913年，美国最早的私人基金会洛克菲勒基金会成立，主要关注教育、健康、扶贫等领域；1936年，福特基金会成立；2000年，比尔和梅琳达·盖茨基金会成立。时至今日，基金会成为美国支持社会弱势群体、调节收入分配、缩小贫富差距、缓解社会矛盾的重要工具；基金会的资助方向从传统的济贫扩大到科技、教育、医疗保健、文化设施、体育康复、人才培养、社会思想研究、国际交流等广阔领域，成为美国支持大学、图书馆、博物馆、研究机构及科学家、艺术家等文化教育发展的重要经济力量。此外，慈善免税制度、慈善捐赠信息公开制度及慈善管理制度的建立和健全，凸显了美国公益慈善的生命力和公信力。

四、美国公益慈善文化的启示

英国、美国公益慈善文化的终极指向是"奉献""救助",因此,我国公益慈善文化建设能够从美国公益慈善文化中得到一定的启示。

(1)公益慈善文化影响公益慈善事业的发展,公益慈善事业的发展程度折射出公益慈善文化的穿透力。以"博爱"为核心的公益慈善文化价值观推动了美国公益慈善事业和社会福利事业的发展;同时,慈善捐助和公益活动已成为一种社会风气,从事社区志愿服务是社会公众普遍的道德意识和自觉行为,显示出公益慈善文化的影响力。

(2)构建现代公益慈善价值观需要借鉴全人类共同的公益慈善文化资源,这是进行公益慈善文化建设应有的态度。人类社会公益慈善文化的形成有其共同的社会基础,我国在构建自主知识体系、传承中华民族优秀传统文化的过程中,也需要在历史长河中寻觅更多符合现代文明心态的、适应现代社会道德认同感的价值观念,从文化信仰深层次去体会、领悟、包容更多的公益慈善文化资源,努力改变公益慈善事业的封闭性、内敛性状况,塑造适合现代公益慈善事业发展的新理念、新观念和自主知识体系。

(3)营造深入人心的公益慈善文化氛围和公益生态环境。文化是一种历史沉淀的产物。作为一种软实力,公益慈善文化的影响力使公益慈善行为具有稳定性、常态性。公益慈善行为是每个人从内心深处发出的仁慈之心,其关注半径超越了以亲情和血缘为纽带的家族范畴,扩展到社会上的陌生人乃至仇人。因此,中国的公益慈善文化建设也要不断培育具有博爱精神和开放性特点的慈善文化氛围和公益环境,摆脱内敛性、封闭性的现状,超越中国传统家庭伦理和血缘、亲情等自然感情。

(4)公益慈善事业不仅要依靠人们的道德自觉,也要努力营造一种人人向善、人人尽责、人人奉献的公益慈善文化氛围和现代慈善意识,通过各种途径激发深藏于人们心中的责任意识、博爱意识和公共精神,将公益慈善意识内化为一种群体意识和民族心理,并广泛渗透到人们的社会生活和行动中,形成伸张正义、扶危济困的社会环境。

第三节　中国的公益慈善文化

一、中国公益慈善文化的变迁

中国公益慈善文化的变迁可以概括为 4 个阶段,分别是:以"仁"为核心的古代慈善文化；以"救国"为目标的近现代慈善文化，中华人民共和国成立初期的公益慈善文化，改革开放至今的公益慈善文化。这4个阶段的划分也决定了不同历史时期我国公益慈善文化发展所包含的公益慈善意识和公益慈善价值观，体现了不同历史时期人们不同的公益慈善观念和公益追求，具有明显的历史痕迹。

1. 以"仁"为核心的古代慈善文化

该阶段经历了从先秦时期的慈善思想，到东汉末年佛教济贫思想的传入，再到宋元时期民间慈善和明末清初现代慈善意识的萌芽。

（1）儒家慈善思想。儒家提出的"民贵君轻""节用爱民""仁者爱人"之说，是对人道主义思想的古朴阐释，奠定了儒家思想形成慈善观念的理论基础，也是后来实行仁政、惠民政策的思想来源。《礼记·礼运篇》中提出了要使世界"讲信修睦，故人不独亲其亲，不独子其子，使老有所终，壮有所用，幼有所长，鳏寡孤独废疾者，皆有所养"的"大同"思想。孟子也提出"守望相助，出入相支，疾病相持"的主张。可见，中国慈善文化早期出现在以家庭为基础的全社会的普通百姓中，有深厚的民族基础，不仅关心家庭、慈爱亲人，也关怀、照料鳏寡孤独和残疾人。在儒家思想影响下，中国社会形成了家庭照顾制度，以及以村庄、邻里、宗族为单位的自助式基本生活安全保障制度。

（2）道家慈善思想。老子的道家思想形成于春秋时期，是我国传统文化思想中一个有重要影响力的派别。传统的道家思想和教义充满了对人的善念和仁慈之心，体现在"劝善去恶"理念中，强调广做善事、行善积德、多给予、少索取，主张应当以天地为宗，顺其自然，以"道德"治天下，强调体道悟道、以善为本、广积德行。

（3）佛教的公益慈善思想。慈悲是佛教的基本理念，佛教极力倡行慈悲、救渡众生，核心是行善的功德论，倡导慈悲为怀、广种善果，宣扬"福报""修福""善有善报，恶有恶报"等因果报应观念，并一度成为上至统治阶层下及普通百姓行善积德的观念支柱。

（4）现代慈善意识的早期萌芽。明末清初，在自然条件较好、经济较为发达的江南无锡、太仓等地区，先后出现了一种非宗教性、非个体性的慈善救济组织，如同善会、广仁会、同仁会等民间慈善团体。同善会除对一般贫民实行救济外，还注重对受助者的教化，具有现代公益慈善文化思想的萌芽特征。

2. 以"救国"为目标的近现代慈善文化

1840年鸦片战争后，面对西方侵略，中国陷入严重的内忧外患。由于时局动荡、国力衰微，面对人民的水深火热，政府缺乏能力进行制度性慈善救助，民间慈善组织承担了许多扶贫济困的慈善救济工作。这种特殊的时代背景，使近现代中国公益慈善文化被深深地打上了救亡图存的时代烙印。

（1）现代慈善机构的建立促进了现代公益慈善文化的发展。鸦片战争以来，民间慈善发展较迅速，逐渐成为近代中国公益慈善事业的主要力量，如中国红十字会、华洋义赈会等慈善组织，不仅有能力进行大量救济赈灾活动，也广泛宣传现代公益慈善理念。

（2）东西方慈善文化在碰撞中逐步融合。近代中国，"西学东渐"带来的西方慈善文化开始猛烈地冲击中国传统慈善文化，其中既有帝国主义文化侵略、渗透及经济控制、资源掠夺，也有一些爱心人士本着国际主义、人道主义精神，真诚地把慈善当作一种国际性的救援事业来实施，这就不可避免地会出现中西方慈善文化的碰撞、融合，并在中国逐渐形成了一些新的现代公益慈善文化观念。

（3）近代中国社会性质的巨大变化，导致传统慈善文化受到民族存亡的严峻考验，慈善文化在宣传和动员全民族拯救国家中起到了重要作用。新文化运动中的民主与科学、孙中山的平均地权等思想，都突破了慈善文化原来意义上的乐善好施、赈灾救民、扶贫济困、尊老爱幼、苦乐共享等狭隘范围，而与整个中华民族的存亡、富强联系在了一起。

（4）传播了马克思主义思想指导下的慈善文化。中国共产党肩负起民族独立、国家富强、人民幸福的历史重任。开辟农村革命根据地，把科学社会主义的理论和实践融入公益慈善文化中。

3．中华人民共和国成立初期的公益慈善文化

中华人民共和国成立后，公益慈善文化在目的、组织方式、服务对象、宣传发展等方面与以往的慈善文化有了一些区别。

（1）中华人民共和国成立初期实行计划经济体制，政府包揽全体社会成员的基本生活，最大限度地促进就业，全体社会成员享有政府配给的相同基本福利，各种程度的灾害均由政府救助。因此，中华人民共和国成立初期提倡互助互爱、互相进步的社会主义新风尚，倡导邻里融洽、父慈子孝、尊老爱幼。

（2）中华人民共和国成立初期强调劳动光荣。全体社会成员树立劳动光荣、劳动创造一切的理念，政府帮助一大批吸毒、卖淫等人员重新做人，使其成为自食其力的社会主义劳动者，树立了良好的社会风尚和社会观念。

（3）中华人民共和国成立初期人们的传统慈善观念和公益精神受到了强烈的冲击。与公益慈善相关的理论与实践活动相对减少，民众对慈善与公益及人道精神的认识发生了变化，一些传统慈善美德被抛弃，社会公益意识有所弱化。

4．改革开放至今的公益慈善文化

改革开放以来，一些传统美德得到发扬，与公益慈善相关的文化观念得到宣扬。伴随着经济发展和对外开放，人民群众的人文关怀意识逐步增强，内容丰富的公益慈善活动和一些现代公益慈善观念越来越深入人心。

二、中国公益慈善文化的构成

公益慈善文化作为一种观念形态和精神意识，是一定社会、经济、政治状况的反映。虽然不同国家或地区的经济、社会处于不同的发展阶段，但公益慈善文化都在不断演进、转型和本土化。结合我国的新时代特征与具体的国情，中国公益慈善文化包括以下 7 个方面的构成。

（1）平等、尊重的人文观。公益慈善文化是一种爱的召唤与善的关怀，它不仅表现为对特殊困难个体（家庭）或群体的同情和爱心，更体现为对人的平等、尊重和尊严的肯定，以及对教育、科学、文化、体育事业的公益支持。公益慈善作为一种非强制性的自愿、自觉、自主行为，受人的爱心、同情心、责任心驱使。同情心是一种怜悯情怀，是许多道德情感的基础。正因为有了人的同情心、爱心或怜悯心，社会才会形成善待他人、关心弱者的人文关怀理念，并肯定人的价值和尊严，建立平等和尊重的制度。

在现代公益慈善理念中，公益慈善是平等主体之间出于真诚、友爱、怜悯的情怀而做出的善举或支持社会进步的公益举动。因此，中国公益慈善文化也应彰显尊重人的价值观和权利观，无论是施者还是受者，任何人在人格上都是平等的，都享有人的尊严。一切公益慈善行为都应当以尊重权利、人格和尊严为前提，以满足需要和促进发展为目的，对教育、科学、文化、体育事业的公益支持也以不干预和尊重其自主为条件。

（2）以人为本、促进社会发展的价值观。"人"在一定社会历史条件下有物质和精神的双重需要。公益慈善文化体现的不仅是人与人之间的关爱、尊重与帮助，也体现了人对社会事业的关心和支持。这意味着，作为公益慈善事业精神支撑的公益慈善文化，其核心价值观必然以人为本、以促进社会发展为最终指向。换言之，公益慈善文化的核心价值在于"人"自身的发展和"社会"的进步，而"社会"的进步最终也落实到"人"；"人"是公益慈善的根本目的，也是公益慈善的最终指向，一切公益慈善为了"人"，一切公益慈善依靠"人"，两者的统一构成了以人为本的公益慈善文化的完整内容。

（3）社会的责任观。公益慈善事业倡导一种广大社会成员之间的制度化、社会化的自觉、自愿互助行为，因此，公益慈善捐赠也是基于社会责任意识的自主行为。社会责任是在特定的社会环境下，个人（家庭）或组织、群体在心理上对他人进行帮助的意识，是一个人或组织道德情感升华及道德自律外化的结果。这就意味着，公益慈善文化在一定意义上是以责任为基础的道德教化，公益慈善行为是履行社会责任的一种方式。因此，社会责任感是公益慈善行为的精神推动力。基于此，中国公益慈善文化既是社会善意和调整社会分配的一种观念体现，也是一种充满责任感的精神生活方式。譬如，就个人而言，一个人之所以从事公益慈善事业，不仅是做好事，也是个人承担了对他人的社会责任，且这种责任不仅是个人分外的德行，也是个人分内的责任，是公民在公共生活中主体地位的体现；就企业而言，企业的责任意识就是企业有权利也有责任为建立一个和谐稳定的社会作出应有的贡献，以某种形式承担对社会的责任。当前，社会责任意识在我国还比较淡漠，因此，中国公益慈善文化建设也大力培育公民的公益慈善责任观。

（4）利他主义价值观。利他主义本是西方伦理学在承认私有制前提下的一种道德原则，其特点是：从人的仁爱之心出发，或者为了更有利地实现个人利益而关心他人利益，或者在实现个人利益的同时增进了他人利益。利他主义的公益慈善文化价值观，其精髓在于个人要充分领悟自己对他人、对特殊群体、对社会文明和进步肩负的不可推卸的社会责任，充分认识博爱、给予、利他、济世的社会价值，营造"助人为乐"的人文环境。中国公益慈善文化建设也应遵循、提倡和努力实践利他主义伦理价值。

（5）合理、理性的社会财富观。公益慈善文化倡导为富者"仁"的价值取向，把用自己创造的财富造福人类看作一种价值追求，这代表了一种合理、理性的社会财富观。在中华民族优秀传统文化中，也有"仗义疏财，乐善好施""钱财乃身外之物，生带不来，死带不去""钱财如粪土、仁义值千金"等财富观念。中国公益慈善文化建设要传承这种优秀的传统文化观念，并培育文明、理性的财富观念，将互惠的慈善传统转化为社会责任的慈善行为，推动树立一种合理、理性的财富管理支配理念和超越财富的精神追求。

（6）奉献的志愿精神。公益慈善的自觉、自愿和爱心的行动是受志愿精神驱使的。在全世界，志愿精神唤醒了许多人内心的仁爱和慈善，使更多的人付出所余，持之以恒地真心奉献，从而成为推动人类发展、促进社会和谐的重要力量。特别地，志愿精神表现出的公民互助合作意识、社会参与意识、独立自主意识及无私奉献意识等，理应构成中国公益慈善文化的重要内容，成为推动中国公益慈善事业发展的力量源泉。

（7）普及性的公益素养。前已述及，公益素养包括扎实的公益知识、真挚的公益情感、正确的公益理念、坚定的公益信仰和良好的公益行为能力等。公益素养的培育是中国公益慈善文化建设的重要内容，应从个人到社会全方位、立体式地引导、塑造，包括创设公益素养课程，创造便利条件推动人们参与公益实践，培育健康的公益人格。

三、我国公益慈善文化的不足

受传统思想的影响，我国公益慈善文化观念尚处于自发自觉的初步阶段，现代财富观和社会责任意识尚未全面形成。

（1）社会公众的公益参与意识和慈善观念不强烈，对公益慈善的认识存在许多误区和观念障碍。不少民众强调政府的救济和对政府的依赖，较少参与公益慈善活动，现代公益慈善理念尚未深入人心，全社会还未形成浓郁的公益慈善意识和氛围。

（2）企业公益慈善文化建设不够完善。应该说，我国大量工商企业参与了公益慈善事业，奉献了大量人力、物力、财力来支持我国公益慈善事业的发展，但从整体上讲，我国企业的公益慈善观念和社会责任感还不够强烈，一些企业参与公益慈善活动的积极性不高，企业捐赠表现出很强的突发性、短期性、被动性特征，尚未全面形成企业公益慈善文化。此外，一些企业的捐赠在承担社会责任和赚取利润之间没有找到平衡点，捐赠理念更多地停留在"做好事""广告"上，缺乏与企业发展战略相结合的整体规划。

（3）行政慈善文化色彩浓厚，民间公益慈善文化的公共空间有待拓展。长期以来，我国公益慈善工作形成了由民政部门牵头、官方或半官方公益慈善组织主导、有关部门配合、社会各界参与的运行机制，在救灾和群众生活困难救助中发挥了积极作用。但是，行政慈善文化色彩过于浓厚，整个公益慈善活动运转方式的公开透明度不够高，并存在一些腐败问题，这在一定程度上影响了公益慈善的公信力，民间组织从事公益慈善的公共空间尚待进一步拓展。

（4）传统慈善文化与现代公益慈善文化接轨滞后。现代公益慈善已从扶贫济困、赈灾援助、社会福利等领域扩展到关爱自然、关爱地球、关爱人类等方面，公益慈善事业日益跨越国家和地区，成为更具和平、互助、进步的世界性重大行动。中国传统慈善文化仍具有一定的封闭性、内敛性特点，在与现代意义的公益慈善文化接轨方面还存在不足。

（5）公益慈善舆论环境相对混乱。一些公益慈善的报道忽视慈善精神、善意的传播，良好公益慈善文化氛围有待营造；企业"原罪"的社会心态、社会"仇富"心理及"枪打出头鸟"的风气，使公民、企业对财富普遍有隐藏心理。此外，不少人或企业打着公益慈善的幌子炒作，甚至做一些违背公益慈善宗旨的事情。这种公益慈善舆论环境，在一定程度上制约了现代公益慈善文化的形成。

第四节　公益慈善文化的建设

一、公益慈善文化的建设原则

1. 个性与共性相结合

不同国家、民族、社会及同一个国家在不同的历史发展阶段，可能具有不同表现形式的公益慈善文化。走中国特色社会主义的公益慈善事业发展道路，传承和弘扬中华民族优秀的公益慈善文化传统是责无旁贷的选择。中华民族优秀传统文化中"乐善好施""助人为乐"等美德，以及"仁者爱人""恻隐之心""施惠于人""周济贫困""先天下之忧而忧，后天下之乐而乐"等文化价值理念应予以传承、发扬，传统文化中消极的慈善观念理应摒弃。另外，我国公益慈善文化建设，需要借鉴一些国家具有共性的优秀文化理念，遵循公益慈善事业的内在发展规律和文化准则，从而凝聚成超越民族、地域乃至制度差别的人文关怀，使之成为人们从事公益慈善事业的价值标准和行为规范。

2. 自律与他律相结合

公益慈善需要依靠信念、传统和教育发挥作用。公益慈善文化建设要坚持自律，强调内力，通过各种宣传、教育唤醒人们内在的爱心与责任感，提升社会成员的精神境界和公益慈善组织的公信力，增进社会信任。此外，公益慈善文化建设不能仅靠道德说教，还需要注重他律，通过制度规范进行激励和约束。为此，我国需要持续完善涉及公益慈善事业的各类法律法规和规章，持续优化公益慈善税收制度、信息披露制度和慈善监督制度。利用制度的持久力量，让社会爱心绵延不断。

3. 过程与结果相结合

文化建设有其自身的发展规律。因此，建设公益慈善文化，既要有明确的阶段性目标和长远目标，又要高度重视建设过程，通过公益慈善活动过程中的宣传教育、社会影响、舆论导向等途径，使公益慈善意识深入人心，形成浓郁的社会氛围并外化为全体社会成员共同遵守的文化。过程与结果是相辅相成的，过程通向结果，结果基于过程实现，公益慈善活动过程本身就充满了价值。

二、公益慈善文化的建设路径

建设公益慈善文化，需要从人类社会发展的大视野中准确定位，在与各种文化的碰撞和磨合中凝聚共识、整合资源，彰显公益慈善文化应有的价值。

1. 树立现代公益慈善理念

（1）弘扬中华传统美德，传承优秀的传统慈善观念，加强社会公德、职业道德、家庭美德、个人品德教育，引导人民增强道德判断力和道德荣誉感，自觉履行法定义务、社会责任、家庭责任，在全社会形成知荣辱、讲正气、作奉献、促和谐的良好风尚。

（2）树立人格平等的公益慈善理念。公益慈善文化建设需要吸纳施者与受者人格平等的现代公益慈善文化精髓，摒弃居高临下的观念，淡化施恩图报的意识。

（3）树立助人与自助的公益慈善理念。公益慈善，既要形成一种休戚与共、守望相助的精神氛围，又要激发受助者的奋斗精神。助人与自助是现代公益慈善事业的本质要求。

（4）树立专业化的现代公益慈善理念。统计调查、抗灾救灾、心理辅导、财产配置等都需要专业知识、专门人才，全社会需要树立专业理念，推动公益慈善工作开展的专业化。

2. 优化公益慈善教育培训

（1）普及公益慈善文化教育。中小学和高校是培育公民公益慈善文化的重要阵地，要创造条件推动在校生参与社区服务、募捐义卖等公益慈善实践活动。

（2）强化社区公益慈善文化建设。在社区内广泛开展公益慈善活动和志愿服务，培育社区居民的参与意识，弘扬扶贫、济困、诚信、友爱、互帮、互助、奉献的社会风尚，拓展扶贫济困、扶弱助残、礼让宽容的人际关系，营造参与公益慈善活动的文化氛围。

（3）培育企业慈善文化，强化企业公民意识。倡导企业法人公民理念，引导企业承担社会责任，主动创造或改善企业的市场竞争环境，谋划企业公益慈善战略，回应社会期待。

（4）营造公益慈善文化的创新氛围。全方位、多层次、深入、广泛地开展公益慈善研究和讨论，宣传新的价值体系，形成有助于达成社会共识的社会舆论环境。

3. 营造公益慈善法治环境

（1）推进法治建设，树立"依法慈善"的法治观念，持续健全激励约束公益慈善组织、慈善捐赠、政府行政行为、志愿者、受助人的法律法规，唤醒公众的公益慈善意识。

（2）完善激励政策。持续完善公益慈善税收调节政策，研究并适时出台《中华人民共和国遗产税法》，引导社会富裕阶层和社会公众更新财富观，增强公众承担社会责任的观念。

（3）完善公益慈善回馈机制。优化"中华慈善奖"等公益慈善回馈机制，从而强化社会成员的精神满足和价值实现，使其充分感受参与公益慈善事业的幸福和快乐。

4. 塑造社会公共精神

尽管公益慈善仍然是个人和社会群体自觉自愿进行的私人行为，但实际上也是全社会的公共责任。这意味着，从事公益慈善事业，也要有社会公共精神。

社会公共精神是一种关怀公共事务和公共利益的责任意识与行为态度，意味着对公共利益与个人利益联系的认可，既包含人们对公共事务的积极参与，也包含人们对社会基本价值观念、伦理的认同，以及对公共规范的尊重、维护，体现为社会成员在公共生活中对共同生活及其行为的准则、规范的主观认可，以及在客观行动上的遵守、执行和维护。

因此，公益慈善文化建设，还要在全社会中全力塑造公共意识、公共精神，正如 Terry L. Cooper 所说的，在现代条件下公共意识并非"期望公民必须变得无私，并在行为上完全利他，但它确实意味着，公民有责任既要发现他们自己的个人利益，也要发现政治社群的利益，而对社群利益，他们负有契约性的、自制的责任"。只有这样，才能促使更多的社会公众主动进入公共领域，参与包括公益慈善服务在内的公共事务。

本章提要

1. 广义的公益慈善文化即人类在长期的社会实践中形成的公益慈善意识，以及公益慈善活动、公益慈善组织应遵守的非正式制度，包括观念层面、制度层面和行为层面的内容。狭义的公益慈善文化，即广义的公益慈善文化在观念层面的含义，是指人类在长期的公益慈善实践活动中及在公益慈善事业发展过程中形成的思想价值观念，它是公益慈善事业的精神支撑，也是推动公益慈善事业发展的内在动力和软实力。

2. 公益慈善文化具有自觉性、社会性、时代性、民族性和利他性的特征，具有普及慈善理念、倡导人文关怀、化解社会矛盾等功能。

3. 美国公益慈善的核心文化价值理念建立在以"博爱精神""罪感文化""恩典观念""谦卑心理"为基础的基督教伦理之上；而中国公益慈善文化的演变可以概括为4个阶段：以"仁"为核心的古代慈善文化，以"救国"为目标的近现代慈善文化，中华人民共和国成立初期的公益慈善文化，改革开放至今的公益慈善文化。

4. 我国公益慈善文化的建设，应树立现代公益慈善理念，优化公益慈善教育培训，营造公益慈善法治环境，塑造社会公共精神，培育公共意识。

本章案例

【案例 7-1】弘扬慈善文化 共筑精神内核［摘自：赵晓明.《中国社会报》，2023年9月19日第003版；有删节］

民政部发布第十二届"中华慈善奖"表彰名单，互联网公益点燃全民空前高涨的慈善热情，中国慈展会为公益慈善事业再添广阔平台。

…………

养分 汲取精华 紧跟时代 贴近需求

记者：截至目前，我国登记认定公益慈善组织超过 1.3 万家。公益慈善组织如何从公益慈善文化中汲取养分，促进自身健康发展、推动公益慈善事业发展？

程伟（中华慈善博物馆征集陈列部主任）：公益慈善文化孕育自特定的社会历史环境，并随着社会的发展而变化，其中的一些经验智慧至今仍能为公益慈善组织提供借鉴和启示。一是劝善形式亲民。古代,为了让文化程度不高的乡民也能知晓慈善理念,劝善书籍常用通俗诗歌、俚言写作。许多劝善书籍还配以图画,在一定程度上弥补了民众识字率不高的传播缺陷。当前,传播形式丰富多样,公益慈善组织应该学会利用媒体,广泛传播公益慈善文化。二是追求过程透明。古时,某项慈善活动结束后常刻石立碑,详述善举缘起和过程,公布捐款人姓名和金额等。当下,公益慈善组织应定期公开章程、账目、收支等内容,接受社会监督。三是注重精准救济。在古时的灾害赈济中,行善者会先摸清受灾情况,再将受灾群众分为极贫、次贫等群体,分别发放不同数量的粥票,凭票领取救济粮食。现如今,慈善救济要传承发扬这种分层分类的方式,不要"大水漫灌",而要将有限的慈善资金用到最关键、最精准的地方。

徐家良(上海交通大学教授、中国公益发展研究院院长):第一,促进自身健康发展。公益慈善组织的使命愿景需要紧贴公益慈善文化,项目和活动需要根据相应的公益慈善文化进行灵活、精准的安排,有的关注老人,有的为残疾人提供帮助,等等。公益慈善组织要根据法律政策相关规定,对外公开捐赠数量、项目安排、运行规则、办事效率和服务成效,回应社会热点关切,推动提高项目运营能力和透明度。第二,推动公益慈善事业发展。一方面,需要弘扬志愿精神,营造公益慈善氛围。公益慈善事业的发展、公益慈善文化的传承,既不是有钱人独有的活动,也不是只有公益慈善组织才可从事的工作,而是参与社会生活的所有组织、个人都可以参与的,通过志愿服务帮助需要帮助的人就是一种方式、一种文化。另一方面,以慈善信托为抓手,动员更多高净值人群参与公益慈善事业,弘扬中华慈善文化。

赋能 守正创新 盘活资源 加强研究

记者:在推进中华慈善文化传承和建设中,政府应该从哪些方面着力?

吴素青(广东省惠州市民政局党组书记、局长):为了给公益慈善事业发展创造良好氛围,广东省惠州市民政局以弘扬公益慈善文化为抓手,把握时代脉搏,把事业发展与建设和谐社会密切结合起来。一是汇聚公益慈善力量,共创大爱之城。二是培育公益慈善主体,创新募捐模式。三是加强行业监管,打造"阳光慈善"。

周秋光(湖南师范大学慈善公益研究院院长、教授):政府在推进公益慈善文化建设方面,责任重大。首先,政府需要明晰公益慈善事业定位和自身在发展公益慈善事业过程中扮演的角色,不能以行政管理模式对待公益慈善组织和公益慈善活动,而应在政策支持和法律规范等方面下足功夫,推动公益慈善事业繁荣发展。其次,政府部门应将公益慈善文化建设纳入文化建设统筹战略格局之中。积极鼓励并支持文艺界和学术界创作出更多、更好宣传公益慈善文化的作品,以满足人民群众对公益慈善文化的需求。再次,政府部门应将推进公益慈善文化建设与发展公益慈善事业有机结合起来。支持和引导各行各业人士开展公益慈善活动,营造人人向善行善的社会氛围,间接推进公益慈善文化建设。最后,政府部门应重视学校教育在传承和培育公益慈善文化方面所起的重要作用,在中小学和大学开设公益慈善文化课程,通过潜移默化的方式涵养广大青少年的公益慈善意识,为公益慈善事业培育后备人才。

徐家良（上海交通大学教授、中国公益发展研究院院长）：第一，政府应组织各界专业人士展开广泛讨论，在此基础上形成中国特有的公益慈善话语体系。第二，支持高校和研究机构开展公益慈善文化专题研究。中华慈善文化具有悠久的历史和传统，政府应指导、支持相关高校和研究机构加强研究，从中西方公益慈善文化发展史中发现公益慈善事业发展规律。第三，在学校设置公益慈善文化相关课程，让青少年儿童了解公益慈善文化、认同向善价值。

案例导读：公益慈善文化的作用、功能，以及公益慈善文化建设的政府支持。

思考与练习

一、名词解释

1. 公益慈善文化
2. 志愿精神
3. 社群主义
4. 公共精神

二、简答题

1. 简述公益慈善文化的特征和功能。
2. 简述美国公益慈善文化的理念及其启示。
3. 简述我国公益慈善文化发展的制约因素。
4. 简述如何加强我国公益慈善文化建设。

三、论述题

1. 试讨论观点："现代公益慈善除帮助具体的人外，还涉及社会整体利益的改善。"
2. 致力于国际慈善事业，曾担任"环球健康与教育基金会"和"轮椅基金会"这两家国际慈善机构主席的慈善家肯尼斯·贝林曾经说过："不要妄自揣测别人。我们需要腾出空间和机会，迎接一颗纯洁和善良的心。这样的心最值得我们为之投资。"请根据这份材料，阐述你对公益慈善文化价值观的理解。

参考文献

[1] 高静华. 中国特色慈善事业的文化动因[J]. 社会保障评论，2023，7（1）：133-146.
[2] 张敏. 公众参与才是慈善的真谛——中国慈善事业调查[N]. 工人日报，2006-02-05.
[3] 靳环宇. 试论中国慈善文化形态及其变迁[J]. 船山学刊，2005（1）：152-155.
[4] 杨团. 公司慈善文化与政策培育[J]. 湖南社会科学，2006（2）：82-89.
[5] 蒙长江. 中国传统慈善文化的历史沿革及现实挑战[J]. 西南民族大学学报（人文社科版），2005（1）：44-47.
[6] 严琼. 慈善文化提升途径探析[J]. 湘潮，2010（4）：8-9.
[7] 武菊芳，薛涛. 关于我国慈善文化建设的多维思考[J]. 河北师范大学学报（哲学社会科学版），2011（1）：122-127.
[8] 高红，李雪卿. 论和谐社会视阈中的慈善文化[J]. 中共青岛市委党校（青岛行政学院）学报，2007（5）：53-57.
[9] 黄家瑶. 中西方慈善文化的渊源比较及启示[J]. 学术界，2008（4）：27-31.
[10] 齐兰芬，黄建玲. 慈善文化教育研究综述[J]. 当代教育论坛，2009（8）：24-26.
[11] 张时俊. 西方慈善文化的主要渊源[J]. 赤峰学院学报（汉文哲学社会科学版），2016，37（3）：168-171.
[12] 韩丽欣，郑国. 中西方慈善文化传统资源的比较研究[J]. 南昌大学学报（人文社会科学版），2014，45（1）：104-109.
[13] 彭小兵，谢丹. 管理学基础[M]. 重庆：重庆大学出版社，2017：222-223.
[14] 彭小兵. 论"中国梦"与公共精神的培养[A]. 吴康明，张四平. "中国梦"与政府建设[C]. 光明日报，2014：119-122.
[15] 安德鲁·卡内基. 财富的福音[M]. 许小年，译. 北京：中信出版社，2009.

第八章
公益慈善伦理

知识目标

1. 掌握公益慈善伦理的概念
2. 划分公益慈善伦理的层次
3. 把握公益慈善伦理的特征

能力目标

1. 理解公益慈善伦理的思想源泉
2. 理解公益慈善伦理的财富基础
3. 把握公益慈善伦理的构建路径

素质目标

1. 理解公益慈善伦理失范的原因
2. 掌握公益慈善伦理建设的理念

第一节　公益慈善伦理概述

一、公益慈善伦理的概念

1. 慈善伦理的缘起

本书前文已经表明，现代公益慈善是个体、群体或组织依附于自己内心真实的道德意识、自觉自愿地向处于社会弱势地位的个人或群体赋予关爱，以及无偿捐赠或服务的道德行为，体现的是一种超越性大爱，表征着全人类的价值、社会理想和伦理规范，也是最能体现"人人有责、人人尽责、人人享有的社会治理共同体"的社会行为。

从人类社会产生开始，人与人之间就存在一种互助行为。随着时代变迁，这种互助行为逐渐演变为一种具有公益慈善性质的救助、扶助、帮助活动。随着人类文明的不断进步，公益慈善也由自发性行为逐步走向自觉性行为，并逐渐演变为一项具有社会价值的崇高道德事业，即公益慈善事业。公益慈善事业既体现了个人对他人、社会的责任和贡献，也彰显了社会对个人的尊重、满足和关爱。从这个意义上讲，公益慈善事业不仅是调节人与人之间关系的手段，也是人类社会生活中蕴含主体性的自由升华，是人类一种蕴含着道德力量的精神活动，充实人的精神生活、塑造人的崇高品格、提高人的思想境界，蕴藏了丰富的伦理价值。

2. 伦理的基本概念

伦理的一般含义是一定社会的基本人际关系规范及其相应的道德原则。从学术角度来看，人们往往把伦理看作对道德标准的寻求。因此，理解伦理的概念，包括以下两个方面：其一，伦理是道德的上位概念，是社会的人际"应然"关系，对这种"应然"关系的概括就是道德规范，主体在道德实践中把道德规范内化为自己的德性、外化为自己的德行；其二，伦理是"人际"的，是为了协调人与人之间的关系。伦理作为一系列指导行为的观念，是从概念角度对道德现象的哲学思考，不仅包含人与人、人与社会、人与自然之间关系处理的行为规范，也蕴含着依照一定原则规范行为的深刻道理。由此可知伦理的两重含义：一是人们之间的一种社会关系，二是人的行为应遵循的规范。

3. 公益慈善伦理

公益慈善作为人类特有的一种社会现象与社会活动，其背后必然有一定的道德源泉作为推动力。同时，作为一种公益慈善参与主体与慈善客体共同参与的互动活动，公益慈善也必然会像其他人类社会活动一样体现出应有的道德内涵与道德依据，即应有一定的伦理规则对其加以规范。结合伦理的概念内涵，"公益慈善伦理"既含有公益慈善参与主体与慈善客体在慈善互动过程中所体现出来的道德意识、道德心理、道德选择和道德行为的意义，也含有救助与援助弱者的公益慈善活动中的人际"应然"关系，以及概括这种"应然"关系的道德原则和规范的意义。因此，"公益慈善伦理"是探讨公益慈善活动之道德价值的生成、选择及评价公益慈善活动的道德价值标准，是合乎当代社会发展客观需要的、关于公益慈善事业的、特殊道德规范的理论体系。公益慈善伦理是分析和揭示提高公益慈善参与者行善的道德自觉性的方法，以及在对弱者实施人道救助的公益慈善活动过程中，调节公益慈善参与主体和慈善客体各方面关系的道德原则和规范的总和。也有研究认为，公益慈善伦理应该是公益慈善参与主体、慈善客体的各种道德意识、道德意志、道德选择、道德行为的综合体现，是依据一定社会伦理道德的基本价值观念对慈善救助活动的客观要求所进行的理性认识和价值升华，是集"理念、行为、制度"三位于一体的理论体系。

简言之，公益慈善伦理是一种研究如何以公益慈善方式有效地帮助弱者的理论，核心是从事公益慈善活动时所遵循的道德原则和规范，这些道德原则和规范帮助指导公益慈善组织和个人在实现公益目标时，公平、有效、尊重地对待受助者及其他相关方，即不仅要确保公益慈善活动有实际的效果，而且要在道德上符合社会的期望和价值标准。为了更全面地理解公益慈善伦理内涵，下面从公益慈善伦理的层次和特点展开论述。

二、公益慈善伦理的层次

公益慈善伦理是社会道德体系的重要组成部分。从大文化或广义文化的层面来看，公益慈善伦理亦属于文化的范畴，既是一种行为制度模式，也是一种道德心理沉淀。公益慈善伦理就是围绕公益慈善这个主体内容产生且逐渐形成的一种思想理念。公益慈善伦理从里到外可以分为3个层面，即观念层面、制度层面、行为层面。

1. 观念层面

观念层面是公益慈善伦理的深层，主要是公益慈善活动的道德促进因素，以及在公益慈善活动中逐渐形成的应共同遵循的慈善意识、慈善理念、慈善目标等。公益慈善伦理的核心是利他主义价值观，蕴含3个方面：一是树立纯粹慈善的理念，倡导仁爱、济贫、恤弱、关爱社会的精神，使公益慈善成为人们自发、自觉的道德追求；二是将个人内心的快乐、幸福与救助他人的行为、效果联系起来，强调"快乐慈善""幸福慈善"；三是超越个体局限，以平等、开放的心态去帮助，形成一种平等、互助的"尊严慈善"。

2. 制度层面

制度层面是公益慈善伦理的中间层，主要是用于鼓励、规范公益慈善行为的政策依据、法律法规、成文或不成文规定等。制度层面的公益慈善伦理分为3种类型：一是发展公益慈善事业的政策规定；二是规范公益慈善组织内部管理的规章制度；三是关于公益慈善的、社会上约定俗成的成文或不成文的规定。当前，制度层面的公益慈善伦理尚不完善。

3. 行为层面

行为层面是公益慈善伦理的表层。理念是行动的向导，制度是行动的保障。理念与制度必然会影响行动及其效果。公益慈善伦理的行为层面由两项内容组成：一是公益慈善参与者行为规范，即施助者在公益慈善活动中面对受助者时应表现出符合公益慈善本质要求的行为规范；二是公益慈善客体行为规范，即受助者在接受慈善救助与援助时应具有相应的行为要求，譬如体现自立、自强等行为要求，而不是一味地或卑微地接受救助。

上述公益慈善伦理的3个层面是一个相辅相成、有机统一的整体。一个仁爱、诚信、人人向善、富有同情心和公益慈善传统的社会，必然会有优良的公益慈善伦理；反之，优良的公益慈善伦理会促进"善"的公益慈善制度形成，促使公益慈善参与者依据行为规范投身公益慈善事业中，进一步优化、完善公益慈善制度并升华公益慈善价值、理念。

三、公益慈善伦理的特征

公益慈善伦理是贯穿于公益慈善活动、支持公益慈善行为、塑造公益慈善事业的所有道德规范的总和，包含众多要素，是构成社会道德体系的一部分，具有自身的特征。

1. 利他性

利他主义价值观这个公益慈善伦理的基本内核，要求人们自觉地认识到并实现自身对于他人、社会的责任和义务。利他主义的价值观强调人们的道德自觉和道德认识，要求人们充分认识博爱、仁义、济世、给予的意义和价值。

2. 无偿性

公益慈善本身就是讲伦理的，包含了自愿、无偿、奉献、不计报酬的要求。就公益慈善的道德实质而言，它是无私的，是一种义务，也是一种责任。当然，与政治义务、经济义务、法律义务不同，公益慈善中的义务强调无私的奉献甚至某种牺牲，施助者和受助者是一种平等关系，公益慈善参与者不能利用公益慈善行动非法谋求自身利益和荣誉。

3. 人道性

人道主义是人类社会发展的一个永恒的道德原则，在公益慈善伦理中也适用。人道主义强调任何个人、群体不以贵贱、种族、性别、肤色的差异来区分，人人均应享有作为人的基本道德权利，享受基本的生存权、发展权；弱者与强者、受者与施者都享有同样的权利和尊严。对社会弱者的尊重与理解构成了公益慈善伦理的人道主义原则。

4. 自律性

自律性作为公益慈善伦理的内在要求，是人类道德的一般特征。人类道德有赖人类自律，公益慈善事业是自律的事业，公益慈善参与者的自觉自律贯穿于公益慈善活动的整个过程。倘若公益慈善活动缺少了公益慈善伦理的自律性，不仅参与者不能产生从事公益慈善事业的道德自觉，公益慈善实践活动也会失去人类道德的一般意义与价值。

5. 自愿性

自愿性主要表现在两个方面：其一，公益慈善是出于慈爱之心、友善之情而自愿自发的一种救助与援助行为，把参与公益慈善活动当作个人责任，是公益慈善伦理被内化为个人德性的结果，且这种内化应该是一个柔性的过程，体现为"自愿性"；其二，接受救助与援助也应该是自愿、自由、自尊、自爱的行为，不能被强迫、变相强迫或引诱地接受。

四、公益慈善伦理的原则

1. 一般性伦理原则

公益慈善本身也是一个伦理道德范畴，公益慈善事业的直接或唯一目的就是追求仁爱、公义这些道德价值，具有超政治性、超功利性，是高度道德敏感的。道德敏感即公益慈善活动是否切实体现了其追求的道德价值，是否遵守了道德原则；否则，公益慈善容易异化为"伪善"，进而严重打击人们的道德信念与公益慈善热情，危害公益慈善事业。基于此，公益慈善事业应遵循的一般性伦理原则，包括自愿、非交易、平等、诚信。

（1）自愿的。人作为理性存在物，其意志应当是自由的。自由是每个人因他的人性而具有的独一无二的、与生俱来的权利。失去自由，公益慈善事业就会失去本性。

（2）非交易的。超功利性决定了公益慈善事业的非交易性。虽然为了实现沉淀期慈善财产的保值、增值及公益慈善组织的可持续发展，在保障安全性的前提下，慈善财产可以被运作或适当地投资运营，但依然不能偏离其非营利性道德要求，遵循非交易的原则。

（3）平等的。公益慈善是平等的捐赠人与受赠人双方对爱心的确认。受助者的人格是独立的、有尊严的、平等的，因此，公益慈善不仅包含捐助者对受助者的物资救助，也包含捐助者对受助者尊严的维护。

（4）诚信的。公益慈善行为需要诚实、守信，如此爱心才能充分而真实地显现。公益慈善活动中的任何失信行为都是对公益慈善事业的亵渎，会影响公众的信心与热情。

2．特殊的伦理原则

公益慈善活动是由捐赠人、受赠人、志愿者和公益慈善组织共同参与完成的，各方扮演的角色不同。公益慈善参与者应该遵守一些特殊的伦理原则。

（1）捐赠人的伦理原则，包括仁爱之心、尊重对方、履行承诺、不图回报。一方面，公益慈善活动中捐赠人一般处于优势地位，但捐赠人不能利用优势地位自觉或不自觉地损害受助者的尊严；另一方面，捐赠人要履行承诺，不能"赖捐""骗捐""假捐"，如果确实出现了新的特殊情况而不能履行承诺，也应依法说明、如实报告。

（2）受助者的伦理原则，包括信息真实、珍惜关爱、自强自立、感恩社会。这要求受助者诚实守信，不能弄虚作假、骗取善款；要珍惜他人的关爱，受助适当，对捐赠物资要合理处置，不滥用爱心。此外，人的感情是双向流动的，感恩意识是人类基本的伦理意识，并且不应该局限于感恩个体，而要扩展到感恩社会，以适当的方式回报社会。

（3）公益慈善组织的伦理原则，包括公开透明、廉洁自律、公平正义。这要求公益慈善组织的各种活动、经济往来必须是公开透明的、可核查的、负责任的；工作人员要廉洁自律，厉行节约，降低成本，严守法律，提高公信力，努力保障受助者的平等和被尊重。

3．政府的伦理原则

政府相关职能部门的主要任务是制定政策、规章、制度，进行合法性监督、管理、协调，规范募捐、捐赠和受赠行为，维护公益慈善组织和捐赠人、受赠人、志愿者和其他利益相关者的合法权益，也应遵循一定的公益慈善伦理。

（1）不直接干预。现代公益慈善主要依靠民间组织自觉、自愿地进行，包括募集资金、选择项目、组织活动、公开账务、效果评估等，公权力应遵循的伦理是定准位、不干预。

（2）关心爱护。政府的责任主要是提供关心、爱护、支持与培育、扶植。

（3）科学管理。政府应统一协调、依法监管、综合评估、激发适度竞争、促进学术研究和公益慈善教育，推进公益慈善事业的规范化、现代化。

第二节 公益慈善伦理的财富基础

一、财富的社会本质属性

虽然公益慈善伦理是公益慈善事业应遵循的道德原则和规范,但公益慈善毕竟是围绕着社会捐赠、捐献、捐助的慈善财产来运转的,因此公益慈善的伦理基础通常与社会财富的管理和分配紧密相关。"财富"这一概念在人类话语体系中有广义和狭义之分。广义的财富包括人类能够拥有的一切物质财富和精神财富,如人的体力、才能、精神成果,以及外在于人的自然资源等物质财富;狭义的财富则是指人类能够拥有的、有使用价值的天然财富及通过人的劳动创造的物质财富。财富的基本特性表现在以下 3 个方面。

(1) 物质性,即财富一般以某种物质的形式存在。

(2) 效用性,即财富必须对人类有使用价值。就公益慈善而言,无用的东西不能实现公益的价值和慈善的意义。

(3) 社会性,即财富是一种社会存在物,具有社会性特点。可以说,财富的本质属性就是社会性,即财富是一种物化的社会关系。财富的社会性是财富可持续增长的伦理根基,丧失了社会性的财富可能会成为社会撕裂的源头。

既然以物质形态体现且具有使用价值的财富的本质属性是社会性,即财富是一种社会关系,属于全社会、全人类,那么,人们所创造的财富在满足了自身需要后也应当用于社会、服务于社会,以及服务于这种社会关系,使社会更好地发展,使人类社会关系更和谐、更稳健。这就是社会财富的"第三次分配"为公益慈善现象和公益慈善事业所提供的理论解释。总之,财富的社会性本质属性成为公益慈善伦理的逻辑起点。

二、财富运转的内在要求

从终极观念上来说,公益慈善事业的深层次原因是社会发展的必然要求,以及维系社会正常运转的内在要求。人类社会财富具有实际占有差异性,以及理想占有求同性(社会大同的理想追求)特征,但财富诉求的满足途径是多样化的,而公益慈善事业恰好是多样化地满足这一诉求的有效形式。具体阐释如下。

（1）财富实际占有差异（贫富差距）是社会发展的必然结果，是一种客观现象。也正是这一差异的出现，使公益慈善成为一种可能。

（2）追求"类的同一性"是社会发展的内在要求，是公益慈善产生、发展的内在依据。贫富差距的存在是社会发展的必然结果、客观现象，可贫富差距扩大化涉及公平、正义问题，累及社会稳定，于是"求同"成为穷者、弱者面对差异或过度差异的主观心理倾向或本能反应。为了维护社会的有效运转，以及保障富者、强者的自身利益不被暴力冲突所剥夺，财富占有优势之士拿出一部分财富与贫者、弱者共享。此时，社会达成了"财富共享"的基本共识，人的"类的同一性"诉求在一定程度上得到了满足。

三、财富共享的道德认知

以上分析表明，社会性的财富本质属性使公益慈善现象成为"可能"和"必然"，即社会贫与富的"客观差异性"与"类的同一性"使公益慈善成为一种"必需"，同时有了"可能"。然而，倘若要使公益慈善成为一种"可行"，则涉及公益慈善参与者或公益慈善从业者的道德认知，也就是需要细致分析公益与慈善发生的内在心理机制。

真正意义上的公益慈善是出于一种自身道德认知的自愿性财富捐赠、捐献等行动。道德认知包括对"慈爱、善良、同情、人道主义规约下的义务原则"等道德元素的认知。公益慈善参与者因为有了"爱""怜悯""同情"和"人道主义的义务"等道德认知，才萌生了一种公益慈善意识、意志，进而催发了自愿的财富分享行为，形成参与公益慈善事业的道德自觉。只有当这种道德认知转化为慈善义举时，公益慈善才具有伦理意义。

> **谁会真正关心慈善？**
>
> 美国锡拉丘兹大学（Syracuse University）马克斯维尔公民与公共事务学院教授亚瑟·C. 布鲁克斯（Arthur C. Brooks）的研究发现，以下这些人更关心慈善：
> （1）有新教信仰的；
> （2）不主张政府应该使人们收入平等的（基于人的知识、能力、素养和努力程度的不同而实质上必然有差异）；
> （3）不接受国家救济的；
> （4）家庭完整、稳定的。

第三节　公益慈善伦理的思想源泉

一、西方公益慈善伦理的思想源泉

西方社会很早就形成了公益慈善伦理的思想。起初，公益慈善活动作为宗教活动的一部分而存在；随着时代的演变、发展及公益慈善实践的推进，公益慈善活动从对某些不幸者的施予逐渐扩大到对人类社会公共生活的普遍关注。公益慈善伦理的思想发展与此同步，古希腊罗马时期、中世纪、近代及现代的经典思想星光灿烂。

（1）古希腊罗马时期，形成公益慈善伦理的经典思想包括：①苏格拉底认为，"知识就是善"，即强调慈善必须接受道德意识的指导；②柏拉图将人类"善"的世界分为"具体善的世界"和"理念世界"两类，认为"具体善的世界"是由"理念世界"决定的；③亚里士多德主张，"至善的追求就是对幸福的追求""人有慈善道德责任"。

（2）中世纪，西方社会的慈善观或慈善伦理思想具有强烈的、鲜明的宗教神学特征，以神性的规定限制和规约慈善的必然性、合理性，表现为上帝的博爱精神、救赎精神、济世救困精神。此时，对上帝的信仰及其引申而来的财富观念（智慧、节制、虔诚与慈善的结合）成为中世纪西方社会公益慈善伦理构建的精神基础。

（3）近代，西方社会从具体的现实需求出发解释慈善伦理的形成，扶危济困、慈善义举与同情心、同理心等概念得到了进一步的阐释，但情感主义、功利主义、义务论、进化论、空想主义等使公益慈善伦理的思想资源纷繁杂芜。

（4）现代，西方社会公益慈善事业取得了飞速发展，与之相伴随的公益慈善伦理思想也发展出了自由主义、社群主义、第三条道路等流派。

纵观西方公益慈善伦理思想的演变过程，可以总结出3个西方公益慈善伦理的思想特征。

（1）博爱原则。无差别的爱，即不讲究人与人之间的血缘亲情、不讲究回报之心的爱；超越了种族、民族、阶层及国别和文化的差异，遵循普世主义原则，凸显了公益慈善伦理博爱的无远近、亲疏、等级、差异的互助性质，彰显了朴素的世界主义博爱原则。

（2）契约精神。人的慈善道德自觉，离不开外在强制力量的约束。基督教信仰中有人类"原罪"观，即上帝的监督，赎罪成为人们慈善道德自觉的形而上的动力因素，人们不得不遵照与上帝的"约"在尘世间履行上帝赋予的职责，即慈善责任。长此以往，这种不断深化的契约精神成为西方社会人们的一个最基本的生活常识和人生理念。

（3）个人奋斗。在慈善问题上，人们不主张坐享其成，而是倡导个体精神和人格独立。西方社会推崇个人奋斗获得成功和财富，并倡导将个人奋斗获得的财富反馈给社会。

二、中国公益慈善伦理的思想源泉

形塑中国传统慈善伦理的思想源于古代农牧社会，与公益慈善实践的萌芽具有同步性，涵盖诸子百家和佛教的基本思想，资源丰富，是中国现代公益慈善伦理的源泉之一。

形塑中国公益慈善伦理的思想在氏族社会主要表现为"损有余而补不足"等观念，以及受图腾崇拜意识的驱动，但明确的公益慈善伦理思想产生于西周时代，《尚书》《易经》均有详细记载。例如，《尚书》提出了"善心"概念，表明了惩恶扬善、积德行善的基本思想，但主要是儒、释、道及墨家等几大学派思想。其中，儒家思想在中国社会起到了历史主导作用，其"仁爱""民本""大同"等思想构成了与儒家思想及其实践相伴随的公益慈善伦理观念；墨家学派为平民阶层提供道德文化的资源，其兼爱、贵义尚利、赏善罚恶、志功及非攻等思想也影响了公益慈善伦理观念的形成；东汉以后，佛教的"慈悲为怀""众生平等"等理念为慈善行为提供了宗教伦理支持。

此外，朱友渔（Andrew Yu-yue Tsu，1885—1986年）认为，社会互助也是中国慈善传统中的重要社会意识。中国自古以来就有团结合作、救危解难的传统，而自唐宋以来逐渐得到发展，尤其是明清时期商业、手工业等经济活动中民间商业合作的习惯和多次大规模移民行动中因背井离乡而产生的互助意识加深了这样的倾向，诞生了行会、同乡会、会馆等互助机构。当然，中国传统社会的互助意识也强烈地受到宗族意识、同乡意识的深刻影响，表现为在外经商过程中同族、同乡的人往往更愿意加入一些互助组织。与此相似，同行业的人更可能加入互助组织。因此，尽管中国传统上的社会互助的确反映或萌芽了社会慈善意识，但这种具有某种慈善意味的社会互助是建立在熟人社会、同乡意识或利益共同体上的，因此学术界普遍认为中国传统的社会慈善本质上还是一种宗族慈善，或者说是家族、宗族慈善的延伸，所反映的依然是一种乡土中国的宗族伦理。

进一步地，社会慈善意识的传播深度和辐射广度反过来决定社会互助的发展程度。通常，一个社会的慈善意识的发展是不均衡的，社会慈善有许多重点发展区域（善意和善行充沛地区），通过不同社会小团体的交流合作，慈善意识会从重点区域辐射延伸，直至散播到全社会。于是，公益慈善意识也会从一开始局限在宗族、村庄和行会这样的小范围内，最后冲破限制散播到全国范围内。这种社会互助对社会发展的价值体现在：虽然社会互助的力量并不足以解救社会危难，但社会互助精神源于社会公正原则和社会团结意识，无疑推进了公益慈善事业发展。中国古代的社会互助，虽然由集体推行（如宗族、行会等），但同时强调个人的责任；虽然也是一种慈善性援助，但同样并不贬损个人尊严，不会将接受帮助的人视为乞丐。这就是传统宗族伦理对公益慈善价值观的塑造。

综上所述，中国传统的儒、释、道及墨家学派思想，以及唐宋之后逐渐发展、明清时期盛行的社会互助意识构成了中国公益慈善伦理的思想源泉，并具有如下典型特征。

（1）反映了中华民族优秀传统文化的核心和精髓，折射了中国人民生生不息的民族特性和优良品德。中国传统慈善文化起源于家庭，推及社会，主张通过仁者爱人来实现少孝、中爱、老慈，进而实现齐家、治国、平天下的目标。

（2）注重视人若己及众生平等的理论形态。"众生平等、推己及人"是中国传统慈善伦理思想的基本特征之一，本着这种观念行善是发展尊严慈善的应有之义。

（3）注重道德践行等付诸于实践的精神。这为中华民族乐善好施等实践风尚的形成发挥了推动作用，但人们的道德践行，既依赖外在监督的推动，又通过以"大同"理想为代表的追求影响和规范人们的慈善行为。

第四节　公益慈善伦理的理论构建

一、公益慈善伦理的失范问题

就整体现状而言，中国的公益慈善事业已经取得了一系列成就，但还存在一些令人忧虑和深思的公益慈善伦理失范问题，主要体现为公益慈善活动中的诚信问题、公益慈善参与者的道德自觉与动机不纯问题、公益慈善方式失调问题、公益慈善资源配置中的缺乏公平问题等，直接影响了公益慈善伦理的建设和中国公益慈善事业的发展。

1．诚信问题

（1）公益慈善组织的公信力问题。公信力是公益慈善组织和公益慈善事业的生命线。当前，常见的公益慈善组织公信力或诚信缺失的表现是摊派或变相摊派、变相逼捐劝捐、信息披露缺乏透明、缺乏责任心、背弃诚信、违规违法操作、工作人员腐败、丑闻等，违背了公益慈善伦理，挫伤了捐赠人的热情，严重破坏了公益慈善事业发展。

（2）捐赠人的诚信问题。其主要表现为：假慈善，如在一些特定场合"口号式"承诺，但实际兑现、落实、到位程度低；诈捐行为，即假借公益慈善之名谋取私利。

（3）受助者的诚信问题。其常见的表现为：隐瞒真实情形骗捐，违背捐赠人意愿将善款挪作他用，渡过困境后继续享受捐助，缺乏上进心，缺乏感恩心，摆烂，等等。

2. 公正问题

公平、正义是人类社会的美好价值追求。公正的公益慈善制度设计和公益慈善资源配置，有助于公益慈善事业的良性发展，实现公益慈善伦理。但是，公益慈善实践中不公平、不正义的现象时有出现，如公益慈善组织注册难、公益慈善资源垄断、公益慈善资源分配不公、公益慈善项目设计随意或设置不当、重复资助、虚假资助等，不仅浪费了公益慈善资源，而且伤害了迫切需要慈善援助、救助、扶助、捐助的贫困者和弱势群体。公益慈善资源配置若失去了基本的公平、正义，公益慈善伦理的价值将不复存在。

3. 动机问题

作为公益慈善伦理的核心要素，公益慈善参与者的道德自觉与道德动机对公益慈善事业的健康发展至关重要。但在公益慈善实践中，一些人参与公益慈善活动的道德自觉缺失，一些个体、企业、社会组织、志愿者参与公益慈善的道德动机不纯甚至变异，不仅公益慈善作假行为时有发生，作秀式慈善等扭曲现象也大量存在。

二、公益慈善伦理失范的成因

公益慈善伦理失范问题的成因极其复杂，涉及政治、经济、社会、文化等多方面的宏观因素，其中也包含一部分公益慈善从业者的私人因素。

1. 制度因素

制度因素的突出表现为：①政府对公益慈善具体活动插手或干预过多，超出必要的制度界限，这是民间公益慈善组织日趋行政化的原因；②公益慈善法律法规政策不健全，进而弱化了公益慈善参与者的道德自觉，制约了公益慈善组织的诚信建设，阻碍了公益慈善事业的发展。

2. 经济原因

经济不景气、收入不高、人均经济总量及水平落后，人们潜意识里的积粮、备荒观念难以抹消，加上沉重的教育、住房、医疗、养老负担，导致不少人无暇顾及公益慈善事业，对公益慈善伦理的失范、公益慈善违法违规现象的关注、监督和抵制不足。

3. 文化原因

文化原因体现为：①传统文化的内敛性、封闭性特征深深影响了公益慈善伦理的塑造；②功利化、财富观的扭曲，如"不露富""荫庇子孙""为富不仁"等观念根深蒂固；③部分人对公益慈善事业存在一些错误认识。

4．社会原因

在经济社会转型期，一方面，失业增加、收入增长乏力，各种社会矛盾时有发生，社会风险增加；另一方面，各种社会思潮不断涌现，异化、多元化思想不断激荡，社会结构呈现多元化格局。这些因素，导致公益慈善伦理参差不齐，社会舆论的评价更多强调道德主义思维，公益慈善观念存在被扭曲风险。

三、公益慈善伦理的建设理念

中国公益慈善伦理构建的基本理念及其所坚持的基本立场包括：其一，联系具体的社会历史关系，全面看待公益慈善观念和行为；其二，与全球慈善伦理思想展开对话，坚持对全球优秀慈善伦理思想的吸收和本土化转换；其三，坚持"中国传统"与"中国现实"立场，批判性地继承传统慈善观念，并立足于当前公益慈善伦理建设的客观现实，进行新时代的诠释与升华。

中国公益慈善事业正处于转型期、夯实阶段，既面临着社会公众公益慈善热情高涨，又存在公益慈善伦理资源匮乏、公益慈善公信力不足等问题。为遏制拜金主义、享乐主义和极端个人主义思潮，塑造尊重人、理解人、关心人、同情人、怜悯人的社会风气，促进公民道德建设，缓解社会阶层对立、社会关系紧张局面，缓和社会矛盾，中国迫切需要对公益慈善伦理进行价值更新和制度规范，既立足于历史进程及现实问题，又紧扣公益慈善伦理的特点和内涵，用全球眼光、国际视野构造中国公益慈善伦理。

四、公益慈善伦理的构建路径

1．立足于传统文化

立足于中华民族优秀文化传统和现代公益慈善的价值内涵，在传承中华民族优秀慈善文化传统基础上，进行中国式现代化诠释和价值提升，重点做好以下3个方面的工作。

（1）化"仁爱"为"博爱"。继承"推己及人""仁者爱人"及其衍生的尊老爱幼、邻里相帮、济人危难等优良慈善品质，破除"爱有等差"观念，使之注入时代因素，将"仁爱"转化为"博爱"，强调公益慈善是超越亲缘关系、惠及陌生人的无私帮助。

（2）化"恻隐之心"为"社会责任"。现代公益慈善不再停留于传统的同情怜悯，而是强调一种基于公民社会责任感的公共意识。以"恻隐之心""同情怜悯"为起点，公益慈善伦理建设要推动与现代社会责任感与公民义务意识相融合，自觉自愿践行。

（3）化"个人美德"为"社会正义"。弥合正义与慈善之间的差别，以个人美德为基础逐步将其转化为社会正义，以个人伦理为基础逐步走向社会伦理。当然，化"个人美德"为"社会正义"并非否定个体伦理，而是使慈善不仅是个人道德要求，也是社会责任。

2. 着眼于现实

公益慈善伦理建设的现实视角是指立足于当前我国公益慈善文化现实及公益慈善活动实践本身。

（1）建立与现代公益慈善相契合的财富意识。传统的"忧患意识"和"一方有难八方支援"的救急文化，使我国传统的公益慈善具有自发性、偶然性、非常态化的救急倾向，呈现多种临时性、阶段性、依靠外力推动的公益慈善模式。因此，公益慈善伦理建设需要从"富才行善""救急行善"的慈善惯性转变为自觉性、常态化的生活方式。

（2）建立与传统慈善文化相适应的感恩伦理。感恩意识是人类一种基本的伦理意识。感恩与公益慈善事业发展并不相悖。慈善之树需要感恩意识的浇灌才能茁壮成长。

（3）建立以法治为支撑的诚信伦理。道德是有层次的，将慈善仅定位于崇高、纯粹的层次是不现实的，也是片面的。因此，需要建立一种内在道德驱使与外在责任约束相结合的诚信机制，将现代公益慈善伦理系统化、制度化地纳入公益慈善道德实践中。当道德对于道德沦丧的人无能为力时，法律的威慑力可以约束慈善败德行为。

3. 兼容与并蓄

公益慈善是全球的共同现象，且客观上西方公益慈善事业相对较成熟和完善，应兼容并蓄，合理借鉴、吸收西方公益慈善伦理思想的优秀成分，从中获取有益的启示。

（1）将新型财富观融入我国公益慈善伦理中。相对而言，西方社会的财富观是理性的、清醒的。在法律意义上，个人财富是私有的；但在道德意义上，超出生活需要的部分是社会的。因此，西方社会大都以一种开放的态度和契约意识对待私人财产，对于私人财产中多余的财富，很多人选择回报社会的公益慈善处理方式。中国社会也可以构建一种与现代公益慈善相契合的财富观，使财富在获取、继承、使用中担负起公益慈善伦理责任。

（2）将公益慈善意识凝聚为一种民族心理、群体意识。也就是，将那种爱的信仰意识凝聚为一种群体意识与民族心理，推动构建中国式现代化公益慈善伦理。

（3）强化公益慈善法治建设，创新公益慈善激励约束机制。优化公益慈善法律法规等制度，尤其要完善税制和创新激励机制，可以借鉴英国、美国等国家的公益慈善制度和社会伦理，推动将"以社会正义为基础的规范伦理"作为公益慈善伦理基础，从制度上激励、推动和促使社会各阶层自觉自愿地为社会作贡献。

本章提要

1. 公益慈善伦理是探讨公益慈善事业的道德价值生成、选择，以及评价公益慈善活动的道德价值标准，是合乎当代社会发展客观需要的、关于公益慈善事业之特殊道德规范的理论体系，具体可分为观念层面、制度层面、行为层面3个层面，具有利他性、无偿性、人道性、自律性、自愿性等特征。公益慈善伦理作为社会道德与规范体系的重要组成部分，属于文化的范畴，是一种行为制度模式，是一种道德心理沉淀。

2. 西方公益慈善伦理思想作为西方社会宗教理论体系的一部分，具有3个基本特征：突出博爱或无差别的爱的特性；突出契约与他律；突出个人奋斗的精神。中国公益慈善伦理思想具有3个特点：反映了中华民族优秀传统文化的核心和精髓；注重视人若己及众生平等的理论形态；注重道德践行等付诸于实践的精神。

3. 中国公益慈善伦理的构建路径包括：立足于传统文化，取其精华去其糟粕；着眼于现实，结合具体国情和社会主要矛盾的变化，强化制度建设；兼容与并蓄，吸收西方公益慈善思想的优秀成分，从中获得有益启示。

本章案例

【案例 8-1】公益慈善筹款伦理为何至关重要？如何实践？［选自：凤凰网"公益慈善论坛"，2023-10-14，有删节］

［本文编译自美国非营利性组织文化专家安妮·柏格伦（Anne Bergeron）与美国印第安纳大学礼来慈善学院荣休创始院长尤金·R. 坦普尔（Eugene R. Tempel）合写的《恪守公益慈善筹款伦理》（*A Commitment to Ethical Fundraising*）。原文被收录在礼来慈善学院编撰的《公益筹款的卓越之道（第五版）》（*Achieving Excellence in Fundraising, Fifth Edition*），系统性地探讨了公益慈善筹款伦理的重要性、伦理学基础、要点、难点和实践。］

公益慈善筹款伦理为何至关重要？

从公益慈善筹款人的独特角色与责任出发，强调公益慈善筹款伦理的重要性。认为公益慈善筹款人是公益慈善组织的伦理守护者、指南针和行业良知。

他们进一步指出，公益慈善筹款人除了应具备专业筹款知识和技巧，更重要的是要有坚定的伦理观念、道德勇气和是非判断力。他们真正的价值和使命所在，是帮助公益慈善组织实现使命，帮助捐赠人实现公益目标，并为受益人创造最大利益。

唯有如此，公益慈善筹款人才能真正助力公益慈善行业打牢基业长青的基石。柏格伦和坦普尔认为，公益慈善行业是建立在服务于公共利益的信任契约之上的。因此，捐赠人和受益人都期待公益慈善组织在行为和管理上能够透明、可问责。

他们还指出，公益慈善行业和其他行业一样，也会出现丑闻。滥用善款、管理混乱等，都不可避免地会损害公众对公益慈善行业的信心。但如果公益慈善组织的领导和工作人员能够深刻反省，并努力采取实际且持续的行动纠正问题，积极建设和维护健康的公益慈善伦理文化，那么受损的公众信心还是可以逐步恢复的。

公益慈善筹款伦理的伦理学基础是什么？

简单说，伦理学，又称道德哲学（Moral Philosophy），研究的是影响和指导人类道德行为的是非判断准则。伦理学研究领域主要有 4 个：元伦理学（研究伦理的意义与本质）、描述伦理学（描述各种文化和社群的道德观）、规范伦理学（评判不同道德观，并探讨如何行为的道德原则）、应用伦理学（将伦理原则应用于不同情境）。

柏格伦和坦普尔的文章主要集中在规范伦理学，并简要介绍了三大理论：关怀伦理学、目的伦理学、义务伦理学。

关怀伦理学强调人际关系中的尊重、同情与公平。它的核心思想建立在自爱和对人类的爱之上。这一伦理观念与世界上许多宗教中的"黄金律"相呼应，即我们希望如何被他人对待，就应该如何对待他人。

目的伦理学强调道德行为结果或后果。英国哲学家边沁（Jeremy Benthan，1748—1832 年）和密尔（John Stuart Mill，1806—1873 年）推崇的"功利主义"是这一伦理观念的代表。他们强调，最好的行为结果是效益最大化，即能为最多的人带来最多的好处。

义务伦理学强调"每个人都可以且应该遵守"的普遍义务和规则。德国哲学家康德（Immanuel Kant，1724—1804 年）将这一道德原则概括为"绝对命令"。在这一道德原则之下，行为是否符合伦理，是由其本身特点（包括动机）而不是结果所决定的。

柏格伦和坦普尔以新冠疫情期间医护人员在人员、设备、药物短缺情况下的选择，对这 3 种伦理学进行了具体化的解释。

他们指出，遵循关怀伦理学，医护人员会优先为病情最重的患者提供治疗，并向其他患者表示同情；遵循目的伦理学，医护人员会优先为更年轻、生存概率更高的患者治疗；遵循义务伦理学，医护人员则会依据到医院的先后顺序，为患者提供治疗。柏格伦和坦普尔指出，在新冠疫情期间，美国所发布的医护指南，实际上更倾向于功利主义，也就是目的伦理学的原则。

公益慈善筹款伦理的要点有哪些？

在探讨公益慈善筹款伦理行为准则时，柏格伦和坦普尔推荐了美国职业筹款人协会（Association of Fundraising Professionals，AFP）的两份文件：《伦理标准守则》（*Code of Ethical Standards*）和《捐赠者权利清单》（*Donor Bill of Rights*）。据其网站介绍，AFP 是一个致力于促进公益慈善筹款伦理与最佳实践的专业协会组织。

此外，关于非营利性组织如何建设和维护伦理文化，柏格伦和坦普尔介绍了美国全国性非营利性组织联盟"独立部门"（Independent Sector，IS）提出的 9 项价值准则：

（1）超越私利（Commitment Beyond Self）；

（2）遵守法律（Obedience of the Laws）；

（3）遵循无法通过法律强制执行的公序良俗（Commitment Beyond the Law, or Obedience to the Unenforceable）；

（4）信守公益承诺（Commitment to the Public Good）；

（5）尊重个体的价值与尊严（Respect for the Worth and Dignity of Individuals）；

（6）包容、多元、公正（Tolerance, Diversity, and Social Justice）；

（7）公众可监督与问责（Accountability to the Public）；

（8）公开与诚信（Openness and Honesty）；

（9）负责任管理与使用资源（Responsible Stewardship of Resources）。

柏格伦和坦普尔还推荐，希望完善组织治理、建设良好伦理文化的公益慈善组织，可参考 IS 于 2015 年推出的《良好治理与伦理实践的原则》(*Principles for Good Governance and Ethical Practice*)。

公益慈善筹款伦理的难点有哪些？

柏格伦和坦普尔强调，公益慈善筹款人不是"销售员"，捐赠人不是"销售目标"，筹款也不是"索要"，因为公益慈善本质上是志愿行为。同样地，公益慈善组织和受益人也不是"乞丐"，而是积极、明确沟通需求的行动者。

柏格伦和坦普尔总结了普遍存在于公益慈善组织的六大伦理问题。

（1）利益冲突（Conflicts of Interest）。当组织内部成员，如理事、管理人员或筹款人员，因与组织的关系而获得物质利益时，例如，与理事的公司签订服务合同，或者筹款人从捐赠者那里接受礼物，都可能引发利益冲突。为了维护公众信任，公益慈善组织和筹款人应避免任何可能产生的、哪怕是表面上的利益冲突。

（2）责信与报告（Accountability and Reporting）。如果公益慈善组织的募捐材料或财务报告描述筹款目的或资金使用方面时存在不准确，则会有损其公信力。公众期待公益慈善组织是透明的、坦诚的。

（3）问题资金（Tainted Money）。当捐款来源与公益慈善组织的使命、价值观或普遍的社会观念冲突时，会引发伦理争议。例如，美国有多家大学和博物馆接受了来自沙克勒（Sackler）家族的捐款而遭受舆论压力，因为沙克勒家族是普渡制药（Purdue Pharma）公司的所有者，而该公司被指加剧了阿片类药物成瘾的社会问题。

（4）捐赠者隐私（Donor Privacy）。当捐赠者的隐私信息被泄露、被分享给不相关的第三方，或者被公益慈善组织工作人员从该组织带到新任职的组织时，会引发与捐赠者隐私相关的伦理问题。捐赠者隐私是受保护的，并且捐赠者关系归属于公益慈善组织而非其工作人员。

（5）薪酬（Compensation）。给予公益慈善组织高层管理人员过高的薪酬，给予理事和高层志愿者超出标准的津贴或额外福利，或者根据筹款金额给筹款人支付佣金等，都会引发与薪酬相关的伦理问题。

（6）财务诚信（Financial Integrity）。与财务诚信相关的伦理问题包括，公益慈善组织未按捐赠者意愿使用限定性资金，接受带有妥协性附加条件的捐款，或者投资与组织愿景或使命不符的项目等。

柏格伦和坦普尔进一步指出，坚守职业操守，注重道德修养，以及加强伦理判断力，都是预防或妥善应对上述伦理问题的关键。

公益慈善筹款伦理如何实践？

然而，仅了解公益慈善的伦理原则、具备一定的道德修养和判断力，并不足以保证公益慈善伦理的真正实践。伦理议题往往错综复杂，有时连原则性最强的人也会感到迷茫。特别地，某些行为可能并未触犯法律，但可能并不符合伦理原则。

为帮助公益慈善从业者更好地做出伦理决策，柏格伦和坦普尔引用了圣克拉拉大学马库拉应用伦理学中心（Markkula Center for Applied Ethics at Santa Clara University）的一个公益慈善筹款伦理决策框架。

（1）先客观地列出正面临的伦理问题。例如，是否存在实际或潜在的利益冲突？是否可能违反伦理守则或法律？是否出现资金的不当使用或信息公开不足问题？捐赠的资金来源是否存在某种争议？

（2）汇总并分析所有相关信息，同时考虑所有的利益相关方，如理事会成员、工作人员、捐赠者、志愿者、受益者和公众。与他们沟通，理解并衡量每个利益相关方的关切和顾虑。

（3）列举所有可能的决策方案及其潜在的结果，同时评估每个方案与组织的宗旨和价值观的契合度，以及对利益相关方的影响等。

（4）做出决策，同时不要忽略直觉的重要性。设想一下，如果这件事成为头版新闻，你是否能够在朋辈及孩子面前充分为自己辩护？

（5）付诸行动，并持续关注结果，确保及时进行反思和调整。

柏格伦和坦普尔认为，这是一个有用的框架，持续实践能够锻炼公益慈善组织及其从业者的"伦理肌肉"，帮助他们在未来面对更复杂的伦理问题时，更有信心和能力做出好的判断和行动。

此外，他们特别强调，在做出伦理决策时，公益慈善组织应把社会正义纳入考虑范围。这涉及但不限于：为缺乏成功机会的人提供资源和机会，创建更多元、更包容的工作环境，使不同背景的人都能更平等地得到培养与晋升的机会，重视社区培育，在组织间建立更平等、更互助的关系，等等。

他们还提出，公益慈善筹款应从以捐助者为中心转向以受益人为中心，以更好地实现社会公正，解决社会问题的根源。实现这样的转变，需要公益慈善从业者具备谦卑心、同理心，以及倾听、学习、深入社区参与、建立值得信赖的伙伴关系的素养。

就此，柏格伦和坦普尔提出了一个《受益者权利清单》供参考。清单要点包括，公益慈善组织在公益慈善项目开发、执行及后续过程中，都应当确保受益人或群体得到尊重，能够就自身的诉求进行自由表达，能够就与自身利益密切相关的问题平等发表评论、参与协商，并充分倾听、认真回应。在此过程中，他们有权选择匿名的方式，个人信息受到保护，他们的贡献也应当得到适当的承认和体现。

案例导读：梳理公益慈善筹款应恪守的伦理及其理论基础。

思考与练习

一、名词解释

1. 公益慈善伦理
2. 公益慈善伦理失范

二、简答题

1. 简述公益慈善伦理的层次及特征。
2. 简述公益慈善伦理应遵循的原则。
3. 简述公益慈善伦理失范的表现。
4. 简述中西方公益慈善伦理差异。

三、论述题

1. 论述公益慈善伦理背后的财富观。
2. 论述公益慈善伦理的建设路径。

参考文献

[1] 彭柏林，卢先明，李彬. 当代中国公益伦理[M]. 北京：人民出版社，2010.

[2] 张芳芳. 浅论公益伦理的社会价值[J]. 河南广播电视大学学报，2012，25（2）：14-15.

[3] 刘美玲. 政府部门管理公益慈善组织应遵循的伦理原则[N]. 中国社会报，2014-08-18.

[4] 刘美玲. 慈善公益组织管理部门应遵循的伦理原则[N]. 中国社会报，2013-09-23.

[5] 郭静文. 慈善伦理建设如何跟上慈善事业的发展步伐[N]. 中国社会报，2015-06-08.

[6] 向玉乔. 财富伦理的慈善维度[N]. 中国教育报，2013-10-11.

[7] 齐久祥. 慈善伦理需要诚信支撑[N]. 中国社会报，2016-07-18.

[8] 周中之. 中国慈善伦理的文化血脉及当代价值[N]. 中国社会科学报，2014-10-22.

[9] 彭柏林，易璐. 我国公益慈善伦理研究的梳理、反思与展望[J]. 伦理学研究，2020（2）：45-52.

[10] 周中之. 共同富裕的慈善伦理支持[J]. 求索，2022（1）：50-57.

[11] 李源. 面向共同富裕的慈善伦理：内在理路与实现逻辑[J]. 关东学刊，2022（2）：40-47.

[12] 黄瑜. 我们为何行善——慈善伦理的价值取向[J]. 道德与文明，2022（3）：59-66.

[13] 陈东利. 墨家"兼爱"观的公益慈善伦理意蕴[J]. 伦理学研究，2024（2）：59-64.

[14] 资中筠. 散财之道——美国现代公益基金会评述[M]. 上海：上海人民出版社，2003.

[15] 叶盈. 慈善筹款伦理实践研究[M]. 南宁：广西师范大学出版社，2024.

第九章
公益慈善管理制度概述 09

知识目标

1. 了解公益慈善管理制度的构成
2. 了解我国公益慈善的制度规范
3. 了解公益慈善的行政管理模式

能力目标

1. 比较中外公益慈善的管理制度差异
2. 理解境外公益慈善组织的管理思维

素质目标

1. 结合焦点事件理解公益慈善制度建设
2. 把握公益慈善监管中的政府行为边界

第一节 公益慈善管理制度体系

一、公益慈善管理制度的构成

本章开始论证对公益慈善进行规范的制度体系和行政行为,也可以理解为对公益慈善进行管理的制度规范体系,即公共行政部门依照国家法律、法规、规章对公益慈善相关活动进行必要的激励、约束和规范,涉及制度规范,也涉及具体的行政管理行为。

公益慈善行政管理及制度主要是国家宏观管理、激励和约束制度,其基本构成是登记注册管理制度、公益慈善财产管理制度、公益慈善组织监管制度、公益慈善税收优惠制度等。

1. 登记注册管理制度

古今中外,尽管都会有活跃在民间的草根组织,但大量慈善义工组织徘徊在法律边缘,寻求"法外生存"。由于涉及财物、金钱甚至不动产等经济事项,在多数情况下公益慈善组织须取得法律认可的正当性,才能通过合法途径根据被服务对象的需要提供服务,集聚并配置社会资源。因此,登记注册管理制度是公益慈善领域的重要管理制度。

2. 公益慈善财产管理制度

财产是一个组织生存和发展的血液,公益慈善财产是开展公益慈善活动、维持公益慈善组织持续运转、有效地履行公益慈善功能、践行公益慈善宗旨的物质基础,必须保证公益慈善财产能够得到正当、合理、高效的使用。倘若公益慈善财产管理制度不健全,将导致监管漏洞,引发慈善腐败、丑闻现象。因此,各国都建立了公益慈善财产管理制度。公益慈善财产的合理、规范和有效使用,是公益慈善活动规范化的表征,可以保障公益慈善宗旨的实现。

3. 公益慈善组织监管制度

公益慈善组织的公信力是公益慈善事业的生命线。依法对公益慈善组织进行监管是公益慈善组织保持公信力、促进公益慈善事业成为阳光下事业的基础。因此,对公益慈善组织监管的立法也是各国公益慈善立法的核心。我国需要持续开展相关的课题研究。

4．公益慈善税收优惠制度

公益慈善事业有利于促进社会财富的合理分配,优化市场经济发展,缓解社会矛盾,在经济社会发展和社会治理创新中发挥着非常重要的作用。因此,世界各国都运用税收优惠政策或制度来发展公益慈善事业,并保障国家对公益慈善事业的长期支持。

二、典型的公益慈善管理模式

1．英国行政干预型监管

（1）法律制度干预。英国民间公益慈善组织的登记注册和公益慈善监管有一套严格的法律制度框架和相对独立、职能完备、机制健全的行政管理体系。例如,英国早在19世纪就制定了《托管人管理法》（2000年修订）来规范公益慈善组织理事会定位及其管理原则；英国《慈善法》明确规定,公众有权获得公益慈善组织的年度账目和财务报告；英国内政部、文化部及独立于政府之外直接受议会领导的英国慈善委员会（Charity Commission）,分别作为公益慈善组织与政府之间的协调机构、资助机构及登记注册与监督部门发挥重要作用；英国发布《政府与志愿及社区组织合作框架协议》就是为了加强政府与民间组织之间的合作。

（2）英国慈善委员会。英国非营利性组织信息披露采用"行政监管模式"。1860年成立的英国慈善委员会依据英国《慈善法》设立,主要采取分类监管方式来监督、管理和规范公益慈善组织的行为,以增强公众参与公益慈善事业的信心。英国慈善委员会由国家财政全额拨款,属公务员体制,其主席由英国女王任命,其运作管理独立于政府机构和议会之外,是一个依法设立、依法行使职能的独立机构。

英国慈善委员会的四项职能

- 其一,对符合条件的公益慈善组织进行登记注册；
- 其二,为在英国慈善委员会登记或者没有登记但需要帮助的公益慈善组织提供信息、技术、法律政策咨询等方面的支持；
- 其三,对在英国慈善委员会登记的公益慈善组织按照不同规模进行相应的监管；
- 其四,对在管理或公共资源使用方面有违法嫌疑的公益慈善组织进行调查,被发现的违法者可以移交法院处理。

> 由独立于政府的英国慈善委员会对公益慈善组织进行监管，不仅缓解了政府压力，而且避免了公益慈善组织的行政化、政治化倾向，有利于英国公益慈善事业的发展。

（3）税收调节。英国民间公益慈善组织的收入来源，除政府资助外，有很大一部分来自社会捐赠。公益慈善捐赠的减免税制度是鼓励、推动社会捐赠的重要措施。在英国《慈善法（2006年）》约束下，英国大多数公益慈善组织都以社会企业的方式运作，尽量降低运作成本。其中，在公司捐赠方面，提供公益捐赠的部分会免征公司所得税；在个人捐赠方面，个人向公益慈善组织的捐赠可获得免税待遇，但免税的对象主要不是个人，而是公益慈善组织（譬如，英国慈善援助基金会的主要工作之一，就是帮助公益慈善组织向政府索要退税的部分）；很多大型公益慈善组织在英国各地都有许多慈善商店，这些商店是免税的，店员是义工，通常没有工资，店面租金、水电费都会得到优惠或免费提供。

2. 美国宽进严出型监管

（1）注册管理松散。美国公益慈善组织可以不注册而存在，注册通常是为了获得税收优惠身份，流程相对比较简单，注册条件宽松：其一，向其所在的州正式提出结社的要求；其二，从美国联邦国税局获得公益慈善团体的身份；其三，在想要从公众筹款的每个州登记注册。

（2）税收优惠制度。现代公益慈善事业尽管以社会成员的自愿捐赠为经济基础，但在市场经济条件下，要想让公众更积极地参与公益慈善活动，除道德说教、宗教劝导、社会向善外，税收制度导向也非常重要，其促使人们将一部分财富投向公益慈善事业。

> **美国公益慈善税收优惠举例**
>
> 在美国，有一个定义公益慈善组织的明确办法，就是税法中的501（c）（3）条款。凡符合这一条款的组织被统称为公益慈善组织，享受免税待遇。美国联邦国税局通过类型化细分，将所有公益慈善组织分为慈善组织（Public Charity）、私人基金会（Private Foundation）两大类，鼓励民间从事公益慈善事业、参与公益慈善活动。
>
> - 公益慈善组织要具备免税资格，必须向美国联邦国税局提出申请，公益慈善组织必须非常详细地描述所从事的活动，并报告每笔款项的来源和支出。
> - 美国的公益慈善组织在运营中可以小范围地进行一些以营利为目的的活动，但这些营利活动的所得必须用于公益慈善事业或支持公益慈善组织的正常运行。
> - 慈善捐款对个人也是免税的，即捐赠人在申报个人所得税时，慈善捐款将

从总额中除去；志愿者活动的交通费和其他一些费用也能享受免税待遇。以此鼓励企业或个人在经营期间将应当缴纳的各项税收按比例转换成对公益慈善组织的捐赠，既树立了良好的企业形象，又最大限度地利用民间资源提供公益慈善物质支持。

- 除了传统救助性慈善和宗教组织，还有教育、科学、公共安全、实验、文学、促进业余体育竞争、防止虐待儿童或动物7类组织不必缴纳美国联邦税。

（3）首席检察官制度。在公益慈善领域，美国还发展了一种特色的州首席检察官（State Attorney General）制度，该制度可以追溯到英国1601年颁布的《慈善用途法》。州首席检察官职权很广，拥有调查权、起诉权、监督权和追索权，但一般对公益慈善组织的正常运营过程不予干涉，只有当运营出现状况时，州首席检察官才对公益慈善组织行使监督权和强制措施。

美国州首席检察官的职权举例

- **调查权**：有权查阅非营利性组织的账目和会议记录等，以确保其运营的合法性和财务透明度，监督非营利性组织遵守州法律。
- **传唤证人和起诉权**：可以传唤证人并进行调查，以收集证据。如果发现非营利性组织存在违法行为，他们可以提起诉讼。
- **监督财务报告**：有权监督非营利性组织向州政府提交财务报告，确保其按照法律要求进行财务披露。
- **惩罚不当运营**：为确保董事会对非营利性组织的财务健康负责，如果运营不当，可以采取法律行动，要求董事个人承担责任或追索其个人资产来填补非营利性组织的损失。

（4）组织评级机制。美国有不少独立的第三方评级机构，经常对公益慈善组织的资金运用情况、公益慈善资金用途和日常运作经费比例等进行评分，级别从高到低（从四星到无星）不等，为捐赠者提供参考。同时，提供各标准下的前十名排行榜，特别值得一提的是提供各种负面排行榜，如"筹款回扣率排行榜""财务危机排行榜""劣等机构CEO薪水排行榜""捐赠款囤积花不出去排行榜"等，揭露公益慈善行业中的一些负面组织。

美国慈善评级机构举例

美国有多种多样对各种公益慈善组织进行评级的第三方评级机构，其主要功能是交流信息、研究公共政策、增进组织的公开度和透明度，以及推出各种慈善排行榜。实际上，美国的公益慈善组织达到一定规模，就必须接受包括律师在内的、独立的第三方审计。
- BBB Wise Giving Alliance，通过对公益慈善机构的治理、筹款活动、支出等指标，评估公益慈善机构是否符合20项慈善问责标准，发布《慈善问责报告》。
- Charity Navigator，主要基于财务健康、透明度和问责性，使用四星评级系统提供公益慈善机构的评级，帮助捐赠者了解其捐款去向。
- GuideStar，收集来自美国联邦国税局（IRS）的I990表，提供公益慈善机构的详细财务信息和运营报告，并允许公益慈善机构提供补充信息。
- Charity Watch，专注于评估公益慈善机构的财务效率和透明度，使用从A+到F的评级系统提供详细的财务分析和评级，强调实际用于公益慈善工作的资金比例。
- GiveWel，通过深入研究来识别高效且高影响力的公益慈善机构，提供推荐名单，帮助捐赠者将资金用于最能产生影响的项目。

（5）社会监督系统。对公益慈善最有效的监督是社会的监督、宣传及政府的监督。一是媒体全方位、全流程的监督，媒体既会帮助公益慈善组织扩大影响，招来潜在的支持者和捐赠人，也会对公益慈善组织的丑闻穷追不舍，直到直接负责人得到应有处理；二是捐赠人和普通大众的监督，方便、快捷、有效，任何人都有权向免税机构要求查看公益慈善组织的原始申请文件及前三年的税表，了解某个免税机构的财务状况和内部结构；三是美国政府的财务监督，即公益慈善组织必须向州政府提交年度报告，州首席检察官可以代表公众对触犯公共利益的公益慈善组织提起公诉。此外，美国联邦国税局（IRS）每年会对享受免税待遇的非营利性组织的财务状况进行抽查或突击检查，若发现有不符合其宗旨的活动、不当财务支出及营利行为，其免税资格可能会被取消。

美国联邦国税局监督享受免税待遇的非营利性组织

享受免税待遇的非营利性组织每年向美国联邦国税局报送I990表（美国机构报税表，类似于上市公司的报表），一旦发现问题可能会失去免税资格。一般地，年度毛收入低于2.5万美元的公益慈善组织可以不填写I990表，而私人基金会无论规模大小都要填写990PF表（Private Foundation），其内容与I990表稍有不同。I990表的主要内容包括：
- 机构的基本财务信息，如各类收入、开销和资产负债；
- 关于开销的详细分类信息，要注明项目开销的用途；
- 机构领导、理事、委托人和关键雇员的联系地址、工作时间、收入和补助；
- 全部基金会捐赠款及给小型或海外机构的每个项目的拨款（针对大型机构）；
- 关联交易情况，即与所有董事会成员有关的金融交易记录。

（6）行业自律机制。美国的公益慈善事业已经发展成包括多个层次的、相互依赖的网络结构，不但公益慈善组织内部有一套完整、规范的治理机制，而且在捐赠人、私人或公众基金会、社区组织、非营利性执行机构、倡导机构、能力培训与支持机构、学术研究机构中形成了一个产业生态系统或产业链。此外，在《慈善新闻》等产业媒体和主流慈善组织的倡导下，美国公益慈善界提出和默认了一些行业基本原则和共识，如对政治性/游说性资金的限制、对向海外传递资金的监管、对公益慈善组织运作费用的约束等。

3. 德国健全的慈善管理

（1）监管机制健全。德国是大陆法系国家，其法定公益慈善组织有协会（Verein）和基金会（Stiftung）两大类，目前尚没有公益慈善事业的专门法律，而是通过其他领域的法律来规范公益慈善组织的运营，如涉及公益慈善组织的组织立法、涉及税收优惠的税收立法、涉及慈善筹款的社会福利立法等，形成了一整套以组织立法为骨干、以税收立法和其他法律为补充的制度框架。

德国的公益慈善监管举例

- 德国地方法院规定公益慈善组织每三年将自己的资产负债表和其他财务文件提交当地财务部门审核，以确保基金会的运行符合慈善目的。
- 德国公益慈善事业的第三方评级机构主要有社会福利问题研究所（Institute for Social Research）和天主教联盟（Catholic Social Union）这两家机构，致力于监督公益慈善组织的运营和善款的使用，通过评级系统给通过审查的公益慈善组织颁发"捐助徽章"，有效期限为一年，到期重新评级；如发现违规操作，社会福利问题研究所有权撤销"捐助徽章"，取消其募捐资质认证。

（2）税收优惠制度健全。企业和个人向公益慈善组织捐赠获得的税收减免，经公益慈善组织认证以后，捐赠人需要将相关的证明资料提交审核。对于符合公益慈善目的的，个人捐赠的税收减免上限通常是其年度收入的 20%，而企业捐赠通常可以享受更高的扣除限额，且企业对科学、教育、文化、卫生事业的慈善捐赠，可能享有额外的税收优惠。至于公益慈善组织的税收优惠，包括免征所得税、贸易税、遗产税、赠与税、增值税等，且既可以直接享受税收优惠，也可以通过慈善捐赠等间接享受税收优惠。

（3）公益慈善组织内控机制健全。基金会是德国公益慈善组织的典型代表，也是德国公益慈善事业的主体。德国的基金会数目众多，不仅具有明确的发展方向、始终专注的主题领域、开阔的全球化视野及高超的项目运作能力，而且具有完善、健全的内部治理体制。此外，德国的基金会通过媒体、官方网站、基金会年报等多种渠道进行信息披露；富有特色的是，一些基金会会设计专业的人才培养方案和人性化的工作计划。

> **德国贝塔斯曼基金会的内部治理**
>
> - 贝塔斯曼基金会（Bertelsmann Stiftung）专注于教育、社会福利和健康等领域，以社会可持续发展为目标，致力于激发人们对重要社会问题的讨论，为社会变革提供智力支持和实践经验。
> - 贝塔斯曼基金会采取理事会和执行委员会二元治理模式，其中，理事会负责咨询和监管，执行委员会负责日常管理工作。
> - 执行委员会有权委托顾问委员会负责资产管理和定期资产评估，顾问委员会向执行委员会报告资产管理活动情况。

4. 新加坡的紧密型管理

新加坡的公益慈善事业主要是政府推动发展的。新加坡的社团有官方社团和民间社团两种。其中，官方社团是政府为了某项事业出面组织的团体，其任务由政府规定，资金由政府拨付，负责人由政府任免；而民间社团是公众自愿组合的组织。新加坡善堂救济总会（Singapore Chung Cheng Relief Association）、新加坡同德善堂念心社（Singapore Toh Tuck Community Centre）和新加坡中医中药赠医施乐部（Singapore Chinese Medicine Society）等，是新加坡最著名的公益慈善组织。

（1）民间社团的注册管理。新加坡的民间社团可依据不同的法律注册，这些法律包括《社团法令与条令》《互惠组织法》《合作社法》《慈善法》《公司法》等，但最重要的是《社团法令与条令》，其对社团释义、登记官任命及其权力、拒绝登记的情况、年度登记的公布、社团终止和自愿解散、分支机构登记、社团信息披露规定、社团变更登记的情形、不能担任社团高级职员情形的规定、社团标志旗帜的使用、非法社团及其罚则等有关社团的注册、终止、解散、变更、违法行为处罚等进行了详细规定。

> **新加坡社团注册局的监管职权**
>
> - 命令自动注册的社团更改名称和章程，或者指示其通过普通程序重新申请注册；
> - 命令任何注册社团提供其资料、文件、账目和账簿；
> - 只要有理由相信该地点被用来进行非法活动，就有权进入注册社团的任何运作地点进行搜查；
> - 社团注销需要新加坡内政部部长批准。

（2）社团的活动监管。新加坡的社团基本上是自治的，当社团发生内部纠纷时，新加坡社团注册局并不进行仲裁，而是告知其应该根据章程或遵循法律途径解决。但是，新加坡有严格的社团活动规范，凡是在政府注册的社团都必须在该社团登记的宗旨范围内活动，不能从事章程规定以外的任何活动，如有违反，必予以追究；新加坡禁止以社团名义进行任何政治活动；未经登记的社团被视为非法组织。

（3）社团的财务监管。新加坡社团每年要向新加坡社团注册局提交年度管理报告和财务报告，资产50万元（新币）以上的财务报告须经独立审计事务所审计；新加坡社团注册局还通过传媒报道、公众举报等线索掌握社团违法行为，并协同警察、反贪机构等进行查处，发出警告信或解散社团；为防止滥用和耗尽慈善财产，规定了善款的年度最低使用额。

5. 中国香港积极不干预模式

中国香港特别行政区政府对公益慈善的管治特色是行政主导的政治行政系统，奉行"积极不干预"方针，这种慈善管理模式反映在中国香港特别行政区政府与民间组织的关系上：各领域都有大量民间组织存在，只要不违背法律，特别行政区政府一般不干涉组织的活动，但公益慈善组织须根据《香港税务条例》注册为非营利性慈善团体，要求有良好的管理能力和财务背景；民间公益慈善组织也接受政府的补助，按服务及补助协议的条款提供指定的福利服务。

> **中国香港特别行政区公益慈善组织的管治特点**
>
> - 登记简便，即注册简便容易，有多种方式可供选择；
> - 管理宽松，公益慈善组织有较大的自主权，特别行政区政府较少干预；
> - 广泛参与，参与民间组织等第三部门是香港市民社会生活不可缺少的内容；
> - 法例明确，对涉及公益和其他公共利益的事宜，有明确的法律和规则指引；
> - 以公益慈善服务为导向，鼓励志愿精神和义工行动。

中国香港特别行政区社会福利署是管理公益慈善事务的机构，担当制定政策和服务方针、分配资源、监察服务质量的角色，其对民间组织的监管措施如下。

（1）制定公益慈善组织规范和行为指引。中国香港特别行政区社会福利署出台了《慈善筹款活动内部财务监管指引说明》《领导你的非政府机构—机构管制——非政府机构董事会参考指引》；此外，中国香港特别行政区社会福利署与廉政公署联合制定《防贪锦囊》《受资助非政府福利机构的人事管理》《受资助非政府福利机构的采购程序》等，保证对公益慈善组织在员工聘任、采购、董事会、策略性领导、财务职责、行为操守等方面有足够的监察和制衡。

（2）增强透明度和问责性。要求将公益慈善活动与项目的决策过程、投入资源、使用资源、项目表现、财政记录和成果等相关文件资料公开，供公众查阅，接受公众投诉，对公益慈善项目进行定期汇报、核算、评估；特别是在实施整笔拨款计划时，要将所提供的服务成效与拨款分配挂钩，要求公益慈善组织对其行为和结果负责，提高财政效率和问责性。

（3）建立项目监管和审查制度。凡政府资助的公益慈善项目，均须在拨款要求中载明监管与回应的条文，并设立明确的量化目标和奖励机制。监管与回应的方式有定期约见、提交书面进度报告、资助管理人审查等，也鼓励公益慈善组织进行内审自查。

（4）加强沟通和提供支持。中国香港特别行政区社会福利署要组织研讨会，政府官员与公益慈善组织董事会成员之间要在机构策略、问责提升、财务管理、法律责任等方面交流意见和经验，并通过各类咨询委员会收集意见，开展对公益慈善组织负责人的培训。

第二节　中国公益慈善管理制度

一、公益慈善制度的基本构成

围绕公益慈善相关活动、服务或管理，我国先后制定了一系列法律、法规、规章及行业规范。根据《中华人民共和国慈善法》，由县级以上人民政府统筹、协调、督促和指导有关部门在各自职责范围内做好公益慈善事业的扶持发展和规范管理工作，根据经济社会发展情况，制定促进公益慈善事业发展的政策和措施，县级以上人民政府有关部门在各自职责范围内向公益慈善组织、公益慈善信托受托人等提供慈善需求信息，为公益慈善活动提供指导和帮助。国务院民政部主管全国公益慈善工作，县级以上地方各级人民政府民政部门主管本行政区域内的公益慈善工作，并在各自的职责范围内做好相关工作，依法加强对公益慈善活动的监督、管理和服务，并建立与其他部门之间的公益慈善信息共享机制。另外，在公益慈善活动中，任何组织或个人违反法律规定，构成违反治安管理行为的，由公安机关依法给予治安管理处罚；构成犯罪的，依法追究刑事责任。

> **中国的公益慈善制度规范概览**
>
> - 《中华人民共和国慈善法》是专门针对公益慈善领域的具有划时代意义的综合立法，2016年9月1日开始施行；2023年12月29日，第十四届全国人民代表大会常务委员会第七次会议《关于修改〈中华人民共和国慈善法〉的决定》对其进行了修订，自2024年9月5日起施行。

- 《中华人民共和国公益事业捐赠法》是我国公益慈善事业发展史上的第一项制度性安排，对捐赠行为、捐赠财产的管理、使用进行了规范。
- 《中华人民共和国信托法》明确了公益慈善信托及其资金运作、使用的相关规定。
- 《中华人民共和国境外非政府组织境内活动管理法》明确了中国境外非政府组织在中国境内从事公益慈善活动的管理。
- 《中华人民共和国企业所得税法》《中华人民共和国企业所得税法实施条例》（国务院令〔2007〕512号）明确，符合条件的非营利性组织的收入可以免税，首次确定了公益组织的认定标准、企业公益性捐赠税前扣除比例；2017年12月29日，全国人民代表大会常务委员会通过的《关于修改〈中华人民共和国企业所得税法〉的决定》对税率、税前扣除、优惠政策等方面进行了调整。
- 《中华人民共和国个人所得税法》《中华人民共和国个人所得税法实施条例》（国务院令第142号）规定了个人对公益性捐赠的支出在一定额度内的税前扣除标准和操作细则。
- 《基金会管理条例》（国务院令第400号）旨在规范基金会的设立、运作和管理；根据《基金会管理条例》，2004年民政部颁布了《基金会章程示范文件》，2006年民政部出台了《基金会年度检查办法》（民政部令第30号）和《基金会信息公布办法》（民政部令第31号）。
- 《社会团体登记管理条例》（国务院令第666号）对社会团体的设立、活动及监督管理进行了详细规定。
- 《民政部关于进一步加强和改进社会服务机构登记管理工作的实施意见》（民发〔2018〕129号）规范了社会服务机构的设立、职责、运作程序和监督管理。
- 《社会救助暂行办法》（国务院令第649号）旨在规范社会救助的管理、实施及"临时救助"问题。
- 民政部颁布的《救灾捐赠管理办法》（民政部令第35号）旨在规范救灾捐赠活动，颁布的《社会组织评估管理办法》（民政部令第39号）旨在规范社会组织的评估工作。
- 民政部发布的《全国性社会团体公益性捐赠税前扣除资格初审暂行办法》（民发〔2011〕81号）规范了全国性社会团体申请公益性捐赠税前扣除资格的初审工作，颁布的《公益慈善捐助信息披露指引》（民发〔2020〕9号）旨在提高公益慈善组织的透明度。
- 2011年4月26日首都公益慈善组织联合会发布的《公益慈善组织管理流程指引》是我国推出的首个针对公益慈善组织规范运作的管理流程。

- 《关于公益性捐赠税前扣除有关问题的公告》（财政部 税务总局公告 2022 年第 3 号）对企业和个人进行公益性捐赠的所得税税前扣除政策进行了更新。

上述公益慈善相关的制度或规范涉及的管理要素及其基本构成有如下 10 个方面。

（1）登记与业务主管。设立公益慈善组织，应当向县级以上人民政府民政部门申请登记。在我国，登记管理机关（Registration Authority）为国务院民政部和县级以上地方各级人民政府民政部门；国务院有关部门和县级以上地方各级人民政府有关部门、国务院或县级以上地方各级人民政府授权的组织，是有关行业、学科或业务范围内社会组织的业务主管单位（Competent Authorities）。

（2）慈善财产管理。涉及对公益慈善组织的财产及其他慈善物资或善款进行有效的管理和运作等制度，以确保这些财产用于慈善宗旨、目的和目标。

（3）公益慈善组织监管。涉及对公益慈善组织及公益慈善活动／项目环节、过程管理，以及规范监管主体、客体、方式、内容等的相关制度。

（4）税收优惠。涉及的公益慈善税收优惠体系包括税收优惠对象、免税资格的认定、捐赠的扣除标准、救灾捐赠的管理等，旨在激励社会各界对公益慈善事业的支持。

（5）公益慈善组织评估。涉及评估主体、客体、程序和评估等级等，旨在促进公益慈善组织的能力建设、加强内部治理。

（6）信息披露。涉及公益慈善信息统计和发布制度，以提高公益慈善组织的透明度，包括公益慈善捐赠信息公示、规范捐赠款物的管理和使用等。由国务院民政部建立健全统一的公益慈善信息平台，免费提供公益慈善信息发布服务；县级以上人民政府民政部门、公益慈善组织和公益慈善信托的受托人须在规定的平台上发布公益慈善信息，并对信息的真实性负责。

（7）公益慈善信托。涉及慈善财产的公益信托或公益慈善信托问题。公益慈善信托属于公益信托，两者的相关规定总体上是一致的。

公益慈善信托违法的法律后果

公益慈善信托的委托人、受托人有下列情形之一的，由县级以上人民政府民政部门责令限期改正，予以警告，没收违法所得，并对直接负责的主管人员和其他直接责任人员处以罚款：
(1) 将信托财产及其收益用于非公益慈善目的；
(2) 指定或变相指定委托人、受托人及其工作人员的利害关系人作为受益人；
(3) 未按照规定将信托事务处理情况及财务状况向民政部门报告；
(4) 违反公益慈善信托的年度支出或管理费用标准；
(5) 未依法履行信息公开义务。

——据《中华人民共和国慈善法》

（8）公益慈善表彰。涉及国家公益慈善表彰制度，规定由县级以上人民政府或有关部门表彰在公益慈善事业发展中作出突出贡献的自然人、法人和非法人组织。

（9）公益慈善信用激励。涉及建立和健全信用激励制度，规定由县级以上人民政府民政部门等有关部门将慈善捐赠、志愿服务记录等信息纳入相关主体信用记录。

（10）约束政府职能部门。公益慈善事业的健康发展不仅需要公益慈善相关事务本身的有效及守法运营，也需要民政、社保、财政、应急等政府职能部门的依法行政。

政府职能部门违法的法律后果

县级以上人民政府民政部门和其他有关部门及其工作人员有下列情形之一的，由上级机关或监察机关责令改正；依法应当给予处分的，由任免机关或监察机关对直接负责的主管人员和其他直接责任人员给予处分：

（1）未依法履行信息公开义务；
（2）摊派或变相摊派捐赠任务，强行指定志愿者、公益慈善组织提供服务；
（3）未依法履行监督管理职责；
（4）违法实施行政强制措施和行政处罚；
（5）私分、挪用、截留或侵占公益慈善财产；
（6）其他滥用职权、玩忽职守、徇私舞弊行为。

——据《中华人民共和国慈善法》

二、境外公益慈善组织的管理

在我国活跃的境外公益慈善组织包括境外基金会代表机构、境外社会团体代表机构及境外组织在我国设立的公益慈善组织。其中，既有以海外华人为主的地区机构，也有本着国际主义、人道主义精神援助中国的国际组织。从重大自然灾害、重大疾病的捐助，到深入社区精耕细作的各个公益慈善领域，均有境外公益慈善组织的影子。

对于境外公益慈善组织（包括聘用外籍人员），我国也建立健全了相应的登记管理机关和业务主管部门。登记管理机关和业务主管部门共同指导境外公益慈善组织遵守中国法律法规和政策，规范、指导境外公益慈善组织的业务活动及合作项目，负责境外公益慈善组织的设立、变更、注销登记及人员备案的初审和评审，负责境外公益慈善组织年度检查的初审，对境外公益慈善组织的业务活动提供指导和帮助。

各级政府对境外公益慈善组织的认识须清晰、明确。它们促进了中国公益慈善事业的发展，带来了国际通行的行业规范及志愿服务、尊重知识、高效管理、有机援助、行业推广等观念，但也要警惕境外机构打着公益慈善的旗号从事违反中国法律的事情。

三、非公益慈善组织的公益性行为

对于非专门的公益慈善组织开展的公益慈善行为,《中华人民共和国慈善法》进行了一些鼓励性规定,包括:

(1) 城乡社区组织、各企事业单位可以就一些慈善帮助、救助、扶助现象在本社区、本单位内部开展群众性互助互济活动;

(2) 公益慈善组织以外的其他组织可以开展力所能及的公益慈善活动;

(3) 个人因疾病等导致家庭经济困难,向社会发布求助信息的,求助人和信息发布人应当对信息真实性负责,不得虚构、隐瞒事实骗取救助;

(4) 从事个人求助网络服务的平台由国务院民政部指定,平台对通过其发布的求助信息真实性进行查验并及时、全面地向社会公开。国务院民政部会同网信办、工业和信息化部等职能部门另行制定具体管理办法。

第三节　公益慈善管理制度比较

一、注册模式

发达国家或地区公益慈善组织的注册程序相对比较简单,条件宽松,形式多样,注册的主要目的在于获得税收优惠身份或政府资助。一般地,只要符合税法规定的公益慈善组织都可以申请获得免税资格。例如,在美国,公益慈善团体或专注于环境保护、艺术推广等某个特定领域的组织通常需要向美国联邦国税局(IRS)申请确认其免税身份,填写 1023 表或 1023-EZ 表来申请 501(c)(3) 免税身份,组织必须符合 501(c)(3) 条款的要求,包括非营利性目的、慈善或教育活动等。此外,一个组织的运营执照不一定需要由政府部门登记或批准,但若其计划从政府部门寻求资助,通常需要进行登记和批准流程。

传统上,我国公益慈善组织注册登记一般采用双重管理体制,即受登记管理机关和业务主管单位的双重管理;注册程序包括自我审查、业务主管部门初审、登记管理部门正式审查。整个注册模式明显体现政府意志和政府选择的作用。不过,目前全国各地规定新成立行业协会商会类、科技类、公益慈善类、城乡社区服务类 4 类社会组织，可直接向社会组织登记管理机关依法申请登记，不再需要业务主管部门审查同意；但政治法律类、宗教类、涉外类等社会组织的登记仍由业务主管部门和政府民政部门双重管理。

二、税收模式

对公益慈善活动和公益慈善组织加以管理和调节的重要方式之一是税收。其一，免税条件规定。一个公益慈善组织获得免税资格，必须基于非营利性目的，不得为个人谋取利益，不得参与竞选，不得参与实质性游说等。其二，免税资格认定。一般来说，只要符合税法规定的公益慈善团体都可以申请获得免税资格。在程序上先根据税法条款对公益慈善组织的工作目标进行逐个审查，认定其是否符合免税要求；继而对公益慈善组织的运作过程进行检验，认定其是否违背免税条件，一旦发现问题则不能获得免税资格。其三，税收优惠待遇的激励，包括对公益慈善组织免除销售税、财产税、增值税、关税及其他直接税收形式等优惠，以及个人所得税豁免待遇。公益慈善组织从事符合该组织慈善性质活动所得的捐赠、权利授予、服务费、投资收入和其他经营收入等一般不征税；但与公益慈善性质不相关的贸易或商业收入一般须依法纳税。个人、企业向公益慈善组织捐赠可以从其收入中扣除纳税部分，鼓励人们参与各类公益慈善活动。

我国公益慈善组织的税收优惠相关规定和流程大致类似，但捐赠税收激励制度不够健全，在一定程度上抑制了企业、个人的公益慈善捐赠热情，相关操作有待进一步规范。

三、监管模式

发达国家或地区对公益慈善组织采取多种监管模式，对提高监管效率、促进公益慈善事业发展发挥了重要作用：其一，政府负有监管责任，依靠法律程序落实责任追究，对公益慈善组织内部运作进行监督；其二，公益慈善组织的行业互律、媒体与公众的监督和第三方独立评估可以有效约束公益慈善组织的行为，并淘汰不良的公益慈善组织。

我国对公益慈善组织的监督采用以行政为主的多主体模式。民政部门、卫生行政部门、业务主管部门、审计部门和中国人民银行都对公益慈善组织负有监督责任，但多部门之间操作缺乏协调性，且行政监督、社会媒体和公众的介入比较有限，常常造成监督的随意性、消极性，引发监督失效等问题。此外，有的监督主体往往把监督视为一种权力而非职责和应尽义务，不但不能履行法律规定的监督责任，反而向公益慈善组织非法或不恰当地收取费用，把监督责任变为权力寻租行为，严重损害了公益慈善事业。

特别地，随着我国互联网和移动通信技术的发展，微博、微信、抖音、小红书、知乎等自媒体发挥了重要的公益慈善监督作用，在揭露一些公益慈善领域的违法、违规行为及公益慈善组织、公益慈善从业者的腐败、丑闻方面作出了重要贡献。近年来，大量公益慈善违法、违规、腐败、失信、丑闻、失序或不作为、渎职、失职行为在自媒体中被揭露、举报。

本章提要

1. 一般地，国家关于公益慈善事业的管理制度体系包含宏观管理及激励约束制度，其基本构成包括登记注册管理制度、公益慈善财产管理制度、公益慈善组织监管制度、公益慈善税收优惠制度、信息披露制度及公益慈善信托制度等。

2. 英国的公益慈善监管机制主要是以英国慈善委员会为代表的干预型监管模式；美国的公益慈善监管机制是州首席检察官、行业评级、社会监督嵌入的宽进严出型监管模式；德国的公益慈善监管机制比较健全；新加坡民间社团活跃，但有严格的社团活动规范；中国香港特别行政区对民间公益慈善奉行积极不干预方针。

3. 中外公益慈善管理体制在注册模式、税收模式、监管模式等方面有一些差异。发达国家或地区对公益慈善组织的财务审计和社会监督采取多种监管模式，而我国对公益慈善组织的监督和审计采用以行政为主的多主体模式。

本章案例

【案例 9-1】世界上第一部慈善法及其变迁［资料来源：高文兴.《公益时报》，2015-11-11，有删节］

英国"三修"慈善法

英国是最早制定慈善法的国家，早在1601年英国就制定了世界上第一部慈善法。这部诞生于1601年的慈善法叫作《慈善用途法》（又称《伊丽莎白一世法》），其序言部分详细地提到了当时英国社会主要的公益慈善行为，其中包括：救济老年人、弱者和穷人，照料老人、受重伤的士兵和水手，兴办义学和赞助大学里的学者，修理桥梁、码头、避难所、道路、教堂、海堤和大道，教育孤儿，兴办和支持劳动教养院，帮助穷苦的女仆成婚，支持、资助年轻的商人、手艺人和体弱年衰者，援助囚犯赎身，救济交不起税的贫困居民，等等。应该说，《慈善用途法》序言的这种列举，并不是措辞严谨的法律条款，却第一次在法律中明确了公益慈善事业的主要范围，具有开创性意义。其深远的影响力，一直持续到了今天，是英国近现代整个慈善法体系中关于公益慈善事业法律解释的历史起点。尽管该序言无意也没有对公益慈善事业进行最终定义，而只希望为法律决策提供指导和法律依据，但它实际上被人们当成了公益慈善事业的定义。

"帕姆萨尔上诉案的裁决"

英国是习惯法国家，法官可以将过去的判例作为审理案件的法律依据。由于法律中没有对公益慈善事业做出明确定义，因此法官判定一个组织到底是否属于公益慈善组织，只能根据法律精神、社会的普遍认识和过去的经验来进行。在很长一段时期内，英国法官在判定一个组织是否为公益慈善组织时，除依据1601年颁布的《慈善用途法》的序言外，麦克纳坦爵士1891年就"帕姆萨尔上诉案"做出的裁决也成为另一项依据。

1891年7月20日，英国议会上院的六名大法官在审理"特殊用途所得税官员诉帕姆萨尔"一案的上诉时，麦克纳坦爵士做了长篇发言，论述了如何从法律意义上正确理解公益慈善或公益慈善的用途。当时，人们对公益慈善的理解是约定俗成的，但追究起来，却找不到成文的法律定义，人们的理解似是而非、莫衷一是。麦克纳坦爵士根据1601年《慈善用途法》的规定，提出了四大公益慈善事业目的，用于说明公益慈善或公益慈善用途问题，包括扶贫济困、推动教育进步、促进宗教发展及任何惠及社区的其他目的。

应该说，与1601年颁布的《慈善用途法》序言繁杂的叙述相比，这一分类简明扼要、通俗易懂、便于把握，特别是"任何惠及社区的其他目的"，包容性强，可以涵盖很多领域的公益慈善行为。"帕姆萨尔上诉案的裁决"对日后英国的公益慈善法体系和政府相关部门的管理工作产生了巨大、持续的影响。可以说，这一裁决是英国公益慈善事业法制史上重要的里程碑。

第二次世界大战后慈善法的发展

进入20世纪，英国民间的社会慈善事业得到了长足发展，公益慈善组织和其他非营利性组织已经成为独立于政府和企业的第三部门，深刻且广泛地影响了英国社会及普通民众的日常生活。新的社会实践和新的社会生活，再次对慈善立法提出了新要求。于是，英国分别在1954年和1958年制定了《慈善信托法》和《娱乐慈善法》；1960年出台了《慈善法（1960年）》，对此前的有关慈善法律进行了高度整合；1992年出台了旨在加强公益慈善事业管理的《慈善法（1992年）》，次年又加入许多新规定，出台了《慈善法（1993年）》……这些法律扩大了公益慈善事业的范围，把有助于社会和公众的休闲娱乐事业，如体育俱乐部等也列入公益慈善事业。但从对公益慈善定义等来看，这些法律只是在修修补补，并没有什么革命性的变革。对已经陈旧的"定义"进行大胆改革的历史任务，最终是由《慈善法（2006年）》完成的。

根据《慈善法（2006年）》的定义，只有那些为公众利益服务的、具备公益慈善目的的事业才能被认为是民间公益性事业。"具备公益慈善目的的事业"被定义为如下13项：扶贫与防止贫困发生的事业，发展教育的事业，促进宗教的事业，促进健康和拯救生命的事业，推进公民意识和社区发展的事业，促进艺术、文化、历史遗产保护和科学的事业，发展业余体育运动的事业，促进人权、解决冲突、提倡和解及促进不同宗教与种族之间和谐、平等与多样性的事业，保护与改善环境的事业，扶持需要帮助的青年人、老年人、病人、残疾人、穷人或其他弱势群体的事业，促进动物福利的事业，有助于提高英国皇家武装部队效率的事业，其他符合本法律相关条款规定的事业。

根据该法律，除豁免的或其他特定的公益慈善组织外，任何公益慈善组织都应进行注册，且须有法律上认可的公益慈善目的和对象。一旦获得了认可，公益慈善组织的理事会、理事必须保证所有资源和活动直接指向公益慈善目的。《慈善法（2006 年）》还要求所有公益慈善组织证明它们在某种意义上能够给公众带来益处。

《慈善法（2006 年）》的修订特点

《慈善法（2006 年）》的修订，不同以往。这是为了适应英国社会公益慈善组织迅速发展的实际而进行的，不只是对过去的《慈善法》进行简单的修订，而是历经 10 余年对《慈善法（1993 年）》进行的一次大修改，以期有效地管理、保护、促进公益慈善事业的发展。从公益慈善部门来看，这是一次具有里程碑意义的立法。总体来看，其具有以下几个特点。

第一，民间推动，准备充分。《慈善法（2006 年）》的修改，是从慈善组织内部开始的，由全国志愿组织联合会率先提出修改建议，再由政府部门审查、咨询，最后通过。应该说，从修改的启动到中间的论证，从总体思路到具体条款，《慈善法（2006 年）》都渗透着慈善组织的努力和心血。在立法过程中，政府部门在进行大量调研的基础上，确定了修改的基本思路，并广泛征求各界意见，最后才由政府拿出修改草案。

第二，官民互动，公开透明。修改草案公布后，英国议会进行了两年半的审议。在此期间，英国议会、相关政府部门与公众，特别是与公益慈善组织之间，进行了充分的互动。由英国议会两院的议员和有关法律专家组成的联合委员会，在 4 个多月的时间内对修改草案和有关文件进行了系统、深入的研究，提出了 50 多项修改建议，英国内政部也就有关问题表明了自己的态度。在英国议会两院审议过程中，英国议会及时通过网站、出版物等向公众发布审议的有关情况，英国内政部、英国慈善委员会等相关部门也及时向公众发布草案修改的有关动态，公众能够实时了解草案修改的最新情况，公众和公益慈善组织的反馈意见也能通过各种途径及时反馈给英国议会和政府部门，并被吸纳到修改条文中。

第三，立足现实，注重创新。鉴于近年来英国公益慈善组织发展的情况，《慈善法（2006 年）》在许多方面进行了改革，主要有：首次为公益慈善事业确定了一个明确的法律定义；首次明确英国慈善委员会是具有特殊独立性的、主管公益慈善事业的政府机关，使英国慈善委员会真正成为享有明确法律地位，并依法有效管理公益慈善事业的机关；引进了公益慈善公司这一新的公益慈善组织形式；设立了公益慈善申诉法庭，以保护公益慈善组织的权益；创建了统一的募捐许可制度，以严格规范公益慈善组织的筹款募捐活动等。

第四，注重效果，抓大放小。抓大放小是英国公益慈善组织管理的原则，目的是在管理好大型公益慈善组织的基础上，放松对小型公益慈善组织的规制，促进其发展，以发挥其在为基层社区和民众提供公共服务方面的作用。为此，《慈善法（2006 年）》规定，年收入在 5000 英镑以下的公益慈善组织，可选择免于注册；同时，加强了对一些过去免于注册的大型公益慈善组织的监管。

案例导读：英国《慈善法》的历史演变及其对公益慈善相关法律制度建设的启迪。

思考与练习

一、名词解释
1. 英国慈善委员会
2. 美国州首席检察官制度

二、简答题
1. 简述中国香港特别行政区积极的不干预政策。
2. 辨析非公益慈善组织的公益慈善行为监管原则。

三、论述题
试讨论，公益慈善公信力与制度建设之间的关系。

参考文献

[1] 刘青琴. 美国慈善公益事业发展的历史演进：文化、制度与国际化——评《美国历史上的慈善组织、公益事业和公民性》[J]. 中国第三部门研究，2017，13（1）：129-135.

[2] 栗燕杰. 优化完善中国特色慈善法律制度体系[J]. 中国党政干部论坛，2023（12）：68-71.

[3] 庄嘉，李旭. 管窥日本慈善信托的监督管理制度[J]. 检察风云，2024（7）：16-17.
[4] 张登皓. 马修·哈丁对自由主义慈善法理论的建构及其启示——评《慈善法与自由国》[J]. 中国非营利评论，2023，32（2）：288-304.
[5] 李天琪，王涵，刘瑜. 聚焦慈善法修改[J]. 法治与社会，2024（6）：4-13.
[6] 瓮婕. 西方国家慈善监管制度对中国慈善事业的借鉴意义[J]. 现代商贸工业，2010，22（7）：123.
[7] 黄家瑶. 比较视野下的中西方慈善文化[J]. 科学·经济·社会，2008（3）：30-33.
[8] 段豆豆. 我国慈善组织公益捐赠法律规制研究[D]. 昆明：云南大学，2016.
[9] 罗艺. 中国公益慈善事业法律制度的完善研究[D]. 桂林：广西师范大学，2014.
[10] 郑功成.《慈善法》开启中国的善时代[J]. 社会治理，2016（5）：30-36.
[11] 郭丹. 我国公益慈善财产的监管问题研究[D]. 长春：东北师范大学，2013.
[12] 万佩佩. 可行性与可达性：社会组织登记注册制度改革——以山东省33家慈善义工组织为例[J]. 学会，2015（7）：49-55.
[13] 熊瑛. 慈善组织的税收优惠政策研究[D]. 南昌：江西财经大学，2015.
[14] 亚历山大·戴维森. 中国慈善立法国际研讨会论文集[M]. 北京：中国社会出版社，2007.

第十章
公益慈善组织管理

10

知识目标

1. 了解公益慈善组织的设立条件
2. 理解公益慈善组织的登记管理
3. 掌握公益慈善组织认定的条件
4. 了解公益慈善组织评估的要素

能力目标

1. 掌握公益慈善组织的认定程序
2. 理解我国第三方独立评估现状
3. 了解公益慈善组织的监管内容
4. 了解公益慈善组织的监管主体

素质目标

1. 理解公益慈善组织认定的重要意义
2. 理解公益慈善组织第三方评估困境

第一节 公益慈善组织的注册

公益慈善组织是以面向社会开展公益慈善活动为宗旨的非营利性组织。在我国，公益慈善组织可以采取社会团体、基金会、社会服务机构等社会组织形式。因此，从国家管理制度层面来看，公益慈善组织设立、登记、变更、终止、注销等注册管理，主要涉及《中华人民共和国慈善法》，以及社会团体、基金会、社会服务机构的管理条例等相关制度规定。本章重点关注公益慈善组织的设立、登记和终止的相关规范。

一、公益慈善组织的设立条件

一般来说，公益慈善组织的设立条件，不同国家或地区的制度性规定不完全相同，但主要内容是较为一致的，法律原则、立法精神基本上是相通的。

在英国，公益慈善组织必须按捐赠人及受益人的最佳利益导向进行运作、管理，其注册的一般条件是：①有自己的章程、明确的组织目标及管理方法，章程可以是理事会的文件、组织规章或相应的法规；②依照《托管人管理法》组成托管理事会，理事会成员应包括来自政府公共部门、所在社区、私人企业的代表，理事会成员可直接受雇于公益慈善组织，但不能有其他商业目的。

在加拿大，公益慈善组织要以慈善为目的建立和运作，将其资源投入慈善活动。为此，一个公益慈善组织必须要经过公益考核，而满足以下条件才能符合公益慈善考核标准：①活动和目标有明显的公益性质；②受益者是全体公众或其中的大部分人，而不是一个局限性的群体或成员间共享私人联系的团体，例如，不能是需要特定会员资格的社交俱乐部或行业协会；③活动必须是合法的，不与公共政策对立。

在中国，公益慈善组织的设立需要符合的条件包括 3 个方面的内容，这 3 个方面的内容在具体依据的制度上会有交叉，并且这些条件是一个公益慈善组织得以合法设立并开展活动的必备条件，而缺乏这些条件，公益慈善组织就不能被批准设立。

（1）公益慈善组织的一般设立条件。一般地，公益慈善组织的设立条件包括：以开展公益慈善活动为宗旨；不以营利为目的；有自己的名称和办公场所；有组织章程；有必要的财产；有符合条件的组织机构和负责人；符合法律、行政法规规定的其他条件。

公益慈善组织需要建立内部治理结构，明确决策、执行、监督等职责权限，有序开展公益慈善活动，不得从事、资助危害国家安全和社会公共利益的活动，不得接受附加违反法律法规和违背社会公德条件的捐赠，不得对受益人附加违反法律法规和违背社会公德的条件。

> **公益慈善组织的章程**
>
> 在我国，公益慈善组织的章程应当载明下列事项：
> ① 名称和办公场所；
> ② 组织形式；
> ③ 宗旨和活动范围；
> ④ 财产来源及构成；
> ⑤ 决策、执行机构的组成及职责；
> ⑥ 内部监督机制；
> ⑦ 财产管理使用制度；
> ⑧ 项目管理制度；
> ⑨ 终止情形及终止后的清算办法；
> ⑩ 其他重要事项。

（2）社会组织的设立条件。在我国的公益慈善实践中，公益慈善组织分别有社会团体、基金会、社会服务机构等组织机构形式。因此，以社会团体、基金会、社会服务机构等社会组织形式呈现的公益慈善组织，其设立还需要符合我国社会团体、基金会、社会服务机构的设立条件（见表 10-1）。

表 10-1　社会团队、基金会、社会服务机构的设立条件

社会组织	设立条件
社会团体	（1）宗旨和业务范围：有合法的宗旨和明确的业务范围，在法律法规允许的范围内开展活动。 （2）会员数量：全国性社会团体应有 100 个以上个人会员，或者 50 个以上单位会员；地方性社会团体应有 50 个以上个人会员，或者 30 个以上单位会员。 （3）筹备组织：有合法的筹备组织，且该组织负责人具备与其职务相适应的能力和条件。 （4）办公场所和活动资金：有符合要求的办公场所及与其活动相适应的经费来源。 （5）名称：符合有关规定，不得与已登记的社会团体名称相同或相似。 （6）业务主管单位：有明确的业务主管单位，在必要时可以由登记管理机关指定
基金会	（1）宗旨：应符合社会公共利益。 （2）原始基金：全国性公募基金会的原始基金不少于 800 万元，地方性公募基金会的原始基金不少于 400 万元；非公募基金会的原始基金不少于 200 万元。 （3）组织机构：有完整的组织机构，包括理事会、监事会等。 （4）章程：制定符合规定的基金会章程，包括基金会的宗旨、业务范围、管理制度等。 （5）办公场所：有固定的办公场所。

续表

社 会 组 织	设 立 条 件
基金会	（6）业务主管单位：全国性基金会的业务主管单位一般为国务院有关部门；地方性基金会由相应的地方人民政府主管部门负责
社会服务机构	（1）宗旨和业务范围：有明确的宗旨和合法的业务范围，主要从事公益服务。 （2）注册资金：达到所提供服务规模和服务对象的要求，一般不少于10万元。 （3）组织机构：有必要的组织机构和管理制度，包括理事会、监事会等。 （4）办公场所：有符合要求的固定办公场所和必要的设施设备。 （5）从业人员：有相应数量的专业从业人员，并符合相关资格要求。 （6）业务主管单位：应有明确的业务主管单位进行指导和监督

（3）会计核算条件和管理人员任职条件。由于公益慈善组织常常会涉及大量慈善财产的运用、保管、信托，以及基于保值、增值的金融市场运作，因此我国对公益慈善组织的会计制度及发起人、管理人员、主要捐赠人的约束条件也制定了相关规定，包括依据非营利性组织会计制度明确收入和支出确认原则、增加净资产分类、完善财务报表结构、引入财务报表合并要求、加强财务管理和监督，并考虑了非营利性组织的特殊性等。我国规定公益慈善组织应当执行国家统一的会计制度，依法进行会计核算，建立健全会计监督制度，并接受政府有关部门的监督。此外，我国对公益慈善组织的管理人员也有明确的规定，其中，不得担任公益慈善组织负责人的情形主要有：无民事行为能力或限制民事行为能力；因故意犯罪被判处刑罚，自刑罚执行完毕之日起未逾五年；在被吊销登记证书或被取缔的组织担任负责人，自该组织被吊销登记证书或被取缔之日起未逾五年。

二、公益慈善组织的登记管理

在我国，社会组织统一由县级以上人民政府民政部门登记。公益慈善组织属于公益慈善类社会组织，其登记机关也是依法承担和履行登记职能的人民政府民政部门。经登记的公益慈善组织就有了法人地位，具备了民事主体资格，依法享有民事权利、承担民事义务，可以作为民事主体参加各种活动。公益慈善组织的登记管理制度理顺了公益慈善组织的格局。

根据《中华人民共和国慈善法》，已经设立的社会团体、基金会、社会服务机构等非营利性组织，可以向办理其登记的民政部门申请认定为公益慈善组织。另外，社会团体的登记、变更、注销等必须符合《社会团体登记管理条例》的相关管理规定，基金会的登记、变更、注销等要符合《基金会管理条例》的相关管理规定，社会服务机构的登记、变更、注销等要符合社会服务机构的相关管理规定。

传统上，我国社会组织的设立一般需要"挂靠"业务主管单位（也被称为"业务指导单位"），但近年来国家逐渐简化了社会组织的设立程序，实施了"直接登记"制度，如工商经济类、公益慈善类、社会福利类、社会服务类等社会组织可以直接在民政部门登记注册，无须挂靠业务主管单位，体现了政府在社会治理中的角色转变。

三、公益慈善组织的终止管理

公益慈善组织的终止涉及组织在结束运作时的合法性，以及清算、财产的合理处置。根据《中华人民共和国慈善法》，公益慈善组织终止的情形有：①出现章程规定的终止情形；②因分立、合并需要终止；③连续二年未从事慈善活动；④依法被撤销登记或者吊销登记证书；⑤法律、行政法规规定应当终止的其他情形。公益慈善组织终止，应在规定的时间内进行清算，并向社会公告。不成立清算组或者清算组不履行职责的，办理其登记的民政部门可以申请人民法院指定有关人员组成清算组进行清算。公益慈善组织清算后的剩余财产，应当按照组织章程的规定转给宗旨相同或相近的公益慈善组织；章程未规定的，由办理其登记的民政部门主持转给宗旨相同或相近的公益慈善组织；公益慈善组织清算结束后，应当向其登记的民政部门办理注销登记，并由民政部门向社会公告。

第二节 公益慈善组织的认定

一、认定目的

公益慈善组织是面向社会开展扶贫、济困、扶老、救孤、恤病、助残、优抚，救助自然灾害、事故灾难、突发公共卫生事件等造成的伤害，促进教育、科学、文化、卫生、体育事业发展，防治污染和其他公害等社会公共服务或公益慈善活动的非营利性组织。对公益慈善组织的认定是法律确认的主要形式之一，是对组织已有的法律地位、权利义务及确认事项是否符合法律要求的承认和肯定。对公益慈善组织的认定是对申请者是否具有慈善属性的承认和肯定，但未经认定的公益慈善组织也可以从事公益慈善活动。

公益慈善组织认定制度是对公益慈善组织的认定主体、认定标准和认定程序等进行规范的一系列制度的总称。《中华人民共和国慈善法》和《慈善组织认定办法》（民政部令〔2016〕第58号）明确了公益慈善组织认定的相关规定。法人资格的取得程序与慈善属性的确认程序相分离,某个组织在认定之前,须按照其他法律取得民事主体地位。认定制度从表面来看增加了程序,但由于法人登记时无须对慈善属性进行判断,实际上降低了法人登记的门槛,这对于解决我国的双重管理难题、法人登记难题等具有重要意义。基于此,对公益慈善组织进行认定,其目的、意义体现为以下两个方面。

（1）划定公益慈善组织与政府、企业、互益性组织的基本边界,实现组织的慈善宗旨。这也是公益慈善组织实施认定制度的基本目的。从结果导向来看,政府、个人、企业、互益性组织、公益慈善组织和其他社会组织的良性运行都会产生公共利益,且公益慈善组织以外的其他组织或个人都可以从事公益慈善活动。但从不同组织的宗旨和运行过程来看,其又各有特点：政府组织以公权力为手段,以强制求公益；企业组织自愿求私益；公益慈善组织自愿求公益；互益性组织自愿求互益。保持以上几类组织的基本特点和基本边界,是不同类型组织良性运行的前提,越界则会带来组织异化,进而损害公共利益。

（2）公益慈善组织的认定是破除非营利性组织申请免税资格的重要障碍。公益慈善组织的认定涉及税收政策优惠问题。非营利性组织申请认定为公益慈善组织的动力在于能够享有公益慈善组织税收优惠的特有权利。同样,一家登记为事业单位的社会福利机构只有被认定为公益慈善组织,才能确认其公益捐赠税前扣除资格等；认定为公益慈善组织后,社会组织才拥有了申请免税资格和申请公募资格,具体包括如下两个方面。

第一,公益慈善组织的认定是公益慈善组织申请免税资格的基础。在公益慈善实践中,政府税务工作人员通常无法有效判断申请的社会组织是否符合相关公益性标准,一般通过申请社会组织所从事活动的领域、规模、与政府部门关系的紧密程度进行判断。为了税务部门操作方便,各类社会组织要申请免税资格,需要先进行公益慈善组织的认定。

第二,公益慈善组织的认定是公益慈善组织开放募捐资格的前提。按照国际经验,认定为"慈善性"的组织都应该有募捐资格。但如何判断组织是公益性组织或慈善性组织？这就需要对其加以认定。譬如,民办医院、民办学校在一般意义上是不可以申请募捐资格的。

二、认定对象

根据《中华人民共和国慈善法》,已经设立的基金会、社会团体、社会服务机构等社会组织可以向其登记的地方人民政府民政部门申请认定为公益慈善组织。公益慈善组织认定的申请主体是非营利性组织,并不仅限于在地方人民政府民政部门登记的社会组织。但是,并不是所有的非营利性组织都可以申请认定,譬如,非法人慈善团体属于非营利性组织的范畴,享有《中华人民共和国宪法》规定的结社自由,但在当前阶段,非法人团体并不能申请认定为公益慈善组织。一般来说，非法人团体应该先通过《民法典》《社会团体登记管理条例》等来明确非法人团体的合法地位，继而赋予其申请公益慈善组织认定的权利。不过，山东青岛等地近年来对非法人团体实行了备案制管理，非法人团体已经备案且拥有独立财产，就可以作为公益慈善组织认定的申请人。

三、主管部门

不同的国家对公益慈善组织进行认定的主管部门各不相同。美国对公益慈善组织进行认定的主体是税务部门；英国对公益慈善组织的认定由直接对议会负责的国家慈善委员会进行；日本对公益慈善组织的认定主要由内阁总理大臣及都道府县知事来负责。在我国，已经设立的基金会、社会团体、社会服务机构等非营利性组织，可以向办理其登记的民政部门申请认定为公益慈善组织。在实践中，公益慈善组织的认定主体由县级以上人民政府民政部门担任，具体工作由民政部门内的社会组织管理局完成。考虑到民政部门多年来在公益慈善组织登记管理、咨询服务、注销变更、考核评估等方面积累了丰富经验，由民政部门担当公益慈善组织的认定主体有合理性，也有助于降低行政成本。

不过，为保障公益慈善组织认定的客观与公正，民政部门可以组建常设认定机构——慈善认定委员会，将公益慈善组织认定的事实审查交由慈善认定委员会具体执行。慈善认定委员会的性质应为咨询机关，对民政部门负责。慈善认定委员会由民政部门公务员、相关学科专业领域的大学教授、公益慈善研究机构的专家、公益慈善领域的社会知名人士、第三方评估机构等共同组成，专职人员、兼职人员各占一定比例。

四、认定条件

非营利性组织必须满足一定的条件才能被认定为公益慈善组织。根据各国的实践，公益慈善组织的认定标准应建立在独立性、非政治性、公益性、非营利性等原则之上。建立公益慈善组织认定制度的主要目标是开通公益慈善组织获得税收优惠的渠道，根据《慈善组织认定办法》（民政部令第58号）的规定，公益慈善组织的认定条件为：①申请时具备相应的社会组织法人登记条件；②以开展慈善活动为宗旨，业务范围符合《中华人民共和国慈善法》第三条的规定，申请时上一年度慈善活动的年度支出和管理费用符合国务院民政部门关于公益慈善组织的规定；③不以营利为目的，收益和运作结余全部用于章程规定的慈善目的，财产及其孳息没有在发起人、捐赠人或组织成员中分配，章程中有剩余财产转给目的相同或相近其他公益慈善组织的规定；④有健全的财务会计制度和合理的薪酬制度；⑤满足法律、行政法规规定的其他条件。其中，在认定"合理的薪酬制度"时，应该参照民间企业高管及员工的市场化工资、组织经营状况等确定。

对于是否"以开展慈善活动为宗旨",李芳(2017)认为,一方面,申请者的业务活动应属于《中华人民共和国慈善法》规定的慈善活动种类;另一方面,申请者需要通过公益测试,即以不特定多数人的利益为宗旨。

《慈善组织认定办法》(民政部令第58号)对公益慈善组织认定明确了否决条件。不予认定为公益慈善组织的情形包括:①有法律法规和国家政策规定的不得担任公益慈善组织负责人的情形的;②申请前二年内受过行政处罚的;③申请时被民政部门列入异常名录的;④有其他违反法律法规、国家政策行为的。

五、认定程序

《慈善组织认定办法》(民政部令第58号)明确了申请慈善组织认定的流程(见图10-1)。

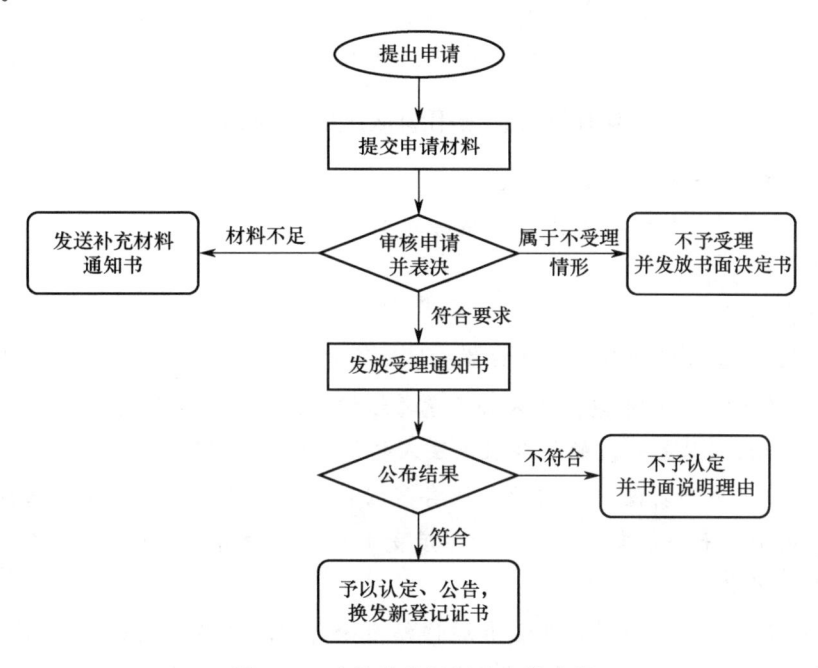

图 10-1　申请慈善组织认定的流程

(1)提出申请。申请认定为公益慈善组织的基金会,向民政部门提交如下材料:①申请书;②符合《慈善组织认定办法》第四条规定及不存在第五条所列情形的书面承诺;③按照《慈善组织认定办法》第六条规定召开会议形成的会议纪要。申请认定为公益慈善组织的社会团体、社会服务机构,除上述材料外,还需要提交下列材料:①关于申请理由、慈善宗旨、开展慈善活动等情况的说明;②注册会计师出具的上一年度财务审计报告,含公益慈善活动年度支出和管理费用的专项审计;③有业务主管单位的,还应提交业务主管单位同意的证明材料。

（2）审核申请并表决。民政部门收到全部有效材料后，应当依法进行审核。情况复杂的，民政部门可以征求有关部门意见，或者通过论证会、听证会等形式听取意见，也可以根据需要对该组织进行实地考察。申请认定为公益慈善组织，社会团体应当经会员（代表）大会表决通过，基金会、社会服务机构应当经理事会表决通过，有业务主管单位的还应当经业务主管单位同意。

（3）公布结果。符合公益慈善组织条件的，予以认定并向社会公告；不符合公益慈善组织条件的，不予认定并书面说明理由。认定为公益慈善组织的基金会、社会团体、社会服务机构，由民政部门换发新登记证书，标明公益慈善组织属性。

公益慈善组织认定是由认定机关对组织的公益慈善属性做出肯定的行政确认行为。非营利性组织通过认定确认了其公益慈善属性，就获得了冠名权、公益捐赠票据申领权、公益性捐赠税前扣除资格确认权、公开募捐资格申请权、政府购买服务优先权等各项权利。

此外，公益慈善组织认定通过后，若发现社会团体、基金会、社会服务机构造假，由民政部门撤销认定，并将该组织及直接责任人纳入信用记录黑名单向社会公布。

申请公益慈善组织认定的办事指南

事项名称：公益慈善组织认定

设立依据：《中华人民共和国慈善法》《慈善组织认定办法》（民政部令第58号）

申请条件：

《中华人民共和国慈善法》公布前已经设立的社会团体、基金会、社会服务机构等非营利性组织，均可申请认定为公益慈善组织，并应当符合下列条件：

（一）申请时具备相应的社会组织法人登记条件；

（二）以开展慈善活动为宗旨，业务范围符合《中华人民共和国慈善法》第三条规定；申请时上一年度慈善活动的年度支出和管理费用符合国务院民政部门关于慈善组织的规定；

（三）不以营利为目的，收益和运作结余全部用于章程规定的慈善目的；财产及其孳息没有在发起人、捐赠人或者本组织成员中分配；章程中有关于剩余财产转给目的相同或者相近的其他慈善组织的规定；

（四）有健全的财务制度和合理的薪酬制度；

（五）法律、行政法规规定的其他条件。

有下列情形之一的，不予认定为公益慈善组织：

（一）有法律法规和国家政策规定的不得担任公益慈善组织负责人的情形的；

（二）申请前二年内受过行政处罚的；

（三）申请时被民政部门列入异常名录的；

（四）有其他违反法律法规、国家政策行为的。

办理流程：

（一）社会团体应当经会员（代表）大会表决通过，基金会、社会服务机构应当经理事会表决通过，有业务主管单位的，还应当经业务主管单位同意；

（二）社会组织向登记管理机关提交申请材料，登记管理机关在二十日内做出是否认定为公益慈善组织的决定；

（三）认定为公益慈善组织的基金会、社会团体、社会服务机构，由登记管理机关换发新登记证书，标明公益慈善组织属性。

办理材料：

申请认定公益慈善组织的基金会，应当提交下列材料：

（一）《慈善组织认定申请书》和《慈善组织认定符合有关规定的承诺书》；

（二）履行内部程序，召开会议形成的会议纪要。

申请认定为公益慈善组织的社会团体、社会服务机构，除上述关于基金会认定为慈善组织的规定材料外，还应当提交下列材料：

（一）关于申请理由、慈善宗旨、开展慈善活动等情况的说明；

（二）注册会计师出具的上一年度财务审计报告，含慈善活动年度支出和管理费用的专项审计；

（三）有业务主管单位的，还应当提交业务主管单位同意的证明材料。

六、相关公文

根据民政部门提供的公文标准，公益慈善组织在申请认定时，需要提交符合表10-2、表10-3、表10-4所列公文格式的申请书和承诺书。

表 10-2　慈善组织认定申请书
（适用于基金会）

社会组织名称		统一社会信用代码	
社会组织类型		成立登记时间	
登记管理机关		业务主管单位	
法定代表人		联系电话	
办公场所			
慈善活动领域	□扶贫、济困 □扶老、救孤、恤病、助残、优抚； □救助自然灾害、事故灾难和公共卫生事件等突发事件造成的损害； □促进教育、科学、文化、卫生、体育等事业的发展； □防治污染和其他公害，保护和改善生态环境； □符合《中华人民共和国慈善法》规定的其他公益活动，具体描述为：_____		

续表

章程	核准时间			核准机构			
财务情况	审计机构名称					上年末净资产	_____万元
	上年度慈善活动支出	_____万元	上年度慈善活动支出比例：_____%		上年度管理费用	_____万元	上年度管理费用比例：_____%
申请认定慈善组织履行的内部民主决策程序							
本组织保证《慈善组织认定申请书》内容真实、准确、完整，并承担由此引起的一切法律责任。 法定代表人签字： 社会组织盖章： 　　　　年　月　日				业务主管单位审查意见： 经办人： 　　　　年　月　日			

表 10-3　慈善组织认定申请书
（适用于社会团体、社会服务机构）

社会组织名称		统一社会信用代码	
社会组织类型		成立登记时间	
登记管理机关		业务主管单位	
法定代表人		联系电话	
办公场所			
宗旨			
业务范围			
慈善活动领域	□扶贫、济困 □扶老、救孤、恤病、助残、优抚； □救助自然灾害、事故灾难和公共卫生事件等突发事件造成的损害； □促进教育、科学、文化、卫生、体育等事业的发展； □防治污染和其他公害，保护和改善生态环境； □符合《中华人民共和国慈善法》规定的其他公益活动，具体描述为：_____			
章程	核准时间		核准机构	
内部治理结构	会员（代表）大会：□有，□无；章程规定____年召开____次， 　　　　　申请前三年按照章程规定是否需要召开：□是，□否； 　　　　　召开情况：____年__月召开，参会____人。（可增减） 理事会：章程规定每年召开____次，申请前三年召开情况： 　　　　____年__月召开，参会____人；____年__月召开，参会____人； 　　　　____年__月召开，参会____人。（可增减） 常务理事会：□有，□无； 章程规定每年召开____次，申请前三年召开情况：（选择无，请忽略此项） 　　　　____年__月召开，参会____人；____年__月召开，参会____人； 　　　　____年__月召开，参会____人；____年__月召开，参会____人； 　　　　____年__月召开，参会____人；____年__月召开，参会____人。（可增减） 监事或监事会：□有，□无；申请前三年是否按照规定进行履职：□是，□否			

续表

财务情况	审计机构名称			上年末净资产	_____万元
	上年度慈善活动支出	_____万元 上年度慈善活动支出比例：_____%		上年度管理费用	_____万元 上年度管理费用比例：_____%

申请认定慈善组织履行的内部民主决策程序	

负责人						
序号	姓名	职务	年龄	当选时间	当选程序	
					（可增减）	

申请理由：

开展慈善活动的说明：

本组织保证《慈善组织认定申请书》内容真实、准确、完整，并承担由此引起的一切法律责任。 法定代表人签字： 社会组织盖章： 年 月 日	业务主管单位审查意见： 经办人： 年 月 日

表 10-4　慈善组织认定符合有关规定的承诺书

社会组织名称			
法定代表人		联系电话	
办公场所			
是否符合《中华人民共和国慈善法》《慈善组织认定办法》（民政部令第58号）等规定的承诺	（一）申请时具备相应的社会组织法人登记条件；		□是；□否
	（二）以开展慈善活动为宗旨，业务范围符合《中华人民共和国慈善法》第三条的规定；申请时上一年度慈善活动的年度支出和管理费用符合国务院民政部关于慈善组织的规定；		□是；□否
	（三）不以营利为目的，收益和营运结余全部用于章程规定的慈善目的，财产及其孳息没有以任何形式在发起人、捐赠人或者本组织成员中分配，章程中有关于剩余财产转给目的相同或者相近的其他慈善组织的规定；		□是；□否
	（四）有健全的财务制度和合理的薪酬制度；		□是；□否
	（五）法律、行政法规规定的其他条件。		□是；□否

	续表		
有无下列情形的承诺	（一）有法律法规和国家政策规定的不得担任慈善组织负责人的情形；	□有；□无	
	（二）申请前两年内曾受行政处罚或者年度检查不合格的；	□有；□无	
	（三）申请时被列入民政部门异常名录的；	□有；□无	
	（四）有其他违反法律法规、国家政策行为的。	□有；□无	

本组织保证以上承诺内容真实、准确、完整，并承担由此引起的一切法律责任。

法定代表人签字：

社会组织印章：

年　月　日

第三节　公益慈善组织的监管

一、监管制度

公益慈善事业涉及多个领域，根据《中华人民共和国慈善法》《慈善组织信息公开办法》（民政部令第36号），国家需要加强对公益慈善组织的信息公开、财务报表和重大活动或项目的监管，并推动建立健全相关部门共同参与、协调配合的慈善活动综合监管机制，进一步增强监管合力，提高监管的穿透性、有效性，确保公众能够获取公益慈善组织的相关信息，提升公益慈善组织的透明度和公众信任度，促使公益慈善组织更好地发挥公共价值，促进公益慈善事业的可持续健康发展。

国家对公益慈善组织及其活动的监管，主要是对公益慈善组织及公益慈善活动（项目）环节、过程的监视、督促和管理，重点是对善款的接受、管理和使用情况进行监督。此外，要完善社会监督机制，发挥传统媒体、网络自媒体及社会公众、第三方独立评估机构等的作用。公益慈善组织还要完善内部治理、强化行业自律。

二、监管内容

对公益慈善组织来说，注册登记管理是国家实施监管工作的基础，注册登记管理过程其实就是某种意义上的监管过程。注册登记管理机关对公益慈善组织及其分支机构的设立进行审核登记、年度检查、行政执法，制定选举规程和组织行为准则，推动社会评估和信息公开，督促公益慈善组织规范内部治理，指导其依法、依章程开展活动，扮演着一定的监督角色。此外，公益慈善组织的行业主管部门、业务主管单位在对公益慈善组织进行业务指导过程中，实际上也施加了一部分监管内容。进一步地，政府相关职能部门依法对公益慈善组织的日常运作和重大活动项目进行监督管理，涉及公益慈善组织及其募捐、慈善项目运行、慈善财产投资、慈善信托等活动过程的信息公开、财务规范的监管、公益活动效果的评估、对公益慈善组织的奖惩等。具体阐释如下。

（1）对公益慈善组织行政运作的监管。对一个组织日常行政事务的监管主要是该组织内部的事情，通过在组织内设置监事会、专职监督员，对理事、高级管理人员、员工行为进行监督，是公益慈善行业自律的体现。但是，依靠内部监督的效果有限，国家有必要通过一些有威慑意义的法律法规来约束公益慈善组织内部的行政运作与管理。

（2）对公益慈善组织财务运行的监管。对公益慈善组织财务运行的监管是最重要的监管内容。公益慈善组织的财产应全部用于公益慈善目的，不得在发起人、捐赠人及慈善组织成员中分配，任何组织和个人不得私分、挪用、截留或侵占公益慈善财产。具有公开募捐资格的公益慈善组织应定期向社会公开其募捐情况和公益慈善项目实施情况，公布财务会计报告。此外，国家审计、监察和政府金融管理部门也需要对公益慈善组织的财务运行状况、收支状况、资金投资经营状况及其风险进行监督、检查、审计、核算，并将结果真实地公布在信息平台上。另外，在公益慈善财产基于保值、增值的安全投资中，重大投资方案应经决策机构成员 2/3 以上同意，公益慈善组织负责人和工作人员不得在公益慈善组织投资的企业兼职或领取报酬，由政府资助的财产和捐赠协议约定不得投资的财产，不得用于投资。此外，公益慈善组织开展公益慈善活动的年度支出、管理费用和募捐成本的标准由国务院民政部会同财政、税务等部门制定或依照捐赠协议约定；慈善信托的年度支出和管理费用标准，由国务院民政部会同财政、税务和金融监督管理等部门制定。

（3）对公益慈善活动的监督。公益慈善组织以开展公益慈善活动为宗旨，各级人民政府民政部门肩负着促进、规范本行政辖区内公益慈善事业发展的职责，并承担着公益慈善活动（项目）的协助、监督、管理等责任，包括对活动范围、活动形式、活动方式、活动程序、善款募集过程，以及禁止活动情形、终止活动情形等的指导和监督，对公益慈善活动相关纠纷的协调，对公益慈善活动实际效果的考核。

（4）公益慈善组织募捐过程的监管。根据《慈善组织公开募捐管理办法》（民政部令第 59 号），开展定向募捐的公益慈善组织，应当及时向捐赠人告知募捐情况、募得款物的管理使用情况，不得接受附加违反法律法规和违背社会公德条件的捐赠，不得对受益人附加违反法律法规和违背社会公德的条件。《慈善信托管理办法》（银监发〔2017〕37 号）明确提出，捐赠人的慈善信托财产及其收益，应全部用于公益慈善目的，并与公益慈善组织的固有财产分别管理、分别记账。总之，公益慈善募捐的监管机制是，通过对募集到资金的使用及慈善救助、扶助、资助行为的信息披露和社会公示，把公益慈善财产放在"玻璃口袋"里，接受全社会的监督。

需要特别提及的是，政府对公益慈善组织的监管，国内外相关制度所明确的立法精神、操作流程、监管主体、监管模式、监管内容等，虽因政治制度、传统文化、法律体系的差异而在制度规范的具体描述上稍有不同，但总体是一致的，或者是大同小异的。

> **法国的慈善管理制度规范**
>
> - 法国一些大型慈善机构1989年联合制定的规范慈善机构行为的《宪章》，以及法国政府对慈善机构的监督和管理，基本保证了慈善机构的善款善用。
> - 《宪章》确立了四项基本原则：不谋私利、严格管理、规范运作、财务透明。
> - 《宪章》要求慈善机构领导人员不取薪酬、不从慈善活动中获利。
> - 《宪章》要求慈善机构向宪章委员会成员大会提交根据严格会计制度起草、由专业会计审核签字的年度工作和财务报告，随时应捐款人和任何"合理"组织和个人的要求向其提供上述材料。
> - 宪章委员会理事会由部分慈善机构代表和独立的专业管理人员组成，且独立的专业管理人员占多数，从而保证其独立性。
> - 任何慈善机构都要受到政府的监督和管理。慈善机构成立前须向所在地的地方政府申报注册，才能获得法人资格并得到官方承认，机构更改或解散也须向地方政府申报。公众只有向被地方政府认定为"服务公益事业"的机构捐款，才可以获得相应的税收减免优惠。

三、监管主体

理论上，内部监督是实现公益慈善组织规范化的根本，外部监督是内部监督的延伸。但是，倘若外部监督缺位，内部监督也难以起到有效的约束作用。因此，外部监督制度是公益慈善组织诚信行为的保障，外部监督和内部监督两者是相辅相成的。我国对公益慈善组织及其工作人员、公益慈善活动的监督、审计可以采用多主体监管模式进行。

（1）政府部门的监管。中央和地方各级人民政府的民政、审计、财政、税务部门及中国人民银行、公益慈善组织的业务主管部门等在其职责范围内对公益慈善组织负有一定的监督责任。一般来说，民政部门承担依法登记管理和依法监督职责，业务主管部门侧重于对公益慈善组织的业务指导和具体的日常管理，审计部门和金融管理机构重点监督管理公益慈善组织的财务、投资状况。表10-5列举了政府职能部门的监管职责。

表 10-5　政府职能部门的监管职责

监管部门		监管职责、监管内容
民政、税收部门的政府监管	公益慈善团体	● 对公益慈善团体的年检； ● 对公益慈善团体违规问题的监督检查； ● 对公益慈善团体违规行为的行政处罚
	基金会	● 对基金会的年检； ● 日常监督管理并对违规行为进行处罚； ● 对基金会（含境外）年度工作报告的审查、监督； ● 对基金会的财务监督、税务监督和会计监督
	社会服务机构	● 登记管理、信息公开、违规处罚等； ● 社会服务机构评估、信用记录、年度工作报告、活动异常名录
业务主管部门的政府监管	公益慈善团体	● 监督、指导公益慈善团体及其活动； ● 负责公益慈善团体年度检查的初审； ● 协助有关部门查处公益慈善团体的违法行为； ● 会同有关机关指导公益慈善团体的清算事宜
	基金会	● 指导、监督基金会开展公益活动； ● 负责基金会年度检查的初审； ● 基金会的年度报告报送前的审查同意
	社会服务机构	● 社会服务机构设立、变更及章程核准前的审查； ● 监督、指导社会服务机构的活动； ● 监督、指导社会服务机构撰写年度工作报告、履行信息公开义务； ● 指导社会服务机构的清算事宜
财政、金融部门的政府监管		● 公益慈善组织执行国家财务管理制度和财经政策的监督； ● 社会服务机构的财务制度、财务会计报告、内控机制、票据使用的监管； ● 公益慈善资金投资运营的监管； ● 慈善信托业务和商业银行慈善信托账户资金保管业务的监管； ● 受托人履职、管理慈善信托财产及其收益，以及履行信息公开和告知义务等相关活动的监管； ● 受托人的慈善信托活动和风险管理等重大事项监管； ● 慈善信托备案的相关监管； ● 受托人发布慈善信托设立、信托事务处理、财产状况、慈善信托变更和终止等信息的监管
审计部门的审计监督		● 慈善财产的审计，受赠财产的使用、管理情况的审计报告； ● 社会保障基金、社会捐赠资金等有关基金、资金财务收支的审计； ● 公益慈善组织接受、分配、使用和管理社会捐赠资金的审计； ● 财务报表审计报告和公益活动支出明细表审计报告的检查； ● 处理在公益慈善财产审计过程中发现的问题； ● 在更换法人代表或高级管理人员时的财务审计
税务、海关部门的政府监督		● 对公益性捐赠所得税的税前扣除、公益救济性捐赠所得税的税前扣除及其相关问题的监管； ● 对已经获得公益性捐赠税前扣除资格的公益慈善组织的年度检查； ● 在年度工作报告中对接受捐赠情况和公益活动支出的专项检查

> **民政部门对公益慈善组织、慈善信托之受托人的监管**
>
> 县级以上人民政府民政部门对涉嫌违法的公益慈善组织、慈善信托之受托人，有权采取下列监管措施：
>
> （1）对公益慈善组织、慈善信托之受托人的住所和公益慈善活动发生地进行现场检查；
>
> （2）要求公益慈善组织、慈善信托之受托人进行说明，查阅、复制有关资料；
>
> （3）向与公益慈善活动有关的单位和个人调查与监督管理有关的情况；
>
> （4）经本级人民政府批准，可以查询公益慈善组织的金融账户；
>
> （5）法律、行政法规规定的其他措施。
>
> 公益慈善组织、慈善信托之受托人涉嫌违法的，县级以上人民政府民政部门可以对有关负责人进行约谈，要求其说明情况，并提出改进措施。
>
> 其他公益慈善活动参与者涉嫌违法的，县级以上人民政府民政部门可以会同有关部门调查和处理。
>
> ——据《中华人民共和国慈善法》

（2）社会媒体的监督。媒体监督是指报纸、杂志、广播电台、电视、网络等新闻媒体对公益慈善活动（项目）、公益慈善组织、公益慈善财产运营等进行监督。媒体监督具有及时、全面、影响大、传播快等特点，是一种重要、有效、普及范围广、影响大的监督形式，具有导向作用、威慑作用，也能够对公益慈善组织及其管理人员、工作人员形成强有力的约束。特别地，随着移动互联网技术的发展及自媒体的飞速发展，其具有的开放、参与、共享、快捷等特质，使网络自媒体在公益慈善监督中扮演了越来越重要的角色。

（3）捐赠人与社会公众的监督。公益慈善捐赠人可以是国内外政府、企事业单位、民间社会组织、个人和国际组织，其为抗灾救灾、社会福利、公益慈善事业提供了各种形式的捐赠款物，是理所当然的监督主体。若捐赠人认为公益慈善组织及其活动的报告不是真实的、真诚的、可信任的，就会影响未来的捐赠。社会公众可以通过政府部门、评估机构和公益慈善组织自身的信息披露情况，并基于社会舆论和其他正当的诉求渠道对公益慈善组织及其活动进行监督。国家鼓励公众、媒体对公益慈善活动进行监督，规定任何单位、个人都可以对公益慈善组织、慈善信托、公益慈善活动的违法行为向县级以上人民政府民政部门、其他有关部门或公益慈善行业组织投诉、举报，民政部门、其他有关部门或公益慈善行业组织需要及时调查处理，对假借慈善名义或假冒公益慈善组织骗取财产，以及公益慈善组织、慈善信托的违法、违规、腐败、不诚信等行为予以曝光，发挥社会舆论的监督作用。

（4）第三方独立评估监督。在现代公共治理中，第三方独立评估监督在弥补政府监管不足、增强社会参与度、提升公益慈善组织评估专业性方面扮演着重要角色。建立健全公益慈善组织第三方独立评估体系和运行机制，通过评估分类指导和分类管理，可以规范公益慈善组织的行为，提高其能力、水平和社会公信力。由于起步较晚，我国第三方独立评估机构目前规模较小、人员稀缺，未来还需要进一步发展壮大。

（5）内部治理与行业互律。公益慈善行业应当建立健全行业规范，强化内部治理，加强行业自律。公益慈善组织的联合会、协会、学会、行业性社团等通常都制定了共同遵守的道德标准、行为规范和共同宣言，这些构成了公益慈善行业的自律规则，起到增强诚信建设、推进行业信息公开、维护公益慈善行业秩序、约束公益慈善组织、强化对公益慈善活动的监督管理、维护共同的社会形象等互律监督作用。

四、法律责任

公益慈善组织务必诚实守信、合法开展公益慈善活动和财务活动，根据《中华人民共和国慈善法》，涉嫌违法或违背社会公德的行为，将承担相应的法律责任。

（1）公益慈善活动中的法律责任。公益慈善组织有下列情形之一，由县级以上人民政府民政部门责令限期改正，予以警告或者责令限期停止活动，并没收违法所得；情节严重的，吊销登记证书并予以公告：①未按照慈善宗旨开展活动；②私分、挪用、截留或者侵占慈善财产；③接受附加违反法律法规或者违背社会公德条件的捐赠；④对受益人附加违反法律法规或者违背社会公德的条件。同时，公益慈善组织有下列情形之一，由县级以上人民政府民政部门责令限期改正，予以警告，并没收违法所得；逾期不改正的，责令限期停止活动并进行整改：①违反《中华人民共和国慈善法》第十四条规定造成慈善财产损失的；②指定或者变相指定捐赠人、慈善组织管理人员的利害关系人作为受益人的；③将不得用于投资的财产用于投资的；④擅自改变捐赠财产用途的；⑤因管理不善造成慈善财产重大损失的；⑥开展慈善活动的年度支出、管理费用或者募捐成本违反规定的；⑦未依法履行信息公开义务的；⑧未依法报送年度工作报告、财务会计报告或者报备募捐方案的；⑨泄露捐赠人、志愿者、受益人个人隐私，以及捐赠人、慈善信托的委托人不同意公开的姓名、名称、住所、通信方式等信息的。此外，公益慈善组织泄露国家秘密、商业秘密的，依照有关法律规定予以处罚。经处理后一年内再出现相同情形或有其他情节严重情形，由县级以上人民政府民政部门吊销登记证书并公告。前述这些违法情形，直接负责的主管人员和其他直接责任人员将被处以罚款并被没收违法所得，情节严重的被禁止1～5年内担任公益慈善组织的管理人员。

（2）募捐、筹资中的法律责任。公益慈善组织开展募捐活动有下列情形之一的，由县级以上人民政府民政部门予以警告，责令停止募捐活动；责令退还违法募集的财产，无法退还的，由民政部门予以收缴，转给其他公益慈善组织用于慈善目的；情节严重的，吊销公开募捐资格证书或者登记证书并予以公告，公开募捐资格证书被吊销后五年内不得再次申请。①通过虚构事实等方式欺骗、诱导募捐对象实施捐赠；②向单位或者个人摊派或者变相摊派；③妨碍公共秩序、企业生产经营或者居民生活；④与不具有公开募捐资格的组织或者个人合作开展募捐活动；⑤通过互联网开展公开募捐违反法律规定；⑥为应对重大突发事件开展公开募捐，不及时分配、使用募得款物。同时，不具有公开募捐资格的组织或个人擅自开展公开募捐，由县级以上人民政府民政部门予以警告，责令停止募捐活动；责令退还违法募集的财产，无法退还的，由民政部门予以收缴，转给其他公益慈善组织用于慈善目的；情节严重的，对有关组织或者个人处2万～20万元不等的罚款。任何个人或组织假借公益慈善名义或假冒公益慈善组织骗取财产的，由公安机关查处。

（3）传统媒体与互联网募捐中的法律责任。互联网公开募捐服务平台违法，由省级以上人民政府民政部门责令限期改正；逾期不改的，由国务院民政部门取消指定。未经指定的互联网信息服务提供者擅自提供互联网公开募捐服务，由县级以上人民政府民政部门责令限期改正；逾期不改正的，由县级以上人民政府民政部门会同网信、工业和信息化部门依法进行处理。广播、电视、报刊等传统媒体及网络服务提供者、电信运营商未依法履行验证义务的，由其主管部门责令限期改正，予以警告；逾期不改正的，予以通报批评。

（4）其他情形中的法律责任。公益慈善组织不依法向捐赠人开具捐赠票据、不依法向志愿者出具志愿服务记录证明或不及时主动向捐赠人反馈有关情况，由县级以上人民政府民政部门予以警告，责令限期改正；逾期不改正的，责令限期停止活动。公益慈善组织弄虚作假骗取税收优惠，由税务机关依法查处；情节严重的，由县级以上人民政府民政部门吊销登记证书并予以公告。公益慈善组织从事、资助危害国家安全或者社会公共利益的活动，由有关机关依法查处，由县级以上人民政府民政部门吊销登记证书并予以公告。在公益慈善服务过程中，因公益慈善组织或者志愿者过错造成受益人、第三人损害的，公益慈善组织依法承担赔偿责任；损害是由志愿者故意或者重大过失造成的，公益慈善组织可以向其追偿。志愿者在参与公益慈善服务过程中，因公益慈善组织过错受到损害的，公益慈善组织依法承担赔偿责任；损害是由不可抗力造成的，公益慈善组织应当给予适当补偿。

五、监管困境

近年来，我国公益慈善领域每年都会发生多起重大公益慈善组织或慈善工作者违法、违规或丑闻事件，这表明虽然我国已经建立了一套对公益慈善组织的监管制度和社会监督体系，但这套制度和体系并不完备，有时候很脆弱，还存在一些监管难题。

（1）分散监管体制的不足导致监督不到位。在分散监管体制下，监督主体责任不清，监督主体多元化和职责分工交叉，导致多行政部门在监督上存在推诿现象，不仅增加了监管成本、降低了监管效率，也增加了公益慈善组织向监管机构表达诉求的难度。

（2）归口管理制度的不足导致产生监管漏洞。归口管理制度，即部分公益慈善组织"挂靠"业务主管单位，但相当一部分业务主管单位本身也是政府职能部门或者其他行政性组织，这使得一些公益慈善组织与其业务主管单位存在某种意义上的行政隶属关系或者利益关系，业务主管单位常常缺乏动力、压力去配合监督部门；甚至当存在公信力危机时，业务主管单位有可能极力撇清关系，或者充当"保护伞"帮助公益慈善组织开脱责任。

（3）公益慈善组织之间的竞争不足。组织之间的竞争来自市场的无形监管，但我国现有的公益慈善组织良莠不齐，且不少公益慈善组织隶属于行政管理机关，公益慈善组织的行政化倾向明显，有效竞争不足，同时存在社会监管困境。

（4）信息公开程度较低。尽管我国已经建立了全国公益慈善信息公开平台，用于公益慈善组织、慈善信托之受托人面向社会公开慈善信息，但依托全国公益慈善信息公开平台的信息披露有限，且尚未涵盖全部公益慈善组织，因此，信息公开力度不强，社会监管的有效性不足。

（5）社会监督机制不健全。我国的社会诉求回应渠道狭窄，社会公众参与监督的意愿和积极性都比较低，很少有人会主动提出审阅公益慈善组织财务报表的要求；同时，当前我国第三方独立评估机构发展尚不成熟，难以承担监督公益慈善组织的重任。

第四节　公益慈善组织的评估

一、公益慈善组织评估的概念

评估有广义和狭义之分。广义的评估是评估主体对评估客体价值判断、评价、预测的活动，是人们认识、把握某些事物或某些活动价值的行为。狭义的评估是指，在一定时限内尽可能系统地、有目的地对实施过程中的或已完成的项目、计划或政策的设计、实施和结果的相关性、效率、效果、影响及持续性进行判定和评价。对应于广义的、狭义的评估概念，公益慈善组织的评估，从理论层面是指依照确定、规范的方法和程序，由评估机构根据一定的标准，对公益慈善组织进行客观、全面的评价，并提供评估报告的过程;从实操层面是指对组织结构、人员资质、财务状况、活动管理、社会满意度和社会舆论情况进行测量,并向捐赠人、政府和公众公布相应等级结论的过程。

按照评估主体不同,公益慈善组织的评估可以分为自我评估和外部评估。自我评估贯穿于公益慈善活动的全过程,但缺乏独立性和客观性,不一定能准确反映公益慈善活动的真实成果。外部评估是由活动实施者和受众之外的、与公益慈善组织本身无直接关系的政府部门及第三方独立评估机构所进行的评估。其中,政府评估一般由民政部门设立的全国性民间组织评估委员会依照一定的程序,根据相关指标体系,对包括公益慈善组织在内的民间组织进行全方面、综合的分析和评判;第三方评估是指由第三方独立评估机构对公益慈善组织的相关事项进行评估。一般地,第三方独立评估机构是一个独立的营利性组织或非营利性组织,既不是某个政府组织的附属物,也不隶属于某个基金会或慈善团体;非营利性的第三方独立评估机构的资金,应来自一些大基金会的联盟,这个联盟为它提供稳定的资金支持,使它能够以客观、中立的立场对基金会或其他公益慈善组织进行评估。

二、公益慈善组织评估的要素

公益慈善组织评估起源于国家对民间社会组织的评估,《中华人民共和国慈善法》提出要建立公益慈善组织评估制度。目前,公益慈善组织评估的主要制度依据是民政部发布的《关于推进民间组织评估工作的指导意见》《全国性民间组织评估实施办法》《社会组织评估管理办法》(民政部令第39号)、《全国性公益类社团评估指标》(见表10-6),这些制度规定,在评估期间,评估机构和评估专家有权要求参加评估的社会组织提供必要的文件和证明材料;参加评估的社会组织应予以配合,如实提供有关情况和资料;社会组织评估经费从民政部门社会组织管理工作经费中列支,不得向评估对象收取。

表10-6 全国性公益类社团评估指标体系

评 估 指 标	指标包含内容
基础条件	法人资格、章程、登记备案、年度检查
内部治理	发展规划、组织机构、人力资源、领导班子、财务资产、档案和证章管理
工作绩效	公益支出、公益项目、公益服务、公益推广、信息公开、特色工作
社会评价	内部评价、外部评价

1. 评估主体

各级人民政府民政部门设立相应的评估委员会和评估复核委员会。评估委员会负责公益慈善组织评估工作,包括制定评估实施方案、组建评估专家组、组织实施评估工作、得出评估等级结论、公示结果。评估复核委员会负责公益慈善组织评估的复核和举报的裁定工作。评估委员会、评估复核委员会委员由有关政府部门、研究机构、社会组织、会计师事务所、律师事务所等单位推荐，由人民政府民政部门聘任。评估专家组负责对公益慈善组织进行实地考察，并提出初步评估意见；评估委员会召开评估会议须有 2/3 以上委员出席；最终评估采取记名投票方式表决，评估结论须经全体委员半数以上通过。评估委员会可以下设办公室或委托社会机构（以下简称评估办公室）负责日常工作。

2. 评估对象

《社会组织评估管理办法》（民政部令第 39 号）明确了社会组织的评估对象、方法、标准等。对公益类社会团体、基金会等公益慈善组织进行评估可以参照该办法，评估内容包括基础条件、内部治理、工作绩效和社会评价。社会服务机构类的公益慈善组织评估，主要对其公益慈善活动及公益慈善资金运用效果进行评估，评估内容包括基础条件、内部治理、业务活动、诚信建设、社会评价。

公益慈善组织申请参加评估的条件

(1) 申请参加评估的公益慈善组织应当符合一定条件，包括：
- 取得社会团体、基金会或社会服务机构登记证书满两年，未参加过社会组织评估；
- 获得评估等级满五年有效期的公益慈善组织。

(2) 公益慈善组织申请参加评估的否决条件（有下列情形之一的，不予评估）：
- 未参加上年度的年度检查；
- 上年度的年度检查不合格或者连续两年基本合格；
- 上年度受到有关政府部门行政处罚或者行政处罚尚未执行完毕；
- 正在被有关政府部门或者司法机关立案调查；
- 其他不符合评估条件的。

---

3. 评估原则

在评估中，遵循分级管理、分类评定、客观公正原则，实行政府指导、社会参与、独立运作的工作机制。评估工作要做到公开透明、客观公正。

4. 评估等级

依据《社会组织评估管理办法》（民政部令第 39 号），公益慈善组织的评估结果可设 5 个等级，由高到低依次为 5A 级（AAAAA）、4A 级（AAAA）、3A 级（AAA）、2A 级（AA）、1A 级（A），等级有效期为 5 年。获得评估等级的公益慈善组织在开展对外活动和宣传时，评估等级证书可作为信誉证明出示。其中，获得 3A 级以上评估等级的公益慈善组织，可以优先接受政府职能转移、获得政府购买服务资质、获得政府奖励，还可以按照规定申请公益性捐赠税前扣除资格；获得 4A 级以上评估等级的公益慈善组织可简化年度检查程序。地方人民政府民政部门将获得 4A 级以上评估等级的公益慈善组织报上一级民政部门审核备案。省级人民政府民政部门将本行政区公益慈善组织评估等级情况及获得 5A 级评估等级的社会组织名单上报民政部。

> **公益慈善组织评估等级取消或降低的情形**
>
> 获得评估等级的公益慈善组织有下列情形之一，由民政部门做出降低评估等级的处理，情节严重的，做出取消评估等级的处理，并交回评估等级证书、牌匾：
> - 评估中提供虚假情况和资料，或者与评估人员串通作弊，致使评估情况失实；
> - 涂改、伪造、出租、出借评估等级证书，或者伪造、出租、出借评估等级牌匾；
> - 连续两年年度检查基本合格；
> - 上年度年度检查不合格或者上年度未参加年度检查；
> - 受到相关政府部门警告、罚款、没收非法所得、限期停止活动等行政处罚；
> - 存在其他违反法律法规规定情形。

5. 评估程序

我国规范了公益慈善组织评估的基本程序，各地可参考当地实际情况对评估程序进行局部调整。图 10-2 呈现了公益慈善组织评估的一般流程，具体评估程序包括：发布评估通知或公告；公益慈善组织提交自评材料；评估专家组对提交材料进行审核，如果通过则评估专家组实地考察，对公益慈善组织的日常活动进行现场巡视，并审查财务会计报告和活动报告；评估专家组初评打分；评估专家组向评估委员会上报初评结果、评估等级；评估复核委员会对初评结果进行复审；向社会公示评估结果；评估通过后向公益慈善组织送达通知书，并向获得 3A 级以上的公益慈善组织颁发证书和牌匾。

6. 评估回避

评估委员会委员、评估复核委员会委员和评估专家组专家应当实事求是、客观公正，遵守评估工作纪律，并实行评估回避制度。

一般地，参加评估的公益慈善组织可以向评估办公室提出回避申请，评估办公室应当及时作出是否回避的决定。依据《社会组织评估管理办法》（民政部令第 39 号），评估委员会委员、评估复核委员会委员和评估专家组专家有下列情形之一的，应当回避：①与参加评估的公益慈善组织有利害关系；②曾在参加评估的公益慈善组织任职，离职不满两年；③与参加评估的公益慈善组织有其他可能影响评估结果公正的关系。

```
发布评估通知或公告
        ↓
   公益慈善组织提交自评材料 ←──────────┐
        ↓                              │
   评估专家组审核材料 ──不通过──────────┤
        ↓ 通过                         │
   评估专家组实地考察 → 评估专家组现场巡视
        ↓                    ↓
   评估专家组初评打分 ← 评估专家组审查财务会计报告
        ↓
   评估专家组向评估委员会上报初评结果、评估等级
        ↓
   初评结果由评估复核委员会复审
        ↓
   向社会公示评估结果 ──不通过──────────┘
        ↓ 通过
   向公益慈善组织送达通知书
        ↓
   向获得3A级以上的公益慈善组织颁发证书和牌匾
```

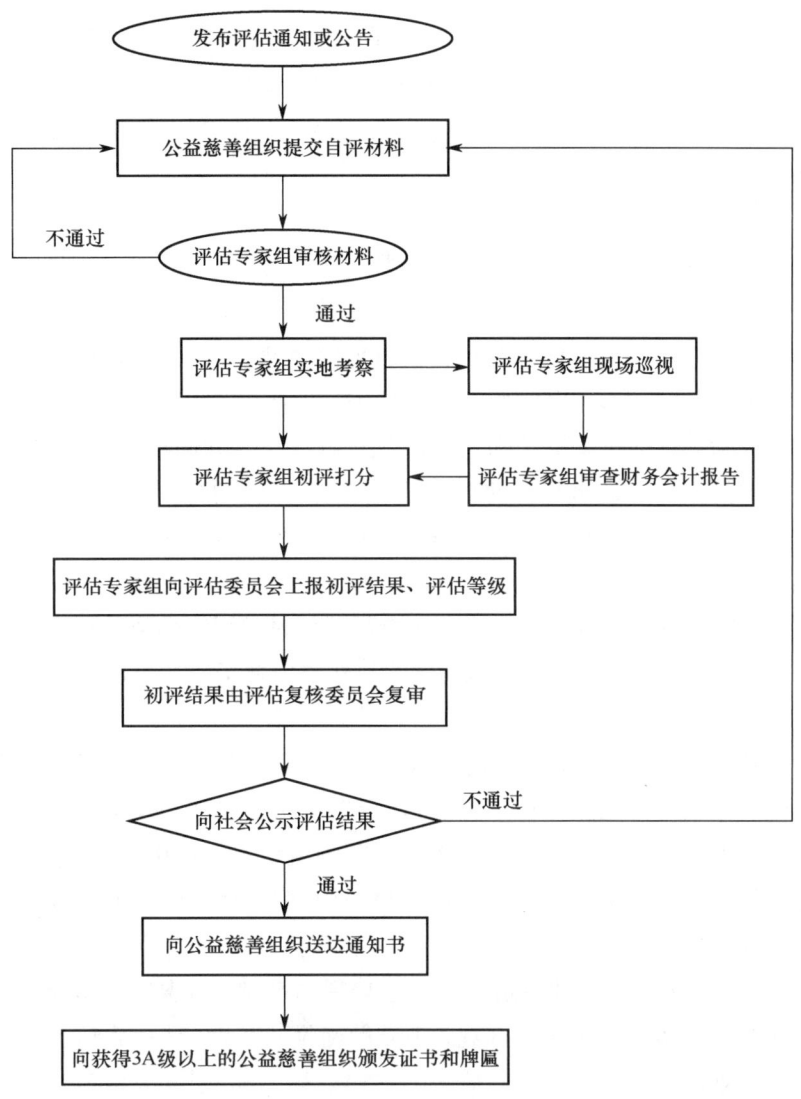

图 10-2　公益慈善组织评估的一般流程

7. 评估复核

依据《社会组织评估管理办法》（民政部令第 39 号），参加评估的公益慈善组织对评估结果有异议的，可以在公示期内向评估办公室提出书面复核申请。评估办公室对复核申请和原始材料审核认定后，报评估复核委员会复核。评估复核委员会听取评估专家组代表的初步评估情况介绍和申请复核公益慈善组织的陈述后，确认复核材料，并以记名投票方式表决，经全体委员半数以上同意则复核通过。

若在评估结果向社会公示期间接到举报，应对举报内容认真核实，对情况属实的作出处理意见，报评估复核委员会裁定。裁定结果应当及时告知举报人，并通知有关公益慈善组织。评估委员会委员、评估复核委员会委员和评估专家组专家在评估工作

中未履行职责或弄虚作假、徇私舞弊的，取消其委员或专家资格，并依法追究其法律责任。

三、推进第三方评估的制度化

一般地，第三方评估专业性较强，更客观、更中立、更公正，所出具的评估报告不仅是确定公益慈善组织质量的重要标准，而且是向公众发布捐助信息的重要渠道。此外，第三方独立评估机构作为公益慈善组织评估制度的重要参与者，不仅可以提高公益慈善组织评估的效果，也可以为政府的监管分担压力。因此，《中华人民共和国慈善法》鼓励和支持第三方独立评估机构对公益慈善组织进行评估，并向社会公布评估结果。

但是，我国第三方评估机制目前存在一些缺陷，主要表现为以下4个方面。

（1）第三方评估参与度不足。现有法律法规没有对第三方独立评估机构的主体资格进行明确界定，目前的评估模式主要还是以政府为主导，第三方独立评估机构实际上扮演边缘角色。此外，第三方独立评估机构在参与评估时，如何协调其与主导性评估主体的政府部门之间的关系，目前也属于制度空白，严重影响了第三方独立评估机构的评估参与度。

（2）第三方评估公信力不足。当前，第三方独立评估机构的社会认可度较低，又缺乏明确的法律支撑第三方独立评估机构的地位。官方认证的缺失使第三方评估结果无法对公益慈善组织形成有效约束力，也导致公益慈善组织不愿意接受第三方评估。

（3）第三方评估选择难度高。公益慈善组织具有公共性、非营利性、服务性等特点。但是，专业的第三方独立评估机构通常有营利性目标，关心公益慈善组织的投入与产出等直接经济效益，在公益慈善项目运营的社会效果与影响、组织自身建设和文化价值等方面可能无法对公益慈善组织进行客观、中立的衡量。因此，选择合适的第三方独立评估机构也比较困难。

（4）第三方独立评估机构自身能力不足。现有的专门针对公益慈善组织进行评估的第三方独立评估机构数量有限，规模较小，缺乏专业人才，评估能力不足。

针对上述第三方评估机制运行过程中的问题，本章提出如下促进第三方独立评估机构介入、参与公益慈善组织评估的策略，推进第三方评估公益慈善组织的制度化建设。

（1）促进第三方评估的介入。应转变政府职能，从制度上鼓励并保障第三方独立评估机构的参与，建立竞争性评估机制，促进政府购买第三方独立评估机构的服务，以增强第三方独立评估机构评估公益慈善组织的权威性和社会认可度。

（2）推进第三方评估的法治化。明确第三方独立评估机构评估的法律效力，以及第三方评估主体的权利和义务，形成政策、法律、法规、规章四位一体的第三方评估制度框架，使第三方评估成为公益慈善组织评估体系的必要组成部分，包括确定第三方评估主体的地位和独立性空间，保障第三方独立评估机构作为评估主体享有调查、分析公益慈善组织行为的权利，规范第三方评估的程序、内容、范围、指标选取等事项。

（3）提高第三方评估的专业水平。公益慈善组织评估是一个专业性很强、技术含量很高的活动。因此，要从制度建设上着力提高第三方独立评估机构内部人员的专业能力，强化其评估技能、知识的培训；完善第三方独立评估机构的竞争性遴选机制；坚持和保障评估行为的独立性、评估内容与方法的科学性、评估过程的公开性、评估结果的公正性；强化宣传，推进公信力建设，提升社会公众对第三方独立评估机构的认可度。

（4）优化第三方评估的信息公开。在技术层面，强化第三方独立评估机构的注册信息、资质条件、工作业绩、成员资历、财务报告等信息的公开；在制度层面，明确信息公开的内容、程序、主体、时效，以及不公开信息或故意错漏信息的惩戒措施。

本章提要

1. 公益慈善组织的管理制度体系包括公益慈善组织的注册登记制度、认定制度、监管制度、评估制度等。

2. 公益慈善组织的认定制度规范是对公益慈善组织的认定主体、认定标准和认定程序等进行规范的一系列制度的总称。对公益慈善组织进行认定是厘清公益慈善组织与政府、企业及互益性组织的基本边界，获得免税资格的重要管理事项。

3. 公益慈善组织的监管是指对公益慈善组织及公益慈善活动环节、过程进行监视、督促和管理，重点对慈善财产的接受、管理和使用情况进行监督；监管主体包括政府职能部门、媒体、捐赠人、社会公众、第三方独立评估机构和行业自律组织。

4. 公益慈善组织的评估是指依照规范的方法和程序，由评估机构根据评估标准，对公益慈善组织进行客观、全面的评估，并得出评估等级结论。其中，要重视对公益慈善组织的第三方评估，推进第三方评估的制度化建设，提高第三方评估的专业水准、强化第三方独立评估机构的信息公开。

本章案例

【案例10-1】儿慈会的"罪与罚"［摘自：金锦萍．儿慈会的"罪与罚"．"中国慈善家"官网，2024年06月13日，有删节］

惩罚不是目的，惩恶扬善才是。

端午节后第一天，中华少年儿童慈善救助基金会（以下简称"儿慈会"）千万元善款被卷跑事件在案发大半年之后，终于有了权威定性和初步处罚结果。

儿慈会9958项目大病救助事件对于慈善领域尤其是大病救助领域的影响极为重大，而民政部此次对于儿慈会的行政处罚可谓自《中华人民共和国慈善法》颁布实施以来,对于全国性公益慈善组织处罚力度最大的一次。如何整体解读和评价儿慈会此次事件及民政部的通报,不仅事关儿慈会的未来,而且将深刻影响包括儿慈会在内的公益慈善组织,以及包括大病救助在内的公益慈善事业的未来走向和发展,也昭示着我国公益慈善领域法律法规的未来走向,故须厘清是非,明确各方义务和责任。

1. 对于民政部通报的解读

民政部通报首先明确事件的始作俑者柯某孝的行为性质和当前情况;认定柯某孝从儿慈会的救助对象到志愿者再到参与儿慈会的具体工作,后以儿慈会9958项目名义行诈骗之实,沦为刑事案件的犯罪嫌疑人,目前已经被采取强制措施,将由司法机关追究其刑事责任。

民政部通报也明确儿慈会难辞其咎。对儿慈会的调查发现,"儿慈会存在内部管理不规范、9958项目操作违规等问题。经进一步调查,儿慈会还存在未按规定的业务范围进行活动、未依法履行信息公开义务等违法情形。"因此,依据《中华人民共和国慈善法》《基金会管理条例》等法律法规的有关规定,民政部目前采取了3项措施:其一,对儿慈会作出停止活动三个月的行政处罚,并将其列入社会组织严重违法失信名单;其二,鉴于儿慈会相关负责人履职不力、失职失责,责令儿慈会按程序罢免相关负责人职务,并依规依纪对有关党员失职失责问题进行立案审查;其三,儿慈会副秘书长、9958项目负责人王某涉嫌职务犯罪,经有关监察机关立案调查已移送司法机关处理。

另外,儿慈会停止活动期间,理应停止包括资助款项拨付的所有活动,但是考虑到患儿治疗的持续性需求,故工作组将采取措施,切实维护正在接受儿慈会救助患儿的利益,以避免次生伤害的发生。

2. 两种不同的刑事责任

民政部通报中涉及两种刑事责任:柯某孝以涉嫌诈骗由司法机关直接采取强制措施并追究刑事责任;儿慈会副秘书长兼9958项目负责人王某,以职务犯罪入刑,动用了监察机关立案调查,此后移送司法机关追究刑事责任。

这是因为根据我国《刑法》的规定,非国家工作人员亦可成为职务犯罪,诸如受贿罪、职务侵占罪、挪用资金罪的主体而被追究刑事责任。根据《刑法》第271条的规定,公司、企业或其他单位的工作人员,利用职务上的便利,将本单位财物非法占为己有,数额较大的,处三年以下有期徒刑或者拘役,并处罚金;数额巨大的,处三年以上十年以下有期徒刑,并处罚金;数额特别巨大的,处十年以上有期徒刑或者无期徒刑,并处罚金。另外,需要注意的是,《刑法》第91条规定,"用于扶贫和其他公益事业的社会捐助或者专项基金的财产"亦属于"公共财产"的范畴,尽管目前我国对于侵害非国有公共财产的刑责采取了谦抑的态度,但这表明了我国法律对于公益资产的保护力度。就本案情况而言,尽管司法机关未作出最终判决,但是王某涉嫌职务犯罪且以职务侵占罪入刑的可能性极大。这也警示我们所有公益慈善组织的从业人员,若利用职务上的便利非法占有本单位财产,亦可构成职务侵占罪而入狱。

3. 处罚公益慈善组织的特殊考量

在民政部通报中,作为登记管理机关的民政部对儿慈会违法行为的描述是这样措辞的:柯某孝事件暴露儿慈会"存在内部管理不规范、9958项目操作违规等问题。进一步调查,儿慈会还存在未按规定的业务范围进行活动、未依法履行信息公开义务等违法情形"。据此对其作出停止活动三个月的行政处罚,并将其列入社会组织严重违法失信名单。

关于儿慈会的具体违法行为,在民政部通报中披露得并不详尽。目前的定性是"内部管理不规范、9958项目操作违规、未按规定的业务范围进行活动、未依法履行信息公开义务",但是其中细节尚未披露。"内部管理不规范和项目操作违规"弹性极大,从内部管理和项目操作的微小瑕疵到恶性极大的违法行为均有可能;"未按规定业务范围进行活动和未依法履行信息公开义务",覆盖面的跨度也不小。因此,相关细节有待在具体人员处理和后续所采取的措施中逐渐获悉。

目前,我们需要正视和讨论的问题在于:由于公益慈善组织的性质有别于商业组织,故对于公益慈善组织的处罚的确存在较大困难。

其一,对于商业组织普遍适用的罚款处罚,对于公益慈善组织很难适用。因为公益慈善组织的财产属于社会资产,属于目的锁定的财产,即公益慈善组织的财产被其慈善宗旨、业务范围及捐赠人的意愿锁定,不能挪作他用。同样采取罚款措施,于商业组织而言,该部分损失会传导到商业组织的股东和高管身上;但是罚款于公益慈善组织而言,缺乏相同效果。因为公益慈善组织一没有股东,二理事会成员大多为不授薪的志愿者,所以对公益慈善组织的罚款导致的损失不会传递到他们身上,而是传递到了本应该从公益慈善组织受到救助的社会公众身上。

其二,对于商业组织的强制终止的行政处罚,在适用于公益慈善组织时也会顾虑重重。商业组织被吊销营业执照从而走向注销程序,在实践中很常见;但是,公益慈善组织被注销登记很少适用,尤其是进行持续性资助活动的大型公益慈善组织。原因在于:公益慈善组织本质上不属于任何其他主体,即"无所有人",公益慈善组织实际上是社会公器,其立身之根本的宗旨和使命均是某些领域内的慈善目的或慈善事业。

注销一个公益慈善组织与重整一个公益慈善组织几乎没有什么差异。而一旦注销登记,意味着全面清算和事务承接,但是公益慈善组织的清算并非简单的债权债务清理,而是需要找到可以托管的公益慈善组织来承接其正在进行的公益慈善项目。暂且不说有没有适合且愿意承接这些烦琐任务的公益慈善组织存在,仅将这些项目全部核查并移交的过程就很耗费时间和精力,很可能影响到需要持续性资助的受益对象。

基于此,与其采取注销程序,不如重整某个特定公益慈善组织,让其继续承担原来的任务和使命,但是需要惩罚利用公益慈善组织和公益慈善名义牟取私利的违法犯罪者。因此,在公益慈善领域,惩罚的重点并非某个特定的公益慈善组织,而是在其中从事违法犯罪活动的行为人。

其三，公益慈善组织的重整是行政处罚之后的难题。按照民政部目前的认定和措施，"鉴于儿慈会相关负责人履职不力、失职失责，责令儿慈会按程序罢免相关负责人职务，并依规依纪对有关党员失职失责问题进行立案审查"，这意味着儿慈会的相关负责人将被依据党规党纪予以处罚，同时将被罢免负责人职务。这也就意味着，儿慈会的治理需要在结构层面上进行一次脱胎换骨的重整，以让儿慈会回到其章程所确定的轨道上来。但是，如何重构理事会？如何挽回其已经造成的诸多损失？将是后续难度最大的挑战所在。

4. 儿慈会的未来和公益慈善共同体的未来

毫无疑问，公益慈善组织的公信力因为此事件再次遭受重创，这也是众多热爱公益慈善事业的人们最痛心疾首之处。

公信力是公益慈善组织对其利益相关者承诺的社会责任，包括其对一般大众、新闻媒体、捐赠人、理事、员工、志愿者和其他利益相关者的责任和义务。公信力源于公共责任和公共资源。良善的公益慈善组织要尽其所能地获取、尽其所能地给予，既动用了社会资源，又承担着或重或轻的公共责任。

如何尽其所能地获取？公益慈善组织既无行政部门征税征收之权力，也无市场机制之威力，唯有依赖德行品行之魅力。公信力就是公益慈善组织身份之识别、德行之彰显、能力之保证、责任之担当，是公益慈善组织的立身、生存、发展之本。获得捐赠人和志愿者的信任，公益慈善组织方能获得人力、物力和财力的持续补给，致力于宗旨、使命的践行。

如何尽其所能地给予？公益慈善组织被赋予了公共利益的目的，因此宗旨之明确、财产之运用、公益项目之资助、受益对象之选择，无不受到公共利益的限制，受到法律法规和章程的限制，受到捐赠人意愿的限制。公益慈善组织被视为捐助人的受托人，需要向其捐助人尽责；公益慈善组织让需要救助群体中的个体命运因为得到救助而迥异，需要向受益人尽责；公益慈善组织享有税收减免待遇，需要向公众尽责。

因此，儿慈会和公益慈善共同体的未来悬于一线：公信力。

于儿慈会而言，自事件引爆舆论之日起，其公信力已经荡然无存。尽管只是责令停止活动三个月，但是这次事件将如影相随地伴其左右，接下来更艰难的是重建之路：负责人的更迭只是起点，治理结构的重整、建章立制、品牌修复、团队建设和文化建设……每一步都要踏踏实实，即便如此，能否重新获取社会公众的支持和信任，尚存疑虑。

公益慈善共同体又会受何影响？公益慈善领域有一条不成文的规律：公益慈善组织之间不见得一荣俱荣，但是肯定"城池失火，殃及池鱼"。公益慈善领域的所有负面事件，最终都会导致整个公益慈善领域的公信力受挫。这是因为公众对于公益慈善事业抱有特殊的期待，将其视为社会良知的底线。如果有人借用公益慈善组织或公益慈善事业的名义行贪腐诈骗之事，侵害的不仅是慈善资产，更是伤害和侮辱了捐赠人和志愿者的情感，损害了社会信任。

因此，儿慈会需要刮骨疗伤，但是公益慈善共同体也需要彻底反思。在组织治理之外，行业自律需要发挥重要功能。公益慈善组织中得有站出来承担行业倡导和行业自律的担当者。儿慈会事件之后，期待公益慈善领域有行业共建的自觉，倡导和推动共建式公益慈善的落地。

5. 余论：大病救助往何处去？

患儿的病痛并不会因为儿慈会被停止活动而同时停止。更为艰难的问题是：大病救助该何去何从？

我一直以来都坚定地认为：在大病救助体系中，慈善捐赠只是补充力量，更多还是需要社会保障制度的完善和医疗保险的推广。当然，在社会保障和医疗保险尚未能覆盖的人群中，公益慈善组织为其提供救助服务，功德无量，但是作为公益慈善组织，不能仅停留在这个层面甚至以此为业。对于大病救助公益项目而言，治标和治本须同时进行。

首先，公益慈善组织的大病救助公益项目不可混同于众多患儿的医疗费众筹之平台。后者应当由水滴筹、轻松筹等个人求助平台承担。目前，《中华人民共和国慈善法》已经明确，要制定个人求助平台的管理办法，期待该管理办法的出台在为众多个人求助平台制定规范的同时，让公益捐赠与个人求助之间的区别更显著，并为公众所知悉。

其次，作为社会公器的公益慈善组织，其所实施的大病救助公益项目不仅应着眼于医疗费用之筹集，也应关注患者家属的心理关怀，同时资助基础医疗之研究和疾病之预防，更需要进行社会倡导和政策倡导，从源头治理大病患者所面临的诸多社会问题。

最后，公益慈善组织的大病救助公益项目必须在公开募捐环节切断捐赠人与受益人之间的直接联系，让捐赠人成为公益项目而非特定受益人的资助者，并让受益人成为平等的受益人。在公益慈善领域，我们至少可以为一种平等而努力：即当任何人陷入困境之时，均可平等地获得社会资源的救助，不因其个人属性和特征、社会关系而受到不公平的对待。

民政部通报中的所有惩罚措施本身并非目的，也相信所有关切儿慈会事件的有识之士也并非要将儿慈会赶尽杀绝，只是痛恨违法犯罪者让公益慈善蒙羞，进而削弱了社会信任。大家都应该明确一个道理：惩罚本身从来不是目的，惩恶扬善才是。

儿慈会事件至此告一段落，但是余波未了，其对于公益慈善领域的影响也将长期持续，时不时还会沉渣泛起，就如同公益慈善领域的其他事件一般，不时叩问所有以慈善为志业的人：当年之初心，汝今可持否？

（作者系北京大学非营利组织法研究中心主任）

案例导读：中华儿慈会的"罪"；民政部对中华儿慈会的处罚属于什么样的监管；官方成立公益慈善组织监管的制度性缺陷；第三方独立评估机构对公益慈善组织的监督作用。

思考与练习

一、名词解释
1. 公益慈善组织的评估
2. 第三方评估

二、简答题
1. 简述公益慈善组织的设立条件。
2. 简述公益慈善组织的监管主体。
3. 简述公益慈善组织的监管难题。

三、论述题
1. 论述为何要对公益慈善组织进行认定。
2. 论述如何完善公益慈善组织的第三方评估机制。

参考文献

[1] 韦祎. 中国慈善基金会法人制度研究[M]. 北京：中国政法大学出版社，2010，88-89.

[2] 李涛. 美国的慈善基金会与美国政治[D]. 北京：中国社会科学院研究生院，2003.

[3] 周志忍，陈庆元. 自律与他律——第三部门监督机制个案研究[M]. 杭州：浙江人民出版社，1999，151-168.

[4] 刘佳. 我国慈善信托监管机制的反思与优化[J]. 当代经济管理，2018（1）：45-50.

[5] 黄玮，张恒军，梁芷铭. 我国慈善组织媒介管理研究——以腾讯公益慈善基金会为例[J]. 传媒，2014（19）：68-70.

[6] 姚建平. 中美慈善组织政府管理比较研究[J]. 理论与现代化，2006（2）：63-67.

[7] 孟令君，王秀江. 中国慈善工作概论[M]. 北京：北京大学出版社，2008.

[8] 侯保龙. 我国民间志愿性慈善组织的困境与政府管理创新——一种善治的话语分析[J]. 湖北社会科学, 2010（2）：20-22.

[9] 向加吾. 非营利组织问责：逻辑意蕴、困境解析与途径探究[J]. 湖北社会科学, 2012（9）：35-38.

[10] 胡穗. 政府购买社会组织服务绩效评估的实践困境与路径创新[J]. 湖南师范大学社会科学学报, 2015（4）：110-115.

[11] 徐双敏, 崔丹丹. 民办非企业类社会组织评估现状及其完善研究——以浙江 N 市"阳光驿站"评估为例[J]. 晋阳学刊, 2016（2）：105-113.

[12] 徐双敏, 崔丹丹. 完善社会组织第三方评估工作机制研究——基于 5 市调查数据的分析[J]. 中南财经政法大学学报, 2016（6）：52-57.

[13] 曹天禄. 社会组织评估：困境与突破——以深圳社会组织评估为例[J]. 湘潭论坛, 2015（6）：79-85.

[14] 邓国胜. 民间组织评估体系理论、方法与指标体系[M]. 北京：北京大学出版社, 2007.

[15] 廖鸿. 中国社会组织发展战略[M]. 北京：社会科学文献出版社, 2015.

[16] 高红, 张志勤. 备案制与我国基层社会组织发展创新[J]. 青岛行政学院学报, 2012（5）：49-53.

[17] 王名, 李勇, 黄浩明. 英国非营利组织[M]. 北京：社会科学文献出版社, 2009：96.

[18] NPO 信息咨询中心. 非营利组织的治理[M]. 黎佳, 译. 北京：中国书籍出版社, 2008.

[19] 玛丽恩·R. 弗莱蒙特-史密斯. 非营利组织的治理：联邦与州的法律与规制[M]. 金锦萍, 译. 北京：社会科学文献出版社, 2016.

[20] 李芳. 慈善组织认定中的基本法律问题[J]. 北京航空航天大学学报（社会科学版）, 2017, 30（3）：48-54.

[21] 段红梅. 我国政府绩效第三方评估的研究[J]. 河南师范大学学报（哲学社会科学版）, 2009（6）：41-45.

[22] 潘旦, 向德彩. 社会组织第三方评估机制建设研究[J]. 华东理工大学学报（社会科学版）, 2013（1）：16-22.

[23] 任雯, 李景平. 我国慈善组织第三方评估框架的理论构建[J]. 江苏师范大学学报（哲学社会科学版）, 2024, 50（2）：42-57.

[24] 李志军. 推动第三方评估制度化规范化程序化[N]. 中国经济时报, 2016-06-14（5）.

[25] 徐选国. 社区公益服务项目第三方评估的"内卷化"困境及其治理[J]. 中国社会工作, 2017（4）：26-28.

[26] 石国亮. 慈善组织公信力重塑过程中第三方评估机制研究[J]. 中国行政管理, 2012（9）：64-70.

[27] 孙发锋. 第三方评估：我国慈善组织公信力建设的必然要求[J]. 行政论坛, 2014, 21（4）：81-84.

第十一章
公益慈善捐赠管理

知识目标

1. 理解公益慈善捐赠管理规定
2. 了解公益慈善捐赠人、受赠人
3. 掌握救灾捐赠管理的制度规范

能力目标

1. 把握西方公益慈善捐赠管理的制度环境
2. 认识当前我国公益慈善捐赠制度的不足
3. 掌握公益慈善捐赠管理的制度优化举措

素质目标

1. 理解社会公众参与慈善捐赠的意义和价值
2. 正确认识公益慈善捐赠的腐败及丑闻现象

第一节　公益慈善捐赠管理规定

社会捐赠是构成公益慈善财产、开展公益慈善活动、维持公益慈善组织存在、发展公益慈善事业的主要经济来源。国家鼓励个人、集体或组织对公益慈善事业进行捐赠，对捐赠行为分别给予支持、优惠、扶持或优待，并对公益慈善捐赠有突出贡献的个人、集体或组织予以表彰。为了鼓励捐赠、规范捐赠和受赠行为，以及保护捐赠人、受赠人和受益人的合法权益，促进公益慈善事业的可持续健康发展，我国颁布了一系列关于管理、规范公益慈善捐赠的制度性文件，用于规范慈善募捐、捐赠行为，规范捐赠资金的审计，规范境外捐赠物资的进口管理，管理捐赠财产的接受行为，规范企业捐赠、个人捐赠的税收优惠，规范救灾捐赠活动，规范捐赠票据使用，规范互联网捐赠，约束慈善捐赠不诚信行为，规范慈善表彰活动，以及规范基金会的组织与活动等。

一、公益慈善捐赠遵循的原则

通常，捐赠人捐赠的财产应当是其有权处理的合法财产，包括货币、实物、房屋、有价证券、股权、知识产权等有形财产和无形财产。其中，捐赠的实物应当具有使用价值，符合安全、卫生、环保等标准。捐赠人捐赠本企业产品或个人制造、生产的产品，应当依法承担产品质量责任和义务。捐赠人与公益慈善组织在约定捐赠财产的用途和受益人时，不得指定或者变相指定捐赠人的利害关系人作为受益人。公益慈善捐赠应遵循4项原则。

（1）自愿。公益慈善捐赠是自愿的、无偿的，禁止强行摊派或变相摊派。捐赠的自愿原则不仅包括捐赠人是否实施捐赠的自愿、捐多捐少的自愿、捐赠什么的自愿及如何实施捐赠的自愿，还包括捐赠人有权依法选择受赠对象的自愿，这是实施捐赠的重要前提。

（2）非营利。所捐赠财产即慈善财产或善款，慈善财产的使用要尊重捐赠人的意愿、符合公益目的，不得将捐赠财产挪作他用，也不得以捐赠为名从事任何营利活动。

（3）多样化。捐赠财产可以采用多样化的形式，包括：以货币（现金或存款）形式体现的款项；股票等有价证券；实物，如汽车、药品、电器、字画、建筑物等不动产等；项目捐赠，以一定的款项和实物完成特定项目的捐赠；在数字化时代还可以是数字货币。

（4）合法。公益慈善捐赠和受赠，都应当遵守法律法规，不得违背社会公德或公序良俗，不得损害公共利益和其他公民的合法权益。

> **理解公益慈善捐赠的合法原则**
>
> （1）所捐赠财产应当是捐赠人有权处理的合法财产。
> （2）不得利用公益慈善捐赠宣传烟草制品。
> （3）不得利用公益慈善捐赠以任何方式宣传法律禁止宣传的产品和事项。
> （4）捐赠财产及其增值为社会公共财产，受法律保护，任何单位和个人不得侵占、挪用和损毁。
> （5）捐赠活动中的下列行为将被追究法律责任：逃汇、骗购外汇；偷税、逃税；走私；擅自将减税、免税进口的捐赠物资在境内销售、转让或挪作他用。

二、公益慈善捐赠人管理规定

根据《中华人民共和国慈善法》《中华人民共和国公益事业捐赠法》等法律法规，国家对捐赠人及其捐赠行为进行了严格的规定。

（1）捐赠主体。作为捐赠主体的捐赠人可以是自然人、法人或者其他组织。其中，自然人是具有民事权利能力和民事行为能力的境内公民个人、外国人、华侨和港澳台同胞；法人包括企业法人及机关、事业单位和社会团体法人；其他组织是指除自然人、法人外的各类组织，包括境内外的各类民间组织、社会组织、国际组织及外国政府等。

（2）捐赠对象。捐赠人可以选择符合其捐赠意愿的公益性社会团体、基金会等公益慈善组织和公益性非营利性事业单位、社会服务机构、政府进行捐赠，也可直接向受益人捐赠。

（3）捐赠协议。捐赠人有权决定捐赠的数量、用途和方式，并就捐赠财产的种类、质量、数量和用途等内容与受赠人签订协议。捐赠人开展演出、比赛、销售、拍卖等经营性活动，承诺将全部或部分所得用于公益慈善目的，应当在举办活动前与受赠人签订捐赠协议，活动结束后按照捐赠协议履行捐赠义务，并将捐赠情况向社会公开。捐赠人在与公益慈善组织约定捐赠财产的用途和受益人时，不得指定捐赠人的利害关系人作为受益人。

（4）捐赠人的权利与义务。捐赠人有权查询、复制其捐赠财产管理使用的有关资料，公益慈善组织应及时、主动向捐赠人反馈有关情况。捐赠人应当按照捐赠协议履行捐赠义务，按照捐赠协议约定的期限、方式、内容将捐赠财产转移给受赠人。但是，捐赠人公开承诺捐赠或者签订书面捐赠协议后经济状况显著恶化，严重影响其生产经营或者家庭生活，在向公开承诺捐赠地或者书面捐赠协议签订地的县级以上人民政府民政部门报告并向社会公开说明情况后,可以不再履行捐赠义务。

> **捐赠人违约解决办法**
>
> 捐赠人违反捐赠协议逾期未交付捐赠财产,有下列情形之一的,公益慈善组织或者其他接受捐赠的人可以要求交付;捐赠人拒不交付的,公益慈善组织和其他接受捐赠的人可以依法向人民法院申请支付令或提起诉讼:
> - 捐赠人通过广播、电视、报刊、互联网等媒体公开承诺捐赠;
> - 捐赠财产用于扶贫、济困、扶老、救孤、恤病、助残、优抚及救助自然灾害、事故灾难和公共卫生事件等突发事件造成的损害等公益慈善活动,并签订书面捐赠协议。

(5)捐赠工程。捐赠人捐赠财产兴建公益慈善事业或公共福利工程项目,应签订协议,对工程项目的资金、建设、管理和使用进行约定,且工程质量应符合国家质量标准。

(6)捐赠纪念。捐赠人对于捐赠的工程项目可以留名纪念;捐赠人单独捐赠或主要由捐赠人出资兴建的工程项目,经民政部门批准可以由捐赠人提出工程项目的名称。

(7)境外捐赠。境外捐赠人捐赠的财产,由受赠人依法办理入境手续及(或)许可证申领手续。华侨向境内捐赠的,县级以上人民政府侨务部门可以协助办理有关入境手续。境外向公益性社会团体和公益性非营利性事业单位捐赠的用于公益慈善事业的物资,可减征或免征进口关税和进口环节的增值税。

(8)捐赠优惠。捐赠人捐赠其自产或者外购商品,需要享受税收减免优惠政策的,应当提供相应的发票及证明物品质量的资料。其中,公益性捐赠税前扣除资格(Eligibility for Pre-Tax Deduction of Public Donations)是依据税收有关法律法规政策规定,由财政、民政、税务部门共同确认,准予将符合法律规定的公益慈善事业捐赠支出,按税法规定在计算应纳税所得额时扣除的资格;非营利性组织免税资格(Tax-Exempt Status of NGOs)是指依据税收有关法律法规政策规定,由财政、税务部门审核确认,社会组织符合条件的收入享受免缴企业所得税的税收优惠资格。

(9)捐赠反馈。捐赠人有权向受赠人查询捐赠财产的使用、管理情况,有权复制其捐赠财产管理使用的有关资料;受赠人应及时、主动向捐赠人反馈有关情况。

(10)捐赠表彰。对捐赠人进行公开表彰,应当事先征求捐赠人的意见。

三、公益慈善受赠人管理规定

国家制定了受赠人的制度规范,捐赠人可以通过公益慈善组织捐赠,也可以直接向受益人捐赠;公益慈善组织可以是基金会、社会团体、社会服务机构等社会组织形式。公益性社会团体和公益性非营利性事业单位依法接受捐赠;发生自然灾害时按境外捐赠人的要求，县级以上人民政府及相关部门可以作为受赠人；发生重大疫情、突发公共卫生事件等特殊情况，允许各级人民政府卫生行政管理部门作为受赠人接受国内外单位和个人的捐赠。

（1）依法接受捐赠和使用捐款赠物。受赠人接受捐赠后，应当向捐赠人出具合法、有效的收据，将受赠财产登记造册、妥善保管。

公益慈善组织接受捐赠的注意事项

- 公益慈善组织接受捐赠，应向捐赠人开具由财政部门统一监（印）制的捐赠票据，载明捐赠人、捐赠财产种类及数量、公益慈善组织名称和经办人姓名、票据日期。
- 捐赠人要求签订书面捐赠协议的，公益慈善组织应与捐赠人签订书面捐赠协议，明确捐赠人和公益慈善组织名称，以及捐赠财产的种类、数量、质量、用途、交付时间等内容或事项。
- 公益慈善组织违反捐赠协议约定的用途，滥用捐赠财产，捐赠人有权要求其改正；拒不改正的，捐赠人可以向县级以上人民政府民政部门投诉、举报，或者向人民法院提起诉讼。
- 捐赠人匿名或者放弃接受捐赠票据的，公益慈善组织应当做好相关记录。

（2）政府作为受赠人接受捐赠和使用受赠财物。县级及以上人民政府及其部门接受捐赠，按照捐赠协议或捐赠目的使用，或者将受赠财产转交公益性社会团体或公益性非营利性事业单位，或者按照捐赠人意愿兴办公益慈善事业；不得挪作他用，不得以本机关为受益对象。

（3）受赠财物的保管。受赠人应按照合法、安全、有效的原则，实现捐赠财产的保值、增值；对于不易储存、运输和超过实际需要的受赠财产，受赠人可以变卖，对所得收入的使用应符合捐赠目的。法人单位的受赠人应建立健全财务会计制度和受赠财产使用制度，强化信息披露，加强对受赠财产的管理，依法接受捐赠人、政府有关部门（含审计、监察部门）、社会（公众、媒体）的监督或审计。

（4）受赠财产的变更。受赠人未征得捐赠人的许可，不得擅自改变受赠财产的性质、用途；禁止挪用、侵占或贪污捐赠款物；否则，受赠人将被责令退还所用、所得款物，并处以罚款，追究直接责任人法律责任乃至刑事责任。

（5）受赠人的职责。受赠人的工作人员，滥用职权，玩忽职守，徇私舞弊，致使捐赠财产造成重大损失，由所在单位依照规定予以处理；构成犯罪的，依法追究刑事责任。

公益慈善捐赠的受赠人类别

（1）公益性社会团体。
（2）基金会。

(3) 公益性社会服务机构，如民间兴办的、不以营利为目的的学校、医院、科研院所、博物馆、图书馆、体育馆、敬老院、孤儿院等从事教育、科学、文化、卫生、体育及其他社会公共福利事业的机构、单位或组织。

(4) 公益性非营利性事业单位，包括：由国家兴办或利用国有资产举办、不以营利为目的的大、中、小学等教育机构，科研机构，医院、急救中心、乡村卫生所等医疗卫生机构，博物馆、科学馆、展览馆等社会公共文化机构，体育馆、公共健身馆等社会公共体育机构，幼儿园、敬老院、孤儿院、收容站等社会福利机构，等等。

(5) 县级及以上人民政府及其有关部门。县级及以上人民政府及其民政部门、卫生行政管理部门等可以接受捐赠，并依法对捐赠财产进行管理。

(6) 个人或家庭。实践中，那些处于困境中或遭遇特别困难的个人或其家庭，可以接受社会的直接捐助或公益慈善组织的扶助、帮助或救助。其中，处于困境中是指处于心理困境中，或者无人抚养、赡养的残疾人、失学儿童、孤寡老人、精神病人等；遭遇特别困难，如遭遇重大疾病、自然灾害、重大安全事故等天灾人祸，可以作为受赠人直接接受来自社会的捐助、捐赠或帮扶。

第二节　救灾捐赠的管理规定

世界各国或地区遭遇重大自然灾害，常常会牵动全球、全社会的心。因此，赈济救灾是公益慈善事业的重要活动领域，也是社会公众重点关注的公益慈善问题。在发生自然灾害时，救灾募捐主体开展募捐活动，个人、群体或各类组织也会开展各种各样的捐赠、救济和救援服务等赈灾活动。在我国，救灾募捐主体是在县级以上人民政府民政部门登记的、具有救灾宗旨的公募基金会。各级人民政府民政部门负责管理本行政区内或全国的救灾捐赠工作。特别地，当前我国自然灾害救灾活动的国家行政管理职能部门主要是各级人民政府应急管理部门，但救灾捐赠活动依然主要由各级人民政府民政部门履行职责。

为规范救灾捐赠活动，加强救灾捐赠款物的管理，调节"支援灾区、帮助灾民"等行为，保护救灾捐赠的捐赠人、受赠人和灾区受益人的合法权益，我国制定了相应的管理制度与规范。

一、组织捐赠与募捐

国务院民政部门根据灾情组织开展跨省或全国性救灾捐赠活动，县级以上人民政府民政部门按照部署组织实施。同级人民政府批准，县级以上人民政府民政部门组织开展本行政区内的救灾捐赠活动，但不得跨区开展。在县级以上人民政府民政部门开展的救灾捐赠活动中，同级人民政府行政区内的各系统、各部门、各单位在本系统、本部门、本单位内组织实施。具有救灾宗旨的公募基金会，依法开展救灾募捐活动，但灾害发生时所募集的资金不得用于增加原始基金。开展义演、义赛、义卖等救灾捐赠和募捐活动，举办单位应当报当地人民政府民政部门备案，来不及备案的应在活动结束后30日内补充备案，备案内容包括举办单位、活动时间、活动地点、活动内容、活动方式及捐赠款物用途等。

二、接受救灾捐赠

（1）受赠人和代收人。县级以上人民政府民政部门接受救灾捐赠款物，根据工作需要可以指定社会捐助接受机构、具有救灾宗旨的公益性民间组织实施。乡（镇）政府、街道办事处受县级（县级市、市辖区）人民政府委托，可以组织代收本行政区内村民、居民及驻本行政区内单位的救灾捐赠款物。代收的捐赠款物应及时转交给受赠人。

（2）信息披露。受赠人应向社会公布其名称、地址、联系人、联系电话、银行账号等；在接受捐赠款物时，应当确认银行票据、当面清点现金、验收物资；所捐款物不能当场兑现的，当事人应及时签订捐赠协议；捐赠的食品、药品、生化制品应符合国家相关规定。救灾捐赠、募捐活动及款物分配、使用情况由县级以上人民政府民政部门统一向社会公布，每年不少于两次；集中捐赠和募捐活动应在活动结束后一个月内向社会公布信息。

（3）出具票证。受赠人接受捐赠款物后应向捐赠人出具符合国家财务、会计、税收管理规定的接受捐赠凭证，捐赠人凭救灾捐赠凭证享受税收优惠政策。

（4）境外捐赠。民政部负责对境外通报灾情，表明接受境外救灾捐赠的态度，确定受援区域，负责接受境外对中央政府的救灾捐赠；县级以上人民政府民政部门负责接受境外对地方人民政府的救灾捐赠。具有救灾宗旨的公益慈善组织接受境外救灾捐赠，应当报民政部门备案。外汇救灾捐赠应符合国家外汇管理规定；境外捐赠物资的检验、检疫、免税和入境要按国家规定办理；免税进口的捐赠物资不得以任何形式转让、出售、出租或挪作他用。此外，民政部统一组织对外援助或实施境外捐赠，统一协调民间国际援助活动。

三、捐赠款物使用

（1）使用范围。解决灾民衣、食、住、行、医等生活困难；紧急抢救、转移和安置灾民；心理援助或心理康复服务开支；灾民倒塌房屋的恢复重建、社区重建；捐赠人指定的直接相关用途；经批准的其他直接相关开支。

（2）专项管理。受赠人应对捐赠物资分类造册，指定账户进行专项管理。

（3）接受监督。具有救灾宗旨的公益慈善组织应当按照当地人民政府提供的救灾需求，提出分配、使用救灾捐赠款物方案，报人民政府民政部门备案。救灾捐赠款物的接受、分配、使用情况应按规定的标准进行统计，并接受审计、监察和社会的监督。发放救灾捐赠款物，应坚持民主评议、登记造册、张榜公布、公开发放等程序，账目清楚、手续完备、向社会公布，捐赠人及县级以上人民政府民政部门会同审计、监察等部门有权进行监督检查。

（4）使用年限。受赠人应严格按照使用范围在本年度内分配使用救灾捐赠款物，不得滞留；确实需要跨年度使用的，应当报上级人民政府民政部门审批。

（5）分配与调拨。跨省或全国性救灾捐赠款物由民政部统一分配、调拨；县级以上人民政府民政部门根据灾区需求统筹平衡和统一调拨、分配辖区内救灾捐赠款物，报上级民政部门统计，并遵照捐赠人的意愿使用；或者经捐赠人书面同意，由省级以上人民政府民政部门调剂分配。

（6）运输费用。各种调拨的救灾捐赠物资，其运输、临时仓储等费用按照规定分别由受援地区或捐赠人承担，或者由地方同级财政承担。

（7）变更与变卖。对灾区不适用的救灾捐赠物资，经捐赠人书面同意，按照规定的程序报批并实施变卖，所得款项必须作为救灾捐赠款管理、使用，不得挪作他用。可重复使用的救灾捐赠物资，应作为地方救灾物资储备及时回收、保管。

（8）工作经费。各级人民政府民政部门在组织救灾捐赠工作时不得从捐赠款中列支费用；社会捐赠接受机构、公益慈善组织可以依法或依据捐赠协议在捐赠款中列支必要的工作经费。

（9）违约责任。捐赠人应履行捐赠协议；否则，受赠人有权依法向协议捐赠人追要捐赠款物；挪用、侵占或贪污救灾捐赠款物的受赠人及其直接责任人，滥用职权、玩忽职守、徇私舞弊致使捐赠财产蒙受重大损失的受赠人或其工作人员，将被追究法律责任。

第三节　优化慈善捐赠管理制度

一、慈善捐赠管理制度比较

对公益慈善捐赠的管理，中国和西方国家存在一些制度性差异，这种差异主要表现为制度环境的差异和具体制度规范方面的差异，对公益慈善捐赠带来不同的影响。

1. 制度环境

制度环境决定了制度安排的性质、范围和进程；制度安排的演化反过来会影响制度环境，使制度环境发生适应其发展的变革。相对而言，西方公益慈善事业根植的制度环境主要是道德意识形态和比较有利于社区组织发展的社会结构。

1）道德传统

主导型的社会道德构建对于推进慈善捐赠非常重要。慈善捐赠行为的心理动机是人类善良的本性。乐善好施一向被认为是社会美德，古今中外都是如此。道德是一种经过历史积淀的行为规范，具有导向性和约束力。道德劝导人应当用善意爱人，鼓励人们用捐赠去扶危济困，并强调在社会范围内加以普及。譬如，清教传统使传统的美国人比较务实，具有强烈的自治意识和社团精神，有结余就捐赠，愿意为社区或教育作出贡献。

中华民族一直将"行善积德"作为社会普遍信奉的仁爱道德准则。儒家思想强调民间互助行为，强调人只有通过帮助他人才能完善和实现自我。不过，在社会较为功利、缺乏普遍的慈善捐赠习惯的当下，应将儒家"仁义"和"以义制利"等优良慈善道德传统融入社会主义精神文明建设中，强化公共精神，创造踊跃捐赠的社会氛围。

2）社会结构

西方社会第三部门比较发达，基金会、社区组织占据了大量社会资金和人才资源，对国家和社会发挥着几乎可与政府和企业等量齐观的影响。社区组织、基金会的兴起，以及在捐赠人和受赠人之间发挥的纽带作用，推动了慈善捐赠行为的组织化、社会化、制度化。

中国的慈善基金会和其他社会组织发展相对滞后，公信力较低，慈善交易成本较高，主要原因是中国社会结构尚不成熟。戴维德·塞拉蒙（David Salamon）认为，与政府建立的关系是决定第三部门发展的一个关键因素；只有政府部门和商业部门高度发展、成熟，形成"市场—政府—第三部门"这样的"大共同体结构"后，才能产生有效的社区治理。对比起来，直至目前，我国依然较为缺乏这样的社会环境结构。

2. 制度安排

慈善捐赠的制度安排主要包括政府对公益慈善组织的监管制度、对私人捐助或社会捐赠产生正向激励的税收优惠制度、得到社会认同的捐赠声誉制度。

1）公益慈善组织监管对比

以慈善基金会为例，基金会是欧美公益慈善事业的主要运作方式。但在公益慈善事业中，既要依靠基金会推动公益慈善捐赠，又要防止基金会打着公益慈善的旗号来逃税或谋取不正当私利，因此就需要有一套激励与约束相容的制度安排。经过长期实践，美国等西方国家发展了一套相对完善的基金会监管制度。但中国在发展基金会等慈善组织时相对保守，对基金会的监管经验较不成熟。

2）税收优惠政策对比

鼓励捐赠的税收优惠制度主要是指从应纳税所得额中扣除应纳税所得额的一定比例或数量的慈善捐赠额。这种税收优惠政策设计，各国在公益慈善税收优惠上的立法精神比较一致，所考量的是人们会在捐赠和纳税之间进行权衡，从而增加做出捐赠决策的概率，而政府放弃部分税收资源会促进私人捐赠。美国公益慈善捐赠的发达是"低所得税率"和"慈善捐赠免税"双重政策发力的结果。原因在于，减税使富人和穷人在"经济蛋糕"中得到的绝对数都有所上升，从而可能使富人有更多的钱用于捐赠。这种"增效"作用远超过由于减税降低人们捐赠的机会成本而产生的"减效"作用。因此，促进社会捐赠需要对"降低个人或企业所得税税率"和"公益慈善捐赠税收扣减"进行双重考虑。

3）公益慈善捐赠声誉制度差异

公益慈善捐赠声誉制度是通过授予捐赠人荣誉称号来激励捐赠行为的某种规范。美国经济学家 David R. Harbaugh（1998）探索有关捐赠声誉得益对捐赠效用的贡献，结果发现个人捐赠的数额与他们从捐赠中获得的声誉成正相关，即私人捐赠具有声誉动机。这一发现对于理解捐赠行为、设计有效的筹款策略和制定慈善捐赠政策具有重要意义，正是得益于这样的研究，欧美国家根据捐赠数额的大小给予捐赠人不同等级的荣誉。譬如，"明码实价"地开列某些教席或教学、科研实验大楼、图书馆、艺术中心等建筑物的命名权。捐赠声誉制度有利于公益慈善事业的发展，公益慈善捐赠声誉也推动了企业的发展。

中国的企业家也看重捐赠的社会声誉，社会不应回避私人对捐赠声誉的正当追求。社会舆论、社会观念要打破"做好事不应该留名"这样的社会成见，以及"枪打出头鸟"的社会陋习，充分尊重、保护个人的合法财产，尊重和保护企业家精神。

二、公益慈善捐赠管理制度建设

公益慈善捐赠是公益慈善事业的基石，是社会资源第三次分配的重要手段、方式和途径。公益慈善捐赠管理制度的完善程度，关系到公益慈善事业的可持续健康发展。公益慈善捐赠管理制度是公益慈善捐赠过程中各环节之间相互作用的过程和方式，包括捐赠动员、捐赠激励、捐赠监督等要素。公益慈善的捐赠动员要统筹好体制化动员和社会化动员两种方式，捐赠激励要在制度上明确通过物质奖励或精神奖励实现对捐赠人善行的肯定和鼓励，捐赠监督需要明确从制度上使用并充分保障来自报纸、网络、自媒体的社会监督和第三方独立评估机构的监督。

1. 完善公益慈善捐赠动员机制

目前，政府集中和掌握的直接资源巨大。创新公益慈善捐赠的管理，增进社会公众的公益慈善意识，需要优化慈善捐赠的社会动员机制。这既要充分利用现有的组织资源和体制资源进行慈善动员，又要着力健全、创新社会动员机制。

（1）重建社会信任，激发社会力量参与公益慈善事业的活力。当前，我国社会道德在一定程度上存在滑坡现象，对捐赠接受机构或公益慈善组织的不信任问题普遍存在，这导致不少人在公益慈善捐赠问题上始终处于一种犹豫、观望状态。基于此，激活公益慈善捐赠的社会化动员，应提升政府公信力，以理服人、以情动人、以"信心""信任"服人，激发社会传统慈善美德和社会责任感，唤起公众的公共精神与公益慈善意识。

（2）重建公信力，塑造公益慈善组织的良好形象。在公益慈善捐赠中，当前社会公众普遍存在"愿为而不为""想为而不能为"的现象。公益慈善腐败行为高发、慈善财产滥用等，严重打击了社会公众的公益慈善捐赠热情。因此，要畅通意见沟通渠道及诉求回应模式，强化透明、规范、法治化的信息披露机制，培植公益慈善组织的公信力。

（3）推进公益慈善捐赠动员主体建设，实现从行政化动员向社会化动员的转变。政府的主要作用是完善制度，提供宏观的指导和监督，营造良好的公益慈善政策环境、法治环境和社会氛围。公益慈善的具体、微观事务交由公益慈善组织和民间社会负责。

总之，公益慈善捐赠的社会化动员，需要建立公益慈善组织与公众之间的沟通渠道，发展壮大公益慈善志愿者队伍，关注当前社会价值趋向和社会心理诉求，强化对公众公益慈善意识的宣传、教育，促进社会信任，重建政府及公益慈善组织的公信力。

2. 完善公益慈善捐赠激励制度

公益慈善捐赠激励制度建设是指，在精神层面和物质层面，通过一系列政策、法律、法规、规章激发社会公众的公益慈善捐赠行为，实现对公益慈善捐赠人激励的制度。

（1）完善公益慈善捐赠的法制。从制度上保障多渠道公益慈善捐赠筹资机制，拓宽筹资渠道，推进公益慈善组织及其公信力的建设，并推动建立健康的公益慈善捐赠运营机制。

（2）优化对捐赠人的激励机制。从制度上切实降低个人（或企业）所得税税率，优化公益慈善捐赠税收减免程序；同时，从制度上保障社会捐赠的专项基金冠名权、捐赠项目的署名立传权、个人/家族的冠名权，保障"荣誉市民""慈善大使"等称号的权威性和社会威望，保障捐赠项目捐赠人的广告或公益广告发布权，改进公益慈善捐赠表彰机制，并确保公益慈善表彰的权威性，以激励更多人为公益慈善事业贡献力量。

3. 完善公益慈善捐赠监督制度

公益慈善是"阳光"事业、"玻璃口袋"事业、"清澈"事业，任何环节出现问题都会削弱公众的捐赠热情、伤害捐赠人的感情，进而破坏公益慈善事业。因此，加强公益慈善捐赠的内外部监督是公益慈善事业健康发展的内在要求。内部监督主要以自律和优化内部治理机制为主；外部监督主要是社会监督、捐赠人监督、行业监督和政府监督。

公益慈善捐赠的监督机制

（1）优化内部监督。公益慈善捐赠的受赠人包括政府及相关部门、公益慈善组织和个人，优化内部监督的阐释如下。

- 受赠人为个人的，需要强化个人自律，使个人凭着良心和操行正确使用捐款。
- 公益慈善组织是公益慈善捐赠的主要受赠人，优化内部治理结构，促进自律、自控、自治、自我约束、自我发展，实现对公益慈善物资的募集、存储、使用、监督、投资运营、项目运作、会计核算等活动，并对公益慈善组织的使命、利益冲突、内控、筹资、财务、项目、人员、信息公开、协作关系等进行制约。
- 民政、卫生等人民政府行政部门作为救灾受赠人，也要强化对内部权力的制约和公信力的建设。

（2）强化外部监督。外部监督包括社会监督、捐赠人监督和政府监督。其中，社会监督由媒体、第三方独立评估机构及公众（含社区邻里）三位一体的监督形式组成。强化外部监督的阐释如下。

- 公众可以通过传统媒体及自媒体以投诉、举报、作证等方式发挥监督作用；自媒体在损害公益慈善声誉、滥用慈善财产的腐败事件监督中发挥了重要作用。
- 社区邻里、社区组织应加强对个人受赠人除个人隐私、尊严外的关爱和监督。
- 第三方独立评估机构对公益慈善组织的评估也是一种行之有效的公益慈善捐赠监督形式。
- 个人、企业或其他组织作为捐赠人对捐赠款物拥有知情权，可依法对公益慈善组织的财务状况、善款使用情况和工作人员的行为等进行适当的监督。
- 政府通过慈善财产的会计、审计、金融监管实现对公益慈善捐赠的监督。

总之，公益慈善捐赠是一个从社会动员到激励再到监督、反馈的互动和动态过程。公益慈善捐赠社会动员的目的在于唤醒公众的爱心、慈善意识和社会责任感；公益慈善激励制度要鼓励社会公众捐赠，使慈善捐赠内化为公众自觉、主动的行为；加强对公益慈善捐赠物资使用的监督，是规范公益慈善募捐行为、维护公益慈善秩序的根本保障。我国的公益慈善事业管理必须理顺、规范、优化公益慈善捐赠机制。

本章提要

1. 公益慈善捐赠是自然人、法人和其他组织基于公益慈善目的，自愿、无偿赠与财产的活动。捐赠人可以通过公益慈善组织捐赠，也可以直接向受赠人捐赠，并遵循自愿、非营利、合法、多样化等原则；所捐赠的财产应当是捐赠人有权处理的合法财产；所捐赠的实物应具有使用价值，符合安全、卫生、环保标准。

2. 公益慈善捐赠的受赠人可以分为4类：公益慈善组织，公益性非营利性事业单位，县级以上人民政府及其民政、卫生等行政职能部门，个人或家庭。

3. 公益慈善捐赠制度是慈善捐赠过程中各环节之间相互作用的过程和方式，包括捐赠动员、捐赠激励和捐赠监督等要素。公益慈善捐赠制度的立法宗旨是，鼓励捐赠，规范捐赠和受赠行为，保护捐赠人、受赠人/受益人的合法权益，发展公益慈善事业。对比中外公益慈善捐赠制度可以发现，西方公益慈善事业建立在道德意识、有利于社区组织发展的社会结构，以及健全的监管制度、税收优惠政策、捐赠声誉制度基础上。

本章 案例

【案例11-1】浙江推出"浙里捐赠"数字平台　让慈善捐赠更便利更规范 [资料来源：王观.《人民日报》，2022-08-01（18），有删节]

"过程透明，操作也方便。"由浙江省舟山市慈善总会发起的"寻找好心人，帮助残疾人，圆梦微心愿"活动在"浙里捐赠"数字平台一上线，很快就获得了首笔慈善捐款。

2022年5月初，浙江省财政厅与杭州市财政局联合浙江省税务局、浙江省民政厅在浙江省政务服务网、"浙里办"App上推出"浙里捐赠"数字平台。上线1个多月后，捐赠金额已达12.2亿元，累计超过405万人次接受捐赠。

此前，公益平台、捐赠项目众多且分散，捐赠人捐赠后需要通过电话或前往现场向公益慈善组织申请开票，无法及时了解捐赠善款的去向和效果，捐赠环节不够便利。通过"浙里捐赠"数字平台的"一键捐赠""一秒开票""一址查询"3个功能，企业、社会组织和个人可以一键完成定向或非定向公益慈善项目的捐赠、电子票据开具和相关政策查询。

为打消捐赠人对善款流向的顾虑，营造诚信的慈善环境，"浙里捐赠"数字平台基于浙江省互联互通政务"一朵云"，创新应用区块链技术，以捐赠项目为唯一标识，在捐赠项目备案、善款收取、善款使用等环节，充分利用财政电子票据和税务电子发票集成数据,促进信息流、资金流、票据流"三流合一",建立善款上链、过程存证、信息溯源的捐赠生态闭环,达到善款流向和项目进展的全过程透明及风险预警处置。

"浙里捐赠"数字平台成功推行,离不开财税体制机制改革的推动。为充分激发慈善捐赠的社会合力,财政、税务、民政、慈善组织等加强跨部门信息共享,实现省、市、县、乡跨层级协同,以及管理部门、慈善组织、公益平台业务流程跨系统协同。

"浙里捐赠"数字平台再造了全链条的捐赠业务流程。公益慈善组织经登记认定后,可同步认定非营利性组织免税资格和公益性捐赠税前扣除资格。以民政部门的慈善项目备案名作为捐赠票据的开票项目名,改变以往公益慈善组织根据要求分开申请、分别提供材料,由民政部门和财政部门各自审定,可能出现项目备案名与开票项目名不统一的现象。

"浙里捐赠"数字平台也是浙江省财政系统高质量发展建设共同富裕示范区的改革试点项目。为激励人人参与慈善、助力共同富裕示范区建设,"浙里捐赠"数字平台梳理整合包括财税政策等在内的慈善捐赠激励政策,并在平台对应的捐赠项目中发布政策提示,让捐赠激励"可感知";根据捐赠事项办理流程,引导捐赠人按需申请获取捐赠票据、关联获取相关财税支持政策和申请兑现社会积分等操作,让捐赠激励"可操作";以捐赠票据为捐赠行为的唯一标识,同步向税务等相关部门推送并实现税收支持等各类政策和社会积分的兑现,将兑现结果及时反馈给捐赠人,让捐赠激励"可享受"。

案例导读:数智化背景下的公益慈善捐赠,以及其管理制度建设的启示。

思考与练习

一、名词解释

1. 公益慈善捐赠
2. 救灾捐赠

二、简答题

1. 简述公益慈善捐赠应遵循的原则。
2. 比较中外公益慈善捐赠的制度差异。
3. 简述捐赠声誉制度对激活公益慈善捐赠的作用。
4. 简述如何动员、激励社会公众的公益慈善捐赠。

三、论述题

1. 阐释如何优化公益慈善捐赠管理制度。
2. 讨论社会信任和政府公信力影响公益慈善捐赠的内在机理。

参考文献

[1] 刘澄，刘志伟，叶波. 改进中国慈善捐赠的制度安排[J]. 国际经济评论，2006（5）：41-44.

[2] 张强，韩莹莹. 中国慈善捐赠的现状与发展路径[J]. 中国行政管理，2015（5）：82-86.

[3] 许琳，张晖. 关于我国公民慈善意识的调查[J]. 南京社会科学，2004（5）：89-94.

[4] 吴正锋，许克祥. 我国慈善捐赠制度的改进与完善[J]. 产业与科技论坛，2014（9）：39-40.

[5] 黄丹. 当代中国慈善事业发展的战略路径探讨[J]. 社会科学，2003（8）：75-79.

[6] 周志忍，陈庆云. 自律与他律——第三部门监督机制个案研究[M]. 杭州：浙江人民出版社，1999.

[7] 蔡勤禹，江宏春，叶立国. 慈善捐赠机制述论[J]. 苏州科技学院学报，2009（2）：32-37.

[8] 曲顺兰，王丛，崔红霞. 国外慈善捐赠税收激励政策取向及我国优惠政策的完善[J]. 经济与管理评论，2016，32（5）：100-111.

[9] 中国社会科学院社会政策研究中心. 慈善蓝皮书：中国慈善发展报告（2017）[M]. 北京：社会科学文献出版社，2017.

[10] 郭芳. 40个部门和单位实施慈善捐赠信用奖惩[J]. 中国社会组织，2018（5）：19.

[11] David R. Harbaugh. The Prestige Motive for Giving[J]. American Economic Review, 1998, 88(2): 277-282.

[12] 袁小平. 农村社区建设中的社会动员机制研究[M]. 北京：中国社会科学出版社，2020.

第十二章
公益慈善税收优惠

知识目标

1. 了解公益慈善税收优惠的主要制度
2. 熟悉公益慈善税收优惠的基本内容
3. 了解国外慈善税收优惠概况

能力目标

1. 理解公益慈善税收优惠的对象
2. 掌握国外慈善税收优惠制度
3. 把握慈善税收优惠制度的改进

素质目标

1. 理解税收优惠制度对公益慈善事业发展的意义
2. 理解遗产税相关法规对公益慈善事业发展的意义

第一节　公益慈善税收优惠的内容

对从事公益慈善活动、参与公益慈善捐赠的个人、企业或其他组织进行相应的税收减免等，是世界各国通行的促进公益慈善事业发展的做法，通过税收制度激励公益慈善事业发展的理念深入人心。可以说，税收优惠相关制度是针对公益慈善事业的各种激励举措中最有效的杠杆，因此，公益慈善税收优惠制度成为各国公益慈善相关立法的核心内容之一。对通过捐赠、志愿服务等方式从事、开展或参与公益慈善活动（项目）的各方主体给予税收优惠，也是我国公益慈善事业的重要组成部分。

我国现行税法关于公益慈善税收优惠的规定分别体现在流转税、所得税、资源税、财产税和行为税五大税类的具体税种中。在流转税方面，主要涉及《中华人民共和国增值税法》《中华人民共和国消费税法》《中华人民共和国进出口关税条例》（国务院令第392号）等法律法规，增值税、消费税、营业税、关税等分别对慈善收入、慈善捐赠进行了相应的规定。在所得税方面，主要涉及《中华人民共和国企业所得税法》《中华人民共和国个人所得税法》，企业、个人所得税对慈善捐赠进行了明确规定。在资源税、财产税和行为税方面，主要涉及《中华人民共和国土地增值税法》《中华人民共和国契税暂行条例》（国务院令第224号）、《中华人民共和国印花税暂行条例》（国务院令第588号）等法律法规，土地增值税、契税和印花税等对慈善收入、慈善捐赠进行了规定。综合这些法律法规等相关制度规范，公益慈善税收优惠的基本内容主要由4个部分组成。

（1）公益慈善组织的税收优惠资格，包括自身免税资格和向其捐赠的税前扣除资格。公益慈善组织向地方税务主管机关提出免税资格申请，由地方财政、税务部门联合审核确认并定期公布。公益慈善组织的公益性捐赠税前扣除资格，分别向民政、财政、税务部门提出申请，在民政部登记的公益慈善组织由民政部初步审核，由民政部、国家税务总局、财政部联合审核；在地方人民政府民政部门登记的公益慈善组织的税前扣除资格由省级人民政府民政部门初步审核，由省级人民政府民政、财政、税务部门联合审核并分部门单独公布。

（2）公益慈善组织自身活动的税收优惠，包括所得税、增值税、营业税、契税、房产税等的优惠。公益慈善组织取得免税资格后，接受其他单位或个人捐赠的收入、符合条件的政府补助等，免征企业所得税。除此之外，还有关于公益慈善组织自用房产、土地的房产税、土地使用税及车船使用税、契税、增值税等税收优惠的法律法规。

（3）企业、个人等捐赠人的税收优惠涉及所得税、印花税、增值税、关税等。个人或企业向公益慈善事业的捐赠可以在应纳税所得额中扣除；捐赠行为通常涉及的印花税政策较少，但在某些情况下能够减免；捐赠物资用于公益慈善事业可以享受免征增值税的政策。另外，境外捐赠人无偿向受赠人捐赠的物资可享受进口关税和进口环节增值税的减免优惠，这一政策适用于特定的扶贫、赈灾等公益慈善项目。

（4）在公益慈善捐赠中，受益人依法享受税收优惠，即政府部门、企事业单位及社会团体给予的抚恤金、救济金，以及因自然灾害、事故灾难等获得的临时救助性收入，通常免征个人所得税，大大减轻了受益人的经济负担。

总体上，中国现行公益慈善税收优惠制度及其实施，对促进我国公益慈善事业的发展起到了积极效果，不仅减轻了公益慈善组织的税费负担、激发了社会的捐赠意愿，而且体现了对受益人困境的关注，以及对受益人生存权、发展权的尊重。

> **《中华人民共和国慈善法》关于税收优惠的相关规定**
>
> - 公益慈善组织及其取得的收入依法享受税收优惠。
> - 自然人、法人和其他组织捐赠财产用于慈善活动的，依法享受税收优惠。
> - 企业慈善捐赠支出超过法律规定的准予在计算企业所得税应纳税所得额时当年扣除的部分，允许结转以后三年内在计算应纳税所得额时扣除。
> - 境外捐赠用于公益慈善活动的物资，依法减征或者免征进口关税和进口环节增值税。
> - 受益人接受慈善捐赠，依法享受税收优惠。
> - 捐赠人向公益慈善组织捐赠实物、有价证券、股权和知识产权的，依法免征权利转让的相关行政事业性费用。
> - 国家对开展扶贫济困的慈善活动，实行特殊的优惠政策。

另外，在中国香港地区，一个机构要被认定为慈善组织或其活动具有慈善性质，才能够享受税收优惠。一般，税务局负责认定工作，但认定标准并不取决于组织的名称或法定形式，而是取决于其活动是否具有慈善性质。例如，《属公共性质的慈善机构及信托团体的税务指南》明确规定，组织或信托必须纯粹用于法理上承认的慈善用途。

税务局的认定对公益慈善组织的税收优惠和社会公信力有重要影响。一个组织被认定为公益慈善组织，就有税收方面的明显优势，且其社会公信力将大大提高，有利于该组织筹集善款、积聚社会资源。另外，公益慈善组织接受捐赠，有权利和义务为捐赠人开具相关证明材料；而个人或企业凭借相关证明材料申报个人或企业应缴所得税额，可以得到一定比例的减免。这些规定，大大刺激了个人或企业参与公益慈善事业。中国香港地区公益慈善税收优惠政策的相关内容体现在以下4个方面的制度规范中。

（1）企业捐赠扣除。根据中国香港地区《税务条例》，企业在一个会计年度内对符合规定的慈善机构进行的现金捐赠（不包括实物捐赠或有价财物捐赠），只要累计总额不低于100港元，就可以在计算应缴所得税额时予以扣除。这种制度鼓励企业向公益慈善组织捐赠，从而减轻企业的税务负担。

（2）印花税豁免。根据中国香港地区《印花税法》，将不动产或股票捐赠给公共性质的慈善机构或信托团体，或者通过信托方式支付给这些机构，可以免除印花税。这一政策旨在减轻捐赠人的税务负担，并鼓励更多的慈善财产捐赠。

（3）定期复查。公益慈善组织在获得税务豁免资格后，需要接受税务局的定期复查，包括提供相关账目、年报等信息。复查周期通常为4年，以确保这些组织仍符合慈善性质要求，并合理使用税收优惠政策。

（4）定级管理。中国香港地区对公益慈善组织的监管是分等级的，这种分等级的管理有助于公益慈善组织优化组织结构、提升运营效率。税务系统的免税调查是定级的重要依据，可以进一步保障公益慈善组织的透明度、公正性及其活动的慈善性质。

第二节　公益慈善税收优惠的对象

根据我国激励和促进公益慈善事业的制度设计，公益慈善税收优惠主要针对以下3类参与主体：公益慈善组织、捐赠人和受益人。具体而言，公益慈善组织及其所取得的收入依法享受税收优惠；自然人、法人或其他组织对公益慈善活动的捐赠（包括境外捐赠）依法享受税收优惠；受益人（受助人或受赠人）在接受公益慈善捐赠或公益慈善服务时，也依法享受税收优惠。

一、公益慈善组织

（1）公益慈善组织的收入免税的资格条件。在我国，符合条件的非营利组织的收入列入免税收入。公益慈善组织作为非营利组织的一种，其性质及其取得的收入两个方面都必须"符合条件"才可享受优惠，并非经民政部门登记的社会组织就自然具有免税资格。截至目前，非营利组织的免税资格认定管理办法依然遵循《财政部 国家税务总局关于非营利组织免税资格认定管理有关问题的通知》（财税〔2014〕13号）的相关规定。

公益慈善组织税收优惠的条件

根据《中华人民共和国企业所得税法》，符合条件的公益慈善组织必须同时符合下列条件才可以享受税收优惠：

(1) 依法履行非营利组织登记手续；
(2) 从事公益性或非营利性活动；
(3) 取得的收入除用于与该组织有关的、合理的支出外，全部用于登记核定或者章程规定的公益性或非营利性事业；
(4) 财产及其孳息不用于分配；
(5) 按照登记核定或章程规定，该组织注销后的剩余财产被用于公益性或非营利性目的，或者由登记管理机关转赠给与该组织性质、宗旨相同的组织，并向社会公告；
(6) 捐赠人对捐给该组织的财产不保留或者不享有任何财产权利；
(7) 工作人员工资福利开支控制在规定的比例内，不变相分配该组织的财产。

（2）公益慈善组织取得收入的免税条件。可享受企业所得税免税优惠的收入必须是税收法律法规列举的各种收入类型。

公益慈善组织取得收入的税收优惠条件

公益慈善组织取得收入的免税条件包括以下方面：

(1) 接受其他单位或个人捐赠的收入；
(2) 除《中华人民共和国企业所得税法》规定的财政拨款外的其他政府补助收入，但不包括政府购买服务取得的收入；
(3) 按照省级以上人民政府民政、财政部门规定收取的会费；
(4) 不征税收入及免税收入孳生的银行存款利息收入。

但是，公益慈善组织从事营利性活动取得的收入一般不列入免税收入范围。

（3）其他方面的税收优惠政策。主要体现在公益慈善组织或有关社会团体进行与公益慈善事业相关活动产生的部分支出上，如购置和使用房产、土地、车船等。

公益慈善组织的其他税收优惠情况

(1) 经国务院授权的政府部门批准设立或登记备案，并由国家拨付行政事业费的各类社会团体自用的房产，免征房产税。
(2) 政府部门、企事业单位、社会团体及福利性、非营利性老年服务机构，国家拨付事业经费及企业办的各类学校、托儿所、幼儿园，以及疾病控制机构和妇幼保健机构等卫生机构自用的土地，免征城镇土地使用税。
(3) 企业和其他社会团体将土地使用权和房屋所有权转让给公益慈善组织，可以免征增值税。

（4）人民团体自用车辆、国家财政拨款单位自用车辆和用于公益事业的车船，免征车船使用税。

（5）社会团体购置土地和房屋用于办公、教学、医疗、科研等活动，可以免征契税。但是，如果改变土地和房屋用途，则需要补缴契税。

二、捐赠人

我国税法对捐赠人的所得税优惠采用税基式减免的形式，即捐赠支出可以按照规定在计算所得税的应纳税所得额时扣除。这意味着可减免的具体税额取决于企业适用的税率及企业是否亏损等因素，需要通过计算来确定，而不是直接从应纳税所得额中抵减。

（1）企业所得税。《中华人民共和国企业所得税法（2018年修订版）》及其实施细则规定，企业通过公益性社会团体或县级以上人民政府及其部门救助灾民、救济贫困、扶助残疾人等公益事业的捐赠支出，适用于《中华人民共和国公益事业捐赠法》规定的公益事业的捐赠支出，在年度利润总额12%以内的部分，准予在计算应纳税所得额时扣除；超过年度利润总额12%的部分，准予结转以后3年内在计算应纳税所得额时扣除。

捐赠财产形式多样，包括货币、实物、有价证券和房屋等有形财产和无形财产。其中，股权捐赠是一种新型的捐赠模式，可使受赠的公益慈善组织通过所持股企业的股权分红而持续得到收益，有利于促进公益慈善财产的保值、增值。根据税收相关法律法规，企业对外捐赠资产，资产所有权发生改变应视同销售，按照被捐赠资产的公允价值确定收入。被捐赠的股份如果增值幅度大，捐赠企业则会产生大额的所得税负担，但没有相应的现金流完成缴税义务，基于此，财政部与国家税务总局于2016年联合发布《关于公益股权捐赠企业所得税政策问题的通知》（财税〔2016〕45号），规定企业向公益性社会团体实施的股权捐赠，视同股权转让，股权转让收入以企业所捐赠股权取得时的历史成本确定。该规定实际上减免了捐赠人就股票增值部分需要缴纳的所得税。

（2）个人所得税。《中华人民共和国个人所得税法（2018年修订版）》及其实施细则规定，个人将其所得通过中国境内的社会团体、国家机关向教育和其他社会公益事业及遭受严重自然灾害地区、贫困地区的捐赠，捐赠额未超过纳税义务人申报的应纳税所得额30%的部分，可以从其个人所得税应纳税所得额中扣除。在计算允许个人所得税税前扣除捐赠支出时，当期扣除不完的捐赠余额，不得转到其他应纳税所得项目及以后纳税申报期的应纳税所得额中继续扣除，也不允许将当期捐赠在以前纳税申报期的应纳税所得额中追溯扣除。这些限制的初衷是保持税收的公平性和稳定性，但可能在一定程度上抑制了个人捐赠的积极性和热情。

个人公益性捐赠税收优惠的特殊规定

个人向以下公益慈善组织进行捐赠，符合条件可以在个人所得税税前全额扣除：

- 中华健康快车基金会；
- 孙冶方经济科学基金会；
- 中华慈善总会；
- 中国法律援助基金会；
- 中华见义勇为基金会；
- 宋庆龄基金会；
- 中国福利会；
- 中国残疾人福利基金会；
- 中国扶贫基金会；
- 中国煤矿尘肺病治疗基金会；
- 中华环境保护基金会；
- 中国老龄事业发展基金会；
- 中国华文教育基金会；
- 中国绿化基金会；
- 中国妇女发展基金会；
- 中国关心下一代健康体育基金会；
- 中国生物多样性保护基金会；
- 中国儿童少年基金会；
- 中国光彩事业基金会；
- 中国医药卫生事业发展基金会；
- 中国教育发展基金会。

这一政策源自以下国家政策文件规定：

《财政部 国家税务总局关于向中华健康快车基金会等5家单位的捐赠所得税税前扣除问题的通知》（财税〔2003〕204号）；

《财政部 国家税务总局关于向宋庆龄基金会等6家单位捐赠所得税政策问题的通知》（财税〔2004〕172号）；

《财政部 国家税务总局关于中国老龄事业发展基金会等8家单位捐赠所得税政策问题的通知》（财税〔2006〕66号）；

《财政部 国家税务总局关于中国医药卫生事业发展基金会捐赠所得税政策问题的通知》（财税〔2006〕67号）；

《财政部 国家税务总局关于中国教育发展基金会捐赠所得税政策问题的通知》（财税〔2006〕68号）。

(3)其他方面的规定。房产所有人、土地使用权所有人通过中国境内非营利性社会团体、国家机关将房屋产权、土地使用权赠与教育、民政和其他社会福利、公益事业的,不征收土地增值税。《扶贫、慈善性捐赠物资免征进口税收暂行办法》(财税〔2000〕152号)规定,境外捐赠人无偿向受赠人(以人道救助和发展扶贫、慈善事业为宗旨的社会团体,或国务院有关部门和各省、自治区、直辖市人民政府)捐赠的直接用于扶贫、慈善事业(非营利性扶贫济困、慈善救助等社会慈善和福利事业)的物资,减征或免征进口关税和进口环节增值税。此外,出现一些突发或特殊情况,针对特定事项的捐赠,国家可能会出台一些特殊的税收优惠政策,允许在计算企业所得税时全额扣除,这些特定事项的政策通常由财政部、国家税务总局出台。譬如,地震灾害就是突发且重大的特殊自然灾害,支持地震灾后恢复重建需要大量资金,为了重建灾区,国家通常会通过税收优惠来鼓励社会资金投入灾区建设。

慈善捐赠税收优惠的特殊性规定案例

根据《国家税务总局关于企业所得税执行中若干税务处理问题的通知》(国税函〔2009〕202号)、《财政部、海关总署、国家税务总局关于支持玉树地震灾后恢复重建有关税收政策问题的通知》(财税〔2010〕59号)、《财政部、海关总署、国家税务总局关于支持舟曲灾后恢复重建有关税收政策问题的通知》(财税〔2010〕107号)、《财政部、海关总署、国家税务总局关于支持芦山地震灾后恢复重建有关税收政策问题的通知》(财税〔2013〕58号)的规定,汶川地震、玉树地震、舟曲泥石流、芦山地震的灾后重建的个人和企业捐赠,可在计算当年所得税时据实全额扣除。此外,对于上述受灾地区的捐赠物资,也免征增值税、城市维护建设税、印花税、教育费附加税。

三、受益人

中国现行税收制度中存在关于受益人税收优惠的零散规定,这些规定散见于《中华人民共和国慈善法》《基金会管理条例》(国务院令第400号)、《中华人民共和国个人所得税法》及其实施细则等法律法规中。特别地,在应急慈善或赈济救灾慈善捐赠中,公益慈善服务对象和受益人税收优惠的具体操作规范在汶川地震、玉树地震、舟曲泥石流、芦山地震等灾后恢复重建的税收政策中得到了体现。针对这些灾后重建的特殊情况,政府专门制定了慈善捐赠款项和慈善财产所得税优惠的相关政策,对受灾地区企业、个人通过公益慈善组织接受捐赠的款项、物资,免征相应所得税。

> **受益人的税收优惠情形**
>
> - 国家发放的救济金免征个人所得税。
> - 残疾、孤老人员和烈属所得,以及其他财政部门批准的所得可以减免征收个人所得税。
> - 公益慈善组织提供的慈善服务和发放的慈善给付,如果属于扶贫、济困、助残的范畴,则受益人可以依据《中华人民共和国个人所得税法》获得税收优惠。
> - 对受灾地区企业、个人通过公益慈善组织接受捐赠的款项、物资,也免征相应的所得税。

第三节　国外公益慈善税收优惠制度

一、美国的慈善捐赠税收优惠制度

美国的慈善捐赠税收优惠制度对美国慈善捐赠和公益慈善事业的发展起到了巨大的支持和促进作用。事实上,美国政府对公益慈善组织及公益慈善行为的监管主要通过税收制度来实现,捐赠人、接受慈善捐赠的公益慈善组织都能够享受税收减免的优惠待遇,进而通过调节公益慈善组织和公益慈善行为的税收,实现监管、规范其运作、行为的目标。美国联邦、州和地方政府的税法中都有对公益慈善活动的税收优惠制度,表现在两个方面:其一是对有资质的公益慈善组织的税收优惠;其二是对慈善捐赠的税收扣除和税收抵免。

1. 对慈善组织的税收优惠

美国政府对慈善组织的税收优惠主要体现在联邦税法中,涉及的税种主要有所得税、财产税、失业税等,且主要采取免税办法。其中,美国的失业税免税是指慈善组织无须缴纳其他机构的雇主必须按人头向政府缴纳的失业保障税。

符合《美国税收法典》规定的慈善组织[符合第501条(c)(3)条款的组织]可以免缴联邦所得税和州所得税。然而,与其慈善目的完全无关的贸易或商业活动所得,以及私人基金会的投资收入,仍需要遵守相关税法。对慈善组织的具体优惠政策概述如下。

（1）慈善组织免税资格。根据《美国税收法典》，所有符合第501条（c）（3）条款的机构都被视为私人基金会，应执行私人基金会的规定，除非它们符合公益慈善机构的条件。是否被认定为公益慈善机构通常取决于以下因素：组织及其活动的性质、资金来源及其比例、与其他公益慈善机构的关系。在美国，通常可免征联邦所得税的机构包括促进宗教、教育、医学、科学等传统慈善目的的机构，以及与传统慈善目的相关的其他组织。其他免税机构类型包括：致力于社会福利的公益团体、工会、农业或园艺组织、企业联合会、商会和贸易协会，为休闲和娱乐设立的非营利性俱乐部，共济组织，某些退休基金会，人寿保险协会，公募公司、信用协会和退伍军人俱乐部。此外，某些由政府设立和运营的教育机构、按照第501条（c）（3）条款成立和运营的某类政府机构及公共安全测试机构也符合公益慈善机构的条件。

除了上面提到的由其类型和活动决定的符合条件的机构，《美国税收法典》还明确了两种类型的公益慈善机构：第一类机构必须至少有1/3的基本财政支持来自公众、政府机构或其他符合公众支持条件的机构，或者以上所有机构通过捐赠或出让形式提供的支持；第二类机构必须满足两个条件，一是其投资收入及与慈善目的无关的商业活动收入不得超过1/3，二是至少有1/3的基本财政支持来自捐赠、会员费及因从事公益慈善活动而产生的收入。此外，《美国税收法典》规定了第三类公益慈善机构，即"支持机构"，这些机构通过与另一类公益慈善机构建立特殊关系来获得公益慈善身份。

（2）《美国税收法典》提供了一般性免税规定，适用于具有慈善目的的机构；明确了"慈善"的普遍法律定义，排除了对该术语的狭隘解释或限制。"慈善"包括但不限于以下领域：救济贫困或社会地位低下的群体，促进宗教发展，推动科学和教育事业，支持卫生事业（包括医院），减轻政府负担，通过建立免税机构推动社会进步的福利事业。

（3）对于经过美国联邦税务局（IRS）认证并获得免税资格的慈善机构，其拥有的土地和房产等资产通常可以免除地方土地税和房产税。虽然美国联邦政府不征收此类税款，但某些州和地方政府允许公益慈善机构免缴这些地方税。

（4）符合《美国税收法典》第501条（c）（3）条款的慈善组织，其支付给雇员的工资通常免征美国联邦失业税（FUTA）。然而，其他非营利性组织只有当年度内对其雇员支付的工资不超过100美元时，才能免缴美国联邦失业税。美国联邦失业税是美国社会保障体系中相对独立的税目，仅对雇主征收，雇员不需要缴纳。

（5）经过美国联邦税务局认证并获得免税资格的慈善机构，在销售商品或提供服务时，通常可以免征销售税。但是，销售税的豁免政策在不同州和地方政府存在差异。

2. 对捐赠人的税收优惠

根据《美国税收法典》，税收优惠政策的范围包括免征所得税、财产税、联邦失业税和销售税；税前扣除优惠包括个人所得税、公司所得税和遗产赠与税。

（1）根据《美国税收法典》，法人捐赠人可以要求将其任意一年内不超过其应纳税收入10%的捐赠额从应纳税收入中扣除。如果捐赠额超过了这一限额，超出部分可以在接下来的五年内扣除。

（2）根据《美国税收法典》第170条的规定，个人捐赠人在捐赠当年可以申请将其经过调整后的总收入（Adjusted Gross Income，AGI）的最高50%作为税前扣除。在某些情况下，这一扣除上限可能降低至调整后总收入的20%~30%。例如，捐赠非现金资产给私营基金会时，扣除上限通常会降低。如果捐赠额超过了规定的扣除上限，超出部分的税收减免可以延续到未来的五年，这一机制允许捐赠人最大化其税收优惠。上述限制适用于个人所得税的减免，而不动产遗产税的慈善捐赠没有比例限制，可以全额扣除。

（3）《美国税收法典》对不同形式的捐赠提供了不同的税收优惠，这体现了法律法规对于捐赠行为的引导作用，即通过法律法规实现对公益慈善事业发展的间接调控。

> **美国捐赠行为税收优惠的排除项**
>
> 在美国，并非所有捐赠都可以享受税收优惠。根据美国财政部收入局526号公告，以下7种捐赠不符合税收减免条件：
> - 对特定个人的捐赠；
> - 对不符合免税资格组织的捐赠；
> - 捐赠者可以获得部分返还或得到个人利益的捐赠；
> - 以时间或服务为内容的捐赠；
> - 捐赠人的个人费用开支；
> - 评估捐赠物市场价值的费用；
> - 财产部分收益的捐赠。

除税收优惠外，《美国税收法典》还通过其他征税方式对基金会进行管理。例如，《美国税收法典》第4940条规定了对私人基金会投资净收益的税率，该收益包括利息、分红、租金、版税及所有资本净收入；《美国税收法典》第4942条对未能在特定时期内达到法定慈善支出要求的私人基金会提出税务要求。

二、英国的慈善捐赠税收优惠制度

英国适用统一的税法，各地区的地方性税法除些许的区别外基本一致，其优惠政策主要表现为对慈善团体的税收优惠及对捐赠人的税收优惠。

1. 对慈善团体的税收优惠

（1）对收入和资本利得免税。英国《收入和资本利得税法》第505条规定，"以慈善为唯一目的"成立的慈善团体从任何个人或信托公司取得的大多数形式的收入（包括来自英国国内和国外的收入）可以免税，但对非英国的慈善团体一般不免税。具体免税收入和所得包括：其一，《收入和资本利得税法》第505条（1）、（2）条款规定的非贸易收入，包括不动产收入、股息、利息、版税、养老金和扣税捐赠物品等，在大多数情况下，英国不允许对这些收入扣税，如果缴纳了税款慈善团体也可以要求退税；其二，《利润税法》第256条（1）条款规定的慈善团体自有资产的资本利得收入。这些免税规定只适用于以慈善为唯一目的的收入和资本利得。

如果在任意会计年度内这些免税额大于或等于10000英镑，且超过部分用于慈善目的，则这些免税可以扩大到慈善团体发生的其他无免税资格的支出［《收入和资本利得税法》第505条（3）条款］。《收入和资本利得税法》第506条对无免税资格支出进行了具体规定：用于非慈善活动的支出；在英国法律或税法管辖范围内的投资和信贷；向海外团体支付的费用，除非慈善团体能够证明这些费用用于慈善目的。

慈善团体的贸易收入也可以获得税收减免。2000年英国发布的《财政法》第46条规定，慈善团体小额贸易可以享受税收减免，补充了英国现行慈善团体贸易收入的税收优惠政策，使慈善团体的贸易收入和其他活动都获得免税待遇，包括：这些活动的全部营业额没有超过年度限额（除非慈善团体预计这一限额不会被超过）；收入只用于慈善团体的宗旨。

（2）减免流转税优惠。对英国大多数慈善团体而言，对一些特定产品实行零税率是颇有价值的税收优惠政策。这些特定产品包括：其一，为慈善团体提供的产品，如用于特定人群或非商业目的建筑物的建设成本、残疾人使用的器材、特殊医用和科研设备、一些类型的广告和印刷成本等；其二，由慈善团体提供的产品，如销售捐赠物品、残疾人使用的器材、图书和其他出版物、分配国外捐赠物资等。除了零税率，英国还有一个5%的优惠税率，适用于慈善团体用于非商业目的而使用的燃料和电力。

慈善团体开展的活动，有的部分属于非商业活动，有的完全属于商业活动，因此必须对这些活动进行区分，这样才能使他们获得相应的增值税退税。具体包括：其一，确定非商业活动和商业活动投入货物所负担的所得税额；其二，确定商业活动投入货物所负担的所得税额中哪些是免税的，哪些是应缴税的。

另外，慈善团体也可以使用那些不影响其投入货物退税率，并被英国税务局接受的关税、消费税"特别方法"，包括投入货物的税额、不同活动雇员的数量、不同活动的占地面积、其他产生公平和合理结果的方法。在计算时不必使用同一种方法，但方法一经确定必须坚持使用。如果"特别方法"不能产生合理的结果，英国税务局会要求慈善团体改用标准方法。

2. 对捐赠人的税收优惠

（1）企业慈善捐赠税收优惠。英国涉及企业慈善捐赠的主要税种有所得税或公司税、增值税等。在慈善捐赠方面，英国于2000年对慈善捐赠税收政策进行了修订，制定了更便民、更有效的激励政策。

其一，英国《收入和资本利得税法》第 257 条规定，向慈善团体捐赠的财产免缴资本利得税，且企业捐赠人可以将向慈善团体捐赠的全部款项从应纳税所得额中扣除。

其二，个人或企业对慈善团体进行的赞助，如果该赞助完全是为了给企业产品做广告，即存在商业目的，只要该赞助额是公平市场下的合理价格，即使该赞助存在商业目的性质，也可以将该赞助额从成本中移除后再缴税；而该赞助额中超出广告商业价格的那部分，可以完全被视作慈善捐赠。

其三，在现行资本利得税减免的基础上，个人或企业将股票和证券捐赠或以低价转让给慈善团体，则主要以抵扣的形式提供税收优惠，抵扣数额包括：捐赠的市场价格；该股票或证券相关的处置成本（如经纪人费用）；低于该项捐赠的任何报酬或其他利益。另外，企业捐赠人可以要求在捐赠发生的纳税年度从总收入中扣除相关的捐赠。

（2）个人慈善捐赠税收优惠。对于个人捐赠，英国采用工资单捐赠方案（Payroll Giving），在征收收入税之前捐赠额就可以从应纳税工资中扣除。在约翰·梅杰（John Major）担任英国首相期间，英国政府为个人捐赠制定了补贴政策，作为对工资单捐赠方案的补充；戈登·布朗（Gordon Brown）担任英国首相时，取消了工资单捐赠补贴的门槛，使更多人能够享受这一方案的优惠。目前，英国的税额减免适用于纳税人通过工资单捐赠的任何现金捐赠，这为捐赠者提供了有效的税收激励。此外，在英国，慈善捐赠所涉及的唯一征税是遗产税，其税率为 40%。针对捐赠不动产的情况，税收减免适用于最低限额的捐赠不动产，当前免税门槛为 242000 英镑。

三、德国的慈善捐赠税收优惠政策

1. 对慈善组织的税收优惠

在德国，根据"无私利性原则"注册的公益协会和公益性质基金会享有税收优惠。这些法人组织可以是公益协会、基金会等，其他一些私营法人（如非法人协会、非自治基金会、有限公司、股份公司）在满足一定条件时也可以享受税收优惠。

> **德国的公益组织分类**
>
> 德国财政法规定义了一般或特种公益组织的 3 种类型：
> - 一般公益目的；
> - 为有需要的个人提供慈善服务；
> - 教会目的。
>
> 在捐赠时，后两种类型的公益组织（提供慈善服务和教会目的）可以获得更高的税收减免。

德国的主要税法包括《德国税收通则》《德国所得税法》《德国公司税法》和《德国增值税法》。对于非营利性组织而言，涉及的主要税种有公司所得税、商业贸易收入税、增值税等。获得免税资格的慈善组织通常享有以下优惠：免征法人所得税，即慈善组织的收入不被征收公司所得税；免除遗产税和赠与税，在继承遗产后，慈善组织的免税身份可以持续10年；免除净资产税和商业贸易收入税，即对于符合条件的慈善组织，其净资产和商业收入不被征税。

德国税务局负责决定慈善组织的税收优惠资格，并对其进行监督和管理。慈善组织需要每年获得免税资格，并接受每三年一次的评估，以确保其继续符合税收优惠条件。

此外，享受税收优惠的组织还需要接受审计部门的审计，以重新审查其税收优惠身份。根据审查结果，税务部门可以调整或取消该组织的税收优惠资格。

2. 对捐赠人的税收优惠

德国税法规定，个人和团体在进行慈善捐赠后可以享受税收减免，具体规定如下。

（1）税前扣除，即捐赠人可以在纳税申报时，将捐赠额从其税前收入中按一定比例扣除，从而减少应纳税所得额。

（2）扣税证明，即捐赠人需要将受赠组织提供的扣税证明与纳税申报表一起提交给税务部门，以申请税收减免。

（3）限制条件，即捐赠人不得通过捐赠获取赞助商地位，也不得接受受赠组织的相关服务。这一规定确保了捐赠行为的公益性和无私性。

四、国外慈善捐赠税收制度的启示

美国、英国是普通法系国家，德国是大陆法系国家。不同国家的政治文化背景和法律体系不同，有关公益慈善税收优惠的法律条文、税制安排、税收激励的侧重点也有所差异。尽管如此，这些国家的慈善税收优惠政策、制度、规范依然有较多共同的价值取向，为中国公益慈善捐赠税收优惠制度的完善提供了诸多经验，带来了一些启示。

1. 激励与约束相结合

世界各国对公益慈善事业的税收优惠力度都比较大，对非营利性组织的界定范围也十分宽泛，但对公益慈善组织的认定很严肃，有诸多约束性政策，尤其是对能否取得税收优惠资格有非常明确的、严格的限定，且一般都要对公益慈善组织进行评估或审计，以确保税收优惠政策、制度不被滥用。为此，公益慈善组织必须对公众保持公开、透明，就接受社会捐赠或政府资助的目的、用途、效果等内容接受公共监督。

2. 保障捐赠人的权利

世界各国慈善捐赠的活跃和公益慈善事业的发展，离不开公益慈善税收优惠政策对捐赠人给予的支持和引导。一方面，政府减少直接干预捐赠人的捐赠行为和捐赠方式，保证捐赠人自愿参与慈善的权利；另一方面，政府通过大尺度的税费优惠激励政策和规范慈善行业秩序的制度，引导了社会财富的向善。

3. 激活捐赠人的热情

世界各国对捐赠人的慈善捐赠税收激励通常采取税前扣除方式，虽然有的据实全额抵扣，有的规定了扣除限额，但扣除限额通常比较高，且超出扣除限额的部分可以向后结转递延扣除，大大激发了个人、企业及其他组织的捐赠热情。

4. 尊重捐赠人的意愿

世界各国的慈善捐赠税收优惠政策或制度对捐赠人的捐赠方式秉承了积极的态度，没有过多的限制，这样方便捐赠人根据自己的实际情况选择捐赠形式，无论是货币还是非货币性财产（如股票、债券、不动产及其他物品等），都能享受一定的税收优惠。实际上，在税收抵扣的核价中，较完善的估价体系为非货币性财产捐赠提供了支撑。

5. 发挥遗产税的作用

许多国家开征了遗产税，不仅对纳税人有免征额，而且对慈善、宗教、教育、学术捐赠等项目免税。尽管各国的遗产税起征点、税率等不尽相同，但对遗产捐赠给予了很大的税收优惠支持，包括免税或税前扣除等，激励了慈善捐赠和公益慈善事业发展。

本章提要

1.《中华人民共和国慈善法》《中华人民共和国公益事业捐赠法》《中华人民共和国企业所得税法》《中华人民共和国个人所得税法》及相关实施细则，为我国建立慈善捐赠税收优惠制度体系提供了法律依据，关于企业或个人向非营利性公益性团体、基金会和政府（及其民政、卫生部门）捐赠给予税前优惠的政策规范也基本成型，表明我国已经建立了较为完善的公益慈善税收优惠制度体系，促进了我国公益慈善事业的发展。

2. 我国的公益慈善税收优惠制度主要面向公益慈善组织、捐赠人、受益人。其中，公益慈善组织须满足一定条件，才能享受税收优惠政策；针对企业和个人捐赠，依法根据实际情况对其进行税收优惠；现行税收制度对受益人税收优惠的主要方式是对救济金、抚恤金、赈灾资金等免征个人所得税。

3. 从美国、英国、德国等发达国家的慈善捐赠税收优惠制度发展来看，各国政府对于公益慈善事业的支持方式不尽相同，但价值取向是一致的。大体上，主要通过两种方式：一是对公益慈善组织进行税收减免，对其活动加以规范，确保资金用于公益慈善事业；二是对企业和个人慈善捐赠的减免税规定，既保证了捐赠人的经济利益，又提高了捐赠人参与公益慈善捐赠的热情。此外，各国还注重强化对公益慈善税收优惠政策的规范化管理，防止公益慈善税收优惠政策被滥用，保证公益慈善税收优惠政策落到实处，并能真正发挥激励作用。

本章案例

【案例 12-1】慈善捐赠税收立法特点及制度完善［资料来源：李慈强，陈茹.《民主与法制时报》，2020-12-03（6），有删节］

为了提高慈善捐赠的积极性，我国立法规定了许多公益慈善税收优惠政策，但从应对突发事件实践来看，在现有基础上，仍需要进一步完善。

现行慈善捐赠税收立法规定

《中华人民共和国慈善法》第 80 条规定，"自然人、法人和其他组织捐赠财产用于慈善活动的，依法享受税收优惠。"该规定是慈善捐赠税收优惠政策的主要依据。现行慈善捐赠税收优惠制度分散在各税种立法上，包括《中华人民共和国企业所得税法》《中华人民共和国企业所得税法实施条例》《中华人民共和国个人所得税法》《中华人民共和国个人所得税法实施条例》《中华人民共和国印花税暂行条例》《中华人民共和国增值税暂行条例》，以及中央与地方各地人民政府制定的各种专项政策。

从实践来看，现行慈善捐赠税收优惠制度涉及多项立法，涵盖实物捐赠、运输流通、个人所得等多个环节。这些税收优惠制度提高了广大市场主体对慈善捐赠的热情，对于鼓励参与应对突发事件、助力物资供应保障等产生了极大的激励作用。

应对突发事件的不足

突发事件具有偶然性、扩散性，为了加强应急管理、尽量减小损失，应对突发事件需要在短期内筹集大量资金、物力、人力。除政府财政支出外，社会各界的慈善捐赠也是凝心聚力、筹集资源的重要渠道。作为最有效的政策杠杆，税收优惠一直在慈善捐赠的各种激励机制中起到重要作用。体现税法的激励性，是慈善捐赠税收立法的主要任务。

在实践中，面对紧急突发事件，财政部、国家税务总局通常针对特定事件、特定地区发布临时性的规范性文件。这些内容往往"一事一策"，详细具体且具有针对性。但这些规范性文件的效力位阶低且变动频繁，缺乏稳定性，捐赠人在捐赠时面对这些纷繁的优惠政策，往往会因为政策复杂、体系零乱而无所适从。

对于捐赠人而言，税法具有较强的专业性，我国关于慈善捐赠的税收优惠制度分布在《中华人民共和国慈善法》《中华人民共和国公益事业捐赠法》《中华人民共和国企业所得税法》《中华人民共和国个人所得税法》《中华人民共和国增值税暂行条例》等多部法律中，这无疑增加了捐赠主体的税收"遵从成本"。对纳税人而言，无论是个人还是企业，慈善捐赠的税收优惠立法内容分散会影响其对捐赠政策的及时、全面了解，也会制约政策的指引作用与激励功能。因此，相关法律体系亟须细化、改善。

完善慈善捐赠税收立法体系

为了提高税法的科学性、稳定性、预期性，在应对突发事件的视野下，有必要将慈善捐赠的税收立法进行梳理、优化，形成技术科学、动态结合的立法体系，提高税收优惠的针对性和可操作性，提升税法激励作用的实际效果，最大限度地发挥激励作用，从而有效地应对实践中的突发事件。

首先，在慈善捐赠税收立法上秉承法治理念，平衡协调捐赠人的利益与国家的税收利益，摒弃政策思维，在税收法定原则的指引下最终实现慈善捐赠税收法治化。《中华人民共和国慈善法》是我国慈善领域的基础性、综合性法律，对慈善制度作出了详细的顶层设计，但需要注意的是其在税收优惠方面有待与《中华人民共和国企业所得税法》等各种税收实体法进行融合、协调，最终实现形式正义、实质公平。

其次，全面细化落实《中华人民共和国慈善法》中对慈善捐赠的规定。一是拓宽捐赠渠道，在税收优惠立法中增加直接捐赠的情形，在确保真实、可甄别的基础上明确直接捐赠也可获得相应的税收激励。二是给予提供服务类捐赠税收优惠待遇，不断丰富慈善捐赠的具体方式。除对志愿者进行精神上的激励外，税收立法还应细化所得税、行为税等优惠政策，进一步推动社会公益服务事业的发展。三是完善流转税优惠立法，提高慈善捐赠的激励幅度。除了货币、救灾物资等慈善捐赠可以享受税收优惠待遇，捐赠股权、土地、房屋等在实际操作中面临高税负、手续烦琐等难题，而企业和个体工商户捐赠自产、委托加工或购买的货物，在实务中往往被认定为视同销售，如何贯彻落实税收优惠政策，简化操作流程，进一步降低慈善捐赠的成本，显得尤为重要。

最后，采用一般性规定与概括授权相结合的方式，由行政法规或部门规章等对慈善捐赠税收立法进行补充、细化，考虑法律的稳定性、开放性与面对突发事件或短期政策目标之间的关系，满足各级人民政府为有效应对突发事件而实施宏观调控的政策需求。对此，除税收激励措施外，各级人民政府还可以考虑通过财政补贴、金融工具等手段，多措并举，以达到慈善捐赠的激励效果，提高慈善捐赠在应对突发事件中的有效性。

税收优惠政策是促进慈善捐赠、引导公益事业发展的重要措施，对应对突发事件具有较强的激励作用。坚持税收法定思想，将具体税收立法与《中华人民共和国慈善法》有序衔接，推动慈善捐赠税收立法体系化完善，既是促进政府应急管理、提高治理能力的重要保障，又是新时代税收法治建设的重要内容。因此，进一步发挥税收立法与税收政策的激励功能，以法治方式规范、引领、促进慈善事业健康持续发展，十分必要。

案例导读：应对突发事件的慈善捐赠税收优惠；完善慈善捐赠税收立法。

思考与练习

一、简答题

1. 比较中国与美国、英国、德国的慈善捐赠税收优惠制度的异同。
2. 简述国外慈善捐赠税收优惠制度的关键内容及其经验、启示。

二、讨论题

从公益慈善事业发展的角度，讨论中国出台遗产税相关法规的必要性，以及目前存在的障碍。

参考文献

[1] 梁季，胥玲. 我国慈善捐赠相关税收优惠政策探析[J]. 财政科学，2023（9）：110-118.

[2] 施文泼. 公益性货物捐赠增值税政策优化研究[J]. 财政科学，2023（11）：46-59.

[3] 邓依琪，范兴宇. 我国个人所得税公益性捐赠税收政策优化研究[J]. 时代金融，2023（12）：50-52.

[4] 李建军，蒲泓锦. 税收激励、捐赠成本与个人捐赠[J]. 财政科学，2023（12）：88-106.

[5] 姚立杰，刘一楠，颜宝铜，邵平. 共同富裕视角下的公益慈善捐赠个人所得税优惠政策效应——基于某市数据的分析[J]. 税务研究，2024（1）：42-50.

[6] 宋亚辉，张宇婷，颜克高. 企业公益性捐赠税收优惠政策的制度约束与优化路径[J]. 财会研究，2024（2）：27-33.

[7] 高雨虹. 第三次分配影响因素的实证研究——以 OECD 成员国为例[J]. 社会保障评论，2024，8（3）：145-159.

[8] 黄晓瑞，张奇林，张郧. 国外慈善捐赠的税收优惠政策研究——回顾与争鸣[J]. 经济体制改革，2016（5）：178-183.

[9] 杨利华. 美国慈善捐赠税收扣除制度的考察与思考[J]. 北方法学，2016，10（03）：67-76.
[10] 栗燕杰. 中国慈善税收减免制度的评估与展望——以慈善立法为背景的研究[J]. 北京航空航天大学学报（社会科学版），2016，29（1）：66-75.
[11] 栗燕杰. 我国慈善税收优惠的现状、问题与因应——以慈善立法为背景[J]. 国家行政学院学报，2015（6）：93-97.
[12] 郭佩霞. 推动慈善捐赠的税收激励与政策完善[J]. 税收经济研究，2014，19（2）：24-28.
[13] 艾歆，张丽芬. 慈善事业：香港经验及其启示[J]. 贵州师范大学学报（社会科学版），2013（6）：84-88.
[14] 史正保. 我国捐赠税收制度研究[J]. 兰州大学学报（社会科学版），2009，37（3）：82-90.
[15] 陈成文，谭娟. 税收政策与慈善事业：美国经验及其启示[J]. 湖南师范大学社会科学学报，2007（6）：77-82.

第十三章
公益慈善信息披露

知识目标

1. 掌握公益慈善信息披露的概念
2. 了解公益慈善信息披露制度规范
3. 把握"数智化慈善"与信息披露
4. 熟悉公益慈善信息披露的对象、内容、途径

能力目标

1. 理解公益慈善信息披露的现状
2. 掌握公益慈善信息披露的动因
3. 掌握公益慈善信息披露的原则
4. 理解人工智能和区块链技术在公益慈善信息披露中的作用
5. 把握在移动互联网时代公益慈善信息披露制度建设的路径

素质目标

1. 理解社会信任视角下公益慈善信息披露的意义、价值
2. 理解社会治理视角下公益慈善信息披露的意义、价值

第一节　公益慈善信息披露概述

一、公益慈善信息披露的概念

信息披露（Information Disclosure），在实践中又称为信息公开，是指组织或个人依法向公众或特定的监管机构提供有关其财务状况、运营活动、管理结构、内部政策等信息的行为。信息披露的目的是保证透明度，提高公众对组织或个人的信任程度，确保组织或某些个体的活动符合法律和公共利益的要求。信息披露的概念通常出现在非营利性组织、上市公司、政府机构等场合，通过信息披露，政府、投资人、捐赠人、社会公众可以对组织或个人的财务健康状况和运营实践进行评估，建立财务问责制，从而提高财务管理的透明度。

基于此，公益慈善信息披露是指，公益慈善组织或其他开展公益慈善活动、提供公益慈善服务、监管公益慈善相关事务的组织或个人，依法将反映其或其掌握的慈善财产募集状况、慈善财产运用和投资状况、各类风险管理状况，以及公益慈善组织的财务运行、内部治理、高级职员的报酬、公益慈善活动开展、年度重大事项的主要信息，真实、准确、及时、完整地向捐赠人、特定款项的受赠人、政府监管部门、社会公众或其他利益相关者予以公开的过程。信息披露是关系到公益慈善事业健康与稳定的重大问题，是保障公益慈善组织及其他公益慈善参与者的公信力，以及持续获取社会和政府支持的重要条件，也是公益慈善组织社会诚信和公益慈善事业整体效率的重要保证，有利于从外部加强对公益慈善组织或公益慈善活动的监督，促使其完善内控机制，以及提高运营水平与服务绩效。

基于此，公益慈善信息披露制度实际上是接受政府、直接利益相关者和社会公众监督的制度。加强公益慈善信息披露制度建设，可促进公益慈善行业资源配置效率的提高，增强行业透明度、公信力，保障捐赠人和受赠人的合法权益，提高社会公众参与公益慈善活动的积极性和广大捐赠人的信任程度，从而促进公益慈善事业的持续、健康、有序发展。特别地，由于公益慈善组织是公益慈善事业中最重要的活动主体，因此本书所涉及的公益慈善信息披露制度主要是针对公益慈善组织信息披露的相关制度、规范，其他非营利性组织、某些个人的信息披露制度可以参照执行。各级人民政府及其民政、卫生、应急、侨务、外事等职能部门的有关信息披露，依据国家法律法规规定的程序进行。

二、公益慈善信息披露的动因

根据《中华人民共和国慈善法》，公益慈善组织应当每年向办理其登记的民政部门报送年度工作报告和财务会计报告，包括年度开展募捐和接受捐赠情况、慈善财产的管理使用、慈善项目实施、募捐成本、慈善组织工作人员工资福利，以及与境外组织或个人开展合作情况等。公益慈善组织的发起人、捐赠人、管理人员与公益慈善组织发生交易行为，不得参与公益慈善组织有关该交易行为的决策，有关交易情况应向政府和社会公开。公益慈善组织必须向政府、社会及其他利益相关者披露信息，主要基于以下缘由。

（1）保护捐赠人正当权益的客观要求。保护捐赠人合法、正当的权益是公益慈善组织信息披露的应有之义。发展公益慈善事业，实现扶贫救弱、匡扶正义的公益慈善目的，必须保证捐赠人应有的知情权。如果捐赠人的正当权益无法保障，则捐赠人的信心无法建立，从长远来看公益慈善事业也难以发展。同样地，政府对公益慈善组织监管的主要目的之一就是保护捐赠人的合法权益，赢取捐赠人的信任，进而吸引捐赠人对公益慈善组织持续捐赠或投身公益慈善事业，公益慈善组织因此获得持续发展的动力、能力和财力，全身心地投入公益慈善活动，实现公益慈善目的。赢得捐赠人的信任，公益慈善组织要确保捐赠人的知情权，将相关的信息尽可能全面、准确、真实、及时地向捐赠人披露。例如，《美国慈善法指南》专门对公益慈善组织的信息披露义务和内容进行了明确规定。在美国，公益慈善组织为了获得捐赠人的信任及政府的免税资格，必须向利益相关者披露信息，一旦被发现没有履行信息披露义务，公众对其捐赠就会减少。

（2）慈善资源优化配置的内在要求。慈善资源的社会性和有限性特征对慈善财产的配置、使用提出了高要求。为了确保公益慈善财产能够充分、有效地运用于公益慈善目的或公益慈善事业，实现公益慈善资源的优化配置，保障捐赠人捐赠意愿和目标的实现，公益慈善组织或公益慈善活动主体必须披露其财务信息，公开善款的使用、流向、运作状况和剩余慈善资源的去向、用途，促进公益慈善行业的自律、公开和透明。

（3）公平、诚实、信用的原则要求。在实践中，公益慈善组织和捐赠人、受赠人／受益人之间存在信息不对称问题，且公益慈善组织明显处于信息优势地位，其很容易利用信息优势地位损害捐赠人、受赠人／受益人的利益。此外，为了使社会公众、政府监管部门、主管部门能够充分了解公益慈善组织，并做出公平的抉择或提供公平的对待，公益慈善组织必须依法向社会、政府披露相关信息，包括披露公益慈善组织项目合作方的相关信息，以防止关联交易。特别地，社会公众、大额捐赠人常常基于对公益慈善目的的认同而进行捐赠，因此公益慈善组织有义务全面、真实地向社会公开相关信息。

（4）建立、维护、提升公信力的必然要求。公益慈善组织是以慈善为目的、宗旨的社会组织，公益慈善事业的本质决定了公益慈善组织必须取得公众信任，对公众负责，向公众披露信息。从经济学角度来看，公益慈善组织和捐赠人、受赠人事实上存在某种经济"交易"或物资"交换"的行为，而交易、交换必须建立在彼此信任且不损害他人、集体、社会和国家利益的基础上，获得社会信任就必须满足利益相关者的信息需求，向其披露财务信息、捐赠效果信息、慈善活动信息，以赢得社会公众的信任和支持。

三、公益慈善信息披露的对象

（1）捐赠人。捐赠人是指那些以公益慈善组织披露信息为捐赠依据的自然人、法人或其他组织，其是公益慈善信息的真正需求者。捐赠人将自己的合法财产交给公益慈善组织运营、管理和开展公益慈善活动，要求公益慈善组织按照捐赠人的意志、意愿履行捐赠契约，公益慈善组织需要保证捐赠人必要的知情权、监督权等合法权益。基于此，公益慈善组织有义务依法或按照合同约定向捐赠人报告所捐赠财产的用途、去向，以及利用这些财产进行公益慈善活动所达到的实际效果、资金使用效率情况等，从而获得捐赠人的信任，赢得再捐赠的机会。公益慈善组织只有积极地向捐赠人披露相关信息，才能保障公益慈善活动有持续的资金，提升自身运营能力。

（2）受赠人、受益人。受赠人是接受捐赠的人（或组织）；受益人或受助人是慈善捐赠或慈善活动实际获益的人（或组织），通常也是接受公益慈善组织帮助、救助、扶助的自然人（群体）、法人或其他组织。受赠人与受益人、受助人有时候一致，有时候不一致。客观来看，受益人或受助人得到帮助、救助、扶助的情况，决定了公益慈善组织宗旨的实现程度。没有受益人或受助人的存在，就无从开展公益慈善项目。因此，公益慈善组织有必要依法或根据合约向受益人或受助人披露相关信息。

（3）政府职能部门。政府职能部门主要包括各级人民政府的民政、税务、审计、金融等有关部门。公益慈善组织要按照法律、法规、规章向政府有关职能部门披露信息。

（4）社会公众。社会公众是潜在的捐赠人和潜在的志愿者，决定了公益慈善财产的来源，事关公益慈善项目运作和公益慈善活动开展，也事关公益慈善目的、宗旨的实现，与公益慈善组织、公益慈善事业的生存和发展息息相关。公益慈善只有透明，才能获得公众信任；只有获得公众持续信任，才能获得更多的慈善捐赠和志愿服务。信息披露是实现公益慈善公开、透明的关键。因此，信息披露是公益慈善组织获取社会信任的需要。

（5）志愿者。志愿者是公益慈善事业发展的主力军。志愿者参与公益慈善事业，选择为公益慈善事业工作，其目的不是获取物质报酬，而是出于对公益慈善组织的宗旨、使命或对公益慈善事业的认同。只有声誉优良的公益慈善组织才能吸引更多的志愿者参与服务，而信息透明是公益慈善组织获得、维持优良声誉的必要条件。因此，公益慈善组织有必要依法对志愿者披露公益慈善财产的使用情况、受助人的受助情况、公益慈善项目的运作效果等相关信息，通过信息透明来获取优良声誉和提高社会公信力，吸引更多志愿者参与，最大限度地调动志愿者的工作热情和积极性，更好地提供服务。

（6）项目合作者。很多公益慈善活动或项目的开展，需要公益慈善组织以外的其他组织或个人的支持和帮助，这些社会支持力量常常构成项目合作者。为了更好地开展公益慈善项目合作，公益慈善组织有必要向项目合作者披露相关信息。

（7）第三方独立评估机构。会计师事务所、律师事务所、社会审计机构等第三方独立评估机构，独立于公益慈善组织和政府之外，是对公益慈善组织进行有效监督的第三方力量。第三方独立评估机构可以对公益慈善组织对外披露的信息进行二次加工和整合分析，从而较客观地评价公益慈善组织的行为是否合乎法律法规的规定或公益慈善目的。因此，维护公益慈善事业可持续健康发展，公益慈善组织必须依法向第三方独立评估机构披露信息。

（8）媒体和信息发布平台。媒体在公益慈善行业中扮演着重要的角色，是公益慈善组织与外界沟通、交流的桥梁和纽带，各类媒体是慈善晚会、慈善发布会、慈善大赛的重要参与者、信息发布者。此外，媒体对公益慈善组织发挥着社会监督作用，媒体需要公益慈善组织披露相关信息来寻求新闻点，从而制造新闻视角、新闻价值，推动公益慈善事业的发展。由于公益慈善信息在一定的信息发布平台上公开，因此信息发布平台需要对信息的真实性负责，公益慈善组织必须向信息发布平台提供真实信息。

四、公益慈善信息披露的内容

公益慈善运营信息披露，即慈善财产使用、运营，以及基于保值、增值目的的信托、投资等方面财务情况的信息披露，主要是公益慈善组织的项目运作及财务运行方面的信息披露，重点是慈善财产的使用情况，主要包括慈善项目情况、财务收支明细、个别筹款项目财务报表、关联交易信息、工作人员薪酬及其他运营信息等内容。

（1）慈善项目情况，包括向社会披露项目团队、项目背景、项目计划、项目可行性、项目预期效果、项目进展，以及已完成的项目效果及其与预计效果之间的比较等。公益慈善组织主要通过慈善项目的运作为社会提供公益产品，服务于社会，践行其价值观和宗旨。

（2）财务收支明细。公益慈善组织披露其财务收支明细，目的在于向社会或利益相关者报告整体收支状况，在必要的时候还需要对项目成本、管理成本、筹资成本进行公开。同时，为反映资金使用效率，公益慈善组织应当披露工作人员薪酬、行政办公支出等。通常，当年度收入、年度支出、工作人员薪酬及行政办公支出占项目总支出的比例与近几年同类数据相比变动较大时，公益慈善组织必须对上述数据变化的原因进行解释，以备问责。社会影响大、数额较大的项目必须进行财务审计并予以披露。

（3）个别筹款项目财务报表。编制个别筹款项目经审核的财务报表，以供公众查阅,有助于提高筹款过程的透明度。筹款额度高、筹款目的明确,并且通过电视、期刊、互联网等媒体向社会公众募捐的筹款项目,在筹款项目或活动结束后一定期限内,公益慈善组织应编制经第三方独立评估机构审计的财务报表。这些财务报表在所有要项上均应据实、准确无误,披露内容应包括总筹款额、总支出额、净收入款项的流向;当有关筹款收入全部或部分转拨为公益慈善组织的收入时,应当予以明确说明;在项目实施过程中,应及时向公众、捐赠人如实披露项目资金流向;项目结束后,应披露剩余资金去向。

(4)关联交易信息。公益慈善组织直接或间接与其理事、高级管理人员或其家庭成员或其任职的其他营利性、非营利性关联组织(上述人员在该组织中担任董事、高级管理人员,或者控股者,或者主要受益人)发生的交易信息,需要如实披露。一般来说,关联交易可以降低交易成本、减小交易费用,因此极易成为公益慈善组织内部人员利益输送的工具。这就要求公益慈善组织依法披露关联交易的决策过程、交易过程,并对交易价格等进行解释,以证明关联交易的公平性、合法性,消除社会公众的疑虑。

(5)工作人员薪酬。合理的薪酬体系是激发公益慈善组织工作人员的积极性、吸引优秀的人才从事公益慈善事业的重要机制,但是,公益慈善组织所运营、管理的资金主要来源于社会捐赠,过高的薪酬设计可能与公益慈善的宗旨相悖,其理事、高级管理人员也有可能以高额薪酬的方式侵吞慈善财产。因此,公益慈善组织披露理事、高级管理人员薪酬的具体数额及一般工作人员的薪酬水平,能够使公益慈善组织的薪酬体系透明化。

(6)其他运营信息,主要包括财务审计费、法律服务费等市场中介费,以及公益慈善组织外聘专家的咨询费、内部借贷情况等信息。

五、公益慈善信息披露的原则

公益慈善信息披露的基本原则是及时、准确、完整,以确保披露信息的真实性;选择合适信息披露方式,尽量让捐赠人、社会公众及有关单位、组织、机构能够及时、方便、完整地获取和查阅所披露的信息;因此,信息披露主体应制定信息披露工作流程,明确责任主体,使信息披露工作规范化、常态化。公益慈善信息披露应遵循以下4个方面的具体原则。

(1)真实性。真实性是信息披露的本质要求。让社会公众、捐赠人、政府部门等获得真实、可靠的信息,并以此为基础做出正确、科学的决策,是建立信息披露制度的目的所在。真实性原则要求公益慈善组织披露的信息具有客观性、一致性、规范性。其中,客观性是指公益慈善组织所公开的信息内容具有客观性,所陈述的事实必须是公益慈善组织运作或活动过程中确实发生的、客观存在的,而不是为获得捐赠或防止社会公众、捐赠人、监管机构问责而编造的事实;一致性是指披露信息的内容与所反映的事实之间具有一致性，符合客观实际；规范性是指公益慈善组织披露的信息内容、格式规范、披露流程必须符合相关法律法规所规定的格式规范与要求。

（2）准确性。准确性要求公益慈善组织披露信息的用词准确、无歧义，避免让社会公众误解。公益慈善组织披露的信息不得违反准确性原则。一般来说，准确性原则强调信息发布者与信息接收者之间及各信息接收者之间对同一信息在理解上的一致性。判断一种表达是否含糊不清、是否存在误导性，其标准应当来自信息接收者，而不是信息提供者。社会个体之间的文化水平、生活背景、语言理解能力、思维方式等的差异是一种客观存在，为防止语义误解，披露信息所使用的语言及其解释，应当以具有普通文化水平的社会公众的理解为准。

不准确的信息的两个特征

- 多解性，即所披露的信息内容可以有多种理解和解释，且都有一定的理由。
- 非显现性，即所披露的信息在内容上不准确，并不是显而易见的。

（3）充分性。充分性要求公益慈善组织披露所有可能影响社会公众、捐赠人等做出正确、客观判断的信息，不得选择性披露；发生重大灾害、事故及举办重大社会活动、开展重大社会捐赠活动的信息，按重大事件信息披露，而一般性公益慈善项目及其活动的信息，按日常信息披露。此外，为避免对社会公众、捐赠人等造成误导，公益慈善组织既要披露对自己有利的信息，又要披露对其可能造成负面影响的信息，还要披露关于其本身的负面信息。为了满足充分性，信息披露必须同时符合"质"和"量"两个方面的要求。"质"的要求是指所披露的信息应具有重大性，能够对社会公众是否做出捐赠行为产生直接影响；"量"的要求是指所披露的信息在数量上应当能够为社会公众做出准确判断提供足够的依据。必须指出的是，充分性原则不是指要披露所有的信息。原因在于，如果要求公益慈善组织披露所有的信息，一方面，会增加公益慈善组织的成本，抑制其信息披露的积极性；另一方面，会使社会公众置身于巨大的信息洪流中，增加了社会公众收集信息、处理信息的成本，降低了社会公众参与社会监督的热情。

（4）排除项。包括公益慈善事业在内，任何信息披露行为，一般都会设置排除项，这也是信息披露需要遵循的原则或要求。对于可能危及国家安全、侵犯他人权益或隐私，以及法律法规规定不予公开的信息不予披露。公开捐赠人、受赠人、受助人或受益人（含其家庭）的信息，必须征得其同意，或者必须按照事先的约定执行。

六、公益慈善信息披露的途径

为降低公益慈善成本、提高公益慈善财产和公益慈善活动的运作效率、获得社会公众的信任，必须以有效、便捷的方式将信息传递给社会公众、捐赠人、政府部门或其他利益相关者。这就要求公益慈善组织披露信息须具有两个特点：其一，方便获取；其二，规范。方便获取是指公益慈善组织应采用最便于利益相关者获取信息的方式披露信息，包括在合适的地点以合适的方式公开信息；规范是指公益慈善组织必须按照法律规定和监管部门统一制定的内容和格式制作并披露相关信息。只有公益慈善组织披露信息的内容和格式统一、规范，不同公益慈善组织披露信息的质量才有可比性，也才能规范信息披露行为。结合目前的经济社会发展状况，满足前述特征的信息披露途径如下。

（1）定期编制的出版物和报刊。公益慈善组织可以适时将公益慈善组织的基本情况、公益慈善活动（项目）、慈善财产的使用等信息编制成各类书籍、报刊供利益相关者阅读，或者在政府认可的报纸上刊登。目前，出版物和报刊主要有《全国性公益慈善组织信息披露监测报告》《中国慈善捐赠发展蓝皮书》《中国慈善透明报告》《慈善公益周刊》《慈善会发展报告》《中国社会报》《公益时报》《中国慈善家》等。这些提供信息的出版物和报刊，为促进公益慈善组织的相关研究、促进利益相关者了解公益慈善组织提供了便捷途径，为推动公益慈善事业发展提供了数据支持。

（2）定期召开信息发布会。公益慈善组织可以定期召开信息发布会，向公众及媒体发送、传输信息。信息发布会应由权威发言人公开向媒体告知，以保证信息的真实性和权威性。此外，当公益慈善组织面临意外和重大事件时，召开发布会向公众告知或表示歉意，并保证及时解决，是回应社会诉求、平复公众疑虑、稳定社会局势的有效方式。有效地披露信息，也可以帮助新闻媒体对公益慈善组织未来的发展进行合理评估。

（3）运用信息披露专业网站及公益慈善组织的官方网站、官方微博、微信公众号和 App 平台。在自媒体飞速发展时代，移动互联网传播信息的高时效性、交互性、超共享性、超时空性、影响面广、可永久保存等特征，决定了移动互联网是信息披露最有效、最快捷的平台之一。公益慈善组织应利用基金会中心网等信息披露专业网站公开信息，并健全、优化其官方网站、官方微博、微信公众号、App 平台向社会或其他利益相关者披露信息，并保障相关信息、报表能够被检索、查阅、下载、转发和评论。

（4）充分利用 AI 模型，建立联合数据库或公共数据库。伴随着大数据和人工智能的飞速发展，可以利用数智技术建立联合数据库或公共数据库来披露信息，发展数字慈善，这有利于降低公益慈善组织的运作成本，提高公益慈善信息披露的效率。具体操作方式，可以模仿中国知网等图书检索类数据库，或者结合 AI 模型将捐赠人要求披露的信息整理成表格，存入相应机构的数据库，并采用动态更新方式定期维护信息，以确保信息的实时性，供捐赠人免费查阅、下载、转发。

公益慈善信息披露的数字化

在公益慈善信息披露方面，数字技术可以发挥重要作用并扮演多重角色。数字技术的利用不仅可以提升公益慈善信息披露的效率和透明度，增强公益慈善组织的公信力,而且可以提高公众参与程度,推动公益慈善事业健康发展。以下几个方面可以实现信息披露的数字化。

1. **数据采集与整合**
   - 数字技术通过 API 接口、网络爬虫自动采集和汇总公益慈善活动、公益慈善财产流动、公益慈善项目进展等数据,提高数据的准确性和时效性。
   - 利用实时数据流和更新机制,实时更新数据,确保数据库中的信息总是最新的。这对及时披露公益慈善资金使用情况、项目进展等尤为重要。

2. **数据存储与管理**
   - 借助云计算平台,高效地存储和管理大规模的公益慈善财务或活动数据。
   - 使用结构化数据库(如 MySQL)或非结构化数据库(如 NoSQL),可以根据需要灵活地存储和检索信息,以支持高效的公益慈善数据查询和分析。

3. **数据分析与可视化**
   - AI 和机器学习可以分析海量慈善数据,发现潜在的公益慈善趋势和行为模式,并预测资金需求、评估项目效果,提供数据驱动的决策支持。
   - 利用数据可视化技术(如图表、仪表盘)将复杂的慈善数据以易于理解的形式呈现给公众,帮助捐赠人更清楚地了解公益慈善活动效果和资金使用情况。

4. **信息披露平台与技术**
   - 开发专门的具有实时更新、搜索、筛选等功能的在线平台或应用程序,让社会公众、捐赠人可以方便地访问和查阅公益慈善信息。
   - 区块链可以确保数据的不可篡改和透明度,提高公益慈善组织的公信力。利用区块链记录每笔捐赠和资金流动,以保证信息的真实性和可追溯性。

5. **互动与反馈**
   - 利用自然语言处理技术的 AI 助手(如 ChatGPT)可以回答公众和捐赠人的常见问题,提供即时的信息查询服务。
   - 通过社交媒体平台与公众互动,及时更新公益慈善活动进展,收集相关反馈,可以增加公益慈善组织、公益慈善活动(项目)、公益慈善财产投资的透明度和参与度。

6. **隐私保护与安全**
   - 对敏感信息进行加密处理,保护捐赠人的个人信息和财务数据不被泄露。
   - 实施严格的权限管理,提供防数据篡改功能,确保只有授权人员才可以访问和修改数据。

7. **教育与培训**
   - 对公益慈善组织的工作人员和志愿者进行数字技术培训,提高他们的数据管理和信息披露能力。

> • 通过在线教程和资源，培训公众有效利用数字工具访问和理解公益慈善信息，增强公众对公益慈善信息透明度的认知。

（5）严格运用政府公益慈善信息平台。按照《中华人民共和国慈善法》的相关规定，国务院民政部建立健全统一的公益慈善信息平台，免费提供公益慈善信息发布服务。县级以上人民政府民政部门应当在公益慈善信息平台及时向社会公众公开公益慈善信息。公益慈善组织和慈善信托的受托人应当在公益慈善信息平台上发布公益慈善信息，并对信息的真实性负责。

（6）拓展其他可行的方式。其他可行的方式包括：定期以邮件、电子邮件、大数据推送、公益慈善论坛等形式，通过公益慈善项目报告、专项基金年度报告等方式，向社会公众、政府监管部门、捐赠人、受赠人、受益人或其他利益相关者有效地披露信息。

七、公益慈善信息披露的现状

当前，社会公众尤其是潜在捐赠人获取公益慈善相关信息的途径主要是组织、机构的官方网站、官方微博或微信公众号、政府公益慈善信息平台、专业信息平台（如基金会中心网），以及报纸、期刊等传统媒介的部分披露信息。当然，还有各种传统的纸质报告、第三方评估报告等，但这些报告通常只有某些专业机构、政府职能部门、公益慈善组织的理事会/董事会等才能获得，社会公众难以获取。另外，各种网络论坛、微博、微信公众号的信息纷繁杂芜、不完善、不健全，大量负面的、"灌水"的信息，以及各种慈善丑闻、慈善作秀事件层出不穷，导致一般的社会公众难以辨别公益慈善信息的真实性。

规范的内部治理和透明的慈善运作是公益慈善组织获取、增强和维系公信力的两大支柱。信息披露事关公益慈善行业的公信力，决定了公益慈善事业的发展。因此，建立健全捐赠款物使用、善款运营的查询、追踪、反馈、公示等信息披露制度，形成对公益慈善财产从募集、运作到使用的全过程信息披露机制与制度，具有紧迫性、现实性。

（1）在公益慈善组织信息披露制度方面，最主要的是《中华人民共和国慈善法》《中华人民共和国公益事业捐赠法》，其他相关法律、法规和规章包括《中华人民共和国信托法》《中华人民共和国会计法》《基金会管理条例》（国务院令第 400 号）、《基金会年度检查办法》（民政部令第 30 号）、《基金会信息公布办法》（民政部令第 31 号）、《社会团体登记管理条例》（国务院令第 666 号）等。这些法律、法规、制度规范对其所指向的组织就信息披露的基本对象、基本程序、基本内容等方面进行了约束，为公益慈善信息披露树立了统一标杆。

> **公益慈善信息披露的制度规定**
>
> （1）根据《中华人民共和国慈善法》，公益慈善信息披露的相关制度规范如下。
>
> - 公益慈善组织应每年向社会公开年度工作报告和财务会计报告。年度工作报告应包括公益活动的项目、资金使用、受益对象等信息。财务会计报告应按照国家有关会计制度的规定编制，并进行审计。
> - 公益慈善组织开展公开募捐活动的，应在募捐活动结束后三个月内向社会公开募捐情况和募得款物的使用情况。在募捐活动期间，公益慈善组织应定期向社会公布募捐活动进展情况。
> - 慈善信托的受托人应每年向社会公布信托事务管理情况和财务状况。
> - 公益慈善组织应通过其网站或人民政府民政部门指定的媒体和平台进行信息公开，以确保公众可以方便地查阅相关信息。
> - 国家鼓励公众对公益慈善活动的信息公开情况进行监督。民政部门负责监督检查公益慈善组织的信息公开情况，对未按规定进行信息公开的公益慈善组织可依法处理。
>
> （2）根据《中华人民共和国公益事业捐赠法》，公益慈善信息披露的规范为：
>
> - 受赠人应公开接受捐赠的情况及受赠财产的使用、管理情况，并接受社会监督。

（2）在公益慈善组织信息披露实践方面，我国公益慈善信息披露存在诸多问题，公益慈善组织不积极披露、选择性披露，以及信息披露内容不全面、信息披露不及时等现象大量存在。此外，公益慈善财产的流向、受益群体、使用情况、资助效果等，涉及公益慈善目标是否实现、公益慈善意义是否成就的基本信息，也缺乏依法公开或公开不足，慈善腐败、慈善丑闻、慈善作秀或虚假慈善等现象时有发生，当前社会公众对公益慈善信息披露状况普遍不满意。究其原因，主要体现在以下3个方面。

其一，公益慈善领域缺乏统一、权威的信息披露标准，以及标准化的、符合国际惯例的公共信息披露平台，有关信息披露的强制性规定不完善，缺乏具体、权威的操作细则，信息披露的严肃性、合规性与能否获得政府支持或政府是否购买服务基本无关，尤其是在信息披露领域违法、违规和违背公序良俗、公共利益等行为的惩戒方面，无论是制度规范，还是执法力度，都存在严重不足，致使公益慈善组织普遍缺乏信息披露动力、压力。

其二，信息的获取与信息的披露，都需要一定的成本，然而，大部分公益慈善组织缺乏信息合规披露所需的人力、财力、物力投入或预算，除了在国家统一的信息公布平台或其他合法的网络平台上发布有限的信息外，大部分组织或机构、平台所公布的数据、资料不完整、不准确，备受社会质疑。

其三，社会对公益慈善组织信息披露的效果也缺乏相关评估。各种媒体、社会公众、政府职能部门及第三方独立评估机构等，尽管可能对公益慈善组织或其他公益慈善活动、公益慈善行为进行了评价、估量，但是现实中很少看到有机构或组织进一步衡量、评估公益慈善组织信息披露的成效，对公益慈善信息披露的实际效果缺乏重视。

第二节　公益慈善信息披露规范

一、政府职能部门的信息披露

基于公益慈善领域的透明度和问责性的要求，根据《中华人民共和国慈善法》及其他相关法律法规的要求，县级以上人民政府及其民政、卫生、财政、应急、外事、侨务等职能部门需要向社会公开公益慈善信息。

> **县级以上人民政府民政部门和其他有关部门公益慈善信息披露事项**
>
> （1）公益慈善组织登记事项，包括名称、类型、法定代表人、注册地址、成立时间等基本信息。
> （2）慈善信托备案事项，涉及慈善信托的基本信息和备案情况。
> （3）具有公开募捐资格的公益慈善组织名单及其基本情况。
> （4）具有出具公益慈善性捐赠税前扣除票据资格的公益慈善组织名单及其相关信息。
> （5）公益慈善活动的税收优惠、资助补贴等促进措施的具体内容和适用情况。
> （6）政府部门或其他机构向公益慈善组织购买服务的情况和相关信息。
> （7）对公益慈善组织、慈善信托开展检查、评估的结果及其公开情况。
> （8）对公益慈善组织和其他组织及个人的表彰、处罚结果等信息。
> （9）公众对公益慈善组织的投诉和举报的处理结果和情况。
> （10）法律法规规定应公开的其他信息。

二、公益慈善组织的信息披露

根据《中华人民共和国慈善法》，除涉及国家秘密、商业秘密、个人隐私的信息，以及捐赠人、慈善信托的委托人依法不同意公开的姓名、名称、住所、通信方式等信息外，公益慈善组织向社会或定向捐赠人公开的信息包括如下 6 个方面。

（1）组织机构信息，包括组织名称、宗旨、成立时间、章程、决策与执行信息、高级管理人员和监督机构成员信息、业务范围、办公地址、联系电话、投诉处理联系人及联系方式、公募或非公募资质，以及民政部门要求公开的其他信息。

> **公益慈善组织机构信息披露事项**
>
> （1）基本情况。公益慈善组织通过向社会公众披露其名称、发起人、设立目的、发展历程、价值观等信息表明自己的身份，可能还包括组织的办公地址、通信地址、电子邮箱、分支机构及其办公地址等其他信息。
>
> （2）组织章程。组织章程是公益慈善组织在法定范围内对其成员有约束力的内部规范，对组织构成和职责、管理人员的任职条件和任命程序、议事规则等重要事项进行了具体规定，是公益慈善组织内部治理的根本依据。
>
> （3）理事和高级管理人员的履历。披露公益慈善组织理事、高级管理人员的履历，间接地对担任公益慈善组织理事、高级管理人员的资质设置准入门槛，消除社会公众对理事、监事、高级管理人员的顾虑，增强公众对组织的信任感。
>
> （4）会议记录。除涉密信息依法可以不出示外，社会公众、捐赠人可以通过会议记录了解公益慈善组织的内部治理情况。在公益慈善组织决策过程中，理事、监事出席会议的次数、会议发言、投票表决情况等信息，能够反映理事、监事履行其义务的具体情况和勤勉程度，是对理事、监事问责的依据。

（2）募捐活动信息，包括活动名称、地域、起止时间、募集物资数额、目标、用途、使用计划、合作伙伴、活动方式（如义演、义卖、义展等）、募捐成本及开支情况。

（3）捐赠情况信息，包括接受捐赠的时间、来源、用途、捐赠性质（定向或非定向）、捐赠内容（类型、数额）、管理措施及资金结余或结算情况。

（4）项目实施信息，包括捐赠款物使用情况和效果评估，涵盖受益对象、受益地域（如省、市、县及具体地点）、拨付及使用时间和数额、活动及项目成本、捐助效果（图片、数字、文字说明）。

（5）组织财务信息，包括年度工作报告、年度财务会计报告（会计报表、资产负债表、业务活动表、现金流量表、报表附注、财务说明书），具有公募资格的组织还需要披露财务审计报告。

（6）受托人信息，包括公益慈善组织和慈善信托向受益人告知的资助标准、工作流程和规范等。

特别地，对于基金会这种比较特殊、专业的公益慈善组织，有关其公益慈善信息披露，国家制定了专门的制度规范来加以约束。

基金会的相关信息披露

（1）基金会应当及时向社会公众公布以下信息：发起人；主要捐赠人；基金会理事主要来源单位；基金会投资的被投资方；其他与基金会存在控制、共同控制或重大影响关系的个人或组织；基金会与上述个人或组织发生的交易。

（2）基金会通过义演、义赛、义卖、义展等活动进行募捐时，应当在开展募捐前向社会公布捐赠人的权利和义务、资金详细使用计划、成本预算；在资金使用过程中，若计划有调整，应当及时向公众公布调整后的计划。

（3）基金会通过募捐，以及为自然灾害等突发事件接受的公益捐赠，应当在取得捐赠后定期在官方网站和其他媒体上公布收入和支出明细，包括捐赠收入、直接用于受助人的款物、与所开展的公益项目相关的各项直接运行费等。若在捐赠收入中列支了工作人员工资福利和行政办公支出，还应当公布列支的情况。项目运行周期大于3个月的，每3个月公示1次；所有项目应当在项目结束后进行全面公示。

（4）捐赠人有权查询捐赠财产的使用、管理情况。对于捐赠人的查询，基金会应当及时、如实答复。基金会的年度工作报告除在登记管理机关指定的媒体上公布外，还应留存于本基金会，接受捐赠人的查询。

（5）基金会应当在内部制度中对下列问题进行规定，且基金会内部制度应当在登记管理机关指定的媒体或基金会官方网站等其他便于公众查询的媒体上公开：

- 工作人员工资福利和行政办公支出的标准、列支原则、审批程序，以及占基金会总支出的比例；
- 开展公益慈善项目所发生的与该项目直接相关的运行成本的支付标准、列支原则、审批程序，以及占该项目总支出的比例；
- 资产管理和处置的原则、风险控制机制、审批程序，以及用于投资的资产占基金会总资产的比例。

三、慈善信托的信息披露

根据《中华人民共和国慈善法》，慈善信托的受托人应当根据信托文件和委托人的要求，及时向委托人报告信托事务处理情况、信托财产管理使用情况。慈善信托的受托人应当每年至少一次将信托事务处理情况及财务状况向办理其备案的民政部门报告，并向社会公开。同时，信托监察人对受托人的行为进行监督，依法维护委托人和受益人的权益。信托监察人发现受托人违反信托义务或难以履行职责的，应当向委托人报告，并有权以自己的名义向人民法院提起诉讼。

根据《中华人民共和国信托法》，公益信托的受托人至少每年一次进行信托事务处理情况及财产状况报告，经信托监察人认可后，报公益慈善事业管理机构核准，并由受托人予以公告；公益信托终止，受托人应当在规定时间内将终止事由和终止日期报告给公益慈善事业管理机构。

要指出的是，慈善信托属于公益信托，在有关信息披露方面，两者的立法原则一致。

四、公益慈善信息的披露时限

根据《中华人民共和国慈善法》，具有公开募捐资格的公益慈善组织应定期向社会公开其募捐情况和公益慈善项目实施情况。其中，公开募捐周期超过六个月的，至少每三个月公开一次募捐情况，公开募捐活动结束后三个月内应当全面、详细公开募捐情况；公益慈善项目实施周期超过六个月的，至少每三个月公开一次项目实施情况，项目结束后三个月内应当全面、详细公开项目实施情况和募得款物使用情况。

公益慈善组织开展定向募捐的，法律规定应当及时向捐赠人告知募捐情况，慈善财产的管理、使用、保值、增值的投资运营情况，资助、帮助、扶助情况及其效果。

第三节　优化公益慈善信息披露

优化公益慈善信息披露，关键在于健全公益慈善信息披露制度，即完善或出台使公益慈善捐赠款物公开、财务信息透明、慈善财产分配使用合理、公益慈善活动运作规范的相关规定。

一、建立信息报送制度

慈善捐助工作动态的掌握、社会捐助工作情况的收集、公益慈善信息的报送和处理应做到经常化、及时化、制度化、规范化。为保证信息披露的及时性，需要建立制度化的信息共享机制，配备专人负责交换慈善捐助工作信息。规模较大的公益慈善组织，或募捐次数相对频繁、筹款数额巨大、运作公益慈善项目较多、运作过程中利益冲突明显、社会关注度高的公益慈善项目或活动，应当建立中期报告制度和临时报告制度，加强信息披露的监管。

二、建立定期宣传制度

应与媒体协议建立定期宣传制度，及时宣传报道各项公益慈善工作。对公众的参与秉持积极、开放态度，支持公众、媒体对公益慈善组织信息披露的合理、合法要求，支持公众、媒体合法获取公益慈善组织的信息，支持公众、媒体通过法律途径投诉不按规定进行信息披露的公益慈善机构，用公众、媒体的力量推动公益慈善信息披露。

三、完善定向汇报制度

通常，捐赠人更关心慈善财产的使用、运作情况和公益慈善活动的开展情况。为此，在双方达成一致的基础上，公益慈善组织可以通过定期向捐赠人发送工作简报的方式，向其披露慈善财产使用、公益慈善项目进展等信息，完善面向特定捐赠人的定向汇报制度。

四、优化公益慈善问责制度

责任制度是权利制度的保证，公益慈善责任追究制度与公益慈善权利救济制度相辅相成，公益慈善问责是公益慈善监督的必然延伸。因此，要完善公益慈善诉求表达机制，规范公益慈善第三方独立机构评估制度，健全公益慈善行政复议或诉讼制度等，形成有效的公益慈善信息披露问责制度。在责任追究方面，通过诚信档案、年检、政府购买服务机会等途径，将对公益慈善组织信息披露的激励与约束落到实处。

五、推进数智化信息披露

面对大数据、人工智能的发展趋势，基于数智化、区块链技术的信息披露模式是一种将捐赠人、受赠人、受益人、公益慈善组织、志愿者、慈善信托受托人和政府职能部门直接联系起来，高效、便捷、准确地实现慈善需求、募捐、捐助、提供公益慈善服务、开展公益慈善活动、运作公益慈善项目、投资公益慈善沉淀资金等过程中的信息公开、信息交换、信息互动的智慧化模式。通过结合人工智能和区块链技术，公益慈善信息披露得以实现更高的透明度和效率。其中，AI提供了智能化数据分析和自动化处理能力；区块链技术提供了透明和安全的交易环境。这样不仅优化了信息披露流程，而且建立了一个更值得信赖的公益慈善生态系统。因此，需要强化数智化信息披露的制度建设，打造"数字公益慈善"生态。

> **数智化技术创新信息披露的内在机理**
>
> 应用数智化技术和区块链技术创新公益慈善信息披露，可以大大减少公益慈善活动中的腐败机会，提高整个系统的公信力和有效性，其作用机理如下。
>
> - 增强透明度：区块链技术可以提供一个不可篡改的记录，将所有交易和活动公开记录在区块链上，确保每笔捐款的去向清晰、透明，防止善款被挪用或滥用。
> - 实时跟踪：数智化技术能够实现捐款和项目资金的实时跟踪，使各方能够及时获取资金流向和使用情况，减小信息不对称和潜在的善款滥用风险。
> - 有效问责：通过区块链技术和数据分析，任何异常行为或资金流动都可以被迅速识别和追踪，从而建立一个有效的问责机制。
> - 提高信任度：透明的信息记录和数据分析不仅让捐赠者更加信任公益慈善组织，而且让公益慈善组织在公众和监管机构面前更具可信度，减少腐败发生的可能性。
> - 智能合约：利用区块链技术中的智能合约可以确保捐赠和善款使用的条件被严格执行，从而降低了人为干预和腐败的风险。

六、建构公众参与机制

公民参与公益慈善事业，是优化公益慈善信息披露的动力源泉和根本机制。公益慈善信息披露的根本目标是防范风险、防止慈善腐败现象，以及保障捐赠人、受赠人/受助人/受益人的利益和社会公共利益。凡是社会公众广泛参与的公益慈善组织、公益慈善活动，都能在很大程度上实现公益慈善的公开透明。具体举措如下。

（1）强化志愿者组织建设。有效地整合、调动整个社会资源，充分发挥各种社会中坚力量的能动性，是公益慈善事业的人才基础，志愿者组织就起着这样的作用。志愿者具备为社会提供服务、回报社会的技能、知识和意愿。对志愿者组织的推动、支持与扶植，不仅对志愿活动的开展有重要的意义，对强化公益慈善信息披露也具有促进作用。完善志愿者注册登记和服务认证制度，优化整合志愿者资源及其组织管理，激发志愿者的工作热情和服务效率，成为实现志愿者组织化、专业化的重要途径。

（2）推进公众参与的制度化。公众参与的制度化，就是将社会公众参与作为一种制度设计的原则，赋予其制度效力和法律保障。要保证公众参与的长期有效，制度设计中要充分保障居民利益及其他更广泛的公共利益，关心公共利益的实现和公众意愿表达，通过社会调查、大众传媒、广告宣传和居民复决投票等方式，实现公众参与。

（3）保障公众参与的广度和深度。一方面，共建共治共享的社会治理创新要求赋予广泛的民主权利，呼唤公共精神、公共意识，要求公益慈善事业的参与者不能仅限于那些受到过良好教育的高收入群体，也应包括低收入群体，使公共利益的表达更具代表性。另一方面，提高公众监督意识，加快推进对公益慈善组织募集善款、管理善款和使用善款等运行效果的质量监督。拓宽社会舆论渠道是社会监督日臻完善的途径之一。

（4）构建"公众—自媒体—公益慈善组织"互动平台。社会公众与公益慈善组织之间的沟通不畅，会在社会公众参与公益慈善活动过程中竖起一道无形的障碍，导致信息堵塞，无法实现信息共享。自媒体因其强大的传播力、覆盖范围广等特点，为社会公众与公益慈善组织之间的沟通开辟了新路径，在自媒体平台上依法公开或了解相关信息，可以产生有效的直接沟通，促使在社会公众与公益慈善组织之间建立良好的互动关系。

本章提要

1. 公益慈善信息披露制度，是为保障公众利益、接受社会公众的监督而依照法律规定将公益慈善组织及其他公益慈善机构自身的财务状况、经营状况、高级管理人员的报酬等信息和资料向政府职能部门、捐赠人报告，并向社会公开或公告的制度。

2. 公益慈善信息披露的动因包括保护捐赠人的合法权益、优化配置公益慈善资源、促进公平诚实信用、建立公益慈善公信力；遵循真实、准确、充分的信息披露原则，信息披露对象是捐赠人、受赠人/受益人、政府管理部门、志愿者、第三方独立评估机构、媒体、社会公众、慈善项目合作者等，信息披露内容主要是财务运行情况和公益慈善项目运作情况。

3. 目前，我国公益慈善信息披露制度规范主要体现在政府职能部门、公益慈善组织、慈善信托、公益慈善信息披露时限等的规范化制度约束中。

4. 建立信息报送制度、定期宣传制度、定向汇报制度、公益慈善问责制度，以及推进数智化信息披露、建构公益慈善公众参与机制，有助于优化公益慈善信息披露。

本章案例

【案例 13-1】慈善捐赠呼唤立法［资料来源：崔劲松.《光华时报》，2013-01-04（2），有删节］

近年来，关于公益慈善事业的负面新闻频发，这些问题反映了我国公益慈善制度存在明显漏洞，缺乏透明度和相应的监管机制，其中，政府部门的监督、媒体的监督、行业的监督、法制的监督都是不可或缺的。现有法律法规对公益慈善信息公开有原则性规定，但缺少详细操作规范和细则。是否公开信息，在很大程度上取决于公益慈善组织的道德自觉。为此，公益慈善立法，将信息公开、监管透明作为一项重要内容，应尽快制定、完善相关操作办法和标准，对公益慈善信息公开等形成刚性约束力。

只有信息充分公开，才能避免诺而不捐等诈捐事件，才能让善款得到有效、正确地使用，也才能维护公众对公益慈善的信任和信心。其一，公益慈善立法要在组织内部治理结构、利益冲突规则、财产管理和使用等各个方面设计相应的制度，以保障公开、透明的机制能够有效建立起来，确保公益慈善组织的决策制度、财务管理制度、项目管理制度、信息披露制度和人事管理制度等规范运作，将款物送到最需要的民众手中。其二，公众关注的公益慈善信息，如公益慈善机构负责人及团队背景、捐款数量（无论多少都要公布，不能"嫌贫爱富"）、捐款使用情况、办公行政成本比例等均需要公布，并及时向捐款人反馈。为了让捐款公开、透明，接受社会监督，公益慈善机构应同时通过当地报纸、公益慈善网站、相关杂志向社会公布慈善财产捐赠情况和使用情况。为确保捐款用到"刀刃"上，善款使用要有问责制度及赔偿制度。作为公益性质最高的社会组织类型，公益慈善组织需要对方方面面都有所交待。面对政府部门、公众、媒体、捐赠人、董事会、受益人甚至志愿者，公益慈善组织均需要承载一定程度的问责，完善捐赠款物使用的追踪、反馈和公示制度等，让捐赠人知道善款流向和实施效果，同时让困难人群知道如何申请慈善救助。其三，在监管上，尽快改变"第三方"缺位的现状，应逐步建立包括第三方独立评估机构、行业自律组织、媒体监督、捐赠人和公众监督在内的社会监督体系和项目评估机制，定期公布款物筹募情况和支出情况，并由专业的审计机关和人士组成的委员会审计和监督。

案例导读：自媒体浪潮下公益慈善信息披露与监管的难题。

思考与练习

一、名词解释

1. 公益慈善信息披露
2. 数智化公益慈善信息披露

二、简答题

1. 简述公益慈善信息披露的动因。

2．简述公益慈善信息披露的对象、内容、原则和途径。

3．简述公益慈善信息披露的制度规范。

三、论述题

1．论述我国公益慈善信息披露的困境和难题。

2．为什么说公众广泛参与公益慈善事业是公益慈善信息披露的动力源泉？

参考文献

[1] 孟令君，王秀江. 中国慈善工作概论[M]. 北京：北京大学出版社，2008.

[2] 杨平. 慈善组织信息披露研究[J]. 会计师，2014（6）：5-6.

[3] 高志宏. 论慈善组织的信息披露及外部监管[J]. 江南大学学报（人文社会科学版），2014（5）：35-39，45.

[4] 刘丹. 信息公开：慈善组织公信力建设的着力点[J]. 新闻世界，2015（12）：161-163.

[5] 刘娜. 当前慈善组织公信力的保持：外部监督与内部治理[J]. 河北地质大学学报，2017（2）：73-77.

[6] 陈晓红. 慈善组织信息披露机制构建：基于利益相关者理论的视角[J]. 湖北行政学院学报，2013（2）：83-86.

[7] 冯翔，郑微微. 论我国慈善信息公开透明机制的完善[J]. 北方民族大学学报（哲学社会科学版），2015（6）：49-51.

[8] 武靖国，毛寿龙. 从"操作规则"到"规则的规则"——我国慈善组织治理结构的演进[J]. 社会政策研究，2017（2）：72-80.

[9] 李琪，李劼，朱建明，等. 基于区块链技术的慈善应用模式与平台[J]. 计算机应用，2017（37）：287-292.

[10] 黄宏斌，刘晗辰，赵伟. 慈善捐赠、自媒体信息披露与高管超额在职消费[J]. 金融发展研究，2022（10）：40-48.

[11] 李哲，唐福杰，袁淳，郝闻汉."一省包一市"模式对慈善组织信息披露的空间溢出影响：基于突发疫情期间抗疫款物信息披露的文本分析[J]. 管理评论，2020，32（12）：263-272.

[12] 王伟红，崔竹青. 基金会信息披露：制度演进、演进特征及优化方向[J]. 财会月刊，2021（1）：94-99.

[13] 李哲. 新冠疫情对官办慈善组织信息披露的影响研究——基于抗疫款物信息披露的文本分析[J]. 财经研究，2020，46（9）：19-32.

[14] 贡玮晨，史佚炜，王明慧，朱天怡. 基于区块链技术与中基透明指数 FTI 的慈善信息披露优化研究[J]. 黑龙江科学，2021，12（22）：154-155.

[15] 柳慧美，程博，樊柯馨. 突发公共事件中慈善组织公信力研究——基于信息披露及其治理视角的思考[J]. 商业会计，2022（8）：100-102.

[16] 何昀晓. 慈善基金会信息披露管制的国际经验与借鉴[J]. 中国财政，2023（1）：85-86.

[17] 后向东. 信息披露制度的理论溯源及推行思考[J]. 四川行政学院学报，2023（2）：5-16.

[18] 李占乐，余春柳. 信息透明度、管理支出水平能否影响慈善组织捐赠收入？——基于我国基金会的实证研究[J]. 商业会计，2024（8）：65-70.

第十四章

公益慈善实践案例

知识目标

1. 掌握公益慈善调查的相关知识
2. 掌握公益慈善实践的相关知识

能力目标

1. 掌握义卖、义展、义演中的策划、组织、合作、沟通能力
2. 理解公益慈善社会实践能力

素质目标

1. 通过公益慈善实践，培养公共精神
2. 通过公益慈善实践，承担社会责任

案例说明

本章主要介绍公益慈善实践案例《"渝你童在"——FSC 儿童生命教育护航者行动》，实践案例由重庆大学"FSC 儿童护航志愿服务队"完成，志愿团队成员均为重庆大学在校本科生。实践案例由孟子曦（会计学专业，2023 级）、陈雨佳（金融学专业，2023 级）、张茹（财务管理专业，2023 级）、李俐桦（市场营销专业，2022 级）、刘佳悦（会计学专业，2023 级）执笔。

公益慈善学是一门强实践性学科。这种实践性，不仅涉及公益慈善理论知识、实务原理与实际操作、社会实践的有机联系，而且涉及公益慈善学需要将公益慈善文化、伦理、制度与公益慈善社会实践、社区服务紧密结合而加以彰显。一方面，公共管理学是特别强调问题导向的学科，因此，作为公共管理学大类的公益慈善学及其相关课程的学习也应注重问题导向，强调培养学生应对公益慈善实务工作挑战的能力，以及对现实社会问题的回应。公益慈善工作常常面临许多现实问题的挑战，如公益慈善资源不足、公益慈善需求不确定、公益慈善相关政策制度变动等；同时，公益慈善的社会属性又凸显了公益慈善学强调的对现实社会问题的回应。因此，学生需要在公益慈善现实情境中找到解决现实社会问题的方法。本书认为，这种实践导向和回应现实社会问题的学习过程，有助于提升学生的社会服务实践能力及公益慈善实际工作操作能力，增强学生的社会责任感、服务意识和公共精神。另一方面，公益慈善学不仅涉及公益慈善的理论、原理、伦理、原则，也包括如何设计、管理和运营实际的公益慈善项目、慈善财产、公益慈善活动、志愿服务等，通常涉及公益慈善组织工作人员、志愿者与社区、社会组织、公益慈善服务对象、政府职能部门的直接互动、交流、合作，学生需要通过社区和社会实践互动来学习如何与不同群体沟通、交流、协同解决实际问题，需要参与公益慈善项目的策划、执行、运营、监督和评估，需要组织各类筹款活动、社区服务活动，需要对志愿者进行有效管理，需要具体了解公益慈善组织的运作模式和工作流程，进而学会在真实情境中寻找有效的解决方案。所有这些，都需要将理论知识转化为实际行动，这要求学生具有一定的实际操作能力和职业技能。此外，在公益慈善实务中，近年来我们收集了大量成功或失败的典型案例，一些公益慈善腐败、丑闻现象时有报道，这些现象也会对公益慈善学的教育教学和人才培养带来负面影响。基于此，公益慈善相关课程教学会对实际案例进行分析，通过案例研究或案例教学提出公益慈善问题的创造性解决方案或创新公益慈善模式，以帮助学生深度把握知识点、将理论用于实践，提升学生的创新思维能力及理解现实现象、创造性解决现实问题的能力。

基于上述分析，公益慈善学的教育教学和人才培养特别强调公益慈善社会实践，强调通过社会实践或社区服务来促进学生成长和发展。本章描述了一个"儿童生命教育"的公益慈善实践活动（项目），通过呈现公益慈善案例的项目背景、实践过程、活动内容和实践成效，进一步揭示、刻画公益慈善社会实践的一般逻辑框架。

一、项目简介

近年来，"儿童性侵"事件层出不穷，常常见之于报端，引起了社会舆论对于儿童身心安全与教育问题的广泛关注。大量"儿童性侵"事件的曝光，不仅凸显了我国儿童在生命认知方面的局限和不足，深刻揭示了我国大量家庭和家长在应对"儿童性侵"问题方面的无奈、无力,以及知识缺漏、认知局限,而且暴露了我国大量家庭乃至整个社会在儿童生命教育方面的不足甚至缺失。重庆市上清寺致远社会公益事业发展促进会的社区调查发现,在2~12岁儿童性健康教育领域,社区还普遍存在"儿童无意识、家长无方法、邻里无支持"的"三无"现象,并且时至今日社会上仍普遍存在"谈性色变""生理期羞耻"等现象。

在上述情况下,如何科学地向儿童传授性健康知识,如何合理、有效地向儿童开展性健康教育?在相关活动开展中如何把握适宜、有效的生命教育策略?这是摆在中小学和众多家长面前的困境和挑战。为了守护我国儿童美好的童年,构建儿童健康人格,重庆大学的大学生志愿者团队"'渝你童在'——FSC儿童生命教育护航志愿服务队"于2023年10月至2024年9月开展了一项关注儿童性健康教育、主题为"'渝你童在'——FSC儿童生命教育护航者行动"的公益慈善实践活动(第一期)。其中,FSC是Family、School、Community(家庭、学校、社区)3个英文单词的首字母,即联合"家、校、社"三方力量,通过育儿课堂、家长课堂、青年志愿者培训等多元方式开展儿童生命教育活动。由重庆大学的大学生志愿者团队发起并开展的这项公益慈善社会实践活动,旨在形成以儿童为"中心"、父母"用心"、学校"有心"、社区"关心"、机构"知心"的"五心"保护圈,全面实现儿童性健康教育目标,使儿童、青年人、家长具备一定的有关儿童性健康的知识、技能、态度和价值观,从而维护、保障儿童的身心健康、利益福祉和生命尊严。

二、项目背景

本书所呈现的主题为"'渝你童在'——FSC儿童生命教育护航者行动"的重庆大学本科生公益慈善实践项目,实际上有深刻的现实背景,以及儿童生命健康尤其是性健康教育的强烈需求,主要表现在以下8个方面。

(1)大多数中小学尚未系统开设生命教育课程。在我国,尤其是在幼儿园和中小学阶段,包括性健康教育在内的生命教育的缺失是青少年面临的普遍问题。大量研究和调查数据显示,全国范围内的幼儿园和小学几乎没有开展性健康教育课程或开设学时极少;初中和高中阶段的生命教育也相对较少,性健康知识通常仅在生理卫生相关教材中简单提及,许多初中生和高中生在整个中学阶段基本上没有接受过系统的生命教育。这一现状导致青少年在面对生命或性健康相关问题,甚至在遭遇性侵伤害的时候,缺乏必要的知识和支持,对青少年的身心健康与发展带来了不利影响。

(2)家长普遍未普及性健康知识。胡迪等(2019)的调查表明,仅有17%的大学生通过亲人获得了性健康知识。李文虎等(2003)的研究表明,青少年在获得性健康知识的效果方面,认为有用率最高的是从父母那里得到的,占18.9%;但从父母那里获得性健康知识的青少年仅占被调查人员的 12.8%。该调查数据表明，在性健康教育方面，虽然通过"父母教育"获取性健康知识的比例最低，却被认为有用率最高，表明当前家庭教育在性健康教育方面的不足。由中国计划生育协会、中国青年网络、清华大学公共健康研究中心共同发布的《2019—2020 年全国大学生性与生殖健康调查报告》显示，91%的被调查人员知晓男用避孕套这一避孕措施，但对其他避孕措施的了解不够全面。此外，《中国性健康教育现状报告》（2016 年发布）显示，"性罪错"案件占青少年涉嫌犯罪案件的 58.5%，青少年"性罪错"案件比例增加，且年龄趋于低龄化，并深受不良音像制品和色情网络暴力色情内容的影响。

（3）非正规、非专业的性健康教育方式泛滥，性健康知识传播渠道良莠不齐。中国知名女性健康管理平台"大姨妈"联合中国妇女杂志社、第一财经商业数据中心（CBN Data）共同发布的《2021 中国女性健康白皮书》显示，超 8 成女性表示主要通过网络科普文章或视频了解性知识，但仍有近 50%的女性对性知识的获取途径是情感小说、影视等非正规、非专业渠道。此外，根据《2019—2020 年全国大学生性与生殖健康调查报告》，接近 50%的大学生在互联网上浏览过色情影片，40%的大学生浏览过色情图片，36.48%的大学生阅览过色情文学。这些影片、图片和文学作品常常传递一些错误的、扭曲的甚至变态的性知识，给性健康教育带来负面影响。总之，从非专业、非正规渠道获取的信息良莠不齐，充满误导性，可信度存疑，我国的性科普、性健康教育及其他生命教育仍然停留在初级阶段，一些错误或偏差的性健康知识、信息通过误导性渠道、途径和方式传递给青少年。由此可见，通过学校和家庭性健康教育占领有关青少年性健康教育阵地显得极为重要。正确、科学、规范的性健康知识普及与传播任重而道远。

（4）"谈性色变"与"性羞耻"的旧观念尚存。张春江等（2021）在《中学生性羞耻感与性健康教育措施》一文中分析了不同背景下中学生"性羞耻"状况及其产生原因，结果发现，在被调查的 769 名中学生中，对性感到羞耻的占 39.1%，且女生比例为 43.1%，明显高于男生的 35.9%。这表明，我国还有相当多的中学生对性感到羞耻，且女生尤为明显。研究表明，"学生支持学校性健康教育""了解性健康教育""较早开展性健康教育""家长对性的开明态度"等举措会减弱中学生性羞耻感的产生，而"是否属于独生子女""长辈是否传授过性知识""家长的文化程度""是否参加过性健康教育活动"等因素并不影响学生性羞耻感的产生。基于这样的研究结果，科学推动中小学生支持并参与性健康教育显得迫在眉睫。

（5）传统的生命教育和性健康教育缺乏吸引力。传统的生命教育模式往往缺乏创新性和吸引力，这使得青少年生命教育这一重要领域难以引起足够多的社会关注和青少年的兴趣。譬如，单调的宣贯式讲座，以及教科书式、灌输式教学，让青少年普遍感到枯燥乏味。尤其是，灌输式教学模式忽视了青少年的性心理多元化需求和性认知特点，导致青少年在面对性健康知识、性问题时，要么感到尴尬和困惑，要么对性健康知识产生误解和偏见。实际上，青少年的性健康教育与性安全是紧密相连、相互影响的两个方面。

如果青少年在成长和接受教育过程中没有接受过适当的性健康教育，那么他们面对性安全或性侵害问题时将处于更加脆弱和无助的状态；相反，通过系统而科学的性健康教育，青少年能够更好地了解自己的生理结构、性心理并保护好自己，有助于减小面临性安全风险的可能性，可以有效解决遭遇性侵害带来的次生问题。

（6）儿童性健康教育普遍缺乏社会资源的支持。实践发现，我国公益慈善资源在支持儿童性健康教育方面显得相对匮乏，许多致力于青少年性健康领域的公益慈善普及工作难以获得必要的资金支持，开展儿童性健康教育服务的公益慈善组织相对较少。这种现状导致公益慈善组织在开展相关项目或活动时面临诸多困难，项目进展缓慢，通常难以取得预期效果。此外，由于缺乏足够的公益慈善资源，公益慈善组织或其他相关社会组织、社会福利机构、社区在性健康知识的宣传、性健康教育材料的制作及性健康教育专业人员的培训等方面都显得力不从心，影响了儿童性健康教育的普及和质量。

（7）儿童性侵问题较为严重，凸显了儿童性健康教育和生命教育的紧迫性。2018年最高人民法院的数据与专业人员的分析显示，平均每天约有 50 名儿童遭遇性侵。儿童希望救助基金会"真爱"项目统计数据显示，中国有约 10%，至少超过 2000 万名孩子遭遇过不同程度的性侵害。特别地，根据李川等（2023）披露的数据，性侵未成年人罪犯的有期徒刑平均时长为 40.7 个月，有期徒刑时长集中在 1 年以上 6 年以下的占比为 80%，而 6 年以上不满 10 年的仅占 8.9%，10 年以上的占 2.9%，这从侧面说明我国儿童性侵犯罪的受罚成本相对较低。此外，根据 2019 年中华全国律师协会未成年人保护专业委员会发布的报告，约有 70%的儿童遭遇性侵害案件发生在家庭或熟人之间，施害者可能是邻居、亲属、老师，甚至家庭成员，并且很多案件因各种现实原因未及时报案或立案。

> **儿童性侵数据概算**
>
> 2018 年 1 月 2 日中央电视台开播的《呵护明天》系列剧集提到，最高人民法院的统计数据显示，2013—2016 年，全国共审理性侵儿童案件 10782 起，意味着平均每天至少有 7 名孩子受到伤害。中国少年儿童文化艺术基金会女童保护基金 2017 年发布的数据称，2016 年，仅媒体公开报道的 14 岁以下儿童被性侵的案件就有 433 起，平均每天曝光达 1.21 起。根据犯罪心理学专家、中国人民公安大学王大伟教授估算，性侵害案件，尤其是针对中小学生的性侵害案件，其"隐案比例"为 7∶1——即发生 7 起案件，仅有 1 起进入司法程序。根据这一估算比例，将官方公布的数据乘以 7，那么平均每天约有 50 名孩子遭受性侵害。

另外，根据李川等（2023）披露的数据，2017—2021 年我国性侵未成年人的案件数量分别为 2691 起、2538 起、3961 起、3651 起、1469 起。在犯罪案件数量上，2017—2020 年是犯罪高发期，每年的犯罪案件数量均在 2500 起以上；在变化趋势上，2017—2019 年案件数量总体呈现上升态势，2019—2021 年案件数量逐年递减，且 2021 年较 2020 年减少了 59.8%，下降幅度明显。这表明，近年来我国性侵未成年人的犯罪案件数量呈现下降态势，性侵未成年人犯罪受到了一定的遏制；但性侵未成年人的犯罪案件数量总体仍然较多，较多的案件数量凸显了犯罪形势仍然较为严峻。这些统计数据表明，对儿童性侵犯罪问题亟须有效的预防政策与多方面的改进措施，而强化儿童性健康教育，从源头防患于未然就是极为有效的改进举措。

（8）堕胎、流产现象较为普遍，凸显了青少年性健康教育的缺失。国家卫生健康委发布的《中国卫生健康统计年鉴（2020 年）》显示，2019 年我国人工流产人数达 976.2 万人，约占全球堕胎人数的 17.5%，其中相当一部分是未成年人的人工流产手术。据国务院妇女儿童工作委员会办公室与联合国人口基金等机构 2010 年联合发布的《中国青少年生殖健康调查报告》，"15～19 岁女孩中 8%有性经历，且该年龄段的多次怀孕率高于 20～24 岁。"基于这些数据，有理由相信，我国高流产率与高重复流产率的背后是长期缺失的乃至空白的未成年人的性健康教育，他们缺乏对生命的敬畏。

三、项目缘起

"'渝你童在'——FSC 儿童生命健康护航志愿服务队"的成立源于一个真实的故事。故事的主人公是一位居住在重庆市某社区的 5 岁小女孩。在她每天上下学必经的路上，有一个无业男子常常坐在社区花园旁边，带着一些零食，诱惑几个年幼的小孩向他靠近，而当孩子毫无防备地靠近他时，他将手伸向孩子的隐私部位，实施猥亵行为。然而，令人痛心的是，来来往往的居民对此熟视无睹，或许是见怪不怪、习惯了，或许是觉得无足轻重，也或许是人来人往难以关注到，最后一位善良且富有正义感的奶奶实在看不下去这般恶劣的行径，将事情告知了社区社工。社区社工在了解具体情况后，与该男子进行了对峙，并且选择了报警，可让人愤怒的是，该男子不以为然，完全没有意识到自己的行为触犯了刑事法律，警察到来后由于证据不足，也只是对他进行了口头批评；另外，由于放学时往来人员众多，社区社工并没有找到其他被猥亵的小孩，最终仅找到了居住在该社区的那个小女孩。志愿服务队的成员了解到这件事后，决定成立一个组织或社团来帮助儿童，这就是"渝你童在"——FSC 儿童生命健康护航志愿服务队成立的由来。

四、服务目标

1. 总体目标

在社区、社会组织、社会工作者、社区志愿者、社会慈善资源"五社联动"机制与架构下，"'渝你童在'——FSC 儿童生命教育护航者行动"公益慈善社会实践活动致力于完善儿童生命健康防护体系,通过"资源整合""强化儿童保护""普及推广教育"和"优化社区治理"4个方面的有机结合,持续开展儿童性健康教育、普及儿童性知识、创新儿童生命教育的路径,弥补儿童性健康教育在社会支持网络方面的不足,推动更多中国高校大学生志愿者踊跃参与社区服务。

2. 具体目标

(1)组织一系列创新性科普教育活动,通过手工制作等方式,让儿童深入了解胎儿的生理结构和身体的部位构造,对生命构筑起深刻的理解,对身体感官有一定感受,激发儿童呵护自身身体、抵御外来或自我伤害的意识和动机。

(2)通过链接资源,开展主要由在校大学生和其他社会志愿者参与的"儿童性健康教育科普"活动,并确保参与志愿者通过培训深度了解性健康教育课程内容,熟练掌握有关儿童性健康教育方面的科学知识、伦理价值。

(3)推动建立一个以高校大学生志愿者为主体的社区志愿者组织,该组织将寻求与街道(乡镇)、城乡社区、社会组织或其他群团组织长期合作,参与或合作开展关于儿童性健康教育的志愿服务或其他社会实践活动。

(4)自主参与公益慈善项目创投大赛或国际"互联网+"创新创业大赛,并独立或联合开展一系列有关儿童生命教育和性健康教育的志愿服务项目。

五、理论基础

(1)FSC(Family, School, Community)理论模型。研究表明,家庭、学校、社区三者之间存在交叠影响域。如图 14-1 所示,F 和 C 的交叉点是父母的社会属性能带给家庭的教育模式;S 和 C 的交叉点是学校在社会中的时代属性及由社会需求推动的学校人才培养模式的调整;F 和 S 的交叉点是家庭原生资源带给学校理念的碰撞和思考。"家庭、学校、社区"三者之间信息、资源、地位、能量存在相互的流动和接力,彼此能够成为儿童性健康教育的"合伙人",共同推动儿童护航行动的目标实现。

(2)多元智能理论(Theory of Multiple Intelligence,MI 理论)。1983 年,美国教育学家和心理学家霍华德·加德纳(Howard Gardner)提出了多元智能理论,认为智能不仅是传统意义上的学术能力,而且是多元的,每个人身上至少存在 7 种不同类型的智能。这些智能包括语言智能、数理逻辑智能、音乐智能、空间智能、身体运动智能、人际交往智能、自我认识智能。不过,智能的分类并不局限于这 7 种,随着科学研究的深入,学术界鉴别出更多的智能类型,或者对原有智能类型进行了修改,于是霍华德·加德纳在 1996 年增加了第 8 种智能——认识自然的智能。在"渝你童在"项目性健康教育的中期阶段,志愿者团队成员基于 MI 理论,通过艺术和手工制作等激发儿童的多种智能,尤其是空间智能、身体运动智能。

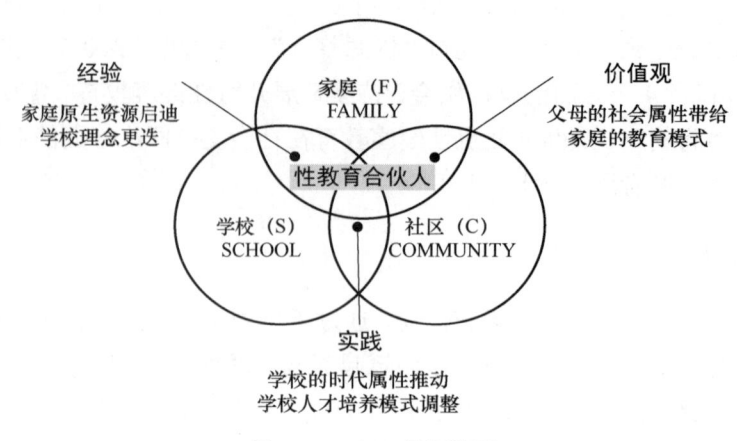

```
                      经验                家庭（F）              价值观
                 家庭原生资源启迪          FAMILY          父母的社会属性带给
                 学校理念更迭                              家庭的教育模式
                                      性教育合伙人

                              学校（S）        社区（C）
                              SCHOOL         COMMUNITY

                                         实践
                                  学校的时代属性推动
                                  学校人才培养模式调整
```

图 14-1　FSC 理论模型

（3）建构主义学习理论（Learning Theory of Constructivism）。建构主义认为，知识并不是完全通过教师的传授获得的；相反，学习者在一定情境即社会文化背景下，通过与他人（包括教师和学习伙伴）的互动，借助必要的学习资源，通过自己对知识意义的建构来理解和掌握知识。建构主义的这种观点强调学习是一个主动的、社会化的过程，学习者通过积极参与、反思和应用，逐步构建自己的知识体系。建构主义学习理论与传统的知识传授模式不同，它注重学习者的主动性和学习环境对知识建构的重要性。由于学习是在一定的情境即社会文化背景下，借助他人的帮助，即通过人际间的协作活动而实现的意义建构过程，因此建构主义学习理论认为"情境""协作""会话"和"意义建构"是学习环境中的四大要素或四大属性。于是，在儿童性健康教育中，志愿者服务团队强调通过动手实践和创造性活动，帮助儿童在真实情境中理解和掌握生命、性、生理结构的概念，强调项目前期和中期的科普知识内化环节，采用互动沉浸式体验学习加强效果。

（4）生命周期理论（Life Cycle Theory）。公益慈善活动的重要目标是推动社会福利和公共利益的提升，而儿童性健康教育作为一个重要的公益慈善领域，不仅涉及儿童的健康成长，而且关乎社会的整体福祉。在项目实践中，前期的科普活动、中期的手工产品创作和剧本演绎、后期的义卖和义演，构建了一个多层次、全方位的性健康教育公益模式。这种模式可以通过生命周期理论进行系统分析。生命周期理论主要用于分析和理解产品、项目或活动在不同"生命"阶段的发展和表现，将整个过程分为若干个"生命"阶段，每个"生命"阶段有其独特的特点和需求，依据这些特点和需求有针对性地施策或进行策略调整。如图 14-2 所示，在儿童性健康教育的公益慈善实践领域，生命周期理论可以用来帮助制订全面、可持续的公益项目计划。

（5）社会生态系统理论（Social Ecological Systems Theory）。社会生态系统理论是由乌里·布朗芬布伦纳（Urie Bronfenbrenner）提出的，用于解释环境如何影响儿童的成长与发展，认为儿童的发展是在多层次的环境中发生的，而这些环境层次从内到外依

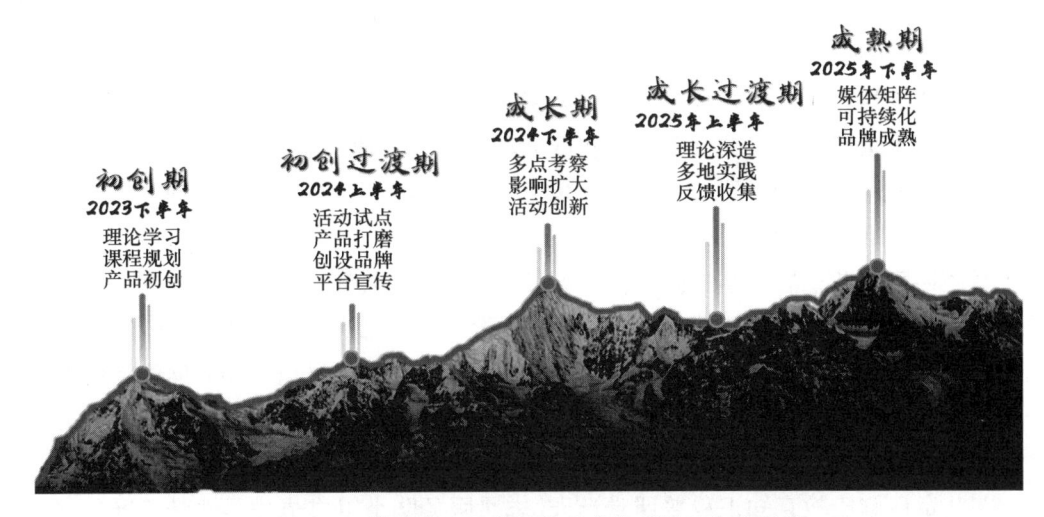

图 14-2 "渝你童在"公益慈善实践项目的生命周期

次分为 4 个主要系统，分别为：微观系统（Micro-system），儿童生活中最直接的环境，包括家庭、学校、同伴群体等，在微观系统中儿童通过与父母、老师、朋友等直接互动来发展和成长；中观系统（Meso-system），即微观系统之间的相互关系，例如，家庭与学校之间的互动如何影响儿童的行为和学习，中观系统强调不同的微观系统之间的连接和相互作用对儿童发展的影响；外观系统（Exo-system），涉及儿童间接接触但仍然对其发展产生影响的社会环境，如父母的工作环境、邻里关系或地方人民政府的政策等，虽然儿童不直接参与其中，但这些环境通过影响他们的家长或家庭结构，间接影响儿童的发展；宏观系统（Macro-system），最广泛的系统层级，涵盖了文化、经济、政治和社会价值观等更广泛的社会环境，影响其他所有系统的运行和结构，如社会文化规范、经济制度和国家政策等，都会对儿童的成长产生深远的影响。

通过上述层次的交互作用，社会生态系统理论提供了一种全面理解儿童发展如何受多层次环境影响的框架。每个层次的环境都会对儿童成长起不同但相互关联的作用。在由社会工作者指导社区社会组织的志愿者参与儿童性健康教育的实践项目中，一方面，可以从中观系统出发，将"社会工作者+志愿者"作为媒介系统，把服务对象系统与同伴微观系统联动起来，通过创新性实践活动提高系统联动的频率和质量；另一方面，从外观系统出发，社会工作者可以连接来自民政部门、街道办事处、社区基金会、社区社会组织、高校志愿者乃至企业等的社会资源，为儿童性健康教育提供全面支持。

六、科普活动

由重庆市上清寺致远社会公益事业发展促进会牵头，重庆大学"'渝你童在'——FSC 儿童生命教育护航志愿服务队"先后与重庆市渝中区上清寺街道曾家岩社区、美专校社区、新都巷社区共同开展了一系列儿童性健康教育、儿童生命教育等活动，且社区负责人邀请有学习需求的儿童（小朋友）参加了一系列知识科普课堂、趣味手工课堂。以下是项目团队核心成员的公益慈善实践活动记录（片段）。

活动前期，为了给小朋友们带来一场生动且富有意义的活动，志愿服务队在网络、电子数据库、期刊文献中广泛搜索资料，把握当下儿童的喜好、偏好、成长环境、经济社会发展环境，期望能够与小朋友们实现有效的互动。志愿服务队精心策划了一堂深入浅出的性健康教育知识科普课堂，同时设置了两个别出心裁的手工制作环节——"生命之框"和"胎息流韵"。志愿服务队小组成员为此多次开会讨论，反复斟酌活动的每个细节、环节和可能的情境，最后确定了课堂的时长、讲解方式、手工制作活动开展的具体流程和活动形式。

在儿童性健康教育知识科普课堂当天，志愿服务队小组成员早早地带着准备好的材料走进教室，当教室门被推开时，映入眼帘的是一张张充满好奇和期待的笑脸。小朋友们看到小组成员手中拿着的各种材料，立刻兴奋地冲了上来，眼睛里闪烁着好奇的光芒，纷纷向小组成员提出问题。很显然，小朋友们对即将开始的性健康教育活动充满了浓厚的兴趣和期待。在经过简单的自我介绍和热烈的破冰式互动后，小组成员开启了课堂的第一个环节，即性健康教育知识科普小课堂。

在轻松愉快的氛围中，小朋友们展示了他们的兴奋和活泼，积极回答问题，主讲人首先向小朋友们提出了第一个问题："生命的第一个家是哪里？"小朋友们争先恐后地回答，有的说"在重庆！"，有的说"在医院！"，还有的说"在妈妈肚子里！"他们的回答充满了童真、童趣，在主讲人的引导下，小朋友们了解到生命的真正起点是"子宫"。主讲人详细解释了子宫的功能和重要性，使小朋友们对生命起源有了更深入的了解。接着，主讲人介绍了羊水的概念，其中，羊水的来源给小朋友们留下了深刻的印象，"主要来自宝宝排出的尿液，其次是宝宝皮肤和脐带渗透出来的组织液。"然后，主讲人讲解了羊水在胎儿发育中的作用，小朋友们了解到羊水不仅保护胎儿，而且为胎儿提供了一个温暖、舒适的孕育环境。主讲人还生动地讲述了"羊水"这个名称的由来，让小朋友们加深了对它的理解。图、文、声并茂，这些生命知识的互动和讲解，使小朋友们学习到了许多生命科学知识。

接下来就是手工制作环节。第一个手工制作活动的名称为"生命之框"。在这个环节，每位小朋友都获得了一个木制画框，以及布料、纽扣、鱼鳞亮片、干花、毛球、蝴蝶贴纸、刺绣丝带等丰富的材料，教室的屏幕上展示着一张子宫的平面图，小朋友们发挥创意，用所给的材料在画框中勾勒子宫的形状，制作过程充满了想象和热情，他们认真地挑选和摆放每件材料，用心打造他们眼中的"生命之框"。有的小朋友用五彩缤纷的毛球和鱼鳞亮片装饰出绚丽的色彩，有的小朋友则用干花和刺绣丝带细致地表现出生命的细腻与柔美，每个画框都成为独特的艺术品，展示了小朋友们对生命的认知和理解。

第二个手工制作活动的名称为"胎息流韵"。在这个创意活动中，志愿服务队提前制作好胎儿的贴画，选择流麻作为承载内容的主体材料，并结合闪粉、流沙油和亚克力模具，利用 UV 灯的重力和随机因素的作用，模拟了胎儿在羊水中的状态，帮助小朋友们更直观地理解生命的奇妙。在小组成员的引导、指导和协助下，小朋友们首先在第一层亚克力板上贴上胎儿贴画，之后将流麻放置在模具中，随后加入闪粉和流沙油。小朋友们小心翼翼地操作，小组成员在其旁边协助，随时为小朋友们答疑解惑。UV 灯照射后，这些材料在灯光下发生变化，形成了富有层次和流动感的艺术效果。小朋友们观察着流沙在模具中的流动，感受着材料的变化，仿佛看到胎儿在羊水中的姿态随着时间而变化。这种独特的感官与视觉体验让他们对生命的奇迹、生命的构造有了更深刻的认识。

手工制作活动圆满完成后，志愿服务队小组成员细心地为每位小朋友及其创作拍照留念，确保每份努力和成果都得以记录和珍藏。小朋友们热情地在便签上写下了对这次活动的感受，话语中透露出他们的兴奋、感动，以及想掌握更多生命科学知识的渴望和憧憬。例如，"今天知道了我们的第一个家是子宫""希望之后还有这样的活动"，等等。活动结束时，小组成员和小朋友们合照，开心地喊出志愿服务队的口号："幸好有你，渝你童在！"活动结束，小组成员整理材料，利用公众号、小红书等媒介宣传推广活动，收获了许多好评。另外，小组成员对活动进行反思总结，以期为未来活动的更好开展做准备。

七、公益集市

科普课堂告一段落后，在繁重的大学课程学习、讨论和公共服务之余，志愿服务队又紧锣密鼓地开始策划、筹备公益集市。公益集市是在重庆市慈善联合总会上清寺街道阳光家园社区慈善基金的支持下由上清寺街道主导在社区层面举办的义卖、义展活动，各公益慈善组织可认领摊位、售卖产品。重庆大学"渝你童在——FSC 儿童生命教育护航志愿服务队"的"渝你童在"项目参与这场公益集市的主要目标，就是通过售卖小朋友们的手工作品筹集资金，支持"'渝你童在'——FSC 儿童生命教育护航者行动"的持续运作。下面是项目核心成员的活动记录（片段）。

志愿服务队组建了筹备小组，由志愿服务队成员、社区工作人员和其他志愿者共同组成，策划、宣传、准备及参与公益集市各项活动。在宣传推广方面，利用社区公告板、社交媒体等渠道，提前展示志愿服务队"渝你童在"项目的产品及理念，吸引社区居民的关注。对志愿服务队而言，本次公益集市最核心的任务，便是售卖小朋友们制作的流麻挂饰和生命画框。名称为"胎息流韵"的挂饰，呈现了生命伊始的美丽，在那缓缓流动的透明染料下，胎儿有的蜷缩成一团，有的伸展四肢。小朋友们虽然未曾亲眼看见过，却刻画得永恒而真实。名称为"生命之框"的艺术子宫画框，每朵干花、每段丝线都展示了小朋友们的创意，阳光拨动着鱼鳞亮片，蝴蝶贴画扇动羽翼若隐若现。小朋友们将子宫裱进画框，叩问生命的缘由。

　　所有美丽的东西似乎总是无价的。但是，倘若在公益集市上，为小朋友们无价的作品赋予一份售价，那么这种科普课堂—公益集市的资金运转模式，以及儿童性健康教育慈善事业的良善与坚守，都能给小朋友们无价的作品赋予更高的价值。因此，志愿服务队收集好小朋友们在手工制作活动中制作的作品，并根据作品的材料成本和市场价值，合理设定了售价。接着，小组成员准备好公益集市所需的物资，如展示架、标签、收款设备等。特别是，在手工课堂上，志愿服务队让每位小朋友都给自己的作品命名，并在介绍卡上写下了自己的创作理念和感受，因此，每位购买作品的顾客，都可以得到该作品背后独一无二的介绍卡。最后，志愿服务队小组成员手写感谢信，表达对购买者支持性健康教育事业的感激之情。

　　公益集市当天早晨，小组成员带着大包小包的装备，向公益集市出发，一路上，云影一片接着一片从车窗前飘过，带着三月春日阳光那份特殊的耀眼。摊位布置有序地完成，每件作品都展示于桌前。时间还早，小组成员便开始欣赏那位5岁小女孩的作品，"胎息流韵"挂饰，选择了草绿色的染料，展现了胎儿笑眼盈盈的形态；而"生命之框"用了金灿灿的材料，胎儿的生命仿佛化为一只飞鸟，想要张开翅膀从画框中飞出来。一位曾经遭遇过伤害的受害者，一位曾经处在性健康教育缺失家庭环境中的孩童，一位被坏人诱骗、被路人忽视、最后被善良人拯救的小女孩，经历了伤痛，在性健康教育科普课堂的引导下，仍然满怀对生命与爱的期盼，实在令人动容，这更加坚定了小组成员开展性健康教育的决心。

　　公益集市正式开始，在简短的开幕仪式上，主办方介绍了公益集市的目的和意义，并感谢了众多参与者和支持者。除了售卖小朋友们的手工作品，志愿服务队的摊位还设立了互动区域，例如，利用剩余的活动材料搭建了小型现场手工制作体验区，自制海报宣传志愿服务队的理念与模式，利用展板开展儿童性健康教育科普活动。居民、游客闻声而至，人来人往，公益集市热闹开场。

　　志愿服务队的摊位正式开张，迎来第一位怀揣好奇心的顾客。一位年轻女士欣喜地站在摊位前，仔细端详小朋友们的作品，小组成员也热情地介绍起每件作品背后生动可贵的故事。她询问："这些都是小朋友们自己制作的吗？这么精美，简直不可思议！"小组成员告诉她，这是模拟胎儿在羊水环境下的流麻，以及用各种材料制作的纪念子宫的美丽的画框。这位女士赞赏了选材的生动创意，更加青睐小朋友们的奇思妙想，挑选了一幅"生命画框"，而志愿服务队也获得了第一笔收益。在包装方面，志愿服务队别出心裁，所附感谢信中有亲手写下的感激和祝福，并赠送了印制的性健康教育手册。细节处的用心，代表着这份公益慈善事业饱含志愿服务队最真挚的理想和最纯澈的善良。

　　每位顾客的光临，都是最暖的遇见。让志愿服务队记忆犹新的是一对老年夫妻。老年人，在他们那个含蓄内敛的时代，性健康教育似乎是个"禁忌"，或闭口不谈，或一笑而过。这对老年夫妻却驻足在志愿服务队的摊位前，谈起儿童性健康教育的问题。"你们这个活动确实很有意义，就是要科普这些知识。"听到他们的认可，志愿服务队既幸福又感激。诚然，儿童性健康教育的缺失，对于儿童的成长可能会带来一生的潮湿。性健康教育的科普，不能仅针对儿童，而应当是灌溉遍地的春雨，除了让儿童如一花一木般健康成长，亦要滋润儿童的父母及承担着照顾压力的祖父母（外祖父母）。性健康教育遍及每个人，才能迎来和谐健康的社会。两位老人虽然没有购买小朋友们的作品，但是小组成员仍然送上性健康教育手册，希望他们告诉自己的孙子孙女，认识生命，保护身体，预防性侵或在不幸遭遇性侵害后保护自己。

公益集市接近尾声，小朋友们的作品陆续被有缘人带走，儿童性健康教育的理念也被来来往往的顾客带向更遥远的地方。活动结束，志愿服务队对所有销售收入进行了统计和核对，筹集到的资金将用于支持"'渝你童在'——FSC 儿童生命教育护航者行动"的长期运作和后续活动，并将利用公益集市的成果继续在网络上宣传志愿服务队的使命。

科普课堂—公益集市的运转过程是志愿服务队独特的公益慈善运营模式。公益集市不仅是一次筹资活动，更是一次社区参与、教育推广和公益慈善交流的机会。路不尽，人不老，"渝你童在"将一直在儿童性健康教育的路上前行。

八、阶段性总结

重庆大学"'渝你童在'——FSC 儿童生命教育护航者行动"的公益慈善实践活动尚未完成，只完成了阶段性工作（前期）。理论上，这是一个永续的公益慈善项目，志愿服务队后期还要继续开展其他儿童性健康教育的相关活动，并期望拓展到其他区县、街道、社区乃至国内其他城市、乡村；同时，志愿服务队成员在步入大学高年级后将吸纳低年级大学生加入团队，期待以这样的方式使"'渝你童在'——FSC 儿童生命教育护航者行动"得到可持续发展。尽管如此，我们依然可以初步总结得出"'渝你童在'——FSC 儿童生命教育护航者行动"的公益慈善实践模式（见图 14-3），即将实践模式划分为"前期""中期""后期"3 个阶段，每个阶段设计不同的儿童生命教育活动内容，能够形成一个完整的公益慈善项目运行系统，具体描述如下。

（1）前期：生命教育科普——志愿者在社区活动站点开展科普课堂，辅助以幻灯片、科普视频、知识问答等形式，集图、文、声、动漫于一体实现儿童性健康知识普及。

（2）中期（方向一）：手工作品创作——通过抽象知识的具体化，以更直观的方式生动地向儿童传授生命科学知识。具体形式参考："生命之框"（用干花贴画、木质画框等模拟子宫形态）、"胎息流韵"（用流麻、闪粉等模拟胎儿在羊水中的状态）。

（3）中期（方向二）：剧本创作、演绎——志愿者与小朋友们一起编写生命教育剧本，以性别刻板、防性侵等为主题，最终以舞台剧的形式进行路演。

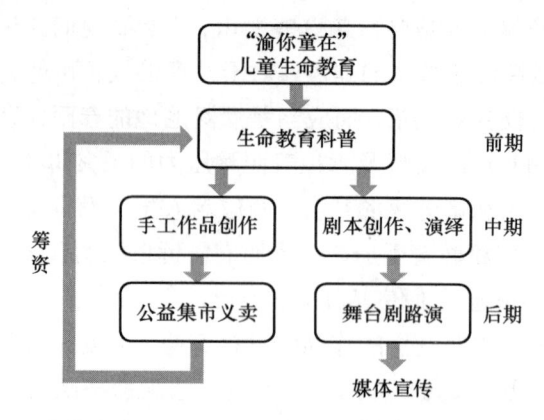

图 14-3 "'渝你童在'——FSC 儿童生命教育护航者行动"实践模式

（4）后期（方向一）：挑选中期手工作品中的优秀作品，在街道或社区组织的公益集市上义卖，所筹资金用于支持生命教育后续课程和活动。

（5）后期（方向二）：排演好的舞台剧在城乡社区、中小学、剧院路演，公益进行儿童生命教育。

此外，如图 14-3 所示的重庆大学"'渝你童在'——FSC 儿童生命教育护航者行动"实践模式，得到了较好的实践效果，"顾客"满意度评价和任务完成情况检测评价较高。志愿服务队的初步调查表明，在新都巷社区开展的儿童生命教育护航者行动活动，98%的参与者对活动主题、活动内容、活动形式、活动氛围、组织者的表现十分满意。根据小朋友们的反馈，通过活动，自己能够正确认知子宫，并知晓自己是怎么来到这个世界上的，活动目的和意义得以实现。同时，重庆大学"渝你童在"——FSC 儿童生命教育护航志愿服务队主导在上清寺街道新都巷社区成功举办了"性好幼你"儿童性健康教育护航者行动活动，并积极参与上清寺街道第三届公益微创投大赛，取得了不俗的成绩，迄今为止已招募高校大学生志愿者 14 名。

九、未来展望

较长一段时间以来，随着儿童性侵犯罪案件的不断报道，社会对儿童性健康教育和防性侵教育的关注也逐渐增加，越来越多的社会公众和社会组织意识到加强儿童性健康教育的重要性。不过，由于信息不对称及相关教育资源投入的地区差异，尽管社会对儿童性健康教育问题关注增加，但在许多城乡社区，生命教育尤其是性健康教育仍然匮乏。家庭和中小学往往缺乏系统的性健康教育知识和教育资源，部分家长、教师对此持保守态度，导致相当多的青少年未能系统学习并掌握自我保护、自我防护的知识技能，青少年的性健康教育在我国一些地区仍然难以有效开展。此外，尽管世界各国近 30 年来纷纷强化了儿童保护的法律框架，但在观念层面、执行层面仍存在严重不足，性健康教育领域政策法规的落实往往滞后于社会需求。

基于此，我国一方面要加强儿童性侵问题或性健康教育的立法与政策支持，推动更广泛的社会监督和制度执行；另一方面要将儿童性健康教育通过学校课程、社区活动、网络平台、影视文学、动漫作品等多渠道推广，特别是利用互联网技术和社交媒体扩大性健康教育的覆盖面，深入推动虚拟现实（VR）、人工智能（AI）等智能技术在儿童生命教育、儿童性健康教育中发挥作用，使儿童性健康教育的内容更个性化、更有互动性，从而提高儿童的参与度和理解力，并建立包括教育机构、家庭、医疗机构和社会组织在内的多层次社会参与支持网络。此外，要强化国际合作与经验分享，推动不同国家、地区或国际组织更多地分享在儿童性健康教育方面的实践和经验，推动全球范围内儿童性健康教育的标准化和普及性。

与此同时，公益慈善事业在儿童性健康教育领域的社会实践与志愿服务，也需要基于未来的发展趋势和技术创新进行变革，推动儿童性健康教育和防性侵教育的公益慈善实践，使儿童在一个更加安全、更加健康的环境中成长。未来应持续优化或开展的工作包括：①推动人工智能技术的引入，利用增强现实（AR）技术，提供更便捷、更生动的生命发展过程展示；②促进跨学科融合，即儿童生命教育、儿童性健康教育活动需要结合科学、艺术、伦理等多学科内容，形成更全面的教育体验；③强化更接地气的社区参与，包括创新公益集市模式，邀请更多社区成员参与，提高项目影响力；④建立长期跟踪、反馈机制，跟踪儿童在生命教育过程中的成长与变化，以此持续优化教学方法；⑤参与更多的国际交流，与国际生命教育机构合作，分享经验，借鉴全球最佳实践。通过这些措施，"'渝你童在'——FSC儿童生命教育护航者行动"公益慈善实践项目不仅能够有效地向儿童传授生命科学知识，而且能够长远地推动社会对生命的认知和尊重。

参考文献

[1] 胡迪，刘东梅，唐雪梅，等. 互联网视阈下大学生性健康教育现状研究[J]. 青年与社会：上，2019（31）：276-277.
[2] 李文虎，雷良忻，黄海. 青少年学生性生理、性心理发展及性健康教育现状研究[J]. 心理学探新，2003（4）：39-41.

[3] 霍思伊."消失"的青少年性健康教育[J]. 中国新闻周刊，2023-11-06，第 1115 期.
[4] 张春江，林育青，江剑平. 中学生性羞耻感与性健康教育措施[J]. 福建基础教育研究，2021（2）：141-143.
[5] 李川，叶英杰. 性侵未成年人犯罪的现状、特征及争议厘清——基于司法数字资源统计展开[J]. 犯罪研究，2023（3）：39-53.
[6] 王振雅，陈琳辉. 人工流产背后的隐患[N]. 健康时报，2022-03-01（3）.
[7] 布朗芬·布伦纳. 人类发展生态学：自然与设计中的实验[M]. 冯程，译. 北京：中国人民大学出版社，2010.

反侵权盗版声明

电子工业出版社依法对本作品享有专有出版权。任何未经权利人书面许可，复制、销售或通过信息网络传播本作品的行为；歪曲、篡改、剽窃本作品的行为，均违反《中华人民共和国著作权法》，其行为人应承担相应的民事责任和行政责任，构成犯罪的，将被依法追究刑事责任。

为了维护市场秩序，保护权利人的合法权益，我社将依法查处和打击侵权盗版的单位和个人。欢迎社会各界人士积极举报侵权盗版行为，本社将奖励举报有功人员，并保证举报人的信息不被泄露。

举报电话：（010）88254396；（010）88258888
传　　真：（010）88254397
E-mail：　dbqq@phei.com.cn
通信地址：北京市万寿路 173 信箱
　　　　　电子工业出版社总编办公室
邮　　编：100036